国家出版基金项目
NATIONAL PUBLICATION FOUNDATION

王凯旋　主编

清代辽宁全史

政治卷

张丹卉　著

QING DAI
LIAO NING
QUAN SHI

东北大学出版社

图书在版编目（CIP）数据

清代辽宁全史. 政治卷 / 王凯旋主编；张丹卉著
. 一沈阳：东北大学出版社，2019.12
ISBN 978-7-5517-2089-2

Ⅰ. ①清…　Ⅱ. ①王…　②张…　Ⅲ. ①辽宁一地方史一清代②地方政治一政治制度史一辽宁一清代　Ⅳ. ①K293.1

中国版本图书馆 CIP 数据核字(2018)第 303501 号

出 版 者：东北大学出版社
地址：沈阳市和平区文化路三号巷 11 号
邮编：110819
电话：024-83683655(总编室)　83687331(营销部)
传真：024-83687332(总编室)　83680180(营销部)
网址：http://www.neupress.com
E-mail: neuph@neupress.com
印 刷 者：辽宁新华印务有限公司
发 行 者：东北大学出版社
幅面尺寸：170mm×240mm
印　　张：26
字　　数：391 千字
出版时间：2019 年 12 月第 1 版
印刷时间：2019 年 12 月第 1 次印刷
策划/统筹：郭爱民
责任编辑：孙德海　牛连功　郭爱民
责任校对：汪彤彤
封面设计：潘正一

ISBN 978-7-5517-2089-2　　定　价：86.00 元

前言

一

今辽宁的名称，自清以降有一个较为复杂的变化过程。清入关前，先是清太祖努尔哈赤将沈阳作为都城，然后清太宗皇太极改沈阳为“天眷盛京”，盛京乃为城名。顺治元年（1644），清政权迁都北京，以留守的盛京总管统辖整个东北地区。康熙元年（1662），改盛京总管为“镇守辽东等处将军”；四年（1665）再改为“镇守奉天等处将军”，简称“奉天将军”。随着清廷在吉林、黑龙江设治，完成东北三将军分辖制度，奉天将军所辖区域大致相当于今辽宁省境，该区域常被称为“奉天等处”。在沿用“奉天将军”近百年后，在乾隆十二年（1747），又改为“镇守盛京等处将军”，简称“盛京将军”，于是盛京又成为行政区名。至光绪三十三年（1907），在东北废除三将军制，正式建省，盛京将军辖区改称奉天省。清亡，民国初期仍沿用“奉天”之名。民国十八年（1929），改奉天省为辽宁省，“辽宁”始成为本省的专用名。鉴于“盛京”作为行政区域名称在清代使用时间最久，所以在本书行文中今辽宁省均使用“盛京”之名。

在清代，也将整个东北地区称为“盛京统部”。乾隆朝修《盛京通志》记载，盛京统部疆域如下：西南至京师（今北京）1470余里①。东至海4300余里；西至山海关800余里，直隶永

①“里”为从前使用的长度单位，1里=0.5千米。

平府界；南至海730余里；北至黑龙江外兴安岭5100余里俄罗斯界；东南至锡赫特山（今俄罗斯境）2900余里朝鲜界；西南至海800余里；东北至费雅喀（今黑龙江流域）4000余里海界；西北至西结台690余里蒙古奈曼界。大凡东西广5100余里，南北袤6830余里，东南至西北2690余里，西南至东北4800余里。①

清朝为盛京将军所辖之地划定的疆界，比今辽宁省境略小，以盛京城为中心，向四面八方延伸，其所至具体如下：自盛京（沈阳城）东行280余里，到达兴京边（今辽宁省新宾满族自治县），与乌喇（今吉林市）为界；自盛京西行800余里，至明设立的山海关卫，与关内分界；自盛京向南行至730余里处，是金州临海之地；自盛京北至260余里，即开原边，与吉林省相分隔；自盛京向东南方，行540余里，至镇江城，即今辽宁省丹东市附近，隔鸭绿江与朝鲜相望；自盛京西南至渤海，相距800余里；自盛京东北方，至威远堡，为230余里，又与吉林永吉州（即今吉林省永吉县）之地分界；自盛京西北至九官台边门，相距40余里，与今内蒙古为界。②

盛京地区的地理条件十分优越，北部的平原旷野是贯通吉林、黑龙江中部辽阔的东北大平原的一部分，向南延伸至辽河及其入海口，称为辽河平原。辽东半岛东临黄海、西临渤海，与山东半岛隔海相望。盛京东部是延绵千余里的丘陵地带，属于长白山余脉。在辽东丘陵的背后是鸭绿江，清代时已将此江作为中国和朝鲜国的分界线，沿袭至今。盛京西部的地形地貌较为复杂：一为平原，在辽河流经之地至沿海地带多为平坦沃野，与东北大平原相连接；二为山地，横亘一南北走向的山脉约百余里，即载入先秦典籍的医巫闾山。在医巫闾山与渤海湾之间是一狭长地带，自锦州至山海关约为400余里，是盛京通往关内的咽喉要道。至山海关就是盛京西部与关内的分界线了。在医巫闾山西北部至东北，是广阔的草原地带，属于蒙古科尔沁游牧地。由此往西即可进入内蒙古地区。

盛京地区河流众多，水量充足，区内最大的河流辽河将整个盛京地区分隔为两大区域，即辽东与辽西；此外，鸭绿江发源于长白山天池，此江与松花江同出一源，把盛京和吉林联结为一体。大江大河为水上运输和交通提供了便利。更有黄海、渤海为与山东及中原地区的往来提供了海上交通的便捷之路。

---

① 阿桂等纂修《盛京通志》卷二十四《疆域形胜》，辽海出版社，1997，第392页。

② 关于盛京疆界详见阿桂等纂修《盛京通志》卷二十四《疆域形胜》，辽海出版社，1997，第392页。

盛京地区陆路交通尤为发达，清代开辟或沿袭明代的陆路交通共有6条线路：盛京（沈阳）至山海关；盛京至开原，又由开原到吉林将军辖境；自盛京至凤凰城，此线路系沿用元、明时的旧道；自盛京出法库边门与出威远边门等线路，均可接吉林地区；自盛京至兴京（即今新宾满族自治县永陵镇），此条线路为汉魏以来从辽东郡（辽阳）通往玄菟郡（永陵老城近处的汉城）的一条古道；自盛京至金州，也是古道，是盛京通往辽东半岛的唯一交通线。① 以上交通线是以盛京为中心向四方辐射的，每条交通线上皆建有驿站，为过往的客人尤其是官员之出行及传达国家政令提供服务。

早在战国时期，燕国在盛京地区分设辽东郡和辽西郡，山海关附近属右北平郡。此三郡为东北地区正式设治之始，其居民属华夏族，后称汉族。此后历经2000余年，这一地区一直是汉民族稳定的聚居地。在辽东地区之外，主要是指吉林、黑龙江两地，从来就是各少数民族的繁衍生息地。至明代，明廷严格划定了辽东地区的疆界，修筑一道辽东边墙，将女真等少数民族限隔在边墙之外。

自满洲崛起，清朝勃兴，辽东地区的人文地理发生了重大变化。随着后金军攻入辽东（辽河以东），并先后以辽阳和沈阳为其都城，辽东地区的民族与人口构成发生了划时代的变化，从而打破了汉人一统天下的局面。这种变化主要表现在两个方面：一是新形成的满洲人迁入辽东，满洲成为除汉族以外的主要民族；二是蒙古族人也随着满洲人大批迁入辽东，人口约在10万人，蒙古族成为辽东的第三大民族。除此以外，还有朝鲜及黑龙江流域其他民族移入辽东地区。毫无疑问，在辽东的主体民族还是汉族，除原住汉族人之外，在明清战争中又有大量汉族人自关内移入辽东，他们主要是降清的明军将士以及被俘获的人口。原属汉族的聚居地，在清政权入关前，已经成为多民族共同生活的家园。

二

在清代的政治版图上，盛京是一个特别的行政区，对于清统治者而言有着特殊的政治意义。

首先，盛京地区是满洲民族最终形成之地。明万历十一年（1583），位居今辽

① 阿桂等纂修《盛京通志》卷三十三《关邮》，辽海出版社，1997，第622－624页；参见王绵厚、李健才：《东北古代交通》，沈阳出版社，1990。

宁东部山区的建州部女真人在努尔哈赤的带领下崛起。努尔哈赤在统一女真各部的过程中创制文字、创建八旗、建国称汗，将互不统属的女真人统一在一个政权之下，使用相同的语言文字，有着相同的经济生活，一个新的民族共同体基本形成。在清太宗皇太极执政时期，民族共同体进一步扩大。后金天聪九年（1635），皇太极废除诸申（女真）旧号，定族名为“满洲”。这标志着满洲民族的最终形成。

其次，盛京为“龙兴之地”。努尔哈赤崛起于赫图阿拉并在此建立“大金”政权。攻占辽东后，先以辽阳为都城，未几再迁都沈阳。他的继承者皇太极在沈阳皇宫生活了 17 年，改国号为“大清”，将政权推上蓬勃发展的道路，为不久后入关夺取对全国的统治权奠定了坚实的基础。清朝称赫图阿拉为“兴京”，称辽阳为“东京”，称沈阳为“盛京”，视盛京地区为发祥之地与创业肇始之所，不断宣称盛京之极端重要。如康熙十年（1671）九月，圣祖首次东巡盛京时称：“奉天（即盛京）系祖宗发祥重地。”① 二十一年（1682）三月，又说：“惟盛京为国家肇基重地。”② 乾隆八年（1743），高宗东巡时称：“盛京为王化始基之地。”③ 又说过：“盛京为王迹肇基之地。朕御极以来，敬惟祖宗开创艰难，佑启万年统绪……”④

清朝编纂志书，著述专史，也给予盛京明确的说法。如《盛京疆域考》中称：“盛京，我国家肇基地也。”⑤

正因为盛京是清朝的“肇基之地”，所以这里除了盛京皇宫之外，还有盛京“三陵”，即：爱新觉罗家族的祖陵——永陵，清太祖努尔哈赤的陵寝——福陵，清太宗皇太极的陵寝——昭陵。

爱新觉罗家族的先辈们崛起并创大业于盛京地区，其子孙们从这里成功地走向全国。盛京之重，一重清帝先祖在此创业，迈出未来大清一统天下的第一步；二重先祖创业者皆葬于此地，祖宗之魂、基业之根皆在盛京；三重清朝故都，如赫图阿拉、辽阳、盛京是清创业的三大里程碑，树立为清朝创业的永恒纪念。正是出于这样的考虑，清朝视盛京为国家的“根本重地”，对其的定位是明确无误的，给予的

---

① 《清圣祖实录》卷三十六，康熙十年九月辛未，中华书局，1985。

② 《清圣祖实录》卷一百一，康熙二十一年三月丙辰，中华书局，1985。

③ 《清高宗实录》卷二百一，乾隆八年九月丁未，中华书局，1985。

④ 《清高宗实录》卷一千一百八十五，乾隆四十八年七月丁卯，中华书局，1985。

⑤ 杨同桂、孙宗翰辑《盛京疆域考》，收入《辽海丛书》第四册，辽沈书社，1985，第 2319 页。

尊崇也是除北京之外任何一个地区或名城重镇都无法比拟的！

清政权迁都北京后，盛京虽然失去了都城原有的身份与地位，但是作为留都仍以其独有的政治资源而居于特殊地位。清朝历代皇帝对其眷顾不止，先后有 4 位皇帝共 10 次东巡盛京，还有世宗尚未即帝位时，受圣祖之命，代其前往盛京拜谒祖陵。清帝的东巡显示了盛京的独尊和荣耀，亦为政治活动。正是因为盛京独居特殊的政治地位，所以有清一代盛京地区的政治制度也独具特色。

三

清代盛京地区的政治及其制度可以概括为以下两点：

首先是盛京的留都体制。留都制度在我国古代早已有之，明朝就将南京作为留都，在南京设置六部。清政权入主中原之后，废除明朝留都南京，确立了盛京的留都地位，并完善了留都的体制。除设置盛京将军统辖旗人之外，还在盛京设置五部（即：户部、礼部、兵部、刑部、工部），与中央相比，仅少吏部。各部不设尚书，以侍郎为各部长官，皆有分工执掌。盛京五部并非中央六部的派出机构，而是直接隶属于朝廷，为留都体制所设。

在盛京又设盛京内务府，是专为皇室服务的宫廷机构。其职责是管理清皇室在盛京的财产，供应皇室所需要的关东特产；不仅盛京地区，吉林、黑龙江将军辖区内的皇室所需之特产，均经盛京内务府统辖处理，最后送达京师。

为便于管理盛京地区的汉族民户，清廷在盛京城内设置奉天府，长官称府尹。奉天府尹的地位与京师顺天府尹相等。

这样，在盛京城内就形成了盛京将军、盛京五部、盛京内务府与奉天府共集一城的政治格局。这种管理机构的设置与权力布局，为全国各地区所独有。

其次是在盛京地区实行的旗民二元管理体制。所谓旗民二元管理体制，即以盛京将军掌管旗人事务，以府尹管理民人事务。

清廷为充实“根本之地”，至康熙末年在盛京地区共设置 15 处八旗驻防，共有甲兵万余人。这些八旗官兵携带眷属及庄丁、奴仆专驻一城一地，自成体系，每个驻防城都是一个旗人社会。将军是驻防旗人社会的最高军政长官，其下设副都统、城守尉、防守尉、防御、骁骑校等官员，分领所属八旗官兵及其家眷，处理旗人的军事、行政、诉讼及经济等各项事务。

顺治初年，因百万八旗“从龙入关”，盛京地区沃野千里，有土无人，经济处于崩溃状态。有鉴于此，清政府于顺治十年（1653）颁布《辽东招民开垦授官条例》，鼓励关内汉族人前往盛京地区垦荒种地，重新启动盛京地区经济发展。在政府“悬官招民”政策下，关内一些汉族农民背井离乡来到辽东。为管理新移来的汉人，顺治十年（1653）十一月设辽阳府（下设辽阳县和海城县），这是盛京地区首次设置民治机构。顺治十四年（1657），清政府罢辽阳府，改设奉天府，移治盛京城。随着民人的增加，相继设立各州县，置官管理民人事务。

旗民两重管理体系，本该互不相扰，但是在旗民小聚居、大杂居的情况下，两者不可能不发生联系乃至诉讼纠纷，旗民之间的事务也常常交织在一起，这就使得诸多事务变得纷繁复杂。

有清一代，盛京地区的政治及其制度呈现出清晰的阶段性。

清政权入关前为第一个阶段，时间为半个世纪。这期间是其政治制度建立和发展阶段，具有鲜明的时代特征。在清政权建立初期，其政治制度全面体现了女真族的民族性；而至其发展阶段，则充分表现出了“参汉酌金”的特点。

自顺治朝至同治朝为第二个阶段。清廷在盛京建立起留都体制及旗民二元管理体制，实行了200余年。这期间虽然有管理制度上的调整，但两大体制基本保持不变。

自光绪初年至清亡为第三个阶段。在全国政治变革浪潮的冲击下，盛京地区的政治制度也发生了翻天覆地的变化：裁撤盛京五部，留都体制被废除；建奉天省，废除盛京将军衙署和奉天府府尹，旗民二元管理体制土崩瓦解。

本书试图对清代盛京地区的政治制度进行系统阐述，梳理清楚政治制度发展演变的脉络，突出其内涵及特征；但由于时间仓促及个人水平所限，其中还有不少问题有待于进行更深入的探索。

张丹卉

2018年5月

目录

第一章 清政权入关前的政治制度

16世纪末17世纪初，后金（清）政权崛起于辽东，至1644年迁都北京，历时半个世纪。这期间正是其政治制度建立和发展的阶段，具有鲜明的时代特征。在政权建立初期，其政治制度全面体现了女真族的民族性；而至其发展阶段，则充分表现出了“参汉酌金”的特点。

第一节 清政权在辽沈地区建立统治

明万历十一年（1583），辽东边墙外的建州部女真人在努尔哈赤的带领下崛起。努尔哈赤在统一女真人的进程中，制定国政，创建八旗，建立大金政权，进而挥师西向，毁边墙，占领明之辽沈地区，终以沈阳为其都城。他的继承者皇太极，于明崇祯九年（1636）称帝，更改国号为“大清”。清政权以辽沈为根据地，集满洲、蒙古、汉等多民族于一体，发展经济，改革政体，更定官制，建立起对这一地区的统治秩序。

一、大金政权建立于辽东边墙之外

（一）明筑辽东边墙

辽东，在明代是指辽东都指挥使司（简称辽东都司）所辖之地。辽东都司辖境是：北起开原，南抵旅顺；西起山海关，东至鸭绿江。在这个辖区内，设置25个卫、2个州，其中自在州和安乐州皆设于永乐七年（1409），主要是安置女真等少数民族，治所在开原城内，自在州后移治辽阳城。① 辽东都司辖境内的人口绝大多数是汉族人，包括明朝的驻军近10万人。

明代的辽东处境险峻，东与北为女真人的广阔居住地，西为蒙古族的世代牧场，东南则与朝鲜王国相邻。明初，蒙古、女真为边患，明政权在辽东修筑了一道边墙，西起山海关，东至鸭绿江，全长近1000千米。边墙者何？“长城是也”，“乃称曰边墙者，何也？盖秦皇筑长城而后万世诟之，边墙云者，避与秦皇同称也”②。

辽东边墙的修筑分为三段：一是永乐时期修筑了辽河流域的边墙，起自广宁（今辽宁北镇）的镇静堡（今辽宁黑山县西北），至开原镇北关（今辽宁开原东北莲花街村）止，长350余千米，除西部有一段石墙之外，其余皆为夯土修筑；二是正统年间修筑了辽西边墙，由王翔、毕恭主持修建，西起山海关外的铁场堡吾名口（今辽宁绥中西南铁厂堡吴明口），东与辽河段边墙相接，长435千米，有石墙和夯土墙；三是从成化年间至万历年间修筑了东部边墙，起自开原镇北关，止于鸭绿江畔宽甸江沿台（今辽宁宽甸满族自治县南虎山），边墙的结构有劈山石墙、土墙、木柞墙等。一道绵延曲折的边墙将山海关以外的

---

① 毕恭等修《辽东志》第一卷《地理志·沿革》，收入《辽海丛书》第一册，辽沈书社，1985，第353－354页。

② 顾颉刚、史念海：《中国疆域沿革史》，商务印书馆，1999，第198页。

广大地区划分为内外两部分，所谓“内诸夏而外夷狄”，女真和蒙古等民族被限隔在边墙之外。

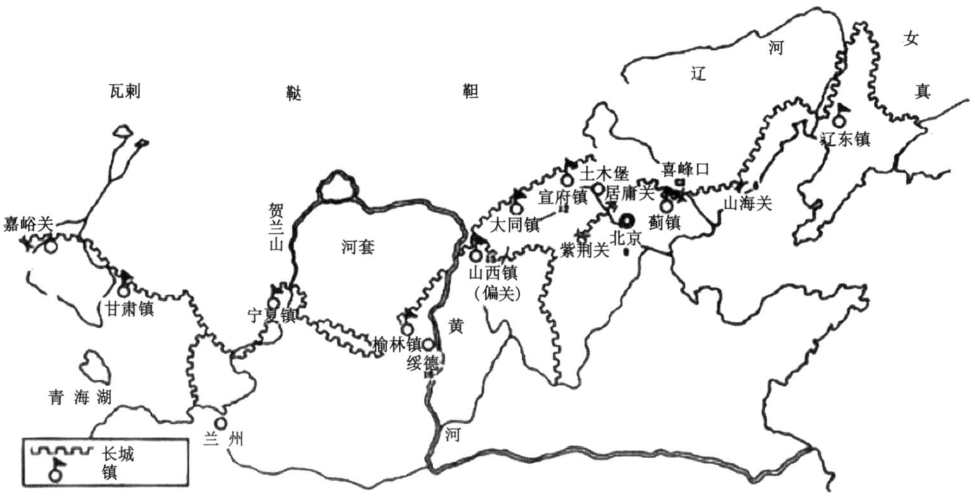

图 1－1　明长城示意图

明朝在边墙之内筑城修塞，屯兵驻守。清人王一元在《辽左见闻录》中描述道：“辽左自山海关直至开（原）、铁（岭），每三十里即筑一城，势如连珠，明季防边旧制也。昔皆列兵戍守，今所存皆空城……明季防边至固且备，不知费几万万金钱！”①

明朝以边墙为屏障，以各中心城镇为核心，以边塞台堡为防卫手段，三位一体，构筑了辽东强大的军事防御体系，以保“首疆”之安宁。

（二）努尔哈赤在边墙外建立大金政权

在辽东边墙之外的广阔地域，分布着建州女真、海西女真和黑龙江女真。其中建州女真主要分布在今辽宁省东部山区，即辽东边墙的东部边墙之外。16

① 王一元：《辽左见闻录》，渤海大学图书馆藏本。

世纪末，建州女真人努尔哈赤以为父祖复仇为契机，揭开了统一女真诸部大业的序幕，历经30余年的奋斗，建立了大金（史称后金）政权。

1. 统一女真诸部

努尔哈赤，明嘉靖三十八年（1559）生于建州左卫苏克素护河部的赫图阿拉（今辽宁省新宾满族自治县永陵镇老城村）。其直系祖先最早见于史料记载的是六世祖猛哥帖木儿（清文献作“孟特穆”）。明永乐时期，斡朵里部酋长猛哥帖木儿接受明朝的招抚，成为建州卫指挥使，与明朝建立起密切关系，带领部族开始向南迁移，历经半个多世纪的艰难险阻，最终在浑河支流苏子河一带定居下来。一个多世纪之后，努尔哈赤在这里出生。

努尔哈赤的父亲塔克世有五子一女，努尔哈赤为长子。他10岁时，生母去世。19岁时娶妻，与父亲分家，另立门户。继母刻薄寡恩，“家产所予独薄”[①]。为了生存，努尔哈赤射猎于山林，网鱼于江河，再将其所获带到明朝开设的马市上进行交易，以换取生活之资。努尔哈赤通过艰苦生活的磨炼，练就了一身骑射本领，丰富了人生阅历和经验，养成了勇敢、勤奋、机智、善于思考的品格，并怀有远大抱负。

明万历十一年（1583），努尔哈赤25岁，突遭横祸。是年，明辽东总兵李成梁率军攻打建州女真人阿台寨。在混战中，努尔哈赤的祖父觉昌安和父亲塔克世被明军误杀。努尔哈赤闻讯后悲愤交加，把父祖之死归罪于为明军做向导的女真图伦城城主尼堪外兰，遂以父祖遗甲十三副起兵，追杀尼堪外兰，走上了复仇之路，并最终在3年后斩获尼堪外兰首级。

努尔哈赤在复仇的同时，开始了统一女真各部的事业。其时，女真社会部族之间矛盾纷繁复杂，争斗激烈。正如《满洲实录》所载：“各部蜂起，皆称王争长，互相战杀，甚至骨肉相残。强凌弱，众暴寡。”[②] 在建州女真地区，“数十姓巨族，则各踞城寨，小族亦自主屯堡，互相雄长，各臣其民，均有城

① 《清太祖满文实录大全》第6册《满洲实录》卷一，辽宁民族出版社，2016，第78页。

② 同①，第80－81页。

图1-2　斋萨献上尼堪外兰首级

郭”①。长期处于分裂和纷争的女真社会需要一位伟大的人物来整合统一，努尔哈赤正是应时代之召唤，承担起了这一艰巨而伟大的使命。他以复仇为号召，凝聚力量，开始兼并邻近部落。最初是为复仇扫清障碍，而后便是自觉地为统一而战。他本着由近及远、先弱后强的原则，“恩威并行，顺者以德服，逆者以兵临”②，用5年时间统一了建州本部，然后攻取了长白山三部女真。在10年之

① 福格：《听雨丛谈》卷一，中华书局，1984，第2页。

② 《清太祖满文实录大全》第6册《满洲实录》卷一，辽宁民族出版社，2016，第81页。

间，“太祖遂招徕各部，环满洲而居者，皆为削平，国势日盛”[①]。

努尔哈赤统一建州女真，逐渐势大，引起海西女真的不安与不满。海西女真由四部组成，即叶赫部、乌拉部、哈达部、辉发部。四部分布在开原以北的广大地区，其中以叶赫部实力最强。首先是叶赫贝勒纳林布禄遣使前往建州索要土地，未果。然后，海西四部联合遣使再往建州威胁努尔哈赤，索要土地，又遭到拒绝。恼羞成怒的海西四部联合锡伯、蒙古科尔沁等，组成九部联军，于万历二十一年（1593）九月，浩浩荡荡地来攻建州。双方在古勒山发生激战，建州兵占据险要，奋勇拼杀，以一当十，终获全胜。是役，建州兵以少胜多，威名大振。

古勒山战后，努尔哈赤便将兵锋指向海西，攻城夺寨。万历二十七年（1599），攻歼哈达部，尽收其众；三十五年（1607），灭辉发部。

乌拉部在海西四部中兵马最众，疆域最广，距离建州最远。努尔哈赤将攻歼乌拉比作伐大树，他说：

> 欲伐大木，岂能骤折？必以斧斤伐之，渐至微细，然后能折。相等之国，欲一举取之，岂能尽灭乎？且将所属城郭，尽削平之，独存其都城。如此，则无仆何以为主？无民何以为君？[②]

为砍倒乌拉这棵“大树”，努尔哈赤采用联姻盟誓、政治怀柔与武力征伐等手段，历20年，多次出兵，终于在万历四十一年（1613）歼灭乌拉部。

建州与叶赫部关系复杂，一方面是姻亲关系，另一方面是政治上的敌对关系。努尔哈赤曾娶叶赫贝勒纳林布禄的妹妹为妻，即后来的清太宗皇太极的生母，她嫁给努尔哈赤时年方14岁，10余年后病故。联姻不过是政治结盟之所需，对立排他才是双方关系中的主要方面，因为叶赫是努尔哈赤统一女真的最大障碍。后金天命四年（1619），已建立政权的努尔哈赤统率八旗兵亲征叶赫。

---

① 《清太祖武皇帝实录》卷一，收入潘喆、李鸿彬、孙方明编《清入关前史料选辑》第一辑，中国人民大学出版社，1984，第312页。

② 《清太祖满文实录大全》第7册《满洲实录》卷三，辽宁民族出版社，2016，第166－167页。

努尔哈赤督军攻打叶赫东城，其子代善、皇太极等领兵攻打叶赫西城。叶赫贝勒金台什所居住的东城依山而建，坚固险要。八旗将士整合云梯和战车攻城，城上的叶赫兵拼死抵抗。两军交战，箭矢如雨，鸣角擂鼓，喊杀声撼天动地。叶赫兵终于寡不敌众，城陷，城中军民俱降。金台什携妻及幼子登上所居之八角楼，拒降，提出要见外甥皇太极。皇太极从西城疾驰而至，劝说舅舅投降。金台什要求皇太极答应“收养他”。皇太极回答道：“吾已在此，汝下，引汝往见父皇，生杀惟父皇命。”[①] 皇太极又让金台什之子德尔格勒到台楼下劝降，金台什仍不降。其妻见状，携幼子下台楼投降。金台什走投无路，绝望中举火自焚，未死，遇俘后被缢死。

东城已失陷，西城贝勒布扬古自知大势已去，开门出降。是夜，努尔哈赤以布扬古对他不恭为由，缢杀之。

战后，昔日繁盛的东、西叶赫城只剩下依稀可辨的残迹，湮没在碧草荒径之中。60余年后，康熙帝东巡路过叶赫废城时触景生情，感慨万千，遂赋诗咏道：

断垒生新草，空城尚野花。
翠华今日幸，谷口动鸣笳。[②]

以灭叶赫为标志，《清太祖武皇帝实录》称：“满洲国自东海至辽边，北自蒙古嫩江，南至朝鲜鸭绿江，同一语音者俱征服。是年诸部始合为一。”[③] 努尔哈赤栉风沐雨，经30余年奋斗，终于统一了建州与海西女真。与此同时，努尔哈赤又派兵出征黑龙江、松花江及乌苏里江流域，招抚那里的野人女真。

2. 建国称汗

随着统一事业的发展，努尔哈赤所辖人口迅速增加，地域不断扩大，所需

---

① 《清太祖高皇帝实录》卷六，天命四年八月己巳，中华书局，1986。

② 玄烨：《经叶赫废城》，载王佩环主编《清帝东巡》，辽宁大学出版社，1991，第479页。

③ 《清太祖武皇帝实录》卷三，收入潘喆、李鸿彬、孙方明编《清入关前史料选辑》第一辑，中国人民大学出版社，1984，第358页。

处理的事务日益繁杂，这就需要制定法规、建立制度。早在万历十五年（1587），努尔哈赤就基本上统一了建州本部，并在佛阿拉筑城。是年六月，“定国政，凡作乱、盗窃、欺诈，悉行严禁”①，即制定刑罚，保护私有财产，建立社会秩序，明确君臣上下之分，表明国家政权已具雏形。

佛阿拉城是努尔哈赤修建的第一座城（位于今辽宁省新宾满族自治县永陵镇）。“佛阿拉”为满语，“佛”意为“旧”，“阿拉”意为“山岗”。万历二十三年（1595），朝鲜人申忠一奉命出使佛阿拉，回国后著《建州纪程图记》，对佛阿拉城做了详细描述：佛阿拉城分为内外城，亲近的族类居内城，诸将、族党居外城。内城中又设木栅城，是努尔哈赤的居所，地处城中的最高处。木栅城用一道砖墙隔开，分为东西两院。东院有客厅、鼓楼和行廊，是努尔哈赤处理政务的地方；西院是努尔哈赤及其家眷生活区域。

努尔哈赤在佛阿拉城自称“女直国建州卫管束夷人之主”。明万历二十四年（1596），他在给朝鲜南部主簿申忠一的回帖中写道：

> 女直国建州卫管束夷人之主佟奴儿哈赤禀，为夷情事。蒙你朝鲜国、我女直国二国往来行走学好，我们二国，无有助兵之礼。②

自称“女直国”及“管束夷人之主”，说明努尔哈赤已在佛阿拉城建立了王权。

万历三十一年（1603），努尔哈赤搬迁到新建的赫图阿拉城。“赫图阿拉”为满语，意为“横岗”。该城位于今辽宁新宾满族自治县永陵镇老城村，建筑在苏子河与二道河之间的一块巨大的台地上。分内外城，外城略呈圆角方形，南北长 1352 米，东西宽 1335 米，周长 5230 米③，城东、南、北三面有门。据程开祜《筹辽硕画·东夷考》记载，内城居其亲戚，外城居其精悍卒伍。内外城现居人家 2 万余户。北门外为铁匠居住之地，专治铠甲。南门外为弓人、箭人

---

① 《清太祖满文实录大全》第 6 册《满洲实录》卷二，辽宁民族出版社，2016，第 55 页。

② 申忠一：《建州纪程图记》，辽宁大学历史系 1979 年印本，第 22 页。

③ 傅波主编《抚顺地区清前遗迹考察纪实》，辽宁人民出版社，1994，第 35 页。

居住之地，专造弧矢。

万历三十四年（1606）十二月，蒙古喀尔喀贝勒遣使到赫图阿拉进献驼马，尊努尔哈赤为昆都仑汗[①]。

万历四十四年（1616）正月初一，赫图阿拉城张灯结彩，人来人往，喜气洋洋。就在这一天，努尔哈赤正式宣布建国称汗，在他的宫殿内举行了隆重的登基典礼。《满文老档》记载如下：

> 国中诸贝勒大臣及众人会议曰："我国因未立汗，深受其苦，天乃生汗以安国人也。汗既天生，仁抚贫困国人，豢养贤达，即应上尊号。"议定后，八旗诸贝勒大臣率众成四面四角，立于八处，有八大臣持书自八旗出跪于前，八旗诸贝勒大臣率众跪于后。立于汗右侧之阿敦侍卫及立于汗左侧之巴克什额尔德尼，各由一侧出迎，接八大臣跪呈之书，置于汗前御案。巴克什额尔德尼立于汗之左前方，赞曰"天任覆育列国之英明汗"。赞毕，诸贝勒大臣起，继而各处之人起后，汗离座出衙门，叩天三次。叩毕回返升座，八旗诸贝勒大臣依次庆贺元旦，各向汗行三叩首礼。[②]

努尔哈赤告天即位，宣布"建元天命，以是年为天命元年"[③]，国号为"大金"[④]。后人为区别完颜阿骨打建立的金政权，称之为"后金"。努尔哈赤自万历十一年（1583）起兵，运筹帷幄，驰骋疆场，浴血奋战，由小到大、由弱到强，历30余载，终于统一女真，建立了政权。自元灭金后，女真民族在沉寂了300余年后再度崛起。

刚刚建立的后金政权成为在辽东与明朝对抗的一个独立的政治军事集团。很快，它便摧毁明朝辽东边墙，向辽东发动了军事进攻。

---

① 《清太祖武皇帝实录》卷二，收入潘喆、李鸿彬、孙方明编《清入关前史料选辑》第一辑，中国人民大学出版社，1984，第323页。

② 《满文老档》（太祖朝）第五册，天命元年正月初一，辽宁民族出版社，2009。

③ 《清太祖高皇帝实录》卷五，天命元年正月壬申。

④ 沈阳故宫博物院藏《大金天命癸亥云版》。

图1-3 努尔哈赤称汗

二、军事占领辽沈地区

一道蜿蜒曲折的辽河，将辽东都司辖区划分为两个区域：辽河以西称为辽西，辽河以东称为辽东。为与广义上的“辽东”相区别，这里称辽河以东为辽沈地区。自天命四年（1619）始，后金政权向辽沈发动了一系列军事打击，并最终占领该地区。

（一）首战抚顺，打开通往辽沈的门户

天命三年（1618），后金与明朝的关系终于发生了根本性变化。是年二月，

刚过完春节，努尔哈赤就对诸贝勒大臣宣布："吾意已决，今岁必征大明国。"[①]随后进行作战准备。四月十三日，2 万八旗兵集结在赫图阿拉，举行出征前的祭天仪式。努尔哈赤发布对明朝的"七大恨"，宣布对明开战，然后直趋明之抚顺千户所城。

抚顺城地处辽宁东部山区和西部平原连接处，是明辽东首府辽阳以东的边防重镇，在城外设有同女真人进行贸易的马市，是女真人进入辽东的必经之地。努尔哈赤青年时期常到抚顺马市进行贸易，对沿途的山川地势了如指掌。出征前，就如何攻取抚顺，努尔哈赤召开议政会议。皇太极献计说：

> 闻李永芳大开马市，至二十五日止，边备必疏。宜先令五十人佯作马商，驱马五路入城为市，嗣即率兵五千，夜行至城下，举炮内外夹，抚顺可得。[②]

努尔哈赤采纳了皇太极的计策，诈称互市，遣精兵入城，随后大军夜行至抚顺城下，外攻内应。守城游击李永芳毫无应战的准备，在大兵压境的情况下束手无策，最终在努尔哈赤诱逼下献城投降。

抚顺城陷的消息传到广宁（今辽宁北镇），明辽东巡抚李维翰急令总兵张承荫等领兵万人追剿后金军。两军相遇，明军三营分列，施放火炮，炮声震耳欲聋。后金大贝勒代善、四贝勒皇太极率领八旗兵三面环攻明军，利用风沙大作时机万箭齐发。在八旗骑兵的猛烈冲击下，明军惨败，"将士死者万人，生还者十无一二，举朝震骇"[③]。后金智取抚顺城，并未发生激烈战斗，而和张承荫率领的万名明军之战才是真正的交锋。以往，努尔哈赤统一女真各部时，在交战中双方使用的皆为刀、箭等冷兵器，而此战役是八旗兵第一次面对炮火，在炮弹的轰击下，勇往直前，毫不退缩，大获全胜。军队的战斗力取决于兵器与

---

① 《清太祖武皇帝实录》卷二，收入潘喆、李鸿彬、孙方明编《清入关前史料选辑》第一辑，中国人民大学出版社，1984，第 337 页。

② 计六奇：《明季北略》卷一《抚顺城陷》，中华书局，1981，第 8 页。

③ 《明史》卷二三九《张臣传》，中华书局，1974，第 6208 页。

斗志，看来，八旗兵的斗志或者说剽悍勇武远在明军之上。

战后，努尔哈赤将抚顺城中的官民交与李永芳管理，并将第七子阿巴泰的长女嫁与永芳，招其为额驸。随后扫荡了抚顺城周围的明军据点，回师赫图阿拉。

夺取抚顺是后金向明朝开战后的第一场战役，旗开得胜，极大地鼓舞了众将士的斗志，也打开了通向辽沈的门户。

（二）萨尔浒大决战

明朝在毫无准备的情况下，被后金打了一个措手不及，极大地损伤了“天朝”的颜面。明廷决不允许一个弱小的“东夷”的背叛与挑衅，甚至对其造成威胁，所以一定要组织反击，消灭刚刚建立的大金政权。暴风骤雨即将来临，一场决战已不可避免。

当时，明辽东全镇有 6 万兵力，除守城堡、驿站者之外，能作战的只有 2 万余人。显然，以此兵力不足以发动大规模军事进攻。于是，兵部从福建、浙江、四川、山东、山西、甘肃、陕西等地共征调 8 万兵；又咨文朝鲜合力征讨，朝鲜王派元帅姜弘立率兵 13000 名，渡鸭绿江，到辽东集结；另外又向叶赫部征兵 3000 人。以上共计有 10 余万兵力。在征调兵马的同时，明廷确定以杨镐为主帅。杨镐，万历八年（1580）进士，累次得以升迁；万历二十五年（1597）曾率军入朝鲜，援朝抗倭，遭遇惨败，被革职。时隔 20 余年，明廷以其熟悉“边事”，再次启用他任兵部右侍郎经略辽东。

明廷经过数月的酝酿和筹备，粮草齐备，10 余万大军集结于辽东。兵部担心久不出师致粮草匮乏，催促杨镐尽快出兵。杨镐被催得惶惶然，一时竟“计无所出”，最终决定采取在援朝抗倭中遭到失败的作战方案，即分进合击，把全部兵力分为四路，从不同方向进攻赫图阿拉，合围后金，将其一举歼灭。四路军配备的主帅、兵力及进军方向如下：

沈阳一路，又称左翼中路，以山海关总兵杜松为主将，保定总兵王宣等为协助，又有一批都司、参将、游击等分领，统领两万多兵马，由沈阳出发，经抚顺出关，从西面进攻赫图阿拉。

开原、铁岭一路，又称左翼北路，以总兵马林为主将，以开原管副总兵事游击麻岩等人为将官，统领包括叶赫兵在内的两万余人，从北面进攻。

清河一路，又称右翼中路，以辽东总兵李如柏为主将，以管辽阳副总兵事参将贺世贤、管游击事都司张应昌等人为将官，统领两万多兵马，从鸦鹘关出边，从南面进攻。

宽奠（今宽甸）一路，又称右翼南路，以总兵刘綎为主将，都司祖天定、姚国辅等为其属将，统领包括朝鲜援军在内的两三万人，出宽奠，从东面进击。

明军四路出击，皆奔向赫图阿拉。如果明军作战计划得以实现，那么刚刚建立的后金政权将不复存在；反之，后金政权势必会迅速发展壮大，对明朝将会是最严重的威胁。这场战役对双方而言都是一场命运之战。

图 1 –4　萨尔浒城遗址

自夺取抚顺之后，努尔哈赤料到明朝不会善罢甘休，所以一直保持高度戒备状态，派出哨骑，搜集情报，整顿器械，操练兵马，加强备战。

努尔哈赤在得到明军兵分四路来攻的探报后，经过深思熟虑，向诸王贝勒大臣们宣布了他的战略战术：“凭尔几路来，我只一路去！”集中优势兵力，并力一战，各个击破。

三月初一日，从沈阳出发的西路军杜松部进抵萨尔浒山下。此时，宽甸一路和开原、铁岭一路军因分别要与朝鲜军、叶赫军会合，延误了时日，尚在途中；清河一路刚刚出清河鸦鹘关；只有杜松军孤军突入。杜松分兵为两部分：一部留在萨尔浒山上布阵，另一部由其带领奔向吉林崖，攻打界藩城。努尔哈赤留下两旗兵守界藩城，自己率六旗兵向萨尔浒山上的明军发起攻击。明军排兵布阵，发炮接战。八旗兵仰面扣射，万箭齐发，箭矢如雨，铁甲骑兵奋力冲杀。炮声、呐喊声撼山震岳。很快，八旗兵冲入明军阵营，铁骑纵横驰突，厮杀蹂躏，明军败下阵来，被四处追杀，横尸亘山野。攻下萨尔浒的八旗兵，转而驰援吉林崖。在吉林崖，数倍于明军的八旗兵自山上、山下铺天盖地地杀向明军，两军酣战不止。入夜，炮声、呐喊声渐渐地减弱，最终平息，一场血战结束了。明将杜松、赵梦麟等均力竭战死，明军的尸体漫山遍野，血流成渠，刚刚解冻的浑河水裹挟着兵器、尸体、冰块旋转而下。

三月初二日，结束了萨尔浒战斗的八旗军北进迎战马林部。马林得知杜松兵败，急忙改变战略，转攻为守，将军队分为三大营，各距三四里，形成“牛头阵”。马林同样犯了分散兵力的错误。八旗兵没有分兵三处进攻，依然使用“凭尔几路来，我只一路去”的战术。两军交战，明军鸟枪大炮齐发，炮声隆隆，火光冲天。八旗兵并力作战，前仆后继，冒着炮火奋勇冲击。明军三大营先后被冲垮，死者遍布山谷，血流尚间崖下，河水变赤，总兵马林仅以身免。此路军有叶赫部援军，行至中固城（今辽宁省开原市中固村），得知明军覆没后迅速撤回。

后金军获得第二场战役的全胜，即于当天夜里收兵回营。侦探报告，东路和南路有两支明军正在向赫图阿拉方向逼近。努尔哈赤决定，暂时放掉南路的李如柏部，集中兵力迎战东路刘綎军。

三月初四日，大贝勒代善与四贝勒皇太极率八旗兵迎战刘綎部。前两路明军溃败，刘綎全然不知，仍在崎岖的山路间行进。代善兄弟派人携缴获的杜松令箭，诈称明军，前往迎接，催促刘綎快速前进，与他会合。刘綎不知是计，加快行军速度，当行进到阿布达里岗时，遭遇了八旗兵的埋伏。刘綎挥舞大刀战死于乱阵之中，所部全军覆没。此路军中的朝鲜援军，在富察旷野与后金军相遇，见明军战败后不战而降。

明军四路出师，三路覆没。杨镐驻沈阳，连得败报，气急败坏，心急如焚，急令南路的李如柏退兵。李如柏接到檄令后，急命撤退。后金巡逻的骑兵发现了撤退的明军，在山上吹响螺号，装作召集大军状。明军阵营大乱，竞相夺路而逃，相互挤踏，死千余人。

这场大决战有四个主战场，因萨尔浒战场打得最激烈、规模最大，故史称“萨尔浒之战”①。

此战，明军受到重创，文武将吏死亡 300 余人，兵士死亡 45800 余人，军器物资（如马匹、枪炮、粮饷等）损失不计其数。堂堂的天朝大国，经过数月备战，竟被小小的“建州夷”打得几近全军覆没，反映出明朝的统治已经江河日下，进入暮年。后金大获全胜，充分表现出新生政权的勃勃生机。经此一战，后金不仅生存下来，而且迅速发展壮大。萨尔浒战役是后金（清）与明朝的第一次大决战，也是双方战争的转折点。清高宗弘历作《萨尔浒山之战书事》评价道，经此战役后，“明之国势益削，我之武烈益扬，遂乃克辽东，取沈阳，王基开，帝业定。”②

（三）开铁之战，明失北部屏障

萨尔浒之战，后金以少胜多，极大地鼓舞了八旗将士的斗志。努尔哈赤决定乘胜再图更大的成果。天命四年（1619）六月初十，即萨尔浒战后三个月，后金对辽东北部的两个军事重镇——开原、铁岭——发起进攻。

开原城（今辽宁省开原市老城）位于辽河中游东岸，历史悠久。明洪武二十一年（1388），明廷将元朝的开元路治所迁到咸平府（今开原市老城），为避皇帝讳，改“开元”为“开原”。明代开原城的东与北两面比邻女真人住地，西北与蒙古相接，是明朝通使和控制外夷的门户，其战略地位的重要性不言而喻。

努尔哈赤统领 4 万八旗兵日夜兼程，奔赴开原。与此同时，采用声东击西

---

① 有关萨尔浒之战的内容，详见《清太祖高皇帝实录》卷六。

② 《清高宗实录》卷九百九十六，乾隆四十年十一月癸未。

的战术，遣小股部队抢掠沈阳周围，以吸引明军的注意力，使其误以为后金军要进攻沈阳。六月十六日，后金军兵临开原城下。

明朝防守开原城的将领有总兵官马林、副将于化龙、参将高贞等。此时的守城明军已长期缺少粮饷，毫无斗志。马林在萨尔浒之战中侥幸得以逃脱，回到开原后却仍然毫无防范意识。当后金军兵临城下时，明军的战马还在城外吃草，来不及收回。

马林仓促应战，在城上布兵防守，在城外四门屯兵。八旗兵一部分推战车、竖云梯攻城，一部分进攻城外的明军。后金军计划先破城东门。正在夺门时，攻城者已越城而入，城上的明军四处溃散。城外的明军见城破大惊，纷纷突围而逃，被八旗兵截杀殆尽。马林、于化龙等皆战死。还在八旗兵攻城时，城中的百姓为守节义，“人争缢死，屋无虚梁，木无空枝，至有一家全节，五六岁儿亦有缢死者”①。其情景十分惨烈悲壮。

战斗结束后，努尔哈赤在众人簇拥下登上城南门楼。他举目远眺，明朝经营了200多年的开原重镇现已在他的脚下，开原以南的铁岭、沈阳、辽阳是他接下来要一一攻取的目标。

后金军在城中驻营三日，尽收城中的财物、牲畜。撤退前，他们拆毁城墙，将城中房屋付之一炬。一座古城重镇连同城中的军民就这样消失了。

铁岭（今辽宁省铁岭市之一部分），明洪武二十六年（1393）设治于此，称为铁岭卫指挥使司，明廷置重兵戍守。它与开原同为“明季极边”，是一大边防重镇，比开原更繁华。万历初年，辽东明将李成梁祖居于此，与其子李如松、李如柏、李如桢、李如梅相继出任辽东总兵，掌一方兵柄，“劲卒数万，雄视绝塞”。史载，万历初年，辽东全盛，铁岭一卫世职至数百人，因城中皆官弁宅第，再无兵民居住之地，便以卫城狭窄为名，分处城外。铁岭“城郭十余里，编户鳞次，树色障天，不见城郭。城中妓女至二千余人，以数十香囊缀衫，以珠宝系袜带两端，一带之费至三四十金，数步外即香气袭人，穷奢极丽。每至

---

① 《光海君日记》卷一六九。

傍晚，夹道皆弦管声……繁华反盛内地”①。尤其是李成梁家族势力雄厚，在城东门外建有别墅，称为“万花楼”，台榭之盛，甲于一时。

天命四年（1619）七月二十五日，数万后金大军突然出现在铁岭城下。驻守城外各小堡的明军见状急欲进城，有一半被后金兵拦截在城外，四处逃散。后金八旗兵攻打铁岭城的北面。城中游击喻成名、史凤鸣、李克泰等令众军连放火炮，齐发矢石，力图阻止八旗兵靠近城墙；但八旗兵不惧炮火箭矢，前仆后继，拼死攻城，攀云梯而上，终于攻破垛口，蜂拥而入。喻成名、史凤鸣、李克泰及士卒皆被杀。此时，李成梁已去世，其族人皆死于后金兵的刀箭之下，万花楼也被焚毁。②

明朝相继失去北部开原、铁岭两大军事重镇，在辽东的统治岌岌可危。明人评价说：“铁岭、开原，为辽重蔽，既并陷贼，则河东已在贼握中。”③ 后金夺得辽河以东地区指日可待。

（四）辽沈之役，后金进占辽沈地区

明朝在萨尔浒之战中三路丧师，三个月后再连失开原、铁岭，辽东告警，朝廷推选熊廷弼出任辽东经略。熊廷弼，湖北江夏（今属武汉）人，万历二十六年（1598）进士，后任御史。他身材魁梧，“身长七尺，有胆知兵，善左右射”④。三十六年（1608），出任御史巡按辽东，在辽数年，风纪大振，却因明廷党争案起，被罢官回籍。十年后，当辽东危急时，廷臣和明神宗又想起了他，任命他为兵部右侍郎兼都察院右佥都御使经略辽东。熊廷弼在朝廷危难之际毅然受命，奔赴关外。

此时的辽东已是风声鹤唳，辽人多有逃亡。熊廷弼到辽东后，视察防务，召集流民，整顿兵备，筹集粮饷，设立祭坛，祭奠在抚、清、开、铁死难的军

① 王一元：《辽左见闻录》，渤海大学图书馆藏本。

② 有关开原、铁岭之役的内容，详见《清太祖高皇帝实录》卷六，天命四年六月辛酉、七月丙午。

③ 苕上愚公：《东夷考略·女直》。

④ 《明史·熊廷弼传》卷二五九，中华书局，1974，第6693页。

民，号召军民同仇敌忾、为国尽忠。在他的苦心经营下，辽东局势大为好转，人心趋于安定，守备大固。

观察到辽东局势发生变化，后金不敢轻举妄动，耐心地等待时机。在萨尔浒之战前，努尔哈赤已在界藩筑城；战后，即将其大本营迁到界藩。随后又修筑萨尔浒山城，并于天命五年（1620）迁到萨尔浒山城。从赫图阿拉到界藩再到萨尔浒，后金一步步地向辽沈逼近。

就在辽东形势初有好转时，明朝统治集团内部发生了重大变化。万历四十八年（1620）七月二十一日，明神宗驾崩，其长子朱常洛继位，是为明光宗。明光宗在位一个月，服红丸死于乾清宫。朱常洛的长子朱由校继位，是为明熹宗。一个多月的时间，“梓宫两哭”，两帝登极。熹宗初立，党争激烈，朝政混乱。熊廷弼不仅战守大略难以落实，还遭到攻击，弹奏他在辽一年不出战，毫无建树。熊廷弼有口难辩，一气之下请求辞官，朝廷竟应允。熊廷弼再次离开辽东，归隐家乡。明廷以袁应泰接替其为辽东经略。袁应泰也是进士出身，但他“历官精敏强毅，用兵非所长，规划颇疏”[①]。

乘明朝辽东经略易人之机，后金向辽沈地区发起了强大的军事进攻。

天命六年（1621）三月初十日，八旗兵自萨尔浒城出发，携带大批攻城器具，浩浩荡荡，水陆并进，直奔沈阳。

沈阳，为渤海国时所设之沈州，元朝时更名为沈阳路，因地处沈水（今浑河）之北而得名。明朝时改为沈阳中卫城，其大小相当于辽阳城的一半，为砖城，墙垣高广，壕堑深阔。《辽东志·建置志》记载：

> （城）周围九里三十步，高二丈五尺。池二重，内阔三丈，深八尺，周围一十里三十步；外阔三丈，深八尺，周围一十一里有奇。城门四：东曰永宁，南曰保安，北曰安定（后改镇远），西曰永昌。

沈阳城是辽阳的屏藩，战略位置非常重要。此时，城内有兵力七八万人，

---

① 《明史·袁应泰传》卷二五九，中华书局，1974，第6689页。

由总兵贺世贤、副将尤世功统领。

明军烽火台兵很快发现了后金军，点燃烽火报警。贺世贤、尤世功闻警后下令全军备战。全城军民总动员，在城外挖沟堑、设陷阱、修栅栏、筑拦马墙，在拦马墙内排列楯车和火炮，城上也环列火器，分兵据守。其防卫可谓周密严备。

三月十二日，后金军兵临城下，未敢贸然攻城，先派数十骑隔壕查探。明军武举出身的副将尤世功带着亲兵冲出，杀后金兵 4 人后返回。

翌日清晨，后金骑兵再次挑战。总兵贺世贤带领千余人出城迎战，八旗兵故意败走。贺世贤不知是计，紧追不放，进入后金军埋伏地点。八旗兵四面合围，杀向贺世贤。贺世贤难以招架，且战且退，从东门退到西门，身中数十箭，落马而死。八旗兵开始攻城，挖土填壕，推楯车，树云梯。城上的明军殊死抵抗，连续发炮。但时间一长，因发炮过多，炮身炽热，装药即喷，失去了作用。八旗兵乘机蜂拥过壕，涌向东门。在城内，早时被贺世贤接收的蒙古兵叛变，砍断吊桥绳索，放下吊桥，八旗兵破门而入。尤世功率部退到西门，被团团包围，终于寡不敌众，奋战至死。八旗兵绕城掩杀明军，明军覆尸如堆，沈阳城被攻陷。[①]

惊闻后金军攻打沈阳城，明总兵童仲揆、陈策等统领一万川浙兵从辽阳北上来增援，行至浑河时得知沈阳已失陷，陈策下令还师，众将士却坚决请求进击。明军遂分为两大营，川兵渡河在桥北安营，浙兵留守桥南。明军手持长枪、大刀、利剑，身穿棉甲、铁甲，头戴棉盔、铁盔，摆出决战的架势。后金右翼四旗兵进攻川军。双方展开了激战，川兵顽强战斗，八旗兵也拼死搏杀，直杀得天昏地暗，川兵终因寡不敌众，遭致全军覆没，后金兵也死伤惨重。接着，后金军渡河杀向浙兵，浙兵施放火器，后金兵死伤甚多。直战至天黑，浙兵弹药已尽，力战而败。童仲揆、陈策皆战死。川浙兵虽然战败，全军覆没，却极为壮烈。

---

① 《清太祖武皇帝实录》卷三，收入潘喆、李鸿彬、孙方明编《清入关前史料选辑》第一辑，中国人民大学出版社，1984，第 365 - 366 页。

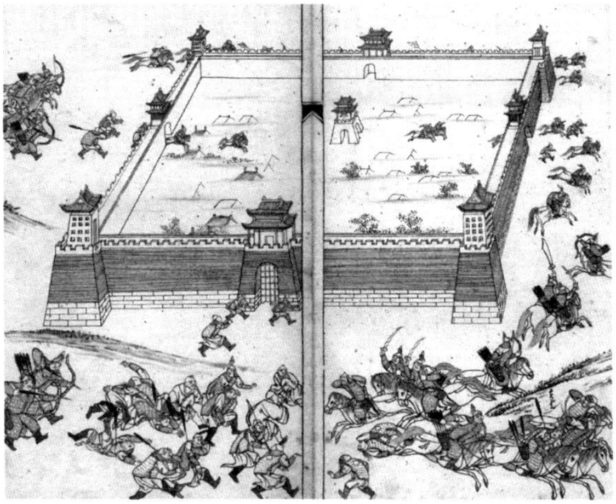

图 1-5 后金军克沈阳图

沈阳城破，援军断绝，后金军在沈阳休整了 5 天。努尔哈赤论功行赏，将俘获的人畜尽数分给八旗将士。

三月十八日，努尔哈赤召集诸贝勒大臣，说："沈阳已拔，敌兵大败，可率大兵乘势长驱，以取辽阳。"① 众人一致表示同意。于是，大军浩浩荡荡从沈阳启程，向辽阳挺进。

辽阳城历史悠久，战国时燕国在此设治，称辽东郡，称此城为"襄平"，汉唐以后称为辽东城。明代始称辽阳，是辽东都指挥使司治所所在地，此外还有定辽中卫、定辽左卫、定辽右卫、定辽前卫、定辽后卫、东宁卫等卫治所，也在辽阳城。明代辽阳城为砖城，据《辽东志·建置志》载：

> （城）周围二十二里二百九十五步，高三丈三尺；池深一丈五尺，周围二十四里二百八十五步，城门九，左南曰安定，右南曰泰和，正西曰肃清，前东曰平夷，后东曰广顺，正北曰镇远，外北曰无敌，外东曰永智，外西曰武靖。角楼四座。

---

① 《清太祖武皇帝实录》卷三，收入潘喆、李鸿彬、孙方明编《清入关前史料选辑》第一辑，中国人民大学出版社，1984，第 366 页。

自从后金军警报频传后，明朝一直在增强辽阳的防御能力。沈阳失陷后，辽东经略袁应泰立即采取紧急措施，将周围各堡兵力全部集结在辽阳城内，集中兵力固守辽阳城。

辽阳距沈阳不过百余里，明军哨探很快就发现了敌情，飞报辽阳城的文武官员："满洲大兵已取沈阳，援兵尽败，今又来攻辽阳，旌旗蔽日，漫山塞野，首尾不相见。"① 闻报，袁应泰下令引太子河水入城壕，沿壕布列火器，环城设置重炮，明军分段据守。

十九日中午，后金军抵达距离辽阳城东南不远处。当大队人马尚未完全渡过太子河时，明总兵李秉诚、侯世禄等统兵5万，出城5里布阵，试图阻止后金军直接攻城。殊不知这正是后金军所期待的；因为八旗兵最擅长野外作战，可以充分发挥骑兵的骑射长技。四贝勒皇太极坚决要求进战，努尔哈赤派两黄旗兵为其助战。皇太极率领八旗兵奋力冲杀，冒着炮火冲入明军阵营，明军大溃而逃。同时，袁应泰又派军队从西边武靖门出，接应增援城外的明军，刚出城门即遇两红旗兵，尚未交战，明军竞争相入城，人马自相踩踏，死伤不可胜数。天黑后，后金军收兵，在城南七里处安营。

二十日早晨，努尔哈赤对诸王大臣说："观绕城之水，西有闸门，可令左四固山（旗）兵掘之。东有水口，以右固山兵塞之。"然后，他亲率右翼四旗兵布战车于城外以防卫，令众军抬土运石堵塞河水入口。一会儿，左翼四旗兵来报：西闸口难掘，如夺桥而入可望成功。努尔哈赤回答："桥可夺，试夺之。若得之，急来告我，吾当进攻此门。"② 这时，袁应泰又派兵马出东门外布阵，排列火炮3层，向后金军发炮攻击。后金军在炮火中强渡壕水，呐喊而进，两军酣战不退。后金援兵如潮水般源源不断，明军终于招架不住，向城内败退，后金兵乘势驱赶射杀，两军尸体填满城壕，令壕水变赤。同时，左翼四旗正在夺西门桥，明军放炮射箭，后金军奋勇冲杀，推战车，竖云梯登城，夺下西城一

① 《清太祖武皇帝实录》卷三，收入潘喆、李鸿彬、孙方明编《清入关前史料选辑》第一辑，中国人民大学出版社，1984，第366页。

② 同①，第367页。

面，占据两角楼，攻入城内。是夜，在城里，左翼四旗兵与明军通宵而战。

战斗已经进行到第三天黎明，右翼四旗兵也登城。八旗兵合兵一处，沿城追杀明军。袁应泰在城东北镇远楼督战，见城被攻克，遂纵火焚楼而死。其他将领或战死，或自缢而亡。

辽阳城陷，2000余年历史的古城再次易主。城中官民皆剃发归降，全城结彩焚香，门前贴黄纸书“万岁牌”。努尔哈赤乘轿，在众人簇拥下，进入辽阳城。

后金夺取辽阳之后，数日间，金、复、海、盖州卫悉传檄而陷。辽河以东地区，自辽阳以南直至沿海大小几十城堡的官民，俱剃发投降。

后金在天命四年（1619）六月陷开原，七月克铁岭；六年（1621）三月连陷沈阳、辽阳及辽河以东大小70余城堡。在短短的一年多时间里，明朝在辽河以东的军事重镇尽为后金所克，后金夺得全辽之半。

三、迁都辽阳，再迁沈阳

努尔哈赤在创业之初，修建了佛阿拉城。当时尚未建国，所以它不能算作都城。随着统一女真事业的发展，弃佛阿拉城，再筑赫图阿拉城。1616年，努尔哈赤在赫图阿拉称汗，建元天命，赫图阿拉成为后金的第一座都城。

与明朝开战以后，为方便向辽东用兵，努尔哈赤先后将其大本营迁到界藩城和萨尔浒城，一步步靠近辽东。当夺取辽沈，进占辽河以东地区之后，努尔哈赤先将辽阳作为都城，席不暇暖，又将都城迁到沈阳。

（一）以辽阳为都城

攻克辽阳后，努尔哈赤提出迁都的建议。他询问诸臣：“辽阳乃天赐我者，可迁居于此耶，抑仍还本国耶？”众人皆认为应该返回本国，他却说：

若我兵还，辽阳必复固守，凡城堡之民，逃散于山谷者，俱遗之矣。弃所得之疆土而还国，必复烦征讨。且此处乃大明、朝鲜、蒙古三国之中，要地也，可居天与之地。①

努尔哈赤强调，若弃辽阳，明朝必会再派兵固守，将来还要征讨；而且辽阳地处明朝边陲，毗邻蒙古、朝鲜，实为战略要地。诸王臣被说服，一致同意迁都。于是，努尔哈赤马上派人前往萨尔浒接后妃、皇子及众家眷。

辽阳城被一分为二，原城中的官民被迁移到北城居住，南城作为后金诸贝勒王臣及八旗兵的居住区。四月五日，众眷属抵达辽阳。从此，明朝在辽东的政治、经济、文化中心变成了后金的都城。

翌年三月，努尔哈赤以辽阳城年久陈旧、城墙破败不堪为由，在旧城东的太子河畔再筑新城。据《盛京通志·京城志》卷十八载：

（新城）周六里零十步，高三丈五尺，东西广二百八十丈，南北袤二百六十二丈五尺。城门八，与盛京城同东向者，左曰迎阳，右曰韶阳；南向者，左曰龙源，右曰大顺；西向者，左曰大辽，右曰显德；北向者，左曰怀远，右曰安远。②

在筑城的同时，还修建了宫殿。宫殿建筑无论是质量还是工艺都有了飞跃性的进步。殿与宫皆筑于高台之上，这缘于女真择高而居的习俗，但二者截然分开，各成单元：殿为理政之处，宫为帝后生活之所。大殿为八角亭形，殿顶上铺黄绿两色琉璃瓦，琉璃瓦的釉面在阳光的照射下折射出金色的光辉。在建筑纹饰上，采用了象征着帝王权威至高无上的龙凤图案。宫殿建筑从布局和材料的使用上都显示出皇家宫阙的气派。后金称新城为东京城。

随后，边墙外的女真人“自萨尔浒迁户至辽东，自十一月初一日起第一族

① 《清太祖武皇帝实录》卷三，收入潘喆、李鸿彬、孙方明编《清入关前史料选辑》第一辑，中国人民大学出版社，1984，第370页。

② 阿桂等纂修《盛京通志》卷十八，辽海出版社，1997，第323页。

图 1-6　清代辽阳城东门

至，至十二月初十日方断”①。原居萨尔浒等处的女真人历时一个多月，全部搬迁到辽东。

回顾女真人的迁徙历史，自元末明初即向南迁移，历经周折和磨难，最终被一道边墙挡住了脚步。百余年来，他们试图越过边墙，皆以失败而告终。这缘于明朝的强大，也缘于女真人始终处于互不统属的分裂状态。如今，努尔哈赤完成了统一大业，把四处分散的女真人统一在了一个政权之下，形成一个整体。他们凭借着骑射尚武的精神和坚不可摧的顽强意志终于以武力摧毁了边墙，进入了以往以汉族人为主的区域——辽河以东地区，这是女真民族取得的重大胜利。

（二）迁都沈阳

后金把明朝昔日的辽东首府作为自己的都城，兴建新城与宫殿。天命九年（1624）四月，努尔哈赤又命人将祖父觉昌安（景祖）、父亲塔克世（显祖）及

① 《满文老档》（太祖朝）第二十九册，天命六年十一月二十一日。

大妃叶赫纳喇氏等人的遗骨迁至辽阳，葬在城东北四里许的杨鲁山上。一切迹象都显示出，辽阳将会是后金的永久性都城。可是，翌年三月初，努尔哈赤召集诸贝勒大臣议事，突然提出迁都沈阳。当时，沈阳城尚不及辽阳城一半大小，经后金军的攻城战，早已破败不堪。众人愕然不解，表示反对。努尔哈赤解释道：

> 沈阳四通八达之处，西征大明，从都儿鼻渡辽河，路直且近；北征蒙古，二三日可至；南征朝鲜，自清河路可进。沈阳浑河通苏苏河，于苏苏河源头处伐木，顺流而下，材木不可胜用。出游打猎，山近兽多。且河中之利亦可兼收矣。吾筹虑已定，故欲迁都，汝等何故不从。①

努尔哈赤申述迁都的理由有两点：一是沈阳的战略位置优于辽阳。沈阳位于辽阳之北，对于向西伐明朝、向北征蒙古、向南征朝鲜，较之辽阳确实处于居中位置，并且沈阳地面开阔，有更大的回旋余地。二是沈阳地理环境便于行军作战。辽阳地处辽河下游，地势低洼，每至夏秋之际到处积水，潮湿泥泞，不利于行军。而沈阳地区多平原，地势较高，气候干燥，西征大明，向北经都尔鼻（又作都儿鼻、都尔弼，今辽宁省彰武县境内）渡辽河，已近内蒙古草原，地势平坦开阔，利于骑兵行军作战。三是沈阳自然环境不逊于辽阳。沈阳城周围有山与河流，适合女真人狩猎网鱼。

其实迁都除上述理由之外，还有更深层次的原因，那就是辽阳及周围地区满汉民族矛盾日趋尖锐化。后金进入辽东后，实行民族歧视与压迫政策，以“薙发”作为投顺标志，强令汉人“薙发”，改变他们千百年来形成的习俗，激起汉人的反抗，后金给予武力镇压；女真人从赫图阿拉等故地迁入辽东后，粮食不足，没有住房，便以征服者的姿态强行食汉人的粮食，住汉人的房屋，很快民族之间的摩擦、纠纷加剧；数十万计的女真人迁入辽沈地区，为占有土地和防止汉人逃亡与暴动，强迫部分地区汉人迁往异地，造成辽沈地区大动荡，

---

① 《清太祖武皇帝实录》卷四，收入潘喆、李鸿彬、孙方明编《清入关前史料选辑》第一辑，中国人民大学出版社，1984，第382页。

经济衰退，发生粮荒。努尔哈赤屠戮汉人，以养女真。面对民族歧视和压迫，汉人以逃亡、暴动、投毒、袭击等方式反抗。辽阳及以南的海州、复州、盖州、金州等地汉人集中，女真人置身于其中，感受到了危机，努尔哈赤要寻一方安全之地作为都城。同时，自后金和明朝交战以来，虽然不断取得胜利，但明朝毕竟是"天朝大国"，若集全国之兵力与财力进剿，对后金也是巨大的压力。沈阳北临原海西女真故地，东即建州女真故地，一旦明军大规模进剿，战争失利，便可迅速撤回老家。综上所述，以沈阳为都城，可攻、可守、可退，这大概是选择迁都沈阳的主要原因。

三月初三上午，努尔哈赤出城拜祭父祖陵墓；礼毕，即率部众启程奔赴沈阳；夜里驻跸虎皮驿；初四日，抵达沈阳。

努尔哈赤在迁都沈阳后的第二年就去世了，来不及大规模营建宫殿与城池，除汗王宫之外，只修建了处理政务的大政殿和八旗王亭。大政殿，早期称为"大衙门"，坐北朝南，建在高约一米半的须弥座式台基上，通高 19 米。殿顶为八角重檐攒尖式，铺黄琉璃瓦并衬以绿色剪边。大殿由内外 40 根圆木支撑，殿身八面不砌砖石，而用 24 扇红色隔扇木门围成，可任意向四面八方同时开启。整体建筑雄伟壮观、气势磅礴。在大政殿前面的两侧，由北向南依序排列着 10 座亭子，东西对称各为 5 座：东侧为左翼王亭和镶黄、正白、镶白、正蓝四旗亭；西侧为右翼王亭和正黄、正红、镶红、镶蓝四旗亭。它们与大政殿为同一组建筑。这组建筑将八旗制度融入了宫殿建筑布局之中，具有鲜明的民族特色，也体现了八旗组织在后金国家政权中的重要地位，以及八旗与汗（皇帝）的关系。乾隆四十三年（1778），乾隆帝来到盛京祭祖，浏览大政殿和十王亭，感慨赋诗道：

一殿正中据，十亭左右分。
同心筹上下，合志立功勋。[①]

① 阿桂等纂修《盛京通志》卷十五，辽海出版社，1997，第 271 页。

乾隆帝触景生情，借赞美大政殿和十王亭，缅怀祖先创业时期上下同心协力、合志建立功勋的盛况。

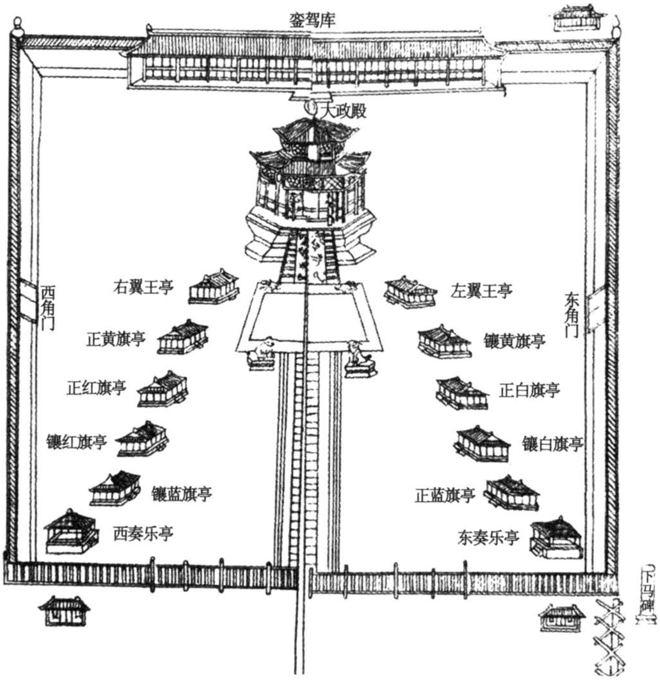

图 1－7　大政殿和十王亭

沈阳城和宫殿的全面修建是在清太宗时期完成的。天聪八年（1634）四月，清太宗改沈阳为“天眷盛京”，取“兴盛”之意。

盛京宫殿是一座富有满洲特色，融合满、蒙古、汉多民族建筑艺术为一体的皇家建筑群，规模雄伟，气势磅礴，红墙黄瓦，金碧辉煌。今日的沈阳故宫，依建筑布局可分为三部分：东部为清太祖时期建筑的大政殿和十王亭；中部是清太宗时期续修的大内宫阙，主要包括大清门、崇政殿、凤凰楼、后妃诸宫；西部是清高宗时期增建的宫殿楼阁，主要有颐和殿、迪光殿、戏台、文溯阁、敬典阁、崇谟阁等。

后金用军事手段摧毁了明朝在辽沈地区的军事防线，最终以沈阳为都城，建立起在辽沈地区的统治，由此进入蓬勃发展时期。

第二节
军政合一的八旗制度

八旗是清朝特有的旗人组织，它集军事、行政管理、组织生产等职能于一体，存续于有清一代。八旗制度的创建，是在努尔哈赤统一女真人的过程中进行的。

一、清太祖创建八旗

明万历四十三年（1615），清太祖努尔哈赤创建了八旗制度。在此之前，八旗的建立经历了编建牛录、形成四旗、再建八旗的发展过程。

女真是渔猎民族，在每年的春秋两季，各穆昆（氏族）、噶栅（村寨）的女真人集体“行师出猎”。在行围时，或十余人，或二三十人为一组，推举一位富有经验者为首领，指挥狩猎，分配猎物。《满洲实录》卷三载：

前此，凡遇行师出猎，不论人之多寡，照依族寨而行。满洲人出猎开围之际，各出箭一枝，十人中立一总领，属九人而行，各照方向，不许错乱，此总领呼为牛录厄真（额真）。[①]

"牛录"是满语 niru 的音译，本义为"大箭"，派生义是指由大箭持有者自愿结合的狩猎小组。牛录是在族寨的基础上组成的，具有强烈的血缘色彩，为临时性组织，事毕即散。"厄真"（又作额真）是 ejen 的音译，意为"主""首领"，也是大家临时举荐的。

努尔哈赤在统一女真各部的军事实践中，利用古老的牛录制度，将归附者编成牛录，设牛录额真统领。《清太祖武皇帝实录》记载，明万历十二年（1584），即努尔哈赤起兵的第二年，努尔哈赤在攻打翁科洛城时被敌将额尔果尼和洛科射成重伤，险些丧命。及城陷，众将欲处死额尔果尼和洛科，努尔哈赤制止后，对两人"赐以牛录之爵（属三百人），厚养之"[②]。这条史料说明，当时努尔哈赤是编设牛录的，但牛录的人数多寡不一，未成定制。《实录》中的原注"属三百人"，应是天聪年间修《实录》时按照八旗制度建立后的人数添加的解释。

明万历二十九年（1601），努尔哈赤已经统一了建州女真和海西女真的哈达部，归附之人剧增。"是年，太祖将所聚之众，每三百人内立一牛录额真管属。……于是，以牛录额真为官名。"[③] 至此，正式建立牛录制度，牛录成为女真社会的基层组织，牛录额真是这一组织的长官。

旗，满语为 gūsa，汉语音译为"固山"。在万历四十三年（1615）建八旗之前，已存在四旗。关于四旗设立的时间，在早期的史料（诸如《清太祖武皇帝实录》《满洲实录》《满文老档》）中均缺乏明确记载。记载八旗典制的《八旗通志》云："至辛丑年（1601），设黄、白、红、蓝四旗，旗皆纯色。"而学术界对于《八旗通志》的记载持有异议，但原四旗制的存在是毋庸置疑的，它是建立八旗制度的基础。

---

① 《清太祖满文实录大全》第 7 册《满洲实录》卷三，辽宁民族出版社，2016，第 36 页。

② 《清太祖武皇帝实录》卷一，收入潘喆、李鸿彬、孙方明编《清入关前史料选辑》第一辑，中国人民大学出版社，1984，第 309 页。

③ 同①，第 33 – 34 页。

万历四十三年（1615），努尔哈赤已经统一了建州诸部女真，兼并了海西女真四部中的哈达、辉发、乌拉三部，其势力和影响达到黑龙江下游的野人女真地区。努尔哈赤将归附的各部女真编为牛录。幅员益广，人口膨胀，牛录增加，“归附日众，乃析为八”①，即在原有四旗的基础上增设四旗，共为八旗。《清太祖武皇帝实录》卷二载：

太祖削平各处，于是每三百人立一牛录厄真（额真），五牛录立一扎拦（甲喇）厄真，五甲喇立一固山厄真，固山厄真左右立美凌（梅勒）厄真。原旗为黄、白、蓝、红四色，将此四旗镶之为八色，成八固山。②

将原四色旗镶之，即黄、白、蓝旗镶红边，红旗镶白边，于是成为八旗：正黄旗、正白旗、正红旗、正蓝旗、镶黄旗、镶白旗、镶红旗、镶蓝旗。

清太祖努尔哈赤将女真人古老的狩猎组织引入军事和社会管理建设之中，编制牛录，创建八旗，为其建立政权做好了组织准备。创建八旗制度的第二年，即1616年，努尔哈赤在赫图阿拉称汗，国号为“大金”（后人为区分与南宋对峙的金政权，称之为“后金”）。八旗制度一经建立，便成为清代的一项根本制度，直至清亡。

二、清太宗完善八旗制度

清太祖努尔哈赤创建八旗制度时，八旗内部的社会成员主要以女真人为主，故后来被称为八旗满洲。清太宗皇太极时期，随着蒙古族和汉族人的大量增加，为适应形势的发展变化，又增设了八旗蒙古和八旗汉军。

---

① 昭梿：《啸亭杂录》卷十，中华书局，1980，第13页。

② 《清太祖武皇帝实录》卷二，收入潘喆、李鸿彬、孙方明编《清入关前史料选辑》第一辑，中国人民大学出版社，1984，第334页。

图1-8　正黄旗的旗帜

（一）八旗蒙古的建立

元朝灭亡以后，蒙古族分布于长城以北的广大地域，按其分布地域分为漠西蒙古、漠北蒙古、漠南蒙古。其中漠南蒙古比邻后金，早在清太祖时期，就有漠南蒙古部落归附后金。天命七年（1622）二月，蒙古厄鲁特部明安、谔勒哲依图等17贝勒与喀尔喀等部台吉，共率所属军民3000余户及牲畜归附。努尔哈赤设宴迎接，对诸贝勒说："今既归我，俱有来降之功，有才德者固优待之，无才能者亦抚育之。"[①] 那么，如何对待和抚育归附的蒙古部落呢？一个月后，努尔哈赤对蒙古贝勒们说："我思，自喀尔喀前来之诸贝勒同为一旗，自察哈尔前来之诸贝勒同为一旗。我念尔等来归，编尔等为二旗。"[②] 翌年七月，喀尔喀蒙古巴约特部的恩格德尔又率部众及牲畜来归。双方盟誓后，努尔哈赤命代善带人将恩格德尔的部民全部迁到辽东，安置在复州、盖州两地。[③] 恩格德尔所部应与之前来归的喀尔喀蒙古同编为一旗，称为"喀尔喀蒙古旗"；厄鲁特明安等部所编的旗称为"厄鲁特蒙古旗"。努尔哈赤没有将来归的蒙古各部拆开，

① 《清太祖满文实录大全》第9册《满洲实录》卷七，辽宁民族出版社，2016，第120－121页。

② 《满文老档》（太祖朝）第四十册，天命七年三月二十九日。

③ 《满文老档》（太祖朝）第五十七册，天命八年七月初三日。

而是保留其整体性，各自编旗，蒙古贝勒仍统领各属，独立于八旗之外。

除上述蒙古两旗之外，陆续来归的蒙古人被编成牛录，分属于八旗。

清太宗时期，鉴于独立的两个蒙古旗难以约束，皇太极将其解散，编入八旗满洲。随着后金政权的蓬勃发展，漠南蒙古来归者日众，蒙古兵在后金与明朝的战争中冲锋陷阵，增强了后金军的战斗力。天聪三年（1629），皇太极率大军伐明，除八旗满洲兵之外，还有“蒙古二旗兵”①。《清太宗实录》记载，在编立八旗蒙古之前，就有“右翼蒙古诸贝勒兵”“左翼蒙古诸贝勒兵”“蒙古右营”“蒙古左营”等称谓。当时，在漠南蒙古诸部中，察哈尔部林丹汗一直与后金对抗。后金先后三次出兵草原，追剿林丹汗，迫使林丹汗率部渡黄河向西奔逃，最终病死于大草滩。后金军在追击林丹汗的途中，收拢其部众数以万计。林丹汗退出漠南蒙古后，整个漠南蒙古归于后金。

天聪九年（1635）二月初六日，皇太极下令编组内外喀喇沁蒙古壮丁，规定除盲人和手足残废者之外，凡年在 60 岁以下、18 岁以上者皆编入八旗蒙古。在这次编组中，被编入八旗的壮丁共 16953 名，他们和原在八旗满洲中的“旧蒙古”共同组成了八旗蒙古。除正式建立八旗蒙古之外，另建立喀喇沁左翼旗、喀喇沁右翼旗和土默特旗，这三旗隶属八旗满洲②。

为加强对蒙古的统治，皇太极把旗的组织推广到整个蒙古地区，把蒙古划分为内蒙古和外蒙古。在内蒙古地区陆续编为 49 旗，在旗之上设盟，即把临近的若干旗组成一个盟，形成盟旗制度，内蒙古 49 旗共设 6 个盟③。

八旗蒙古的建立，将八旗制度延伸到了满洲之外的民族，扩大了后金政权的统治基础。同时，蒙古八旗兵的加入，大大增强了后金军的战斗力。

（二）增设八旗汉军

自后金和明朝开战以来，随着后金在军事上不断取得胜利，数以千计、万

① 《清太宗实录》卷五，天聪三年十二月壬子。

② 《清太宗实录》卷二十二，天聪九年二月丁亥。

③ 张穆：《蒙古游牧记》，山西人民出版社，1991。

计的明军或被俘或投降。进入辽沈地区之后，努尔哈赤将大批个体的汉族农民变成农奴，把他们编入农奴制的拖克索（庄），规定汉人每 13 个男丁编为一庄，给牛 7 头、耕地百日[①]，其中 80 日地供庄丁自身食用，20 日地作为官赋。努尔哈赤还按照女真官员的品级，每个备御各赐一庄，这些庄丁就成了他们驱使的奴隶。努尔哈赤实行的民族压迫政策，激起了汉人的反抗，暴动、逃亡时有发生，满汉民族矛盾日趋尖锐。

皇太极即位后，及时调整对汉族政策，宣布："满、汉之人，均属一体，凡审拟罪犯，差徭公务，毋致异同。"[②] 他下令除每个备御只留给 8 个庄丁之外，将其余汉人编为民户，恢复他们的自由身份，使其成为个体农民，由清正的汉官管理。对于新归附的汉人不杀、不辱，分给土地、房屋，使之成为自由民。对归降的汉官实行优礼政策，招揽大批汉官加入后金政权，担任副将、参将、游击等职。皇太极对汉人政策的调整、对汉官的任用，为八旗汉军的建立奠定了基础。

天聪五年（1631）正月，后金铸成红衣大将军炮。在此之前，后金没有火器。参与这次铸造大炮的有：督造官总兵额驸佟养性，监造官游击丁启明、备御祝世荫，铸匠王天相、窦守位，铁匠刘计平（皆为汉人）。十余天后，皇太极敕谕佟养性，"凡汉人军民一切事务，付尔总理，各官悉听尔节制"[③]。皇太极对佟养性很信任和赏识。女真人长于骑射，不习火器。为使用红衣大炮，后金当时训练了一支汉军。《清太宗实录》卷八载，是年三月，"上（太宗）出阅新编汉军，命守战各兵分列两翼，使验放火炮鸟枪。以器械精良，操演娴熟，出帑金大赉军士"[④]。八月，皇太极统率大军围困辽西大凌河城时，总兵官佟养性率"旧汉兵载红衣炮、将军炮，当锦州大道而营"，拦截自锦州而来的明朝援军。火器在战争中发挥了巨大威力。天聪六年（1632）正月，佟养性为使用火

① "日"为古时东北地区计量土地的单位，1 日地合 6 亩。

② 《清太宗实录》卷一，天命十一年九月丙子。

③ 《清太宗实录》卷八，天聪五年正月乙未。

④ 《清太宗实录》卷八，天聪五年三月丁亥。

器扩编汉军事上疏皇太极，他奏称：

> 往时汉兵不用，因不用火器。夫火器，南朝仗之以固守；我国火器既备，是我夺其长技。彼之兵，既不能与我相敌抗，我火器又可以破彼之固守，何不增添兵力，多拏（拿）火器，以握全胜之势？目今新编汉兵，马、步仅三千余，兵力似少，火器不能多拏；况攻城火器，必须大号将军等炮，方可有用；然大号火器拏少，又无济于事。再思我国中各项汉人尚多，人人俱是皇上赤子，个个俱当出力报效。若果从公查出，照例编兵，派定火器，演成一股。有事出门，全拏火器，大张军威；无事归农，各安生理。一则不庆民业，一则又添兵势。如此一行，敌国声闻，自然瞻（胆）落，无坚不破，无城不取也。①

从佟养性的奏疏中可以了解到，天聪六年（1632）时，后金已经有了一定数量的火器，为使用火器，已经训练了一支3000多人的汉军。

天聪七年（1633）五月，明将孔有德、耿仲明偕家眷，率万余士兵渡海投后金。皇太极封孔有德为都元帅、耿仲明为总兵官，特许二人统领原部下，独立成军（即一支独立的汉军），旗帜用皂（黑）色。

七月，皇太极下令，“满洲各户有汉人十丁者，授棉甲一，共一千五百八十户。命旧汉军额真马光远等统之，分补旧甲喇之额缺者。”② 将八旗满洲下的汉人成丁按十分之一的比例拨出，披甲当兵，是对原有汉军的扩建。

天聪八年（1634）二月，明将尚可喜偕广鹿、长山二岛户口共男子1450人、妇女幼丁2466人抵达后金③。皇太极照孔有德、耿仲明之例，封尚可喜为总兵官，其部亦独立成军。

至此，在后金政权中，已经有一支“旧汉军”和孔有德、耿仲明与尚可喜的两支汉军。

---

① 《天聪朝臣工奏议》，辽宁大学历史系1980年印本，第7页。

② 《清太宗实录》卷十四，天聪七年七月辛卯。

③ 《清太宗实录》卷十七，天聪八年二月辛酉。

崇德二年（1637）七月，原一旗汉军分为左右两翼两旗，以汉官石廷柱为左翼固山额真、马光远为右翼固山额真，按照八旗满洲例，编壮丁为牛录，旗帜用黑色。四年（1639）六月，再分二旗为四旗，每旗设固山额真1员、梅勒章京2员、甲喇章京4员、牛录额真18员。任命马光远为正黄旗固山额真，旗色为蓝色镶黄边；石廷柱为正白旗固山额真，旗色为蓝色镶白边；万世选为正红旗固山额真，旗色为蓝色镶红边；巴彦为正蓝旗固山额真，旗色为纯蓝色。七年（1642）六月，在原有四旗的基础上，再扩建为八旗，即八旗汉军。旗色、名称及官员设置一如八旗满洲之例。

表1-1　八旗汉军固山额真及梅勒章京①

旗分	姓名	任职	旗分	姓名	任职
正黄旗	祖泽润	固山额真	镶黄旗	刘之源	固山额真
	祖可法	梅勒章京		马光辉	梅勒章京
	张大猷	梅勒章京		祖泽洪	梅勒章京
正红旗	吴守进	固山额真	镶红旗	金砺	固山额真
	王国光	梅勒章京		孟乔芳	梅勒章京
	郭朝忠	梅勒章京		郎绍贞	梅勒章京
正白旗	佟图赖	固山额真	镶白旗	石廷柱	固山额真
	裴国珍	梅勒章京		何济吉尔	梅勒章京
	屯泰	梅勒章京		金维城	梅勒章京
正蓝旗	巴彦	固山额真	镶蓝旗	李国翰	固山额真
	祖泽远	梅勒章京		张存仁	梅勒章京
	刘仲金	梅勒章京		曹光弼	梅勒章京

① 根据以下文献整理：《清太宗实录》卷六一，崇德七年六月甲辰；《盛京吏户礼兵四部文》，收入中国第一历史档案馆编《清代档案史料丛编》第十四辑，中华书局，1990，第80页。

是年八月，孔有德、耿仲明、尚可喜、沈志祥奏请“以所部兵随汉军旗下行走”，皇太极允许，命“归并汉军兵少之旗，一同行走”①。他们虽然没有编入八旗汉军，但应属于八旗汉军的一部分。

汉军由一旗发展到两旗，再到四旗，最后形成八旗。皇太极用十余年时间逐步完成了八旗汉军的建立，完善了八旗制度。

八旗蒙古和八旗汉军的建立，意义是重大的。

第一，扩大了兵源，增强了后金的军事力量。蒙古骑兵的加入无疑极大地增强了后金军的战斗力；利用汉军同明军作战，则是“选用招降，以汉攻汉，则无不可矣”②。

第二，皇太极借助建立八旗汉军、八旗蒙古巩固皇权，分散八旗满洲诸王贝勒的权力，打破他们对军队的垄断，也就削弱了他们与皇权抗衡的实力。

第三，八旗制度作为后金（清）国家的一种体制，若只有八旗满洲，则强烈表现的是满洲贵族狭隘的民族主义倾向，而忽略了政权之下其他民族（如汉族、蒙古族等）的客观存在，是有意降低他们的历史地位和作用，那么后金（清）的统治是不能维持长久的。

清太宗创建八旗汉军和八旗蒙古，是他意识到政权下存在的满洲、汉、蒙古民族之间的复杂关系，而对汉族、蒙古族的历史地位给予肯定。将他们与八旗满洲并立，就是从法律和制度上把这种联合的关系进一步确定下来。这标志着以满洲贵族为核心，与汉、蒙古封建地主阶级联合统治的基础更广泛了。八旗制度的完善，为清朝的统治奠定了牢固的基础。

---

① 《清太宗实录》卷六十二，崇德七年八月甲子。

② 《明清史料》丙编第一本，《正红旗固山备御藏国祚奏本》。

三、八旗组织形式及其职能

（一）组织形式及管理机构

八旗作为社会组织形式，如同府、州、县，既是军事组织又是行政组织，有着自己的组织形式和管理机构。

八旗每色旗下有3固山（旗），即俗称的满洲旗、汉军旗、蒙古旗。这三种以民族命名的旗（固山），合为一个单位，即同色旗为同一行政系统。一般性的行政事务，以同色旗为单位。八旗又分左右两翼，正黄旗、正红旗、镶红旗、镶蓝旗为右翼；镶黄旗、正白旗、镶白旗、正蓝旗为左翼。这种组织形式在盛京（今沈阳）皇宫的建筑中有充分体现，它的东路建筑为大政殿和十王亭，十王亭即左翼王亭及左翼四旗亭、右翼王亭及右翼四旗亭。

每旗包括牛录、甲喇、固山三级组织。努尔哈赤创建八旗时规定：每300人设一牛录额真，五牛录设一甲喇额真，五甲喇设一固山额真，每个固山额真左右设两梅勒额真。也就是说，八旗是由五进位制的三级组织构成的。各级官员的设置具体如下：

每旗（即每固山）设固山额真1人、梅勒额真2人。固山额真在作战时为统兵官，各领本旗行动；平时则为行政官，综理一旗的行政事务。“梅勒”是满语meiren的音译，为“两侧”“副手”之意，协助固山额真处理事务。在同色旗下有满洲、汉军、蒙古固山额真各1人，共计3人；有满洲、汉军、蒙古梅勒额真各2人，共计6人。固山额真与梅勒额真皆非世袭职务，由汗委任，遵照汗和本旗贝勒之命办事。

每甲喇设甲喇额真1人，统辖5个牛录。“甲喇”是满语jalan的音译，原意是草节、竹节之“节”，为承启固山额真和牛录额真的官职；后称甲喇章京，“章京”是满语janggin的音译，是“办事员”之意。

每牛录设牛录额真1人，天命五年（1620）采用明朝官制，改牛录额真为“备御”。天聪八年（1634），后金将官名与地名俱改为满语，改备御为“牛录章京”。

在牛录额真之下设岱子2人、章京4人和噶珊拨什库4人。“岱子”是满语daised的音译，有“副职”之意，其职责是协助牛录额真处理牛录事务。天聪八年（1634），改“岱子”为“分得拨什库”，后又改称骁骑校。4名章京分领300男丁编成的达旦，“达旦”是满语tatan的音译，汉译为“窝铺”。章京负责承办赋役，例如远出筑城、修路、守备防御以及参加围猎等。“噶珊”是满语gašan的音译，汉译为“村”。“拨什库”是满语bošokū的音译，汉译为“领催”，主要负责登记丁口，管理赋役档册及其相关事务。清入关后，固山额真改称都统，梅勒章京改称副都统，甲喇章京改称参领，牛录额真改称佐领。

每旗的固山额真及梅勒额真、牛录额真皆各有衙署。天命六年（1621）十一月初十日，清太祖努尔哈赤谕曰：

> 向有群臣晨服华冠丽服，上汗衙门或诸贝勒衙门，煮肉温酒、赐茶饮汤之礼。该辽东乃富庶之地，此礼为何废之。着都堂、总兵官以下，游击、参将以上，轮班召至各该贝勒衙门，照旧筵宴。牛录之人每晨上牛录额真及备御衙门，备御率之上参将、游击衙门，参将、游击率之上副将衙门，副将率之上都堂、总兵官衙门，都堂、总兵官率之于日出时上各自和硕额真贝勒衙门。和硕贝勒即以该旗贝勒大臣皆已集齐而入告于汗。①

谕令中的“诸贝勒衙门”即八旗的固山额真衙门，从谕令中可见当时每旗的各级官员皆有衙署。

清太祖创建八旗制度，清太宗增设八旗蒙古和八旗汉军，完善了八旗制度，八旗成为后金（清）的社会组织。

---

① 《满文老档》（太祖朝）第二十八册，天命六年十一月初十日。

（二）社会管理职能

八旗是“兵民为一”的社会组织形式。皇太极曾说：“南朝（明朝）规矩，兵民为二：民有常业，兵有常粮。我国兵民为一：出则备战，入则务农，兼以收拾兵器。”[①] 所以从八旗创立之日起，它就兼具军事、行政和经济的多种管理职能。

首先，八旗具有军事管理职能。

1615 年，努尔哈赤在建立八旗时就明确规定：

> 行军时，地广，则八旗并列，分八路；地狭，则八旗合一路而行。队伍整肃，节制严明，军士禁喧嚣，行伍禁搀越。当兵刃相接时，被坚甲、执长矛大刀者，为前锋；被轻甲、善射者，从后冲击；俾精兵立他处，勿下马，相机接应。每预筹方略，了如指掌，战则必胜。[②]

努尔哈赤建立八旗时，八旗兵已有了明确的作战分工：一是披坚甲、执长矛大刀的前锋；二是披轻甲的善射者；三是相机接应的精兵。这三种兵后来演变成前锋、骁骑和护军。护军时称“巴牙喇”，是满语 bayara 之音译。巴牙喇由各牛录选拔出来的精壮者组成，作战职能是“势有不及处即接应之”。至皇太极时，增建八旗蒙古和八旗汉军。蒙古骑兵被编入前锋、护军，增强了八旗骑兵的战斗力。八旗汉军使用红衣大炮，转战于关外塞内，可视为又增加了一个兵种，即炮兵。

努尔哈赤是八旗军队的最高统帅，他同时亲领两黄旗。余者由次子代善领两红旗、五子莽古尔泰领正蓝旗、八子皇太极领镶白旗、长孙杜度领正白旗、侄阿敏领镶蓝旗[③]，领旗的旗主是该旗的最高军事统帅。牛录是八旗的基层单

---

① 《明清史料》丙编第一本。

② 《清太祖高皇帝实录》卷四，第 20 页。

③ 杜家骥：《八旗与清朝政治论稿》，人民出版社，2008，第 12 页。

位，虽然每牛录有固定的兵额，但是在战争频繁的情况下，牛录男丁都要出征，所以牛录额真平日要组织本牛录的男丁进行军事训练。皇太极曾告诫牛录额真："尔等于该管之地，各宜督率所属长幼，于春夏秋三时，勤于习射。朕不时遣部臣往察，如有不能射者，必治牛录额真之罪。"① 此外，牛录额真还要负责军马的饲养和兵器的修缮，凡是"军用盔甲、弓箭、腰刀、枪、长矛、鞍辔等物若有损坏，则贬谪其牛录额真。倘一应物件修治完好，军马膘壮，则晋升其牛录额真"②。

图 1－9　正红旗与镶红旗的甲胄

八旗军是一支组织严密、纪律整肃的军队。努尔哈赤自创立军队起便赏罚严明，建立八旗后更将军纪及赏罚制度化，规定："克城破敌之后，功罪皆当其实，有罪者，即至亲不赏，必以法治；有功者，即仇怨不遗，必加升赏。"由于不分亲疏，赏罚严明，八旗兵保持了高昂的士气，英勇善战，从将领到士兵"各欲建功，一闻攻战，无不忻然，攻则争先，战则奋勇，威如雷霆，势如风

① 《清太宗实录》卷十三，天聪七年正月庚子。

② 《满文老档》（太祖朝）第四册，乙卯年十一月。

发，凡遇战阵，一鼓而胜”①。八旗兵最大的优势是骑射长技和崇尚勇武的精神。

其次，八旗具有组织生产职能。

八旗共同占有土地、人口及财物，所谓“有人必八家分养之，地土必八家分据之”②。在八旗组织当中，牛录是最基层的经济单位。牛录原本是女真人的狩猎组织，众人集体围猎，所获的猎物由集体分配，这是氏族社会的残余制度。明万历二十九年（1601），努尔哈赤将300男丁编为一牛录，设牛录额真管辖，牛录遂成为一级行政单位，具有组织生产的职能。万历四十一年（1613），努尔哈赤规定每牛录出男丁10人，牛4头，耕种田地，收获的粱谷缴纳官仓③。进入辽沈地区之后，改为每牛录纳粮200石。牛录额真具体负责本牛录的一切经济活动。天聪七年（1633）正月，皇太极在训诫牛录额真时曾说：

> 田畴庐舍，民生攸赖；劝农讲武，国之大经。尔等宜各往该管屯地，详加体察，不可以部分推诿。若有二、三牛录同居一堡者，著于各田地附近之外，大筑墙垣，散建屋以居之。迁移之时，亦听自便。至于树艺之法，洼地当种粱、稗，高田随所宜种之。地瘠须加培壅，耕牛需善饲养，尔等俱一一严饬，如贫民无牛者，付有力之家代种；一切徭役，宜派有力者，勿得累及贫民。如此方称牛录额真之职。④

从清太宗皇太极的训诫中可以看出，牛录额真是基层具体事务的管理者，负责组织生产、监督耕作、分派差徭、更换土地以及解决住房等问题。

在八旗制度下，旗人“无事耕猎，有事征调，战胜分俘受赏。人自为兵，

---

① 《清太祖满文实录大全》第7册《满洲实录》卷四，辽宁民族出版社，2016，第84－85页。

② 《天聪朝臣工奏议》卷上，辽宁大学历史系1980年印本，第30页。

③ 《满文老档》（太祖朝）第三册，癸丑年。

④ 《清太宗实录》卷十三，天聪七年正月庚子。

人自为饷，无养兵之费，故用无不给”①。也就是说，旗人是兵民为一，平时在家打猎耕种，有事则应征上马为兵，武器和马匹皆自备，国家没有过重的军费负担。但是，随着战事频仍，成年男丁逐渐演变为职业军人，牛录额真指挥军事的职能越来越强，尤其是入关后，其组织生产的职能越来越弱了。

再次，八旗具有行政职能。

努尔哈赤以旗统兵，又以旗统人，凡编入八旗之人称为旗人。八旗的三级组织固山（旗）、甲喇、牛录既是军事编制单位，又是户口编制单位。固山额真、甲喇额真、牛录额真既是军事长官，又是行政长官。在牛录额真之下又设有领催、拨什库（管一村的小官）等职。各级官员掌管所属旗人之民政事务，诸如登记户籍，分配土地及财物，收缴赋税，摊派劳役，排解纠纷，料理婚嫁、育儿、丧葬、教育等事宜。八旗军在战争中获得的人畜财帛，按照八旗出征甲兵平均分配，具体执行是由“每牛录会同均给”②。调解纠纷、理事诉讼也是八旗各级官员的职责。有犯罪者，首先由守堡、牛录额真审理，再逐级上报。小罪由八旗贝勒会审判定；大罪上报给汗，由汗做最后的裁断。努尔哈赤时期的刑罚有斩首、鞭打、箭刺耳鼻、没收财产、罚为奴隶等，刑罚的形式原始而残酷。至皇太极建立六部之后，有关司法事宜则由刑部负责办理。

因努尔哈赤建立牛录制度时一般将一个宗族编在同一个牛录，较小的宗族编为半个牛录，较大的宗族编成几个牛录，原来的族长被任命为牛录额真，所以牛录额真往往既是牛录的长官又是族长，管理本宗族事务。

综上所述，八旗作为社会组织形式，自创建之日起就兼具军事、行政及经济等多种管理职能。

---

① 魏源：《圣武记》卷一，中华书局，1984，第21页。

② 《清太宗实录》卷十九，天聪八年六月丁丑。

四、八旗的世职制度

所谓世职，是指世代承袭的职位。天命五年（1620）三月，努尔哈赤“论功序爵，列总兵之品为三等，副（将）参（将）游（击）亦如之，其牛录额真俱为备御，每牛录下设千总四员”①。总兵、参将、游击、备御是明朝武职品级，努尔哈赤借用之，将八旗官员分等列级，固山额真授总兵官，梅勒额真授副将，甲喇额真授游击，牛录额真授备御。努尔哈赤的论功序爵是清代八旗世职制度的滥觞。

天聪八年（1634）四月，皇太极改汉语官名为满语：一等总兵官为一等昂邦章京，二等总兵官为二等昂邦章京，三等总兵官为三等昂邦章京；一等副将为一等梅勒章京，二等副将为二等梅勒章京，三等副将为三等梅勒章京；一等参将为一等甲喇章京，二等参将为二等甲喇章京，游击为三等甲喇章京。

崇德元年（1636），论塔克世（努尔哈赤父，清朝尊为显祖宣皇帝）子孙功德，列爵九等，从高至低依次为：和硕亲王、多罗郡王、多罗贝勒、固山贝子、镇国公、辅国公、镇国将军、辅国将军、奉国将军；清入关后，又增第十等奉恩将军。定爵后，以前的旗主贝勒全部封为亲王；非旗主贝勒，高者封郡王，低者封多罗贝勒。

清太祖努尔哈赤结合自己民族特点，创建了八旗制度。因为创建时八旗成员主要以女真人为主，故而后来称之为八旗满洲。清太宗皇太极再增建八旗蒙古与八旗汉军，进而完善了八旗制度，确立了独树一帜的社会组织形式，对旗人实行有效的管理，这种组织形式一直存在到清亡。

---

①《清太祖满文实录大全》第8册《满洲实录》卷六，辽宁民族出版社，2016，第116页。

第三节
国家政治制度的建立与发展

努尔哈赤在统一女真族的过程中，建立了政权，国家制度轮廓初现。皇太极即位后，本着“参汉酌金”的原则，锐意改革机构设置，使国家制度得到发展。

一、清太祖时期国家政治制度初建

明万历四十四年（1616），努尔哈赤建国称汗，国号“大金”，年号“天命”。在其称汗的11年中，后金的政治制度逐步呈现出比较清晰的轮廓。

（一）议政会议

在努尔哈赤建立政权过程中及建立政权之后，其中枢机构是由若干贵族大臣组成的议政会议。

万历四十三年（1615），努尔哈赤在建立八旗制度的同时，正式确立议政会议制度，设置理政听讼大臣5人、扎尔固齐（理事官）10人，并规定：“每五日集诸贝勒大臣入衙门一次会议，公断是非，着为常例。”[①]

早在努尔哈赤起兵初期，因为子侄年幼，凡军国重务，只能依靠视为股肱的五大臣“赞决”[②]，组成了以天命汗为核心的中枢议政集团。这“五大臣”分别是：额亦都、安费扬古、费英东、扈尔汉、何和里。

额亦都（1562—1621），钮钴禄氏，比努尔哈赤小3岁。在努尔哈赤起兵之前，额亦都偶遇努尔哈赤，便觉两人言语投缘，与其成为挚友。及努尔哈赤起兵，额亦都义无反顾地追随其左右，凡遇攻战必奋勇争先，不畏生死。万历十五年（1587）八月，额亦都奉命统兵攻打女真哲陈部的巴尔达城（今辽宁省抚顺市东南）。是役中，额亦都身受箭伤50余处，成为血人，形状极为恐怖，守城之兵皆唯恐避之不及，岂敢再迎战。战后，努尔哈赤授额亦都“巴图鲁”（勇士）称号。[③] 额亦都对努尔哈赤忠心耿耿，曾经在夜间与努尔哈赤互换睡觉位置，以防止努尔哈赤遭人暗算。额亦都功冠诸臣，他的勇武和忠诚深得努尔哈赤赏识和信任；努尔哈赤嫁以第四女，招其为额驸。额亦都先后被封为左翼总兵官、一等内大臣。后金天命六年（1621）病逝，终年60岁。清崇德元年（1636），被追封为弘毅公，配享太庙，陪葬于努尔哈赤的福陵。

安费扬古（1559—1622），觉尔察氏，世居瑚济寨（今辽宁省新宾满族自治县境内），与努尔哈赤同岁。努尔哈赤起兵后，他随其父来归。他追剿努尔哈赤的仇人尼堪外兰，征战女真各部，参加后金与明朝的萨尔浒大战及辽东争夺战，奉命率兵远征黑龙江女真人。他追随努尔哈赤40余年，冲锋陷阵，出生入死，战功赫赫。努尔哈赤赐号“硕翁克罗巴图鲁”。明万历四十三年（1615），努尔哈赤置理政听诉五大臣，即“议政五大臣”，安费扬古为五大臣之一。后金天命七年（1622）七月卒，终年64岁。顺治十六年（1659），追谥敏壮，立碑纪其功。[④]

---

① 《满文老档》（太祖朝）第四册，乙卯年十一月。

② 昭梿：《啸亭杂录》卷二，中华书局，1980，第43页。

③ 赵尔巽等撰《清史稿》第三一册卷二百二十五“额亦都”，中华书局，1977，第9175页。

④ 赵尔巽等撰《清史稿》第三一册卷二百二十五“安费扬古”，中华书局，1977，第9185－9187页。

费英东（1564—1620），瓜尔佳氏，其父为女真苏完部部长，努尔哈赤统一建州女真后，从其父率部来归。他自幼练习骑射，弓箭娴熟，跟随努尔哈赤征战沙场，屡建战功。后金天命三年（1618），八旗兵夺取明朝的抚顺城，在还师时，明朝援军万人来战，费英东身先士卒，冲锋在前，直冲明军阵营，大破明军，努尔哈赤称赞其为“万人敌也”①。费英东足智多谋，为五大臣之一，后又任扎尔固齐，负责审理诉讼案件。他忠直敢言，审理诉讼秉公执法。清太宗皇太极曾以其为楷模，训诫诸臣：“扎尔固齐费英东见人之不善，必先自斥责而后劾之；见人之善，必先自奖励而后举之。其被劾者无怨言，被举者亦无骄色。朕今并未见尔等以善恶实奏，似斯人之公直也。”② 努尔哈赤信任、倚重费英东，将长子褚英之女嫁给他。天命五年（1620）三月，费英东卒。《清史稿·费英东传》评价其“佐太祖成帝业，功最高”③。崇德元年（1636），被追封为直义公，配享太庙。

扈尔汉（1576—1623），佟佳氏，世居雅尔古寨，努尔哈赤起兵后随父来归，年仅13岁，少年英发，深得努尔哈赤喜爱，被收为养子，赐姓爱新觉罗。为报答努尔哈赤抚育之恩，扈尔汉效力疆场。在统一海西女真四部战争中，每战必为先锋，身先士卒，战必胜、攻必克；奉命领兵，远行黑龙江，水陆并进，招抚萨哈连部，凯旋回师；随努尔哈赤征辽东，与明军作战，屡建战功。扈尔汉英勇善战，足智多谋，备受努尔哈赤倚重，列为五大臣之一，参与议政。但由于介入努尔哈赤诸子的汗位之争，引起努尔哈赤的不满，又因贪图财物，终被革职，罢议政权。天命八年（1623）十月，扈尔汉在抑郁中死去，时年48岁。④

何和里（1561—1624），栋鄂氏，先自瓦尔喀迁至栋鄂，别为一部，以地为姓。何和里在26岁时任栋鄂部部长。努尔哈赤起兵后，何和里部兵马精壮，率

① 《清太祖武皇帝实录》卷二，天命三年四月。

② 《清太宗实录》卷六十一，崇德七年七月庚午。

③ 赵尔巽等撰《清史稿》第三一册卷二百二十五“费英东”，中华书局，1977，第9180页。

④ 赵尔巽等撰《清史稿》第三一册卷二百二十五“扈尔汉”，中华书局，1977，第9188－9189页。

部来归；努尔哈赤将长女东果格格嫁与他，招其为额驸。何和里跟随努尔哈赤征战女真各部，参加与明朝的萨尔浒之战、辽沈争夺战等，功绩显赫，被授三等总兵官。何和里作战勇武，却对努尔哈赤温顺谦恭，被列为五大臣之一。天命九年（1624）八月，何和里卒，时年64岁。努尔哈赤闻讯悲叹道："佐吾创业诸臣，何无一人在后送我也?"①

及何和里卒，追随努尔哈赤创业的五大臣皆先于其故去，这让努尔哈赤悲痛不能自抑。

努尔哈赤起兵时25岁，在他统一女真各部的初期阶段，诸子年幼，五大臣成为他的左膀右臂，凡军政大事共同谋商议定，努尔哈赤与五大臣构成议政的核心。及诸子长成，成为各掌一旗的旗主贝勒，五大臣便被疏远了，分别拨入各旗任固山额真，成为掌旗贝勒的附庸，失去了昔日的权柄。努尔哈赤及其掌旗的诸子侄成为议政的核心人物。

议政会议在汗的召集下，每五日一聚。努尔哈赤时，"凡有所谋，必与执政诸贝勒大臣共议"②。所谓执政贝勒，在后金建国前后的一段时间里，应该是努尔哈赤次子代善、侄子阿敏、五子莽古尔泰、八子皇太极、十子德格类、十二子阿济格、长孙杜度（褚英之子）。执政贝勒理所当然是议政成员；此外在八旗制度的基础上，又设八大臣和40名理事官（每旗大臣1名、理事官5名）辅佐办事。由此可见，议政会议除八旗八大臣和若干异姓亲贵外，以汗家族为核心，带有家族政治色彩。努尔哈赤以诸亲近子侄分掌八旗，主持议政，建立起了集族权与政权于一身的"父汗"统治。纵观人类社会发展史，构建早期国家组织时，由于氏族社会残余影响，作为统治阶级代表的国家与统治家族融合在一起，先有家族关系而后有政治关系，是正常的社会现象。统治家族的首领也是国家的最高领袖，这样国家的权力机构与特权家族相结合，政治关系与家族关系交织为一体。

努尔哈赤时期，议政会议的职能，沿袭了氏族部落时代酋长议事会的形式，

---

① 《清太祖武皇帝实录》卷四，天命九年八月初十日。

② 《清太宗实录》卷七，天聪四年六月乙卯。

图 1－10 后金的信牌

又被赋予了新的内容。

第一，执掌诉讼审理。努尔哈赤规定，“凡事，扎尔固齐先审理，次达五大臣，五大臣鞫问，再达诸王。”[①] 随着五大臣相继故去，以及八旗制度的建立，议政会议转变为建立在八旗基础之上，所以在设立议政会议的同时任命了八大臣（每旗1人）、40名理事官（每旗5人），“协议诸事，公断是非”，并主持诉讼审理。规定，“小事，即令地方官与尔属下小官同堂公断。若是大事，不可擅行审断，须送汗城理事大衙门，由众人审断。”[②] 最后由汗裁夺。

第二，推选汗权。努尔哈赤在长期征战中形成了毋庸置疑的权威，但建国称汗仍需要通过议政会议形式上的认可。万历四十四年（1616）正月初一，诸贝勒大臣“众人现议”，认为：“我国因未立汗，深受其苦，天乃生汗以安国人也。汗既天生，仁抚贫困国人，豢养贤达，即应上尊号。”[③] 于是，给努尔哈赤上尊号为“天任覆育列国之英明汗”。这说明，努尔哈赤是通过议政会议形式，正式成为国家最高统治者的。

第三，商讨决议军国大政。天命三年（1618）二月，努尔哈赤与诸贝勒大臣商议，“我与明国结怨，有七大恨，至于小愤，不可胜数，欲往征之。”[④] 众人议定，向明朝发动军事进攻，于四月夺取明朝之抚顺城。为了便于继续对明

---

① 《清太祖满文实录大全》第7册《满洲实录》卷四，辽宁民族出版社，2016，第87－88页。

② 《满文老档》（太祖朝）第二十一册，天命六年五月初五；第三十八册，天命七年三月初三。

③ 《满文老档》（太祖朝）第五册，天命元年正月初一。

④ 《满文老档》（太祖朝）第六册，天命三年二月。

朝发动军事进攻，九月，“帝与诸王臣议曰：‘今与大明为敌，我国居处与敌相远，其东边军士途路更遥，行兵之时，马匹疲苦，可将马牧于近边地。西近大明国，于界藩处筑城。’”[①] 于是，经营基址，收集石木，准备修筑界藩城。在议政会议上，汗具有决定性的权力。例如天命六年（1621），八旗兵接连攻下辽河以东的沈阳、辽阳两城，辽南地区大小70余座城堡传檄而定，整个辽河以东地区尽入后金版图。努尔哈赤召开诸贝勒会议，商讨是否将都城迁到辽阳。诸贝勒不愿离开故里，主张由辽沈撤回故都，唯努尔哈赤坚持迁都，“遂成定义”[②]。天命七年（1622）三月初三日，八位和硕贝勒向努尔哈赤询问治国之道，努尔哈赤提出八位和硕贝勒“同心干国”“共议国政”的主张[③]。这虽然是对身后施政的构想，但也反映出议政会议在国家政治生活中的核心作用。

以贵族议事会形式组成国家中枢，在我国北方民族建国历史中是常见的现象。努尔哈赤时期的议政会议，尽管保留了古老议事制度的某些痕迹，但实际上已蜕变为以汗为首的贵族阶级实行统治的工具，所以它商议的内容完全围绕着战争、刑罚、政务等与特权利益息息相关的问题。由于汗权的强化，议政会议失去了对汗的约束，降到唯汗是从的地步。

（二）八名和硕贝勒共治国政

天命七年（1622）三月初三日，64岁的努尔哈赤提出八名和硕贝勒共治国政的主张，进一步强调和突出议政制度在国家政治中的作用，实则也是在安排身后事。他阐述的关于八名和硕贝勒共治国政的设想，要点如下：

第一，“夫继父为国君者，毋令力强者为君。倘以力强者为国君，恐尚其力而获罪于天。一人有识，能及众人共谋乎？故命尔等八子为八王，八王共谋，愿无所失。择能听尔八王之言者嗣父为国君。若不纳谏，所行非善，尔八王即

① 《清太祖武皇帝实录》卷二，天命四年九月。

② 《满文老档》（太祖朝）第二十一册，天命六年四月十一日。

③ 《清太祖满文实录大全》第9册《满洲实录》卷七，辽宁民族出版社，2016，第130页。

再选其能听尔八王之言者而立。”明确提出继位新汗的首要标准是能够纳谏，并规定八名和硕贝勒集体拥有选举和罢免新汗的权力。

第二，“尔八王治理国政，一人心有所得，直陈所见，其余七人则赞成之。如己无能，又不赞成他人之能而缄默坐视，则当易之，由其子弟为之。”规定八名和硕贝勒集体拥有对不称职和硕贝勒的撤换权。

第三，“若因事他出，宜告知众人商议，未经商议，不可私往。尔八王面君时，勿一二人相聚，须众人齐聚之，共议国政，商办国事。”强调共议国政的原则，以避免个人专权和结党营私。

第四，“八王商议，设诸申大臣八人、汉大臣八人、蒙古大臣八人。八大臣下，设诸申审事八人、汉审事八人、蒙古审事八人。众审事审理后报于大臣，大臣拟定后奏于八王，由八王审断定罪。八王斥奸佞而举忠直。八王处设诸申巴克什八人、汉巴克什八人、蒙古巴克什八人。”提出设官职，实行众审事官、众大臣、八和硕贝勒三级会审制度。

第五，“国君于每月初五日、二十日御殿二次。除夕谒堂子拜神主后，先由国君亲自叩拜众叔兄，再御汗位，汗与受汗叩拜之众叔兄皆并排而坐，受国人叩拜。”规定新汗对族中长辈及兄长的义务。

第六，“若逾父汗所定八份所得以外，另行贪隐一物，隐一次，即免除一次所得之份；隐两次，即免除两次所得之份；隐三次，则永免其所得之份。”① 规定了八名和硕贝勒在经济上的均分原则，不得隐匿财物。

以上便是八名和硕贝勒共治国政的主要内容，其宗旨是以集体的权力制约个人的权力，防止个人专断，共议可以达到共同维持集体意志的目的。同时“八和硕贝勒共治国政”是以汗家为对象制定的，此时五大臣中的安费扬古、扈尔汉、何和里尚在，却不在共议国政者之内，也就是说完全排除了异姓军功贵族，具有氏族部落社会遗留下来的注重血亲关系的特点。

---

① 《满文老档》（太祖朝）第十八册，天命七年三月初三日。

（三）武官与都堂

努尔哈赤初建政权，也借鉴了明朝制度的某些成分，从而建立了新制度。

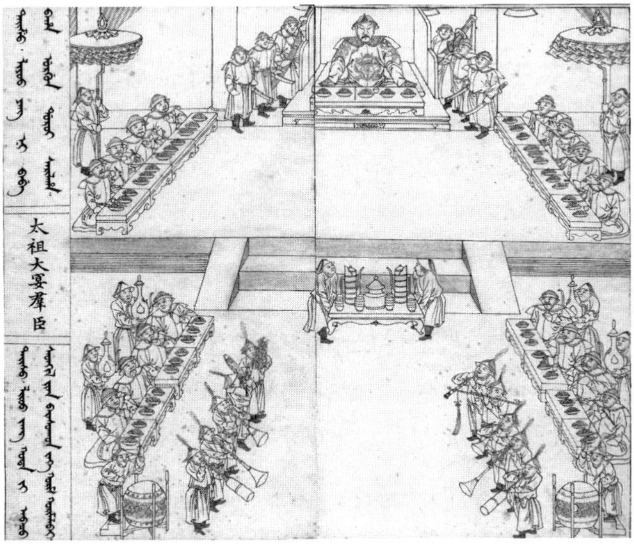

图 1－11　努尔哈赤大宴群臣

《满洲实录》卷六载，天命五年（1620）三月，“帝论功序爵，列总兵之品为三等，副（将）参（将）游（击）亦如之，其牛录额真俱为备御，每牛录下设千总四员。”总兵、副将、参将、游击、备御是明朝武职官衔，总兵为一军事区的最高军事长官，副将次之，参将、游击又次之。努尔哈赤借用了明朝的武官制度，为武臣设立爵位，将其赏给有功的将领。清朝在关外时期，始终未建立官俸制度，官员除旗地收项外，主要依靠对外战争的掳掠。正如后来清太宗皇太极所言：“我国土地未广，民力维艰。若从明国之例，按官给俸，则势有不能。然蒙天眷佑，所获财物，原照官职功次，加以赏赉。所获土地亦照官职功次，给以壮丁。”① 皇太极所述基本上符合努尔哈赤时代的情形。后金政权建立初期，虽然也发展农业，但仍不足以供养一支职业军队，所以只好保持部落时

① 《清太宗实录》卷十七，天聪八年正月癸卯。

代兵民不分的旧制。对于统治集团内部的贵族、官员，只能将抢来的大批人口、财物按地位高低来分配，充作不定期的官俸。武官等级的确定，为实行分配提供了依据，并形成了相应的分配制度。武官的授予，除了固山牛录的领有者之外，更主要的是立有军功者，还有能工巧匠，甚至勇于御敌的妇女。当时，被授予武职者数量很多，如《满文老档》"天命八年（1623）六月初一"记载，仅备御就有706名，若加上其他官员，总数当近千名。

部分武官被选拔出来主持或参与各项专门事务管理，从而扩大了国家的管理者阶层。天命七年（1622）六月，努尔哈赤将繁杂的军政事务分为几类，委派官员管理：

总兵官达尔汉侍卫、总兵官巴都里、都堂乌尔古岱额驸、总兵官索海、副将阿泰、游击雅虎、参将叶古德等16人，审理国中各项案事。

副将蒙噶图、游击孟古等8人办理库粮之登记、征收与散放，清点新来的人口，分拨田舍及迁移户口此一类事宜，以及办理筑城架桥、修建圈禁所获之人的栅栏、制作擒拿者之枷镣等一类事宜。监察桥上商人贸易、征税，繁殖牛畜，屠宰猪只，饲养各种畜禽，送往迎来，为新来之人腾房，拨给饭釜、砍斧、衣服以及收养所获闲散牲畜，为无妻之人娶妻等项事宜。

游击沙金等人负责查枪炮、哨台、出痘子及跟踪巡查等类事项。

统兵的总兵官、副将等查验盔甲、刀枪、弓箭、鞍辔、梯子、藤牌、车辆、錾子、刳舟斧、锛及蓑衣、帐房、箭罩、弓套等项军械，使马肥壮，查问前往庄内之妇孺，查验途中乘马之行人，查验门前所拴马匹肥瘦等二类事宜。

此外还有收管边界、查拿逃人，制作渔网及捕獐套网，遣使前往各处，速递信息等一类事宜。因原档残缺，任职者不明。[①]

翌年，努尔哈赤又将众多事务归纳为以下五类：

查点新来人口，给以田、舍、席、器、斧、锅及妻、奴、衣等诸物，令其筑房并登记征收与赈济库粮等。

巡查卡伦、台站、枪炮、踪迹及赴各屯查问天花、妇孺及逃人等。

---

① 《满文老档》（太祖朝）第四十二册，天命七年六月初七日。

羁押擒获之人，刑戮应杀之人。筑高木栅及造舟船，架桥梁，繁殖牛只，杀猪，饲养牲畜等。

送往迎来，收管所获之牲畜，在桥头征收交易税，清理街道污秽，管理茅厕，祭奠死者，传递信息，安排筵宴等。

甲、盔、刀、枪、弓、矢、鞍、辔、蓑衣及箭罩、弓套、帐房、梯子、档牌、车子、拖床、棉甲，每队十人所带十五日之物及察视骑乘、养肥马匹等。

至于诉讼审理，因为每固山已任命理事官 4 人，八固山共计 32 人办理，所以另行析出。[①]

努尔哈赤将国家的军政事务分门别类，派人专门负责。各类事务的划分与明朝的六部略有形似，执掌内容反映了当时满洲社会的实际，但职能划分颇粗糙混乱，任事者均系武职，表现出军政不分的特点。努尔哈赤所设的武职，为国家职能扩大补充了新成员，一部分固山下旧官员也因兼有武职，在国家事务中承担起专责，一大批不同固山的官员分管国家事务，会同办公，推动了八旗横向的联结，这些都反映了国家制度在向前发展。

“都堂”一称源于明朝，明朝都察院的都御史、副都御史等统称“都堂”。派遣外任的总督、巡抚及辽东经略，因带有这些兼衔，也称为都堂。

天命六年（1621），后金以迅雷不及掩耳之势攻占辽沈地区，为处理这一地区汉人事务，随即模仿明制，设置都堂。初设五都堂，皆以固山额真兼任，有参与议政的资格，政治地位略高于总兵官，权势很大。五都堂任职时间不长，但做了大量工作，工作中心是对汉民的防范、镇压与管理。具体言之，主要事务如下：

第一，主持汉民的迁徙工作。对迁徙汉民进行安置，清查人口，编户分田。

第二，在经济上以都堂的名义向辽东汉民征收粮赋、摊派杂役。

第三，在军事上负责对辽民反抗进行镇压，缉捕逃亡。同时负责汉兵的征调、驻防事宜。

第四，在审理案件时，都堂起着承上启下的作用。审理案件的一般程序是：

① 《满文老档》（太祖朝）第四十七册，天命八年三月十三日。

凡事先交守堡、备御；守堡、备御审讯后交给参将、游击；参将、游击审后再上报都堂、总兵官；都堂、总兵官审后再上报八贝勒。一些重要案件也由汗直接交给都堂处理。女真人迁入辽东，使当地汉民利益受到严重损害，反抗斗争连绵不断。为了平抑汉民的怨恨情绪，曾经以都堂名义下书，准许受害者赴东京（今辽阳）都堂衙门告状投诉。①

天命八年（1623）二月，努尔哈赤罢黜了旧都堂，重新任命了 8 名都堂，每旗 1 人。新任命的都堂是：总兵官吴尔古岱、扬古利、阿布泰，副将卓里克图，参将苏巴海、阿什达尔罕，游击多弼、贝托辉。② 这 8 人任都堂时的品级，显然比旧都堂低很多。与此同时，新都堂的职守也由主持辽东军政事务转为辅弼和硕贝勒。因为八都堂地位偏低，所以不能参与议政会议决策军国大政。都堂的影响每况愈下。至同年七月，努尔哈赤规定：今后下书于诸申（女真），皆以汗书颁给；下书于尼堪（汉人），皆经八贝勒书颁给，停止以都堂名义下书。③ 这标志着都堂一职的撤废。

综上所述，努尔哈赤时代是后金国家制度初建时期。不论八旗制度还是政权的机构与官员设置，充分体现出民族性，是对其民族原有民族制度的改造，具有军政不分、文武不分、家族与国家不分的特点。

二、清太宗时期国家政治制度的发展

天命十一年（1626），清太祖努尔哈赤去世，其八子皇太极经诸贝勒推举继承汗位，以第二年（1627）为天聪元年。在此后的十余年中，后金统治区域不断扩大。随着和明朝战争的深入，数以千计、万计的汉人归入其政权，汉族的影响显著加强。在这个过程中，满洲民族不得不改变社会生产方式，由以渔猎

---

① 《满文老档》（太祖朝）第四十三册，天命八年正月初四日。

② 《满文老档》（太祖朝）第四十五册，天命八年二月初七日；第四十六册，天命八年二月二十三日。

③ 《满文老档》（太祖朝）第五十八册，天命八年七月二十一日。

为主、农业为辅变为以农业为主，并且不得不适应当地生产力发展水平，逐步采用当地原有的封建制度。与之相适应，国家制度也发生了重大改变，取得了进一步发展。

图 1－12　清太宗皇太极

（一）加强汗权，废除“共治国政”

皇太极被推举为新汗，按照努尔哈赤生前制定的“八和硕贝勒共治国政”的要求，他在处理与诸贝勒的关系时，必须尊敬兄长，爱护子弟，不得因兄弟子侄稍有过失而削夺父汗所给予的户口、财物等。在八和硕贝勒中，有 4 人为大贝勒，这在努尔哈赤生前就已经确定了，即代善、阿敏、莽古尔泰和皇太极。四大贝勒按月分值，轮流执政，辅佐父汗。皇太极即汗位后，“凡朝会行礼时，大贝勒（代善）、阿敏、莽古尔泰三贝勒，以兄行受敬，命列坐汗左右，无论何处，均令与汗列坐，不令下坐”。新汗皇太极在原四大贝勒中位次居末，此时虽然身为后金的汗，却要与三位兄长共坐议事，遇年节还要“有加礼”，即行三跪九叩头礼。[1] 皇太极事兄以重礼，从一个侧面反映出他虽为新汗，但政治地位不高，三位大贝勒对他有着很大的制约作用。

大贝勒代善，努尔哈赤次子，生于明万历十一年（1583）七月，即努尔哈赤起兵之年。他自幼习骑射，稍长，跟随父亲征战海西女真各部，勇猛善战。多年在疆场上驰骋，取得卓越战绩，并显示出杰出的军事才能，深得努尔哈赤信赖。万历四十三年（1615），努尔哈赤处死长子褚英后，代善列众兄弟之长。是年，努尔哈赤定八旗制，自领正、镶两黄旗，代善领正、镶两红旗，其余四旗由四贝勒各领一旗，其中皇太极领正白旗。由此可见努尔哈赤对代善的器重。翌年，努尔哈赤建国称汗，封代善为和硕大贝勒，以齿序称“大贝勒”，居四大贝勒之首。其地位之显赫，仅在努尔哈赤之后。随后，在后金与明朝的战争中，代善统率两红旗立下了赫赫战功。

图 1－13　礼亲王代善

① 《清太宗实录》卷十七，天聪八年正月戊子；中国第一历史档案馆：《清初内国史院满文档案译编》（上），光明日报出版社，1989，第46、130页。

二贝勒阿敏，努尔哈赤弟舒尔哈齐子，生于明万历十四年（1586）。及长成，便跟随父亲征战于疆场。舒尔哈齐是努尔哈赤同母弟，与兄起兵后，出生入死，立下赫赫战功。但其自恃军功卓著，不满足于自己的权力和地位，与努尔哈赤的矛盾日益加剧，欲拥兵自立，被努尔哈赤囚禁，两个儿子被处死，次子阿敏幸赖诸贝勒劝谏而免于一死。阿敏感激努尔哈赤不杀之恩，随努尔哈赤驰骋疆场。因骁勇善战、足智多谋，深受努尔哈赤器重，建八旗时，领有镶蓝旗。翌年，被授和硕贝勒，与代善、莽古尔泰、皇太极并称“四大贝勒”。以齿序，称为“二贝勒”。

三贝勒莽古尔泰，努尔哈赤第五子，生于万历十五年（1587）。由于在战争环境中长大，受父兄熏陶，练就了精湛的骑射技艺。莽古尔泰性情刚烈勇武，在战场上冲锋陷阵，不畏生死，屡建战功。努尔哈赤建八旗制，其领有正蓝旗。以齿序，称为“三贝勒”。

四贝勒皇太极，努尔哈赤第八子，生于万历二十年（1592）十月。自幼“颖悟过人”，因父兄奋战沙场，长年驰驱在外，所以他从小即负责打理家政。史载：其7岁以后，“太祖委以一切家政，不烦指示，即能赞理，钜细悉当”[①]。稍长，跟随父兄出征狩猎，练就了过人的骑射技艺和胆识。万历四十年（1612），皇太极出征海西乌拉部，已成为一名骁将。努尔哈赤建八旗制，皇太极自领正白旗，成为和硕贝勒，与兄长代善、阿敏、莽古尔泰为四大贝勒，按齿序，称“四贝勒”。皇太极智勇双全，富有谋略。后金天命三年（1618），努尔哈赤欲攻打明朝抚顺城，皇太极献计智取：趁抚顺开马市之际，派精兵扮作马商潜入，随后大军夜袭抚顺，内外夹击。努尔哈赤欣然同意照办，后金计取抚顺成功。

努尔哈赤为培养子侄们处理国政的能力，在天命六年（1621）二月，“命四大贝勒按月分直。国中一切机务，俱令直月贝勒掌理”[②]。努尔哈赤共有16个儿子，其中四大贝勒是他最信任和器重的人，成为他的左膀右臂，佐理机务。

---

① 《清太宗实录》卷一，天命十一年九月庚午。

② 《清太宗实录》卷五，天聪三年正月丁丑。

命四大贝勒按月分值，即赋予了四人相同的权力。天命七年（1622）三月，努尔哈赤又宣布在其身后实行“八和硕贝勒共治国政”。虽然皇太极凭借才能、武功、智慧被推举为新汗，但因为他是四大贝勒中年纪最小者，且在八和硕贝勒共治国政的体制下，所以他的地位并不十分巩固，汗权也不独尊。

皇太极即位时，面临的形势更为复杂，对内要调整满洲、蒙古、汉等多民族之间的关系，要发展经济，要稳定社会秩序；对外要抚绥蒙古，征服朝鲜，攻打明朝。这一切皆需要集权于汗，结束权力分散的混乱局面。

血缘观念与部落民主的遗制是汗权独尊的障碍，“共治国政”制度则是它的具体体现。要加强汗权，实现汗权独尊，首先要废除“八和硕贝勒共治国政”，削弱其他三大贝勒的权力，为此皇太极即位伊始即采取了措施。

首先在八旗设八大臣，参与议政，借此分散诸王的议政权力。八大臣即固山额真（后称都统），皇太极让他们“总理一切事务，凡议政处与诸贝勒偕坐共议之；出猎行师各领本旗兵行，凡事皆听稽察”。八大臣参与议政，削弱了诸王议政之权力；出师领旗，削弱了诸王的兵权。又设“不令出兵驻防”的16大臣和“令出兵驻防”的16大臣，“佐理国政，审断狱讼”[①]。在这40名新任的八旗高级官员中，除7人是宗室觉罗之外，其余出自15个较大的族姓，这为宗室觉罗之外各姓参政提供了更多机会，有助于分散和削弱诸王的权柄。

其次是打击三大贝勒，削弱其权力。天聪三年（1629）正月丁丑，皇太极改变了努尔哈赤时期四大贝勒按月分值、执掌国中一切机务的旧制，而是以诸小贝勒代之，理由是“一切机务辄烦诸兄经理，多有未便”[②]。天聪四年（1630），二贝勒阿敏被指控16条罪状，被幽禁，10年后死于幽禁处。翌年，在后金军围困大凌河城时，莽古尔泰与皇太极发生激烈争执，怒目抚其佩刀，因此被革去大贝勒爵位，降居诸贝勒之列。三大贝勒中唯剩代善一人，皇太极见时机成熟，欲废除“凡国人朝见，上与三大贝勒俱南面坐受”的旧制。天聪五年（1631）十二月，皇太极就元旦朝贺行礼时莽古尔泰是否与自己并坐问题

---

① 《清太宗实录》卷一，天命十一年九月丁丑。

② 《清太宗实录》卷五，天聪三年正月丁丑。

交与诸贝勒讨论，诸贝勒会议时有一半人坚持并坐，最后代善发表意见：“我等既戴皇上为君，又与上并坐，恐滋国人之议，谓我等奉上居大位，又与之并列而坐，甚非礼也。……自今以后，上南面中坐，以昭至尊之体。”① 于是，皇太极始南面独坐。在汗权与诸王权力斗争中，汗权取得了胜利。

从天聪元年（1627）到天聪九年（1635），皇太极经过运作，已经独掌三旗（两黄旗和正蓝旗），拥有了强大的实力，无人能与他抗衡，八王共治国政的制度趋于瓦解。

（二）“参汉酌金”更定官制

皇太极在强化汗权的同时，结合满洲社会的实际，在八旗制度之外，逐步更定官制，建立起一套比较完整的国家行政机构。更定官制和建立国家机构是在“参汉酌金”的原则下进行的，即结合满洲民族的实际情况，参照和借鉴明朝的经验。皇太极要求“凡事都照《大明会典》行”。

1. 置书房

“书房”是由满语 bithei boo（笔帖赫包）翻译而来的，后改称文馆。《清太宗实录》顺治朝初修本卷三“天聪三年（1629）四月丙戌”载：

> 上降旨，分文人为两班职掌。命大海（达海）榜式翻译明朝古书，笔帖式刚林、苏开、孤儿马弘、托布戚四人副之；库里缠（库尔缠）榜式记本朝往来文移及得失事迹，笔帖式吴把什、加素哈、胡丘、詹巴四人副之。

皇太极设立书房之意，一是通过翻译汉文书籍，借鉴汉族封建统治者的政治经验；二是记注本朝政事，总结施政得失。皇太极不时到书房，翻阅史书，谈古论今。天聪五年（1631）正月己亥，皇太极到书房，询问库尔缠所修何书。库尔缠回答：“记注上所行事。”皇太极说：“此史臣之事，朕不宜观。”又取达

① 《清太宗实录》卷十，天聪五年十二月丙申。

海翻译的《五经》翻阅，阅毕，感叹道："观古史所载，将帅必体恤士卒。如我国额驸顾三台，与敌交锋，士卒有战死者，尝以绳系其足，曳归。主将之轻蔑士卒若此，何以得其死力乎？"① 皇太极以史为鉴，注重汲取历史经验教训，这也是他设置书房的目的之一。

书房设立之初，并非正式机构，亦无正式官职，正如汉官王文奎所言："今日之书房，虽无名色，而其实出纳章奏，即南朝之通政司也。……自大海弃世，龙识革职以来，五榜式不通汉字，三汉官又无责成，秀才八九人，哄然而来，群然而散。遇有章奏，因无职守……彼此互推，动淹旬月。"② 当时满洲文化比较落后，又以武功开国，重武轻文是社会习尚。初入书房的有巴克什（榜式）、笔帖式、秀才、相公等各种名色，并无正式官职。但是，书房的满汉文臣在这一时期却为后金政权建设做出了重大贡献。天聪年间的政治制度改革，多由书房文士倡率，例如设六部、开科举、辨服制、译典籍等。书房中的汉族文士初期主张凡事俱照大明会典行，以后逐渐意识到不能拘泥于明制，而应该结合后金的实际加以变通，进而提出"参汉酌金"，"渐就中国之制"的主张。③ 这一变化反映出汉族文士在政治上日臻成熟。"参汉酌金"成为满汉两族政治家在后金制度改革中共同遵循的原则。

2. 设六部

天聪五年（1631），皇太极在宁完我等人建议下，仿明制，设立了六部。这对于后金而言具有划时代的意义。在此之前，后金是以八旗制度为体制的政权；六部之设使其有了较为完整的中央行政体制，政权建设有了质的飞跃。是年七月初八日，"上集诸贝勒大臣议，爰定官制，设立六部"④。以和硕贝勒管各部事，下设承政、参政、启心郎等职。六部职掌及初任官员如下：

吏部：负责对官员考核、铨选、任免、调动事宜。以贝勒多尔衮管部事，

---

① 《清太宗实录》卷八，天聪五年正月己亥。

② 《天聪朝臣工奏议》卷上《王文奎条陈时宜奏》，辽宁大学历史系 1980 年印本。

③ 《天聪朝臣工奏议》卷中《宁完我请变通大明会典设六部通事奏》，辽宁大学历史系 1980 年印本。

④ 《清太宗实录》卷九，天聪五年七月庚辰。

图尔格为承政，满朱习礼为蒙古承政，李延庚为汉承政，其下设参政8员，以索尼为启心郎。

户部：管理土地和财政及赋税等经济事务。以贝勒德格类管部事，英俄尔岱、觉罗萨壁翰为承政，巴思翰为蒙古承政，吴守进为汉承政，其下设参政8员，以布丹为启心郎。

礼部：管理礼仪、祭祀、教育等事务。以贝勒萨哈廉管部事，巴都礼、吉孙为承政，布颜代为蒙古承政，金玉和为汉承政，其下设参政8员，以祁充格为启心郎。

兵部：因军队以八旗为主，所以兵部只管理一般性军事事务。以贝勒岳托管部事，纳穆泰、叶克书为承政，苏纳为蒙古承政，金砺为汉承政，其下设参政8员，以穆成格为启心郎。

刑部：负责刑狱诉讼。以贝勒济尔哈朗管部事，车尔格、索海为承政，多尔济为蒙古承政，高鸿中、孟乔芳为汉承政，其下设参政8员，以额尔克图为启心郎。

工部：负责工程营造事务。以贝勒阿巴泰管部事，孟阿图、康喀赖为承政，囊努克为蒙古承政，祝世荫为汉承政，其下设满洲参政8员、蒙古参政2员、汉参政2员，以苗硕浑为满洲启心郎、罗锦绣与马鸣佩为汉启心郎。

六部承政相当于明朝六部尚书，参政相当于明朝六部侍郎，启心郎承担着明廷六科给事中的部分职责。皇太极曾谕启心郎："朕以尔等为启心郎，尔等当顾名思义，克尽厥职。如各部诸贝勒，凡有过失，尔等见之，即明言以启迪其心，俾知改悔。"①

除上述官员外，还有办事笔帖式等，各根据事务繁简补授。

设六部虽然是仿明制，但是内部组织却独具一格，各由一名贝勒主政，下设满洲、蒙古、汉承政，充分体现了"参汉酌金"的原则。皇太极设立六部，意在统一掌握国家的各项事务，但是不可能一下子剥夺诸贝勒手中的权力，或者说国家制度还不能完全和八旗制度脱离开，所以只能采取一种折中的循序渐

① 《清太宗实录》卷十二，天聪六年八月癸酉。

进的方式，诸贝勒掌部事正是这种妥协的产物。但是还应该注意到，在掌六部的贝勒中，除了皇太极庶兄阿巴泰管工部之外，其余五部均由其弟、侄执掌，借此排斥了大贝勒们对政权的把持。六部贝勒无论在年龄、资历或者威望与权势上，均不能与皇太极抗衡。他们分掌六部事，与汗已经不是当初“共治国政”时的平等关系，而是君臣关系。六部是直接听命于汗的中央行政机构，六部之设，使后金向封建的君主集权制又迈进了一大步。同时，在六部中汉、蒙古官员皆占有一定比例并享有较高的地位，标志着后金已开始由单一的民族政权向以满洲贵族为核心并联合汉、蒙古贵族官僚的多民族政权过渡。

翌年（1632）八月，六部衙门建成。皇太极颁六部银印各一枚，并制定了六部衙署办事之礼仪：

> 六部诸贝勒于初入署时，率本部大臣赴阙领印，行三叩头礼。还部，张鼓乐。承政、参政及阖部官员，于本部贝勒，行一扣头礼，左右分次序列坐。各部事宜皆用印以行。其执掌条约，备录之，榜于门外。凡各衙门通行文书，亦用印行。①

六部作为后金的中央行政机构开始运行。

3. 建内三院

天聪十年（1636）三月，皇太极在原文馆（书房）基础上建立“文书的三衙门”，简称“内三院”，即内国史院、内秘书院、内弘文院。

内国史院，负责记注皇帝起居，撰拟诏令，编撰史书、庆贺表文，纂修祖宗实录，册拟功臣诰命等。内秘书院，负责撰写外藩往来书信，记录各衙门的奏疏及辩冤词状，代汗起草对各官的指令等。内弘文院，负责注释历代行事之善恶，进讲御前，侍讲皇子，并教诸亲王，颁布制度。②

内国史院设大学士 1 人、学士 2 人；内秘书院设大学士 2 人、学士 1 人；

---

① 《清太宗实录》卷十二，天聪六年八月癸酉。

② 《清太宗实录》卷二十八，天聪十年三月辛亥。

内弘文院设大学士1人、学士2人。大学士、学士分别由满洲、蒙古、汉人担任。这是清代设大学士之始。清承明制，不设宰相，大学士参与议定军国大政，掌握国家机密。

“内三院”是辅佐汗（皇帝）处理国家中枢政务的机构，与之前的书房相比显示出两点变化：其一，文官地位的变化。初设六部，长官均为武职，只有参政以下的启心郎一职为文员，地位低下。崇德元年（1636）定，大学士顶戴服色与随从人员俱从优享受梅勒章京待遇，学士则享受甲喇章京待遇。[①] 文官地位明显上升，是后金逐步摆脱早期军政不分落后状态的重要标志。其二，汉官地位的变化。“内三院”诸臣大部分为汉官，内秘书院由汉官范文程领衔，是前所未见的新气象，一批有能力并竭忠尽智的汉官受到信任和重用。汉官地位上升并广泛参政，大大推动了后金制度纳入正规化轨道的进程。“内三院”是参照明朝的翰林院和内阁并加以变通建立起来的。

表1-2　　崇德元年（1636）“内三院”任职人员表

	内国史院	内弘文院	内秘书院
大学士	刚林	希福	范文程、鲍承先
学士	罗锦绣、罗硕	胡球、王文奎	詹霸
举人、生员	梁正大、杨方兴、宜成格、张应魁	齐国儒、马国柱、王铎	恩格德、雷兴、李栖凤、赫德

4. 建都察院

在设立六部之后，就有汉官马光远建言设立六科，认为“六部既设，不设六科，是衣无领袖也，耳目之寄，上下之情，赖何通达?”他恳请皇太极“早选铁面鲠直之人，立为八道言官，不时访察，如有奸盗邪淫、谋逆贪恶、谎诈欺公、含冤抱屈者，许据实指名参奏以听，皇上拿问处分。如有廉能公勇者，许

① 《清太宗实录》卷二十九，崇德元年五月丙午。

即时奏闻，以听皇上试用。如此则忠良进步，狐鼠潜踪，而国家事无不大治矣”①。

对于汉官建议设立言官，皇太极不以为然，说：“何必立言官，我国人人得以进言，若立言官，是隘言路也。”天聪七年（1633）正月，汉官马国柱再奏请设立言路官员。他说：

> 言官不立，无责成，而有嫌疑，谁肯言之？即有言者，心私而不公，是开人以报复之门，而扰乱国家也。汗试思连年以来，谁曾公道说几件事来？即有言者，果是为汗为国，抑是抱怨报仇？汗一详思自明矣。建立言官，乃千古帝王之美意良法。后世人主，虽有神圣亦不得弃而不置。若言官一立，汗之过失得闻，贝勒是非不掩，国中善恶可辨，小民冤苦得伸。虽言官至私，必不敢少隐父兄之过者，职分使然也。臣观我国近日欺隐成风，朋党搏击，善恶混淆，真假莫辨，实可为寒心而扼腕者。祛弊防奸之着，莫要于言官之设也。②

马国柱之言情真意切，分析了设立言官的重要性。皇太极终于决定参照明朝的监察制度，设置都察院。

崇德元年（1636）五月，设都察院，与三院六部不相统属，独立行使检察各部的职权。设承政、参政等官。三年（1638）七月，更定官制，设满洲承政1人，左、右参政各2人，蒙古、汉人兼用。其职责是向皇帝谏言，纠举诸王大臣不法事，稽查六部，参加议奏，会审案件，监察考试等。③ 皇太极授予都察院官员极大的权力。规定各官“据实奏闻”，“所言是，朕即从之；所言非，亦不加罪”④。都察院的设立，有助于约束满洲贵族，控制国家各个部门的官员，以

---

① 《天聪朝臣工奏议》卷上《马光远敬献愚忠奏》，辽宁大学历史系1980年印本。

② 《天聪朝臣工奏议》卷中《马国柱请更养人旧例及设言官奏》，辽宁大学历史系1980年印本。

③ 《满文老档》（太宗朝）第十二册，崇德元年五月四日；《清太宗实录》卷二十九，崇德元年五月丁巳。

④ 《清太宗实录》卷二十九，崇德元年五月丁巳。

维护皇权独尊的地位。

5. 创设理藩院

清太宗时期，漠南蒙古各部先后归附。天聪九年（1635），后金编建了八旗蒙古，同时将旗的组织形式推广到整个漠南蒙古地区，每旗设札萨克管理旗务。蒙古事务日益繁多，诸如传达谕敕、颁布法令、划分牧地、查阅户口、审断案件、征调出兵、联姻赏赉等。为处理繁杂的蒙古事务，后金设立了蒙古衙门。蒙古衙门建立的确切时间史籍缺载，学术界看法不一，多认为设于崇德元年（1636）。《清太宗实录》卷一八记载：天聪八年（1634）五月，皇太极亲统大军追剿蒙古察哈尔林丹汗，征调蒙古各部随行，他部署说："凡此遣退蒙古，及发喀喇沁兵，俱不可无蒙古衙门官员，可留该衙门扈什布、温太，并其下办事四人，以任其事。"[①] 由此可知，此时已经设置蒙古衙门，并有相应办事的官员。崇德元年（1636）六月，皇太极命尼堪为蒙古衙门承政[②]。崇德三年（1638）七月，改蒙古衙门为理藩院，以贝子博洛为承政，下设左、右参政各1人，副理事官8人，启心郎1人。[③]

内三院、六部、都察院与理藩院，合称"三院六部二衙门"或"三院八衙门"。三院八衙门，除理藩院出自满洲独创之外，基本上是仿照明朝制度建立的。它们是独立于八旗制度之外的一套比较完整的国家机构，分别履行行政、监察、民族管理以及辅政职能。

清太宗皇太极本着"参汉酌金"的原则，对国家机构和制度进行大幅度建设和改革。在完善八旗制度的同时，建立起包括三院八衙门在内的一整套国家机构，这一系列举措的意义在于：第一，后金（清）政权已经不再是单一的满洲民族政权，而是满洲、蒙古、汉统治阶级的联合政权，因为在八旗组织中除了八旗满洲之外，又增设了八旗蒙古和八旗汉军。在各机构的官员队伍中，既有满洲人，也有大量的蒙古人和汉人；第二，确立了皇权独尊的地位。皇太极

① 《清太宗实录》卷十八，天聪八年五月甲辰。

② 《满文老档》（太宗朝）第十七册，崇德元年六月十三日。

③ 《清太宗实录》卷四十二，六月庚申、七月丙戌。

通过建立国家机构，废除了“八和硕贝勒共治国政”体制，汗与诸贝勒已成为君臣关系，皇帝的威权已不可撼动。第三，已经“渐就中国之制”，为取得全国政权做好了体制上的准备，即所谓“日后得了蛮子地方，不至于手忙脚乱”①。

（三）皇太极称帝，改国号为“大清”

天聪十年（1636）四月十一日，后金国汗皇太极宣布上尊号，称皇帝，改元“崇德”，同时改国号为“大清”。这是满洲民族史和清朝历史上划时代的大事，也是一项重大的政治事件。

前一年，即天聪九年（1635）九月，远征察哈尔的后金军偕林丹汗子额哲及其部众凯旋，这标志着整个漠南蒙古归于一统，实为可喜可贺。同时，这次出征还获得了意外之喜，额哲为皇太极献上了元朝的传国玉玺，众人欢呼恭贺，认为这是“天命”归金。

十二月，诸贝勒大臣议以远人归附、国势日隆定议，令文馆儒臣希福、刚林、罗硕等奏上，请皇太极进称尊号，即称皇帝。皇太极以“大业未定，豫建大号，恐非所以奉天意”为由拒绝。众人再三陈请，皇太极仍然不允。这时，管礼部事贝勒萨哈廉看懂了皇太极的心思，他再派希福、刚林等人向皇太极奏说：“皇上不受尊号，其咎实在诸贝勒。诸贝勒不能自修其身，殚忠信以事上，展布嘉猷，为久大之图，徒劝皇上早正大号，是以皇上不肯轻受耳。”又说：“今诸贝勒宜誓图改行，竭忠辅国，以开太平之基，皇上始受尊号可也。”② 皇太极听了萨哈廉的话很高兴，说：“因为萨哈廉贝勒这样启发，我心中高兴。这话一是为我，也是为先父汗创立之业。萨哈廉你是礼部的贝勒，说还是不说，随你的便。诸贝勒各修其身后，那时我将考虑受还是不受尊号。”③

第二天，萨哈廉召集诸贝勒，众人把自己的誓词写在纸上，送交皇太极审阅。皇太极看后，指示众人：“不必书从前并无悖逆事等语，但书自今以后，存

① 《天聪朝臣工奏议》卷中《宁完我请变通大明会典设六部通事奏》，辽宁大学历史系 1980 年印本。

② 《清太宗实录》卷二十六，天聪九年十二月甲辰。

③ 《汉译〈满文旧档〉》，天聪九年十二月二十八日，辽宁大学历史系 1979 年印本。

图 1－14　清初和硕颖亲王萨哈廉碑

心忠信，勉图职业，遇有大政大议，勿谋于闲散官员及微贱小人，并其妻妾等，即以此言为誓。”于是，诸贝勒焚香下跪宣读誓言，发誓以后对皇太极尽忠竭力。

皇太极屡次拒绝上尊号，其实是对诸贝勒心存顾虑，担心众人并非真心实意拥戴他上尊号。努尔哈赤曾经制定“八和硕贝勒共治国政”，其中规定八旗的领主有共同推举新君的权力，同时也有废掉汗的权力，举凡军国大政皆由诸贝勒共同商议决定。皇太极即汗位之后，诸贝勒皆手握重兵，分掌八旗，把持着后金的军政大权，皇太极不能不对他们怀有戒心。

天聪十年（1636）三月二十二日，外藩蒙古 16 部 49 个贝勒齐聚沈阳，联合请上尊号。几天后，都元帅孔有德，总兵官耿仲明、尚可喜等，各率所属官员也来朝见皇太极，请上尊号。四月初五日，诸贝勒及众官员联合请上尊号，文武群臣按班次排列在皇太极面前，多尔衮捧满字表文一道，科尔沁土谢图济农巴达里捧蒙古字表文一道，都元帅孔有德捧汉字表文一道，率诸贝勒大臣文武各官诣阙跪进。皇太极读过表文后说：“数年来，尔诸贝勒大臣，劝朕受尊号，已经屡奏。但朕若受尊号，恐上不协天心，下未孚民志，故未允从。今内外诸贝勒大臣复以劝进尊号，再三固请，朕重违尔等之意，弗获坚辞，勉从众议。朕思既受尊号，岂不倍加乾惕，忧国勤政，唯恐有志未逮，容有错误，唯天佑启之。"① 见皇太极同意上尊号，众人欢欣鼓舞，行三跪九叩头礼而出。

天聪十年（1636）四月十一日，是皇太极即皇帝位的吉日。是日黎明，皇太极率领诸贝勒及满洲、蒙古、汉众官员，出德胜门，至坛，举行隆重大典。

首先行祭告天地典礼，皇太极和众人在引导官引导下焚香行礼。礼毕，读祝官捧祝文至坛上，北向跪，大声诵读：

> 维丙子年四月十一日，满洲国皇帝臣皇太极敢昭告于皇天后土之神曰："臣以眇躬，嗣位以来，常思置器之重，时深履薄之虞，夜寐夙兴，兢兢业业，十年于此。幸赖皇穹降佑，克兴祖父基业，征服朝鲜，混一蒙古，更获玉玺，远拓边疆，今内外臣民，谬推臣功，合称尊号，以副天心。臣以明人尚为敌国，尊号不可遽称，固辞弗获，勉徇群情，践天子位，建国号曰大清，改元为崇德元年。窃思恩泽未布，生民未安，凉德怀惭，益深乾惕。"②

读祝官读完祝文，皇太极及众人依次再行礼。祝文以皇太极的口吻向"天"汇报他的政绩，请求"天"批准他践天子位。

祭告天地礼成后，行受尊号礼。筑坛于天坛之东，引导官引皇太极由中阶升坛，御金椅。诸贝勒大臣在左右列队而立，奏乐，在赞礼官的赞跪、赞叩声中行三跪九叩头礼。然后，左班和硕墨尔根代青贝勒多尔衮、科尔沁贝勒土谢图济农巴达里捧宝一，和硕额尔克楚虎尔贝勒多铎、和硕贝勒豪格捧宝一；右班和硕贝勒岳托、察哈尔汗之子额驸额尔克孔果尔额哲捧宝一，贝勒杜度、都元帅孔有德捧宝一，各依次跪献给皇太极。进仪仗，列在皇太极左右，众人再

---

① 《清太宗实录》卷二十八，天聪十年四月己卯。

② 《清太宗实录》卷二十八，天聪十年四月乙酉。

行三跪九叩头礼，复跪。满洲、蒙古、汉官捧满蒙汉三体表文宣示于众曰：

> 我皇上应天顺人，聿修厥德，收付朝鲜，统一蒙古，更得玉玺，符瑞昭应，鸿名伟业，丕扬天下。是以内外诸贝勒大臣，同心推戴。敬上尊号曰："宽温仁圣皇帝"，建国号曰"大清"，改元为"崇德"元年。①

宣谕毕，众人行三跪九叩头礼，复位。在坛前设树鹄，命善射者射之。射毕，列仪仗奏乐，在鼓乐声中，大清崇德皇帝还宫。

"汗"是"可汗"的简称，为蒙古语，汉译为"王"或"帝"，是蒙古族对本民族最高领导者的称谓。女真人受蒙古文化影响较深，所以努尔哈赤建立政权后称"天命汗"。皇太极继承汗位，称为"天聪汗"。皇帝是中原历代皇朝最高统治者的称谓，在汉文化中"皇帝"比"汗"的称谓更尊贵。在打败了朝鲜、抚绥了蒙古、夺取明朝辽沈地区之后，皇太极自然不想再做"大汗"，而是要入主中原做皇帝了。

皇太极在称帝的同时，把国号由"大金"更改为"大清"。为何更改国号呢？因为此时的"大金"国号已成为他实现宏图大愿的障碍。努尔哈赤在建国称汗时定国号为"大金"，这在当时具有效仿先人建立大业的积极意义。早在12世纪初，女真人曾经建立政权，国号为金，灭亡辽和北宋，与南宋对峙，持有半壁江山。努尔哈赤也要效仿金太祖完颜阿骨打，建立一番伟业。而到皇太极时，皇太极最大的目标是进攻明朝，与明朝争夺天下，这时国号"大金"已成为其成就大业的障碍，因为"明之君臣深鉴宋室之覆辙"，对金人怀有戒备和敌视之态度。天聪五年（1631）八月，皇太极率兵攻打辽西大凌河城，致书明将祖大寿："尔国君臣惟以宋朝故事为鉴，亦无一言复我。尔明主非宋之苗裔，朕亦非金之后，彼一时也，此一时也，天时人心，各有不同。"② 此外，更改国号也表明皇太极绝不效仿先人所建立的金政权，仅持有半壁江山，他要夺取明

① 《清太宗实录》卷二十八，天聪十年四月乙酉。

② 《清太宗实录》卷九，天聪五年八月乙卯。

朝的整个天下。

图 1－15 沈阳故宫崇政殿

至于为何将国号改为“大清”，皇太极并未说明，史料也无记载。学者们有诸多推测。例如“清”同“青”，北方信奉萨满教的民族崇尚青色，满洲民族信仰萨满教，故用“清”为国号；“清”与“金”谐音；从五行上而言，“明”为火，“清”为水，水能克火。

皇太极上尊号称皇帝，改国号为大清，是顺应历史发展的需要，同时也表明该政权已经脱胎换骨，不同于之前满洲民族的“大金”政权，而是以满洲贵族为核心，与汉、蒙古等其他民族联合建立的封建政权。大清国号一直沿用到近代。

第四节
地方城守官制

后金进入辽沈地区后，除了先后修筑辽阳的东京城和沈阳城之外，也在各地筑城，派兵驻防，并设城守官管理地方。

一、努尔哈赤时期的筑城屯兵

女真人在互不统属，强凌弱、众暴寡的时代，各部奴隶主就修筑城堡以自守。努尔哈赤起兵后的第五年，修筑了佛阿拉（又作费阿拉）城，之后再筑赫图阿拉城、界藩城、萨尔浒城。他对城池的重要性有深刻的认识，曾说："满洲苟无城郭，蒙古岂令我等得安居哉！因我等诸国所恃惟城池也。"①

天命六年（1621），后金军攻下沈阳、辽阳及辽河以东大小 70 余座城堡。为加强对辽东汉民的控制，防止他们暴动或者逃亡，努尔哈赤下令将辽东南部和东部地区的汉民迁到赫图阿拉、辽阳和沈阳等地，再派遣八旗兵分地驻守，

① 《清太祖满文实录大全》第 9 册《满洲实录》卷八，辽宁民族出版社，2016，第 49 - 50 页。

图 1－16 《满文老档》书影

正如后来清太宗皇太极所谓“太祖时，守边驻防，原有定界”①。

《满文老档》“天命七年四月”载八旗“守边驻防”，具体分布如下：

正黄旗收管之地：位于东部的佛阿拉、尚间崖、包窝赫、札克丹、洪阔、抚顺、西章嘉、德立石、奉集堡 9 城。

镶黄旗收管之地：位于北部的柴河、抚安、范河、懿路、三岔儿堡、铁岭、宋家泊、丁字泊、避荫、甲虎缠等 11 城。

正红旗收管之地：位于东南部的温德痕、札库穆、清河及一堵墙、碱厂、孤山、山羊峪、威宁营、东洲、玛哈丹 10 城。

镶红旗收管之地：位于西北部的沈阳、蒲河、平虏堡、十方寺、上榆林、静远堡、武靖营、长宁堡、会安堡、虎皮驿、长永堡、长胜堡 12 城。

镶蓝旗收管之地：位于南部濒海的旅顺口、木城驿、金州及石河驿、黄姑岛、归服堡、望海埚、红嘴 8 城。

正蓝旗收管之地：位于东南部的岫岩、青苔峪、马宽勒寨及水长峪、伊兰博里库、镇东、镇彝、凤凰、汤站、险山、甜水站 11 城。

---

① 《清太宗实录》卷七，天聪四年六月乙卯。

正白旗收管之地：位于南部的复州、栾古堡、杨官堡及永宁监、五十寨、盖州、盐场堡、天城堡、青云堡9城。

镶白旗收管之地：位于辽阳以南的海州、东京堡、耀州、穆家堡、析木城、古城堡、长安堡、青城堡、鞍山9城。

努尔哈赤非常重视在各旗接收之地修筑城堡、驻兵防守，并不时到各地巡查。天命六年（1621）五月，努尔哈赤到海州，对驻守海州城的刘参将说："我见尔海州城，殊属破旧，并未修治。着尔参将将城外木栅松动损坏之处修葺加固，并照辽、沈二城之法，亦于海州城外壕内布列车炮坚守。"① 七年（1622）四月十四日，又谕令："着众游击从速督催筑城事宜，竣工后放归耕田之人，着令务农。"十七日，命"驻扎金州之五百汉军仍留原处，诸申游击亲率甲兵三十人驻守"②。在各旗分驻之地，各以本旗人为官，努尔哈赤强调："该城原管辖地之人有何信息，须向所设官员探听。"③ 各驻防城的官员负责管理辖境内旗人和汉人的一切事务，诸如防守、筑城、建房、农耕、养马等。

二、皇太极时期的城守官制

皇太极即位后，在努尔哈赤筑城屯兵的基础上，继续增筑城堡，派兵驻防。天聪六年（1632）九月，因盖州之地未设兵防守，于是"复修其城，移民以实之"，皇太极派副将石国柱、游击雅什塔等"统兵六百人，前往防戍"④。翌年三月丁酉，皇太极又命筑岫岩城、揽盘城、通远堡城、碱场城⑤，分兵驻守，驻防兵丁均由各旗、各牛录抽调壮丁组成。稍后，又遣苏尔东阿、星内等率兵300人，偕家眷驻守辽河岸巨流河地方。

① 《满文老档》第二十二册，天命六年五月二十九日。

② 《满文老档》第四十一册，天命七年四月十四日。

③ 《满文老档》第四十册，天命七年四月初八日。

④ 《清太宗实录》卷十二，天聪六年九月癸卯。

⑤ 《清太宗实录》卷十三，天聪七年三月丁酉。

城守官的主要职责是守城并管理地方旗民，除此之外，还要追捕“逃人”。“逃人”是后金面临的一个重要问题。原居辽东的汉人因不堪压迫，大量逃亡；后金（清）军数次袭入塞内，将关内数以万计、数十万计的人口掠到辽东，分隶八旗，这些人口也在寻找一切机会逃离。天聪十年（1636）四月，皇太极召集守边疆年满各官至盛京，察其逃人船只是否捕获、城垣兵器曾否修缮，分别功罪。这次考绩的结果是：

驻守海州河口的伊勒慎、莽奈等，获逃人 192 名、船 30 只。

驻守揽盘城的喀尔喀玛、青善等，获逃人 168 名、船 4 只。

驻守盖州城的雅什塔、扎弩等，获逃人 260 名。

以上 3 城守臣称职，各赏马一匹。

驻守碱厂的张习巴，获逃人 132 名。

驻守岫岩的贾木苏，获逃人 100 名、船 3 只。

驻守海州的傅代，获逃人 148 名、船 8 只。

驻守牛庄的哈尔萨，获逃人 39 名、船 2 只。

驻守东京的哈囊阿等，获逃人 290 名。

以上 5 城守臣“循分供职，故无赏罚”。其他如驻守耀州、兴京、通远堡、鞍山等地的城守官“坐器械不修，多有缺失，各圈禁 2 日”[①]。

从上述史料可见，汉人逃亡现象十分严重，缉拿逃人是城守官的一项重要职责。

巡防地方、缉拿盗挖人参的汉人、组织农业生产、抚养满汉民并使人口增加、修缮城池等，都是城守官的职责。

皇太极定期对各地城守官进行考绩，并制定了奖惩制度。天聪六年（1632）二月，后金颁行城守官 3 年考绩条例：

> 命海州、耀州、鞍山、牛庄、撒尔湖（萨尔浒）、铁岭、甜水站、析木城、威宁营、张义站等处城守官员，三年满者，赴沈阳考察功过。有功者

---

① 《清太宗实录》卷二十八，天聪十年四月庚辰。

赏，有罪者革职，仍留原任，供职三年，再行考察，各遣还驻守原地。[①]

皇太极通过城守官制度，建立起了对地方的统治秩序，从而巩固了后金（清）政权在辽东地区的统治。

① 《清太宗实录》卷十一，天聪六年二月戊子。

第二章 留都体制初建

1644年，中国社会经历了一场大震荡：先是李自成大顺军攻进北京城，明朝灭亡；随后，清军挥师入关，进占北京。为“以定天下”“统驭万方”，清政权迁都北京，只留下少量八旗官兵戍守东北。随着农民军及南明各政权先后覆灭，清政权在中原地区的统治得以确立。清统治者开始着手建设故里，仿明制，以盛京为留都，留都体制得以建立。

第一节

清政权迁都北京

帝问天下事，官贪吏要钱。
八方七处乱，十爨九无烟。
黎民苦中苦，乾坤颠倒颠。
干戈从此起，休想太平年。[①]

这首诗是明末社会的真实写照。17世纪上半叶，在中国北方一线，除大明

① 计六奇：《明季北略》卷二十《降乱》，中华书局，1981，第415页。

政权之外，还存在着两大政治军事集团，即西边的大顺政权和东边的大清政权。

明崇祯九年（1636），在山海关外，后金天聪汗皇太极上尊号，称皇帝，建元崇德，改国号为“大清”。早在皇太极即汗位以后，即数次派遣大军，绕开山海关，取道漠南蒙古，从长城各口袭入塞内，蹂躏京畿地区，远袭山西和山东，沉重打击了明朝的统治根基。灭亡明朝、入主中原是大清奋斗的目标。

崇祯二年（1629），陕西人李自成发动起义，以“均田免粮”的口号号召天下，起义队伍迅速发展壮大。十六年（1643），李自成率起义军在河南汝州歼灭明陕西孙传庭主力，乘胜进占西安。次年正月，在西安建立大顺政权，年号永昌。随后，起义军向北京进发，势如破竹，锐不可当。

大明王朝疲于东、西两面作战，其统治可谓日薄西山，不过在做垂死挣扎。

崇祯十七年（1644）三月至四月间，大明、大顺、大清进行了一场鏖战，最终结果是清政权入关，定鼎北京。

一、清军入关

（一）山海关之战

清顺治元年（1644）四月，摄政王多尔衮倾全国之兵力，从沈阳启程，向关内进发。这次出兵目的是和明朝决战，争夺天下。在大军出发前，多尔衮做了部署：

> 曩者三次往征明朝，俱俘掠而行，今者大举，不似先番。蒙天眷佑，要当定国安民，以希大业。入边之日，凡有归顺城池，不许杀害，除剃头而外，秋毫毋犯；其乡屯散居人民，亦不许妄加杀害……其攻取之城，法不可赦者戮之，可以为俘者留养为奴，其中一应财货，总收公用。其城屯

不论攻取、投顺，房舍不许焚烧。犯此令者，杀以儆众。①

此次进军的路线，仍照清太宗皇太极生前屡次进关的路线，即绕开明军把守的宁远、山海关，经漠南蒙古，从长城各口入塞。大军按既定路线前行，行至翁后（今辽宁阜新境内），突然接到明朝山海关守将吴三桂的请兵信。看罢信，多尔衮等人方知关内已发生重大变故。

原来，在上个月，李自成已经率领大顺军攻入北京城，崇祯皇帝自缢于煤山，明朝灭亡。李自成通过吴三桂的父亲吴襄劝降吴三桂，答应"通侯之赏"，并派人送去4万两白银，犒劳吴三桂军。吴三桂接受了招降，将山海关防务交给大顺将领，亲自带领精锐队伍进京去见李自成。然而行至途中，遇见从京师逃出的家仆，得知父亲吴襄被农民军拷打，爱妾陈圆圆被农民军大将军刘宗敏霸占。吴三桂闻讯怒不可遏，率众人折回山海关，杀掉李自成派来招降的人，发誓与农民军势不两立。吴三桂降而复叛，李自成震怒，招降不成，只有兴兵讨伐，遂率十余万大军扑向山海关。

此时的吴三桂完全陷入孤立无援、腹背受敌的险境：西面有李自成大顺军进剿，东面有关外的清军虎视眈眈，他的力量不足以对抗任何一方。何去何从，吴三桂面临着抉择。投向农民军的道路已堵死，他把头转向了关外，那里有他的舅舅祖大寿一家，还有好友张存仁、洪承畴等，并且清朝屡次向他传达招抚的信息。不过，此时吴三桂虽然已陷入困境，却仍未打算投降清朝，而是向清朝乞师，是求援。他用酬以财帛、割让土地等为条件，向清朝请兵，助其剿灭农民军。

接到吴三桂的信，多尔衮率清军转而向山海关进发。但是，多尔衮并不答应吴三桂借兵之请求，仍是开列优厚条件劝降。他在给吴三桂的回信中宣称："今伯若率众来归，必封以故土，晋为藩王，一则国仇得报，一则身家可保，世世子孙，长享富贵，如河山之永也。"②

---

① 《沈馆录》卷七，收入《辽海丛书》第四册，辽沈书社，1985，第2841页。

② 《清世祖实录》卷四，顺治元年四月癸酉。

四月二十一日清晨，大顺军抵达山海关。李自成调兵遣将，攻打山海关县城的东、西罗城和北翼城，同时派唐通率军到一片石地方“出边立营”，欲南北夹击山海关城。大顺军和吴三桂军展开了激战，直到入夜后，屯驻在十几里外的清军还听见“关上炮声，夜深不止”[①]。第二天黎明，吴三桂见形势危急，得知清军已到山海关外，无奈只好出城去见多尔衮。经过一场紧急的谈判，吴三桂终于剃发投降。

于是，在山海关石河爆发了一场血战——清吴联军决战大顺军。先是吴三桂军与大顺军交战。这天，狂风大作，尘土飞扬，风沙打得人睁不开眼睛。两军奋力冲杀，炮声、呐喊声惊天动地，苦战了大半日，吴军渐渐支撑不住了。就在这紧要关头，清军杀出，万马奔腾，以排山倒海之势压来。大顺军已战了大半日，虽然不畏强敌，奋勇拼杀，但仍抵挡不住清军的猛烈攻势。李自成见不能取胜，下令撤退，清军乘胜追击，一直追出 40 里以外方收兵。这场战役中，大顺军和吴军伤亡惨重，死者无算，“僵尸遍野，沟水尽赤”[②]，“凡杀数万人，暴骨盈野，三年收之未尽也”[③]。

战役的结果如众所周知，李自成战败撤出北京，吴三桂被清朝封为平西王，率部西行追击李自成。清朝是最大的受益者，这场血战不过是以数万人的鲜血为清朝一统天下举行了一场悲壮的奠基礼。

山海关建于明洪武十四年（1381），因其北倚燕山，南连渤海，故得名“山海关”。它地处辽东通往中原的咽喉要塞，是京师的东大门，素有“天下第一关”之称。自后金夺取辽沈之后，明朝在山海关及关外的宁远等城屯重兵驻守。努尔哈赤曾亲统大军渡辽河，进攻宁远城，却遭惨败。皇太极即位后也发大军攻打锦州和宁远两城，明军凭坚城大炮固守，取得宁锦大捷。努尔哈赤、皇太极皆欲夺下宁远，再克山海关，直逼北京，终未如愿。皇太极辽西用兵受挫，遂改变战略战术，绕开山海关，取道蒙古草原，数次从长城各口入塞，袭

---

① 《沈馆录》卷七，收入《辽海丛书》第四册，辽沈书社，1985，第 2841 页。

② 张廷玉等撰《明史》卷三〇九《李自成传》，中华书局，1974，第 7967 页。

③ 《临榆县志》卷九，第 26 页。

图2－1　山海关

扰京畿，甚至远袭山西、山东；但在山海关及关外各城未克的情况下，不敢攻取北京。就在皇太极去世后不到一年，清统治者没有料到山海关向其敞开了大门，这是历史给予了清政权一个机会。

（二）清军进入北京城

山海关之战后，多尔衮封吴三桂为平西王，派他和多铎、阿济格统兵追击李自成，自率大军浩浩荡荡向北京进发。沿途，清军没有遭遇到抵抗，多尔衮招抚汉族地主，安抚百姓。五月初二日，即李自成率部撤出北京的第三天，清军进入了北京城。

此时，北京城内一片狼藉。李自成在撤退之前将宫中宝物席卷一空，并放火烧了紫禁城。大火烧了近两天，在清军进北京城的前一天夜里，忽降大雨，大火终于渐渐熄灭了，“灰烬之中，只有武英殿存焉”[①]。是日，故明的臣民们齐聚在朝阳门外，望见前方旌旗时隐时现，大队人马浩浩荡荡，由远及近，人

① 《沈馆录》卷七，收入《辽海丛书》第四册，辽沈书社，1985，第2842页。

们不约而同地跪伏在路旁，误以为是吴三桂奉明太子归来。及大队人马行至眼前，才发现来者语言、服饰俱异，人们相顾失色，不胜惊骇。很快，有人变过脸色来，请多尔衮乘辇车进城。多尔衮在诸王大臣们的簇拥下，直奔武英殿。

夺取北京，君临天下，是皇太极的夙愿。天聪三年（1629），皇太极亲统大军从长城各口进入河北境，攻占遵化、永平、滦州、迁安四城，直抵北京城下，与满桂率领的明军战于永定门外。当时有人向皇太极建议乘势攻下北京城，皇太极说："城中痴儿，取之如反掌耳。但其疆圉（域）尚强，非旦夕所能破，得之易，守之难，不若简兵练旅，以待天命可也。"[①] 以后又数次派兵袭扰关内。崇德七年（1642），明清松锦大决战，清军大获全胜，受到巨大胜利的鼓舞，诸王将帅请求直取燕京，皇太极又拒绝了，他说：

取燕京如伐大树，须先从两旁斫削，则大树自扑。朕今不取关外四城，岂能尽克山海（关）？今明国精兵已尽，我兵四围纵略，彼国势日衰，我兵日强，从此燕京可得矣。[②]

就在皇太极去世后不到一年，他的弟弟多尔衮，在尚未尽取关外四城、尽克山海关的情况下，就站在了北京皇宫内的武英殿上。天意乎？武英殿上的多尔衮望着拜倒在脚下的故明文武百官，真切地感受到了君临天下的滋味。他清醒地意识到，要建立对天下的长久统治，必须占据北京，以北京为根据地，居北制南，控制全国。

为稳定京师秩序，安定民心，多尔衮果断采取措施，实施新政策：严禁军队骚扰百姓，更不得抢掠；取消薙发令，允许汉人照旧束发。五月二十三日，他谕兵部：

以前我因为归顺的百姓不容易辨别，所以下令薙发，来区分顺民和反抗者。如今听说薙发极大违背了百姓的意愿，这反倒不是我以文教定民的

① 昭梿：《啸亭杂录》卷一《太宗伐明》，中华书局，1980，第1页。

② 《清太宗实录》卷六十二，崇德七年九月壬申。

图2－2　摄政王多尔衮

本心了，从今以后，天下臣民照旧束发，各随其便。[①]

多尔衮实行的另一项举措博得了一片赞扬声，那就是为明崇祯帝后发丧。五月初四日，多尔衮对故明官员、兵民发布谕旨：

> 流贼李自成原系故明百姓，纠集丑类，逼陷京城，弑主暴尸，括取诸王、公主、驸马、官民财货，酷刑肆虐，诚天人共愤，法不容诛者。我虽敌国，深用悯伤，今令官民人等为崇祯帝服丧三日，以展舆情，著礼部、太常寺，备帝礼具葬。

谕令下，"官民大悦，皆颂我朝仁义"[②]。此虽为清朝史官的自夸之词，但

① 《清世祖实录》卷五，顺治元年五月庚戌。
② 《清世祖实录》卷五，顺治元年五月辛卯。

此举确实打动人心，汉族士大夫们为此感激涕零。南明大学士史可法在给多尔衮的回信中写道："殿下入都，为我先帝后发丧成礼，扫清宫殿，抚辑群黎，且免薙发之令，示不忘本朝，此等举动，振古烁今，凡为大明臣子，无不长跪北面，顶礼加额。"[①] 也有人说："清兵杀退逆贼，恢复燕京，又发丧安葬先帝，举国感清朝之情，可以垂史书，传不朽矣。"[②] 显然，以帝王之礼重葬崇祯帝，收到了良好的社会效果。

多尔衮所采取的新政及其所言所行，与以往清军入关的杀掠行径截然不同。它表明此次入关的目的不在夺财富，而在夺天下，同时也表明多尔衮已决定要定鼎北京，他在为清政权的迁都和立足北京做准备。

二、顺治帝迁都

多尔衮在进入北京城的第二天，谕兵部："今本朝定鼎燕京，天下罹难军民皆吾赤子，出之水火而安全之。"[③] 可见，多尔衮早已有迁都北京的想法，但事关大清根本，应该交与诸王大臣们讨论。

此时，北京城内谣言四起，传说清军要在七至八月间屠城，然后返回沈阳。人心不稳，老少皆惧。唯有尽快迁都，方能稳定人心。

顺治元年（1644）六月十一日，多尔衮召集诸王贝勒大臣们，商议迁都事宜。此时，清朝仅据有京畿及其周围地区，其他地区分别被南明、大顺、大西政权所掌握。能否在北京立足，统一全国，形势严峻。在清统治集团内部，对迁都问题存在分歧。一些人眷恋故土，习惯狩猎生活，加之对立足关内信心不足，反对迁都。例如英王阿济格就主张："大肆屠戮，留置诸王以镇燕都（北

---

① 计六奇：《明季南略》卷二《史可法答书》。

② 《明清史料》丙编，第一本，《马绍愉致吴三桂书》，辽宁大学图书馆藏本，第94页。

③ 《清世祖实录》卷五，顺治元年五月己丑。

京），而大兵则或还守沈阳，或退留山海。”① 阿济格代表了满洲贵族中一部分人的守旧思想，仍以杀掠为目的，胸无大志，只想据守东北。反之，积极主张迁都的是汉官们，他们世代居于中原，降清落籍于东北实属迫不得已，希望有朝一日再返回中原，同时他们也深悉北京的战略意义。在商议迁都之前，张存仁和祖可法就上疏，向多尔衮强调“京师为天下之根本”，只要“京师理，则天下不烦挞伐，而近悦远来，率从恐后矣”②。多尔衮迁都之意已决，他以皇太极生前“若得燕京，当即迁都，以图进取”③之言劝说诸王，坚决主张不放弃北京。经过一番争论，最后终于达成一致意见——迁都北京。多尔衮立即写成奏疏，委派辅国公吞齐喀、和托、固山额真何洛会等回盛京，向顺治帝汇报，请他批准迁都。奏疏言：

仰荷天眷及皇上洪福，已克燕京。臣再三思维，燕京势踞形胜，乃自古兴王之地，有明建都之所。今既蒙天畀，皇上迁都于此以定天下，则宅中图治，宇内朝宗，无不通达，可以慰天下仰望之心，可以锡四方和恒之福。伏祈皇上熟虑俯纳焉。④

旋即，多尔衮对京城内外军民发布敕谕，全文如下：

我朝剿寇定乱，建都燕京，深念民为邦本，凡可以计安民生者，无不与大小诸臣实心举行。乃人民经乱离之后，惊疑未定，传布讹言，最可骇异。闻有讹传七、八月间东迁者，我国家不恃兵力，惟务德化，统驭万方。自今伊始，燕京乃定鼎之地，何故不建都于此，而又欲东移？今大小各官及将士等，移取家属，计日可到。尔民人岂无确闻，恐有奸徒故意鼓煽，并流贼奸细造言摇惑。故特遍行晓示，务使知我国家安邦抚民至意。⑤

①③ 吴晗辑《朝鲜李朝实录中的中国史料》第九册，中华书局，1980，第3735页。
② 《清世祖实录》卷五，顺治元年五月己亥。
④ 《清世祖实录》卷五，顺治元年六月丁卯。
⑤ 《清世祖实录》卷五，顺治元年六月甲戌。

多尔衮以此敕谕正式宣告天下：清朝要迁都北京。

图2-3 清世祖福临

顺治帝福临当时年仅7岁，对于迁都这样的大事是没有能力决断的。此时，他身边有两位重要人物，即另一位摄政王济尔哈朗和生母孝庄皇太后。济尔哈朗要服从北京诸王的决策，至于孝庄和福临这对孤儿寡母就只有服从的份儿了，奏疏中的“伏祈皇上熟虑俯纳焉”，不过是例行公事罢了。

七月初八日，清世祖福临前往福陵和盛京太庙，以抵定中原、迁都于燕京祭告列祖列宗。八月十一日，葬太宗皇太极于昭陵。二十日，大队人马从盛京启程，告别故乡，向北京搬家。福临行在前，诸王贵族带领八旗人等携带辎重器物随其后，最后是两宫皇眷，队伍浩浩荡荡，绵延十数里，行动十分缓慢，随行的朝鲜人形容是“寸寸前进”。从盛京到北京约750千米，长途跋涉，风餐露宿，艰苦可想而知。九月十八日到达通州。多尔衮率诸王贝勒、贝子及文武大臣们赶到通州接驾，举行了隆重的朝见礼。自盛京分别不过5个月，却未料形势骤然巨变，父祖浴血奋战60余年，今天终于梦想成真。此时，君臣叔侄相见想必是感慨万千吧。

次日下午，清世祖福临的车驾从正阳门（今北京前门）进入紫禁城，他成为这座皇宫的新主人。

福临进入北京后数日，摄政王多尔衮率诸王及满汉大臣上表，请求福临再次登基称帝。福临在关外即皇帝位，举行了登基典礼，但那毕竟是割据一方的地方政权。而今“四海归心，万方仰化”，这第二次登基标志着福临由地方政权的君主，一跃而成为全中国的皇帝了。

十月初一日清晨，福临出城前往南郊天坛告祭天地，即皇帝位。帝行在前，诸王及文武百官跟随在后。至圜丘，在礼乐声中，助读官高声诵读祝文：

> 告天即位，仍用大清国号，顺治纪元，率由初制。伏惟天地佑助，早靖祸乱，载戢干戈，九州悉平，登进仁寿，俾我大清皇图永固。①

清世祖福临两次登极，一次是在关外的盛京，一次是在北京，完成了从偏居一隅到君临天下的角色转换，也完成了清太祖、清太宗入主中原的心愿。中国历史由此进入了一个新纪元——清代。

三、百万八旗“从龙入关”

八旗拱卫都城，是后金（清）政权的传统。清太祖时期，都城从赫图阿拉迁到辽阳，再至沈阳，八旗人等皆跟随搬迁。这次迁都燕京也是如此，不仅仅是顺治帝以及皇室成员搬迁，而是整个民族的大迁移。那么，当时究竟有多少人“从龙入关”呢?

《清世祖实录》卷八载，“今皇上（即顺治帝）携带将士家口，不下亿万。”② 这个数字太夸张，据学者统计，明末由于战乱、瘟疫、饥荒等原因，各省人口锐减，至崇祯十七年（1644），全国人口数约计15250万③。有清一代，官方文献对满洲入关人数、八旗兵丁数皆讳而不载。不过，还是可以通过相关

① 《清世祖实录》卷九，顺治元年十月乙卯。

② 《清世祖实录》卷八，顺治元年九月丁亥。

③ 曹树基：《中国人口史》第四卷，复旦大学出版社，2000，第452页。

史料对这一问题进行分析。

其一，朝鲜方面的记载。清崇德年间，朝鲜世子及其随从居于沈阳。顺治帝迁都时，朝鲜世子也随同移居北京。他们描述搬迁时的情形："（顺治）帝行在前，诸王、八高山（八固山）及其家属辎重继之，弥满道路，两宫之行最在于后，寸寸前进。以此计之，则前路一千六百余里，一朔之内，似难抵达。"①虽然该条史料未明确记载搬迁的人数，但可以从描述中想象当时人与车马塞满道路，拥挤前行，前后绵延十余里的壮观场面。人多拥挤是行进缓慢，以至"寸寸前进"的原因。

其二，日本人的记载。当年有15名日本商人从盛京前往北京，几乎与搬迁的旗人一路同行。他们回国后向德川幕府将军汇报在中国的所见所闻，辑成《鞑靼漂流记》一书。书中记载，他们和满洲人一起，由军官率领着，离开盛京，前往北京，"这段路程，有的走了三十五天，有的走了四十天，那正是甲申年十月"。又载："在这三十五天当中，往北京搬家的鞑靼（满族）人，络绎不绝。"②

该书所附《鞑靼漂流记年表》载，"九月二十五日左右，国田兵右卫门等人从盛京出发去北京。十一月五日左右，国田兵右卫门等人有的走了35天，有的走了40天到达北京。"③ 该史料显示，日本商人是在顺治帝已经进入北京后才从盛京出发的，而这时关外的旗人仍然源源不断地涌向北京。这说明，旗人是分期分批迁往北京的，与顺治帝同期而行的只是第一批。

其三，两年后的朝鲜文献记载。顺治三年（1646）二月，朝鲜冬至使李基祚从北京回国，描述沿途所见，"沈阳农民皆令移居北京，自关内至广宁十余日程，男女相携，车毂相击"④。此时距顺治帝迁居北京已两年多，大规模的搬迁仍在继续。不过，这次搬迁的是"沈阳农民"，指的是在关外旗庄旗地上从事农

---

① 吴晗辑《朝鲜李朝实录中的中国史料》第九册，中华书局，1980，第3736页。

② 辽宁大学历史系：《鞑靼漂流记》，1979，第51，60页。

③ 同②，第68页。

④ 同①，第3756页。

业生产的农奴，其中大多数是从关内掠来的壮丁。清入关后，旋即在京畿地区大规模圈占土地，分配给八旗官兵，所以数十万农奴也被迁入关内继续耕种旗地。

其四，顺治初年在京畿地区圈占旗地的情况。清入关后，为安置迁入关内的旗人，尽快恢复生产秩序，遂在京畿地区进行大规模圈地。顺治元年（1644）十二月二十三日，顺治帝谕户部："凡近京各州县民人无主荒田，及明国皇亲、驸马、公、侯、伯、太监等死于寇乱者，无主田地甚多，尔部可概行清查。若本主尚存，或本主已死而子弟存者，量口给与，其余田地，尽行分给东来诸王、勋臣、兵丁人等。"① 这是圈地之始，在顺治二年、三年、四年又多次在河间、滦州、遵化等府州县圈地。在圈占的土地中，分拨给八旗官兵和壮丁的田地，总计达2335481 垧，合计为140128 顷②。若按每丁给地5 垧计③，则壮丁数应在40 万人之上；若以每丁5 口之家计，则八旗总人口数应在200 万，保守计至少有百万人之多。

此外，一些县志对此也有记录，例如康熙十六年（1677）修《铁岭县志》记载：世祖迁都北京，"从龙甲士，率入京师，其留业于此者，各旗果户外，千百余家耳！今上（圣祖）三年，该铁岭县，固未有一民也"④。这是指种植果园的"果户"及八旗散户，由此又可证迁走的人口之多。除汉人，还留有少量蒙古人移驻义州（今义县），也不过万人左右。有学者做过粗略统计，大致测算出清入关后盛京地区所余人口约3 万人⑤。该数字准确与否暂且不论，但是所剩人口无几，则是事实。

综合以上史料来看，顺治初年"从龙入关"的八旗人口当在百万人以上。这百余万人，分为四批进入关内：首先是多尔衮率领八旗军主力14 万人，在山

---

① 《清世祖实录》卷十二，顺治元年十二月丁丑。

② 李燕光、关捷主编《满族通史》，辽宁民族出版社，1991，第296－297 页。

③ 姚文燮：《圈占记》，收入《皇朝经世文编》卷31，户政3，第56 页。

④ 贾弘文：《铁岭县志》卷上《建置志》，收入《辽海丛书》第2 册，辽沈书社，1985，第765 页。

⑤ 张士尊：《清代东北移民与社会变迁1644—1911》，吉林人民出版社，2003，第52－54 页。

海关战役后进入北京城；然后是顺治帝率后宫眷属及八旗王公贵族家属；第三批是普通八旗官兵的家属；最后是耕种旗地的广大壮丁及其家属。虽然人口数并非亿万，却也是一次规模宏大的迁移，人口众多，涉及地域广，涵盖今天的辽吉黑三省。

第二节 以盛京总管留守盛京等处

顺治元年（1644）四月中旬，摄政王多尔衮率八旗大军从沈阳出发，原计划入塞和明朝决战，夺取对全国的统治权，却没有料到事态突变，李自成的大顺军抢先一步进入北京城，灭了明王朝。之后，又有明之山海关守将吴三桂先请兵后降清，山海关大门突然向清军打开。五月初，清军入关，不战而据有北京城。六月，为稳定局势，以图大业，清统治集团做出了迁都北京的决定。这一切发生得如此之快，似乎在清统治者预料之外。迁都后对于广大的东北地区如何料理没有预案，匆忙中任命盛京总管留守盛京等处。

一、盛京的名称、疆域与自然地理

（一）盛京的名称及其疆域

“盛京”的名称有一个较为复杂的变化过程，其名称分别指盛京城、盛京将军辖区、盛京统部。

清入关前，清太祖努尔哈赤占据辽河以东，将都城由辽阳迁到沈阳，筑城，修宫殿。天聪八年（1634）四月，后金将汉语官名及城邑名皆改为满语名，沈阳城遂改称“天眷盛京”①，满语读作“mukdun”，汉语为“兴盛”之意。此处的“盛京”是城名。

顺治元年（1644），清迁都北京后，以留守的盛京总管统辖整个东北地区。之后，随着清廷在吉林、黑龙江设治，完成东北三将军分辖制度，盛京总管辖境逐步缩小，大致相当于今天的辽宁省境。康熙元年（1662），改盛京总管称“镇守辽东等处将军”。用辽东之名，有因袭明朝之意，故未用多久，四年（1665）即改为“镇守奉天等处将军”，其机构仍驻盛京城。此名取“奉天承运”之意，以赫图阿拉与流经沈阳的浑河为清政权的发祥地，故又赋予盛京新的含义，其实质与“天眷盛京”无别。奉天将军府成为一省的最高军事与行政管理机构。但到乾隆十二年（1747），在沿用“奉天将军”近百年后，再次改称“镇守盛京等处将军”，简称盛京将军；于是，盛京又成为行政区名，即盛京将军所统辖的区域。至光绪三十三年（1907），在东北废除三将军制度，正式建省，原盛京将军所辖区域改称奉天省。清亡，民国仍沿袭奉天省名称。

这里需要说明一点，就是“盛京”与“关东”之间的关系。众所周知，“关东”是指山海关以东地区。明朝建立后，为防御北方、东北方的蒙古和女

① 《清太宗实录》卷十八，天聪八年四月辛酉。

真，于洪武十四年（1381）修建山海关，建成后设山海关卫，派驻重兵守御。山海关与长城连为一体，它的出现，第一次把华北和东北截然分开，成为两大区域人为的分界线。于是人们便有了新的地理概念，即山海关以东为“关外”或“关东”，山海关以西为“关内”或“关里”。明代的“关东”，是指辽东都司所辖的汉人居住的辽东地区，即清代的盛京地区。吉林和黑龙江是各少数民族散居之地，明朝不直接派官管辖，而是建立羁縻卫所，实行“以夷制夷”政策，所以东北又分为华、夷两大地区。至清代，破除了汉族与少数民族之间的严格限隔，从而引起地域关系的大变化，整个东北地区从政治和民族关系上成为一个整体。对于满洲人而言，整个东北地区都是他们的故乡，是清朝的发祥地。在清代官方文献中，将东北皆称为“关东”，“关东”不再专指盛京地区。清代所谓“闯关东”的流民，足迹也遍布整个东北。

盛京作为行政区域，其疆域在清入关前尚不明确。当时后金虽然已占据沈阳，夺取了明辽河以东地区，又更名沈阳为盛京，但未划定疆界。因为后金和明朝正处于战争状态，至清太宗皇太极去世前，在山海关外尚有四座城（宁远、中后所、前屯卫、中前所）仍为明军驻守。在后金（清）占领地区，没有进行行政区划，仅以八旗驻防的形式代替行政管理。

清入关后，在东北地区相继设置盛京将军、吉林将军、黑龙江将军，遂定三将军各自管辖的疆界，又在各将军的辖境内设置行政管理机构。有关黑龙江将军、吉林将军的辖境不在本书讨论范围之内，姑且勿论。这里，只说明盛京将军的辖境如下：

自盛京（今沈阳城）东行280余里，到达兴京边（今辽宁省新宾满族自治县），与乌喇（今吉林市）为界；

自盛京西行800余里，至明设立的山海关卫，与关内分界；

自盛京向南行至730余里处，是金州临海之地，盛京的疆界至此而止；

自盛京北行至260余里，即开原边，与吉林省相分隔；

自盛京向东南方行540余里，至镇江城（今辽宁省丹东市附近），隔鸭绿江与朝鲜相望；

自盛京西南至渤海，相距800余里；

自盛京东北方，至威远堡，为230余里，又与吉林永吉州（今吉林省永吉县）之地分界；

自盛京西北至九官台边门，相距450余里，与今内蒙古自治区为界[①]。

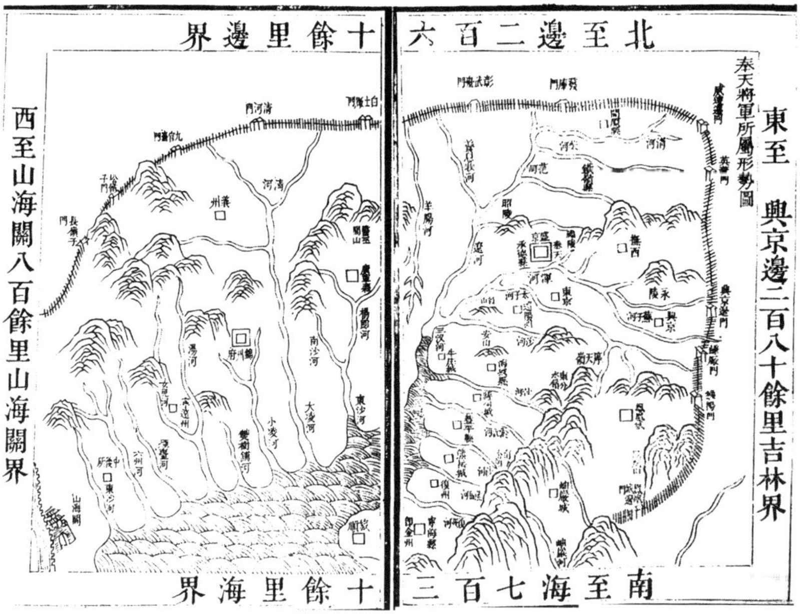

图2－4　奉天将军所属形势图

清朝为盛京划定的疆界，与今辽宁省境大体相似，稍小于今辽宁疆域。例如辽宁北界开原以北之昌平县，由该县北行数十里，才与吉林省四平地区接界；辽宁南部直达辽东半岛南端大连沿海处为止。辽宁的东部、东南、西部、西南与清代盛京疆界大体相同。

在清代，又将整个东北地区称为“盛京统部”。《盛京通志》卷二十四载，盛京统部疆域如下：

西南至京师1470余里，东至海4300余里，西至山海关800余里直隶永平府界，南至海730余里，北至黑龙江外兴安岭5100余里俄罗斯界，东南至锡赫特

① 关于盛京疆界，详见阿桂等纂修《盛京通志》卷二十四《疆域形胜》，辽海出版社，1996，第392页。

山2900余里朝鲜界，西南至海800余里，东北至费雅喀4000余里海界，西北至西结台690余里蒙古奈曼界。大凡东西广5100余里，南北袤6830余里，东南至西北2690余里，西南至东北4800余里。①

（二）盛京的自然地理

盛京的地理条件十分优越，北部平原旷野是贯通吉林、黑龙江中部辽阔的东北大平原的一部分，向南延伸至辽河及其入海口，称为辽河平原。辽东半岛东临黄海，西临渤海，与山东半岛隔海相望。海有鱼盐之利，且为水上交通提供了方便。而且辽东半岛隔海面对的是更先进的中原农耕区，两个地区的交往既便利也频繁，是进行文化交流的重要渠道之一。

盛京东部，自北接续长白山地，而其南向辽东半岛延伸，是延绵千余里的丘陵地带，坐落于今鞍山东部的千山山脉就是这一丘陵地带最著名的风景区。这一丘陵地带属于长白山余脉，如此，辽东丘陵与长白山浑然一体，不可分割地联系在一起。

在辽东丘陵的背后有一条江，它就是著名的鸭绿江。清代已将鸭绿江作为中国与朝鲜国的分界线，并沿袭至今。

盛京西部，是指辽河以西至山海关一带，其地形地貌较为复杂。一为平原，在辽河流经之地至沿海地带，多为平坦沃野，与东北大平原相连接。二为山地，即锦州北，临北镇处，横亘一南北走向的山脉，约百余里，就是早已载入先秦典籍的医巫闾山。此山从那个时代就进入了人们的文化意识，被视为神山，成为人们精神寄托之处。在医巫闾山与渤海湾之间是一条狭长的地带，自锦州至山海关，为400余里，是盛京通往关内的咽喉要道。

至山海关，就是盛京西部与关内的分界线了。进入盛京，陆路唯经山海关便捷。

医巫闾山的西北部至东北部为广阔的草原地带，属蒙古科尔沁的游牧地。

---

① 阿桂等纂修《盛京通志》卷二十四《疆域形胜》，辽海出版社，1996，第392页。

由此往西，即与蒙古草原相衔接，可进入内蒙古地区。

盛京地区河流纵横、湖泊众多，水量充足。区内最大的河流即辽河。《山海经》中就有“潦水”的记载，之后又有辽水、大辽水、巨流河等名称，辽代始称辽河。辽河有东西两源：东源出自吉林省哈达岭，称为东辽河；西源由河北省境内的老哈河与内蒙古自治区的西拉木伦河汇集而成，称为西辽河。东、西辽河在今辽宁省昌图县古榆树附近汇合后始称辽河。辽河流经铁岭折向西南，最终注入渤海。辽河平原即由辽河及其支流冲刷而成。

此外，鸭绿江发源于吉林的长白山天池，主要流经盛京地区，在此与朝鲜分界。鸭绿江与松花江同出一源，又把盛京与吉林联结为一体。

以上所列诸江河水量充足，皆可行船，为水上运输和交通往来提供了很大的便利。此外更有黄海、渤海为与山东及中原地区的往来提供了海上交通的便捷之路。

盛京地区陆路交通尤为发达。据史载，清代开辟或沿袭明代陆路交通共有6条路线：

一是自盛京（今沈阳）至山海关。

二是自盛京至开原，又由开原到吉林将军辖境。此条线路把盛京与吉林连接起来。

三是从盛京到凤凰城。该线交通系沿用元、明时所用的旧道。

四是自盛京出法库门与出威远门等线路，均可接吉林地区。

五是自盛京至兴京（今抚顺市新宾满族自治县永陵镇）。该条线路为汉魏以来从辽东郡（今辽阳）通往玄菟郡（今新宾满族自治县永陵老城近处的汉城）的一条古道。

六是由盛京至金州。系古道，为历代所沿用，至清代仍是由盛京通往辽东半岛的唯一一条交通线①。

以上六条交通线无疑是以盛京为中心，向四方辐射。在清代以前，东北地区的交通中心与辽东的交通中心皆在辽阳。因为辽阳一直是辽东郡的首府，自

---

① 阿桂等纂修《盛京通志》卷三十三《关邮》，辽海出版社，1997，第622－624页。

然是交通枢纽。直到后金攻占辽东之后，以沈阳为其都城，沈阳遂成为东北地区的政治中心，因而也成为文化中心。盛京的政治、文化、军事中心的确立，实为千百年来之巨变。

在每条交通线上皆建有驿站，为过往的客人尤其是官员出行及传达国家政令提供服务。每条交通线设立多少驿站，视道路里程的长短而定。例如盛京至山海关线，共有12个驿站，分别是老边站、巨流河站、白旗堡站、二道井站、小黑山站、广宁站、十三山站、小凌河站、高桥站、宁远站、东关站、凉水河站。盛京至开原线，只有两个驿站，即懿路站、高丽屯站。[①]

盛京的自然地理环境与吉林、黑龙江地区连为一体，山脉相连，江河贯通，交通衔接，而今所称之东北大平原南北纵贯三个地区，如同一个“板块”。盛京地区之优于吉林、黑龙江，一是与中原（即关内）地区相毗邻，更有渤海、黄海之便利，与中原地区的文化交流、人口流动尤为便捷；二是因地接关内，受中原文化的影响更直接，推动盛京的社会发展更快于吉、黑两地。

二、盛京特殊的政治地位

在清代的政治版图上，东北是一个特殊的行政区，而盛京又是特殊之中的特殊者，可以说是一个名副其实的特区。

那么，盛京因何而特殊？又特殊在什么地方呢？

（一）盛京是满洲民族的诞育之地

满族的先世肃慎人早在殷周时期就生活在东北地区的松花江流域至黑龙江下游地区，从此，世代繁衍生息在这片土地上。至金代女真，即为满洲的近世直系祖先。约元明之际，生活在黑龙江的一部分女真人南迁，其中胡里改和斡

① 阿桂等纂修《盛京通志》卷三十三《关邮》，辽海出版社，1997，第622-623页。

朵里两部女真辗转迁移，历经艰辛，最终在明辽东的东部定居下来，这就是明人所称的建州女真。生活在今辽宁东北部与今吉林省两个地区的女真人，称为海西女真。远在黑龙江中下游沿岸的女真人，称为野人女真。

明万历十一年（1583），建州部女真人努尔哈赤起兵，为被杀害的祖父与父亲复仇，并力图统一建州女真，由此开始了满洲民族形成的历史进程。

努尔哈赤征战5年，统一了建州女真，为满州民族的形成奠定了坚实的基础。接着，他把统一的事业扩大到了海西女真及野人女真。在努尔哈赤统一女真的征战中，女真人迅速凝聚起来。明万历二十七年（1599），努尔哈赤创制了新文字，即后来所称的满文，以文字为纽带，极大地增强了民族的凝聚力。万历四十三年（1615），创建八旗。翌年，在赫图阿拉（今辽宁省新宾满族自治县永陵镇）建立大金政权（史称“后金”），为民族共同体的巩固和发展创造了条件。后金天命四年（1619），以灭海西叶赫部为标志，“满洲国自东海至辽边，北自蒙古嫩江，南至朝鲜鸭绿江，同一音语者俱征服，是年诸部始合为一”①。也就是说，一个新的民族共同体基本形成了。

皇太极执政时期，继续用兵黑龙江流域，对那里的各部族采用以招抚为主的政策，使得民族共同体进一步扩大。天聪九年（1635），在盛京，皇太极将新的民族共同体更名为“满洲”，标志着一个新的民族诞生。

总结满洲民族形成的历史过程，可以说，整个东北地区是满洲民族先世世代生息繁衍的区域，努尔哈赤起兵之地即今之抚顺市新宾满族自治县永陵乡，也就是满洲民族的“诞育”之地。换言之，开创民族初始的新纪元，即肇始于此。努尔哈赤进军辽东，夺取沈阳，最后以沈阳为都城；而皇太极又将沈阳更名为“盛京”，再于盛京确定了族名为满洲。因此，又可以说，盛京及其周围地区是满洲民族最后形成之地。

（二）“惟盛京为国家肇基重地”

盛京之特殊，就特殊在它的身份与众不同。它自身的政治价值远远高于其

① 《清太祖武皇帝实录》卷三，天命四年八月二十二日。

他任何一个地区和与它相匹配的同级城市。

盛京原为清入关前的都城，其地位在东北无一城市能与之相比。但在顺治元年（1644）迁都北京后，盛京即失去了作为都城的地位，但是清朝并没有放弃它。有清一代，将它置于特殊地位，继续发挥其政治影响。

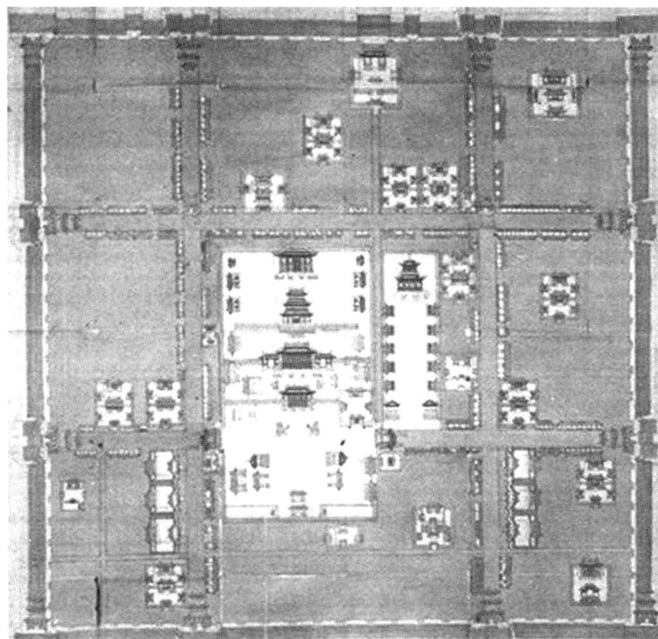

图2-5　盛京城阙图

清朝把盛京及其周边地区（包括努尔哈赤起兵时的赫图阿拉与一度作为都城的辽阳等处）都视为清朝的发祥地，这里是清朝创业肇始之所。努尔哈赤在沈阳建都不久就去世了。皇太极在盛京皇宫生活了17年，终将后金（清）推上了蓬勃发展的道路，为不久后进关夺取对全国的统治权准备了条件，奠定了坚实的基础。皇太极去世还不到一年，他的儿子福临就进关夺取了全国政权。所以，清朝称盛京为“龙兴之地”，不断宣称盛京的极端重要性。例如康熙十年（1671）九月，康熙帝首次东巡盛京称：“奉天（即盛京）系祖宗发祥重地。”①

① 《清圣祖实录》卷三十六，康熙十年九月辛未。

二十一年（1682）三月，又说：“惟盛京为国家肇基重地。”[①] 乾隆八年（1743），乾隆帝东巡时，称：“盛京为王化始基之地。”[②] 又说过：“盛京为王迹肇基之地。朕御极以来，敬惟祖宗开创艰难，佑启万年统绪……”[③] 四十四年（1779）上谕：“盛京、吉林均系国家根本之地。”[④] 清朝编纂志书，著述专史，也给盛京以明确的说法。例如《盛京疆域考》载：“盛京，我国家肇基地也。”[⑤] 称盛京为“国家肇基地”，实际上也是清朝皇帝爱新觉罗家族的故乡。按清朝的说法，他们的始祖布库里雍顺诞生于长白山，其后世子孙从孟特穆到塔克世，经过了200多年，到努尔哈赤与皇太极父子相继创大业于盛京地区，为未来的大清开辟了广阔的前程。他们相继谢世后，便安息在他们奋斗过的土地上。自努尔哈赤始，经皇太极到福临，将已故的先祖们归葬于三大陵园之中，统称为“盛京三陵”。

其一，努尔哈赤为其祖先及父祖建陵园。陵园建在第一个都城赫图阿拉之北的启运山下，埋葬其始祖孟特穆（肇祖）、曾祖福满（兴祖）、祖父觉昌安（景祖）、父塔克世（显祖），称为“永陵”。陵内还附葬努尔哈赤的伯父、叔父等。

其二，努尔哈赤的陵寝，称“福陵”，建在今沈阳东郊的天柱山下，俗称“东陵”。

其三，皇太极葬在沈阳城北的隆业山下，清朝尊为“昭陵”，俗称“北陵”。

这些先辈们创大业于盛京地区，其子孙们从这里成功地走向全国。盛京之重，一重清朝先祖在此创业，迈出了未来大清一统天下的第一步；二重先祖创业者皆葬于此地，祖宗之魂，基业之根，血脉相连，皆在盛京；三重清朝故都，如赫图阿拉、辽阳、盛京是清朝创业的三大里程碑，是清朝创业的永恒纪念。

---

① 《清圣祖实录》卷一百一，康熙二十一年三月丙辰。

② 《清高宗实录》卷二百一，乾隆八年九月丁未。

③ 《清高宗实录》卷一千一百八十五，乾隆四十八年七月乙卯。

④ 《光绪大清会典事例》卷一五五。

⑤ 杨同桂、孙宗翰辑《盛京疆域考·序》，收入《辽海丛书》第四册，辽沈书社，1985，第2319页。

正是出于以上原因，清统治者视盛京为国家的“根本重地”，给其定位是明确无误的，给予的尊崇也是除北京之外任何一个地区、名城重镇都无法比拟的，突出表现就是通过设置机构、授予权力及名份上的崇敬，将盛京置于特殊的地位，使其成为有清一代的政治特区。

除政治特区之外，盛京还是清朝的一个经济特区，这也是其他地区所不能比拟的。

所谓经济特区，是指农牧业之外，生产特色物产的地区，其物产专供皇帝和皇室享用。清人杨宾在《柳边纪略》卷三载，盛京地区的特色物产有：

> 山野江河产珠、人参、貂、獭、猞猁狲、雕、鹿、狍、鲟鳇鱼诸物。设官督丁，每岁以时采捕，俱有定所、定额，核其多寡而赏罚之；或特遣大人监督，甚重其事。①

上列物产均系皇室所喜用喜食之物。例如：鹿、狍及野鸡等鲜肉与干肉等皆为宴席上的佳品，鲟鳇鱼、白鲢鱼及各种瓜、梨、葡萄、李子、蘑菇、木耳、蕨菜等皆为满洲人喜食的传统食品。主食有高粱、小米、稗子、小豆、绿豆等，可以做成各种食品，如黏米饽饽等，都是满族及皇室祭祖时的必备食品。又如，蜂蜜可以做成各种糕点食品，制中药也离不开蜂蜜。至于蔬菜，如白菜、芹菜、菠菜、韭菜、萝卜等，为满洲人日常必食之菜。满洲人喜欢腌制各种蔬菜，尤喜腌酸菜。康熙帝第三次东巡时，命盛京内务府预备腌菜1850斤，可见需要量甚大。各色各样的山珍野味，以及人工种植的蔬菜、粮食等，还有以此为原料制作的传统食品，都为清皇室所喜用。此外还有东珠，属于皇室专用饰品，亦可用来奖赏有功之臣。故在吉林成立打牲乌拉总管衙门，组织“牲丁”打捞采猎，完成规定的数额。这是官方组织的经济活动，严禁私人采捕猎取。换言之，官府（即皇室）完全垄断并独占东北的特产。

为此，清朝划定经济特区，特修柳条边以标示禁区界限，无论蒙古人还是

---

① 杨宾撰《柳边纪略》卷三，收入《辽海丛书》第一册，辽沈书社，1985，第251页。

汉人都不得越界打捞、放牧、挖人参、网鱼、采珠。这条界，又称“盛京边墙”，将盛产上述特产的地带皆圈在边墙之内。康熙二十一年（1682），又在柳条边外设盛京围场：东西480里，南北490里，相当于今天的梅河口市、辉南县、东丰县、辽源市西安区、西丰县等地。围场的作用和功能，一是供八旗兵行围射猎，以演练骑射技艺；二是专为捕打野味鲜品，向京师呈送贡物。在围场内专划出一个区域，供皇帝巡幸盛京时前来狩猎。

在盛京地区还分布着大量的官庄，内有宗室属官庄、盛京内务府官庄。将分赐给“出府王公”贵族的土地编成庄，谓之王庄或宗室庄田。内务府官庄分为两类：一类是生产粮食的粮庄；一类是专业庄，包括豆庄、棉花庄、盐庄、靛庄、碱庄、瓜果庄等。大大小小的官庄分布于盛京各地。

盛京地区多处设立大牧场，也增加了它的经济特色。比较著名的牧场，有大、小凌河牧场，养息牧牧场等。在这些牧场里，牧养着成千上万的马、牛、羊等。马主要用于军事征战，养息牧，大、小凌河牧场是骑兵马匹的供应基地。牛、羊等主要供应京师宫廷食用。鲜牛奶，也是由牧场乳牛而得。

清政权迁都北京后，盛京虽然失去了都城的原有身份与地位，但是作为故都，仍以其独有的政治资源和物产而居于特殊地位。清朝历代皇帝对盛京眷顾不止，以显示盛京的独尊与荣耀。先后有4位皇帝共10次东巡盛京，此外还有雍正帝尚未即帝位时，受父皇康熙帝之命，代其前往盛京拜谒祖陵。

综上所述，盛京地区是满洲民族的故乡，是清朝的“国家肇基重地”，是爱新觉罗氏祖陵所在地。盛京对于清统治者而言，具有特殊的政治意义；所以，清统治者尽管迁都到北京，也没有放弃盛京，而是给予了它尊崇的特殊地位。

三、留守官——盛京总管

清顺治元年（1644），顺治帝迁都北京后，以正黄旗内大臣何洛会为盛京总管留守盛京。

何洛会，镶白旗满洲人，其父在努尔哈赤时来归，以功授牛录额真。何洛会袭父职，并兼任巴牙喇甲喇章京。崇德年间历任镶蓝旗蒙古固山额真、镶蓝旗满洲固山额真，颇得该旗旗主肃亲王豪格的信任与器重，被视同亲信。清太宗皇太极病逝后，豪格与多尔衮发生皇位之争，结果皇太极6岁的儿子福临即帝位，多尔衮摄政。摄政王多尔衮总揽朝政后，豪格受到打击和排挤。何洛会转而迎合多尔衮，告豪格谋逆之罪。豪格被囚禁，废为庶人。何洛会以“能矢忠义，举发其主悖乱”，得授一等甲喇章京世职，旋任正黄旗内大臣，统兵随多尔衮入山海关，击败李自成农民起义军。

顺治元年（1644）六月，清廷议定迁都燕京，何洛会奉命回盛京禀奏顺治帝，并办理安置随驾、留守八旗官兵及眷属等事宜。八月，受命为首任盛京总管，职责是统领留守的八旗官兵，镇守“根本之地”。在总管之下，左翼以镶黄旗梅勒章京阿哈尼堪统之，右翼以正红旗梅勒章京硕詹统之。八旗每旗留满洲协领1人、章京4人，蒙古、汉军章京各1人，驻防盛京。此外，还在盛京地区的其他15城设官兵驻防，具体如下：

雄耀（今辽宁熊岳），傅喀纳为城守官，设满洲章京3员、汉军章京1员。

锦州，梭木拜为城守官，设满洲章京2员、汉军章京1员。

宁远城，额蒙格为城守官，设满洲章京2员、汉军章京1员。

凤凰城，拜楮喀为城守官，设满洲章京2员、汉军章京1员。

兴京，胡世塔为城守官，设满洲章京1员、汉军章京1员。

义州（今辽宁义县），爱汤阿为城守官，设满洲章京1员、汉军章京1员。

新城，丹达礼为城守官，设满洲章京1员、汉军章京1员。

牛庄，伊勒慎为城守官，设满洲章京1员、汉军章京1员。

岫岩城，青善为城守官，设满洲章京1员、汉军章京1员。

东京（今辽宁辽阳）、盖州、耀州、海州、鞍山、广城，每城各设满洲章京1员、汉军章京1员。①

盛京总管除统领各城驻防官兵之外，每逢清明等节，还要分率城守章京，往祭福陵、昭陵。东京、兴京的祖陵，则由两城的城守官负责祭奠。

---

① 《清世祖实录》卷七，顺治元年八月丁巳。

顺治二年（1645）三月，何洛会奉调入关，清廷以叶克书为盛京总管。此时的总管具有临时性质。

同年闰六月，清廷定文武官员品级，规定镇守盛京的总管为二品官，与八旗的梅勒章京及六部侍郎同品级，盛京总管纳入国家官制正规序列。

三年（1646）五月，清廷“以梅勒章京叶克书为昂邦章京，镇守盛京”①。昂邦章京为一品，显然朝廷为提高盛京的地位，将盛京总管的品级又升了一级。

叶克书，辉和氏，隶正红旗满洲。天聪五年（1631），授兵部承政。嗣后从征明朝与朝鲜，有功，先后授梅勒额真、固山额真等职。崇德七年（1642），随贝勒阿巴泰入塞征明，因过被罢官。顺治元年（1644）三月，复为梅勒章京，领兵驻守宁远；四月，统兵入关与大顺军作战，奋勇当先，身受三十一创，毁一目，击败大顺军。以功累进二等阿达哈哈番世职。二年（1645），以梅勒章京任盛京总管。三年（1646），升为盛京昂邦章京。管理旗人，兼理民事，处理与朝鲜的边务，恩诏进三等阿思哈尼哈番世职。十四年（1657），因昭陵总管有罪，其未揭发，故被罢官，夺世职。翌年，卒。

盛京总管最初管辖的范围为整个东北地区，直到顺治九年（1652）七月，清廷为防御俄国势力入侵，加强东北边防力量，任命镶蓝旗梅勒章京沙尔虎达，甲喇章京海塔、尼噶礼统八旗官兵驻防宁古塔。翌年五月，沙尔虎达升为昂邦章京，“镇守宁古塔地方”②。从此，东北地区一分为二，分别由盛京和宁古塔两总管分辖。

在康熙元年（1662）总管改称将军之前，共计有 4 人先后出任盛京总管，具体见表 2－1③。

---

① 《清世祖实录》卷二十六，顺治三年五月癸亥。

② 《清世祖实录》卷七十五，顺治十年五月甲戌。

③ 表 2－1 根据《清世祖实录》整理。

表 2-1　　清初盛京总管任职表

名字	旗属	始任职时间	任期
何洛会	镶白旗满洲	顺治元年（1644）	1 年
叶克书	正红旗满洲	顺治二年（1645）	12 年
敦拜	正黄旗满洲	顺治十四年（1657）	3 年
乌库礼	镶白旗满洲	顺治十七年（1660）	5 年

从表 2-1 可见，4 位盛京总管皆为八旗满洲人。这说明了清统治者对故都盛京的重视，唯满洲人最可信赖。

康熙元年（1662），盛京总管改称“镇守辽东等处将军”。

第三节 留都体制的建立

清政权迁都北京一年后，废明朝南京之留都，确立了盛京的留都地位。经顺治朝，至康熙中期，在盛京建立健全了各种管理机构，形成了比较完整的留都体制。

在中国古代，王朝统治者出于统治的需要，会在正式京城之外另立其他都城，呈现出两京或多京的现象。正式京城之外的都城主要分为两种类型：一是王朝迁到新都之后，旧都仍被称为“京”，并且社稷百官皆在；二是根据需要另立的都城。

历史上对正式京城之外都城的称谓有多种，如陪都、陪京、留都、别都等，其中“陪都”与“留都”在今天汉语辞书中的解释是有差别的。《汉语大词典》解释，“陪都”是“在首都之外另设的首都”①；“留都”是“古代帝都新迁后，于旧都常设官留守，行其政事，称留都”②。按此解释，明代的南京和清代的盛京皆应称为“留都”。明代张居正在《答应天抚院》中说：“府官始则措置乖方，致人怨忿，终则擅离职守，逃往留都。”显然，明人称南京为“留都”。那么，清人对盛京的称谓为何呢？

如前所述，后金天命十年（1625），努尔哈赤迁都沈阳。天聪八年（1634），皇太极改沈阳为“天眷盛京”，简称“盛京”。顺治元年（1644），清政权迁都北京，以正黄旗内大臣何洛会为盛京总管，率八旗兵留守盛京等处。自顺治后期始，陆续设立盛京五部、盛京内务府、盛京三陵总管衙门，规定奉天府尹的地位等同于顺天府尹。乾隆朝《盛京通志》卷二十三载：“世祖统御六合，定鼎京师，以盛京为留都。”③ 又《大清一统志》载：“世祖章皇帝统一寰宇，定鼎京师。尊盛京为留都。”④

作者在查阅清代历朝实录时发现，“留都”与“陪都”字样始见于《清高宗实录》。乾隆八年（1743），乾隆帝在东巡盛京祭祖时曾御书，赐盛京各衙门匾额：

将军衙门匾额为“屏翰郃丰”；

盛京户部匾额为“宗邦会要”；

盛京礼部匾额为“典重明禋”；

盛京兵部匾额为“陪京枢要”；

---

① 汉语大词典编辑委员会、汉语大词典编纂处：《汉语大词典》，汉语大词典出版社，1997，第6952页。

② 同①，第4630页。

③ 阿桂等纂修《盛京通志》卷二十三《建置沿革》，辽海出版社，1997年影印本，第380－381页。

④ 《嘉庆重修一统志》卷五十七，第一页。

盛京刑部匾额为“弼教留都”；

盛京工部匾额为“饬材山海”；

奉天府匾额为“风淳丰芑”。[1]

在匾额中，乾隆帝称盛京为“陪京”和“留都”。虽称谓不同，实质并无差别。

乾隆帝对盛京时而称“陪都”，时而称“留都”。乾隆四十一年（1776），盛京将军弘晌在奏折中说：“于是日启程回省。”盛京将军在奏折中将奉天称为“省”而不称“盛京”，引起乾隆帝心中的不悦。他对军机大臣等说：

> 奉天陪都重地，历来称为盛京，非各省可比。弘晌等谅所知悉，折内自应称回盛京，方为得体。虽俗语有东三省之说，统言之尚属无碍，乃竟称京为省，则断乎不可。[2]

图2－6　沈阳故宫敬典阁

乾隆四十三年（1778）四月，乾隆帝谕军机大臣等，“前曾恭送五朝实录

① 《清高宗实录》卷一百九十九，乾隆八年八月己卯。

② 《清高宗实录》卷一千七，乾隆四十一年四月丙寅。

并玉牒至盛京尊藏，向于正殿后建有敬典、崇谟二阁，原为留都金匮石室之储。”对乾隆帝而言，陪都与留都并无区别。

乾隆帝以后，自嘉庆帝至光绪帝，在实录中只称盛京为“陪都”，而不称“留都”。嘉庆帝曾说：“盛京为陪都重地。”① 道光帝谕军机大臣，“盛京为我朝根本之地，风俗醇朴，原不容流民溷迹……毋令各处贫民，附搭便舟，乘用小车，藉称依亲就族，挈眷同行，以致陪都重地，流民杂处。”② 清末，光绪帝以“奉天为陪都重地”，严禁开采煤油矿业，“恐外来奸徒，复以开矿藉口，滋酿事端”③。

综上所述，在清朝历朝实录中，乾隆朝将“留都”与“陪都”混用。嘉庆、道光、咸丰、同治、光绪五朝则皆称盛京为“陪都”。尽管如此，针对盛京的历史实际情况，本书遵从《汉语大词典》对“留都”与“陪都”的解释，称盛京为“留都”，故本章的标题为“留都体制初建”。

一、留都地位的确立

留都制度在中国古代早已有之，许多朝代都曾设立留都，实行两京制甚至多京制。清政权入主中原之后，也将故都盛京确立为留都。

（一）废明朝留都南京

洪武十一年（1378），明太祖朱元璋将南京改称“京师”，作为明朝的首都，南京由此成为中国的政治、经济、文化中心。永乐十九年（1421），为更有利于控制全国，同时抵抗北方蒙古人的南侵，明成祖朱棣迁都北平，改北平为北京。迁都后，以南京为留都，仍设吏部、户部、礼部、兵部、刑部、工部等

---

①《清仁宗实录》卷一百一十八，嘉庆八年八月癸亥。

②《清宣宗实录》卷二百七十四，道光十五年十一月壬寅。

③《清德宗实录》卷三百三十七，光绪二十年三月乙未。

中央机构，并参照北京各部设置尚书以下各级官员，负责江南地区的相关事务。

崇祯十七年（1644）三月，李自成大顺军攻进北京城，明思宗朱由检自缢于煤山，明亡。是年五月，南京的文武大臣拥立福王朱由崧为新君，建立了弘光政权。

清军入关后，于顺治二年（1645）三月，由和硕豫亲王多铎统大军南下，攻扬州，克镇江。朱由崧带着眷属逃出南京城。清军于五月十五日进入南京城，城中的文武官员率马步兵降清。

清军攻占南京后，多尔衮指示多铎：

> 文武各官印信，俟尔等除授文册到日颁发，守洪武陵寝官员且暂留，将其官役地亩钱粮数目，俱明注于册，送京裁夺。南京或为京，或改为省，俟大定日再议。一切紧要图籍俱著收藏毋失。①

当时，清政权刚刚得到南京城，而南京城周围的各城镇还未攻取，在其他地区还有相继建立的其他南明政权以及大顺军和大西军的余部，清统治者无暇顾及南京是否继续为留都事宜。

很快，南京属城“尽设官抚定”。闰六月，清廷九卿科道会议江南设官事宜，有人建议“当以南京为陪京”，有人主张“尽去南京名色”。礼部侍郎陈名夏主张，“国家定鼎神京，居北制南，必不当如前并称都会，宜去京之名，存设官之实，户、兵、工三部各自北差侍郎及各司官，如饷司分司例。”最终朝廷议定，“南京著改为江南省，设官事宜，照各省例行”②。

南京结束了它作为一代皇朝留都的历史。

（二）确立盛京为留都

在废除留都南京的同时，清廷也确立了故都盛京的留都地位。虽然在顺治

① 《清世祖实录》卷十七，顺治二年六月丙寅。

② 《清世祖实录》卷十八，顺治二年闰六月乙巳。

和康熙两朝实录中，并不见“陪都”“陪京”“留都”字样，但却可见“盛京京城”字样，并且自顺治二年（1645）始，清廷就已在盛京建设留都体制了。

首先，给予盛京崇高的地位。顺治二年（1645）闰六月壬辰，清廷定文武官员品级。为了更好地说明问题，现将这次所定官员品级尽列于下，以见盛京地区各官员的品秩：

一品：御前内大臣、固山额真、六部尚书、都察院承政、理藩院承政、昂邦章京、多罗额驸。

二品：内三院大学士、六部侍郎、都察院参政、理藩院参政、銮仪卫官二员、梅勒章京、护军统领、前锋统领、镇守盛京京城总管官、贝勒婿多罗额驸、摄政王下内大臣。

三品：御前头等侍卫，内三院学士，六部满洲启心郎，六部及都察院理事官，銮仪卫官四员，甲喇章京，管前锋参领，五城满洲理事官，护福陵、昭陵总管各二员，镇守盛京两翼副管官，督催匠役总管官二员，镇守宁古塔、雄耀、凤凰各城总管官，固山额驸，摄政王头等护卫，辅政王护卫七员，亲王、郡王下各护卫六员，摄政王管仪仗官二员。

四品：御前二等侍卫，内三院侍读，都察院、理藩院满洲启心郎、副理事官、主事，六部汉启心郎、副理事官、主事，銮仪卫官六员，国子监察酒，赞礼郎，五城满洲副理事官，牛录章京，守太庙总管官二员，护福陵、昭陵副管官各四员，镇守盛京京城各旗章京，在外各城镇守官，在外总管藩牧官，摄政王下二等护卫，辅政王下护卫七员，亲王下护卫六员，郡王下护卫四员，贝勒下护卫六员，镇国公辅国公婿，摄政王、亲王下各管仪仗官二员。

五品：御前三等侍卫，銮仪卫官八员，半个牛录章京，守太庙官六员，护福陵、昭陵官，迎送使，管墩台两翼官，驻防锦州护军校，蒙古旗添设闲散官，旧设巡哨章京，总管牛羊蕃牧官，摄政王下三等护卫，辅政王下护卫九员，亲王下护卫八员，郡王下护卫五员，贝勒下护卫四员，贝子下护卫六员，公下护卫四员，摄政王亲王、郡王下各管仪仗官二员，贝勒下管仪仗官一员。

六品：内三院、六部、都察院、理藩院他赤哈哈番，造满汉历日他赤哈哈番，銮仪卫官十员，护军校，骁骑校，摄政王下管仪仗官四员，亲王、郡王、贝勒下各管仪仗官二员，贝子管仪仗官一员。

七品：内三院、六部、都察院、理藩院笔帖式哈番，两翼教习三员，贝子下管仪仗官二员，公下管仪仗官一员。

八品：公下管仪仗官二员。

诸王贝勒下长史，各照初授品级，其汉官品秩俱仍旧制。[①]

显而易见，这次定文武品级，是针对八旗和京城官员的。在这里将“镇守盛京京城总管官”定为二品，明确称盛京为“京城”。同时将“镇守盛京两翼副管官”“护福陵、昭陵总管各二员”“镇守盛京京城各旗章京”“护福陵、昭陵官”等官员比照京师官员定了品级。也就是说，无论是对盛京的称谓还是定官员的品级，皆将盛京视为“京”了。

为进一步提升盛京的地位，康熙元年（1662），改盛京总管为“镇守辽东等处将军”，升为正一品。

其次，设置留都机构。自顺治朝后期始，至康熙三十年（1691）止，先后在盛京设立了盛京五部，即礼部、工部、户部、刑部、兵部。盛京城虽非清朝中央政权所在地，但却有与京师同样名称的机构存在，以此来表明盛京留都的身份。

清初在盛京设立的奉天府和承德县民治机构也充分地显示了盛京的留都地位。顺治十四年（1657）置奉天府，康熙四年（1665）设承德县，府治和县治皆在沈阳城内。奉天府的长官称为“府尹”，和京师顺天府尹一样，官级为正三品，视同行省，直接隶属中央。而各省所属府的长官称“知府”，官级为正四品，隶属本省巡抚。承德县同京师的大兴县、宛平县一样，长官称“知县”，官级为正六品。而一般县的长官官级为正七品。此外，康熙四年（1665）还设立奉天府学，也是“照顺天例为京府学”[②]。

再次，扩建沈阳城。明洪武二十一年（1388），在旧址基础上增筑四门，是为沈阳卫。后金天命十年（1625），清太祖努尔哈赤迁都沈阳，此时沈阳城经过

---

① 《清世祖实录》卷十八，顺治二年闰六月壬辰。

② 《清圣祖实录》卷十六，康熙四年八月己卯。

战火，已破败不堪。天聪五年（1631），后金在旧城基础上重修增拓。新修的沈阳城，城墙内外皆为砖石所砌，高3丈5尺，厚1丈8尺，女墙7尺5寸，周围长度为9里332步，城墙上有垛口651个、明楼8座、角楼4座。改城门为8座："东向者，左曰抚近，右曰内治；南向者，左曰德胜，右曰天祐；西向者，左曰怀远，右曰外攘；北向者，左曰地载，右曰福胜。"① 城内还修有钟楼1座，位于福胜门内大街；鼓楼1座，位于地载门内大街。天聪八年（1634），清太宗皇太极将沈阳城更名为"盛京"。

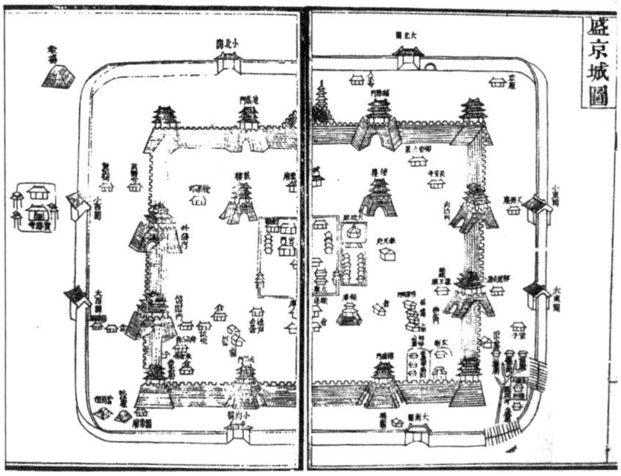

图2-7　盛京城图

清政权迁都北京后，为使盛京能充分展示其留都的风姿，一直对盛京城进行建设。规模较大的是康熙十九年（1680）的扩建。是年，奉旨筑关墙，即在原方形砖墙外增筑一道圆形的土城墙。城高7尺5寸，周长32里48步。在城东南隅设置水栅两处，各10余丈，导沈水自南出②。原墙到关墙之间称为关厢，关厢内设8关，即小南关、大南关、大东关、小东关、大北关、小北关、小西关、大西关，与原城的8座门相对应。在关墙四周又开设8门，称为边门。这次增修使沈阳城扩大了数倍，面貌焕然一新。康熙朝时，比利时人南怀仁在其所著《鞑靼旅行记》中，对沈阳城做了如下描述："辽东首府沈阳，是相当宽敞、优美的。"以后各朝对盛京城垣、诸门城楼、角楼、关厢等不断修缮或增

①② 阿桂等纂修《盛京通志》卷十八《京城》，辽沈书社，1997，第320页。

修，沈阳城愈加宏伟壮观了。经过半个多世纪的修缮，盛京城形成了内方城、外圆廓、四方各有塔寺的布局形制。

综上所述，自顺治朝始，清廷就已确立了盛京的留都身份，并在各方面不断地完善其留都体制。

二、留都机构设置

盛京作为留都，仿照京师建立起一系列相应的机构。

第一，奉天府。顺治十年（1653），设辽阳府，辖辽阳、海城两县，管辖汉人民户。顺治十四年（1657），废辽阳府，改设奉天府，衙署在盛京城内，管理相当于今辽宁省范围内的各州县民人事务。初只辖辽阳、海城两县，以后陆续恢复的各县也归奉天府管辖，后来又规定辽西的锦州府也归奉天府尹节制。奉天府尹地位与京师的顺天府尹相同。在府之下，设厅、州、县，管理民人事务。奉天府与将军府共处盛京城内，奉天府尹管理民人事务，将军管理旗人事务，这样在盛京地区形成了旗民二元管理体制。

第二，盛京五部。清统治者为体现盛京的留都地位，仿明制，在盛京设立户、礼、兵、刑、工五部。盛京五部并非京师对应各部的下属部门或派出机构，而是相对独立的机构，专门负责盛京乃至东北地区的有关事务；京师的各部虽然可以在某些事务方面过问，但并非直接上级。盛京五部的各部不设尚书，以侍郎总理部事，下设郎中、主事、笔帖式等属员。对于盛京五部，清人昭梿在《啸亭杂录》中记载："章皇帝初定北京，盛京设昂邦章京一员，及驻防官员兵丁若干，以为陪都保障，时未遑设文吏。至康熙初，丁口渐盛，其赋税、刑名、简练士卒等事有饶于昔。因仿明南京之制，初设户部侍郎一员，继而次第设立礼、兵、刑、工侍郎各一员，陪京之制始备。其未设吏部者，以其地官员无多，仍由京中铨选，故不备。其后王侍郎原祁请增设汉员以备礼制，不议不果行。”[①] 盛京五部的执掌分别是：盛京礼部“掌陵寝、山川、祠庙各祀并番国贡献往来筵宴等事”[②]；盛京户部掌“综计粮饷”[③]；盛京工部“掌百工营作，山泽采捕”[④] 等事；盛京刑部掌盛京地区旗民案件的审理，并兼理边外蒙古刑狱；盛京兵部掌盛京军政、兵马器械、武职铨选与驿站等事务。

第三，盛京内务府。盛京内务府正式设立于乾隆十七年（1752），是专门管理皇室在盛京地区事务的机构。它源于清初的上三旗包衣佐领，“包衣”是满语词 booi 的汉语音译，满语中有 booi aha 和 booi niyalma 两个词，意为“家奴”“家下人”，以及家庭奴隶。顺治帝亲政后掌有正黄、镶黄、正白三旗，称为上三旗。上三旗包衣佐领及其所属人丁归皇帝控制，办理皇室及宫廷事务。

清政权入关后，在盛京留有包衣佐领。乾隆年间，随着社会发展达到鼎盛，尤其是清帝的东巡，盛京地区有关皇室或宫廷事务日益纷繁复杂，于是在盛京设立内务府。盛京内务府内设广储司、都虞司、掌仪司、会计司、营造司、庆丰司和档案房、三旗织造房等，其机构设置大体上与京师内务府相当。盛京内务府的总管大臣由正一品的盛京将军兼任，无疑提高了它的规格，在地位上与京师内务府几乎平等。这些都彰显了盛京作为留都的尊崇地位。

第四，盛京“三陵”总管衙门。爱新觉罗家族在关外有三座祖陵：兴京的永陵，以及盛京城郊的福陵和昭陵。永陵是肇、兴、景、显四祖陵园，福陵是清太祖努尔哈赤的陵寝，昭陵是清太宗皇太极的陵寝。清朝在顺治朝和康熙初期先后设置了“三陵”总管，正三品，负责“三陵”的守卫、修缮及祭祀诸事宜。

从顺治到康熙初年，盛京的留都机构逐步建立起来，以后又不断加以完善。

---

① 昭梿：《啸亭杂录》卷四《盛京五部》，中华书局，1980，第 106 页。

② 康熙《盛京通志》卷八十，第 1 页。

③ 康熙《盛京通志》卷三十九，第 1 页。

④ 康熙《盛京通志》卷一百四十一，第 1 页。

三、旗民二元管理体制的形成

所谓旗民二元管理体制，即对旗人与民人分别管理。清制："凡满洲、蒙古、汉军八旗事务，仍隶于奉天将军；凡民人事务，则统之于奉天府尹。"①

（一）以将军管辖旗人

顺治帝迁都后，在盛京地区只留6城驻防，总兵力千余人。随着中原战事的结束，清统治者开始加强盛京乃至整个东北地区的驻防力量。至康熙末年，在盛京地区共设置15处驻防，甲兵万余人。

驻防官兵专辖一城一地，他们携带家眷，以及众多附于旗下的庄丁、奴仆。此外，守陵官兵、驿站兵、守边门兵、围场兵以及盛京内务府所属的丁庄皆属八旗系统。八旗驻防自成体系，有与州县同城者，有在州县城外另筑城者。每个驻防城都是一个旗人社会。

将军是驻防旗人社会的最高长官。康熙元年（1662），改盛京昂邦章京为"镇守辽东等处将军"；四年（1665），再改称"镇守奉天等处将军"[乾隆十二年（1747），又改称"镇守盛京等处将军"]。将军下设副都统、城守尉、防守尉、防御、骁骑校等官员，分领所属八旗官兵及其家眷，驻防各城市或战略要地。

兹以清代广宁城为例说明。广宁城即今北镇市政府所在地。顺治朝，因关内战事紧张，又陆续调关外的八旗兵入关。至顺治十七年（1660），在盛京地区只留有6城驻防，其中就有广宁城，当时广宁城只有28名驻防兵，以后兵额不断增加。康熙十九年（1680），设防守尉，后设城守尉。城守尉为正三品官，广宁城守尉在乾隆末年所领官兵有600余人，隶属锦州副都统。广宁驻防八旗官

① 《清朝文献统考》卷二七一《舆地三》。

员兵丁聚居在城的西南部，现在还有用八旗命名的胡同，如“正蓝旗胡同”。驻防旗人负责守卫地方，平时参加军事训练，服役各种差事。广宁城及其所属闾阳驿的驻防兵丁、余丁及其家眷一般耕种领取的旗地。旗人未经允许，不准离开旗界40里。广宁城内有城守尉衙门，专门负责处理旗人的军事、行政、诉讼及经济等各项事务。

（二）以府尹办理民政

民政，即民人事务。清代将人划分为两大群体，即旗人与民人。清政权在入关之前，并未在盛京设置管理民人事务的府州县，因为努尔哈赤创建八旗满洲，皇太极增设八旗蒙古和八旗汉军，将政权下的几乎所有人纳入八旗系统之中，而不存在八旗系统外的“民人”。

清迁都后，辽东的大量人口“从龙入关”，以至该地区在相当长的时间里处于“沃野千里，有土无人”的状态。为充实“根本之地”，清政府下令招募山海关内的汉人出关垦荒种地。在政府“悬官招民”政策下，关内的一些汉族农民背井离乡来到辽东。为管理新移来的汉人，顺治十年（1653）十一月，设辽阳府，同时下设辽阳县和海城县，这是盛京地区首次设置民治机构。首任辽阳知县是浙江义乌人陈达德。明末，陈达德以明经入仕，曾先后任山西蒲州学政、芮城知县。崇祯末年，农民起义蜂起，他偕家人迁居曲沃。清廷颁布《辽东招民开垦例》后，“率百人以应，授辽阳令。勤垦辟，招商贾，兴文学，逾年，政化大行，卒于官”①。因陈达德治理地方有功，卒后百姓拥戴其子，经时任盛京总管的叶克书奏请，朝廷准达德子继任辽阳知县。

顺治十四年（1657），清政府撤辽阳府，改设奉天府，移治盛京城。奉天府尹辖府、厅、州、县，各级行政机构总理所辖区域的民人事务。初期只设辽阳、海城两县，随着民人人口的增加，又陆续设立了锦县、盖平、开原、铁岭诸县以及广宁府等民治机构（详见第四章）。

---

① 陆以湉：《冷庐杂识》，中华书局，1997。

（三）儒学与旗学——旗民教育的二元制

旗民二元制除管理各有所属之外，在教育上亦不同。旗人子弟入八旗官学学习，民人子弟在府、州、县学读书，各自所学的内容也不相同。

康熙四年（1665），设奉天府学，照顺天府例为京府学，考取生员 7 名。所属锦县为大学，考取生员 7 名。辽阳、宁远、海城为中学，考取生员 5 名。盖平、铁岭、广宁为小学，考取生员 2 名。锦州府为府学，考取生员 4 名。[①] 府、州、县学是地方政府设立的官学，是教育和管理生员的机构，也是祭祀孔子的重要场所，统称为儒学。生员主要学习儒家经典，以备科举考试。考入儒学者皆为民人。

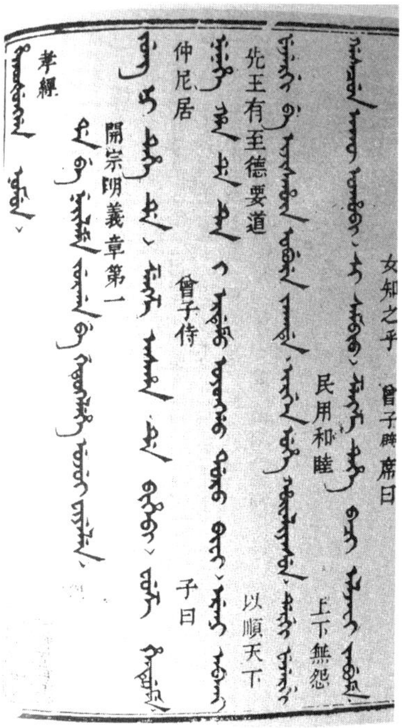

图 2－8　满汉文《孝经》

① 《清圣祖实录》卷十五，康熙四年八月己卯。

清政权迁都北京后，留守盛京的旗人寥寥无几，其子弟有少数人入儒学学习。康熙年间，为充实“根本之地”，不断增加盛京乃至东北地区的驻防力量。随着驻防旗人的增多，教育问题也提上了议事日程。康熙三十年（1691），礼科给事中博尔济疏请在盛京设立旗学，他建议：“盛京左右两翼亦应各设官学，酌选俊秀幼童，立满汉官，教习满、汉书，马步箭。”清政府本着“盛京系发祥重地，教育人才宜与京师一体”① 的原则，采纳了博尔济的建议，在盛京城设立八旗官学。

八旗官学分为左翼官学和右翼官学，各下设两班，即满学班和汉学班。满学班学生读满书，习马步箭；汉学班学生读满汉书，习马步箭。八旗官学由“盛京礼部董其事”，其堂官“不时稽查操演”②。

因为八旗官学学生名额有限，所以在左右翼又设立八旗义学。最初每旗设立一所，后又改设，“每两旗合为一学，共立义学四处，每学设清文教习一员”③。义学的设立，为更多的八旗子弟提供了受教育机会。

除八旗官学和义学之外，盛京还有宗学和觉罗学。清制，奉努尔哈赤父塔克世为大宗，称其直系子孙为宗室。塔克世之父觉昌安兄弟 6 人，俗称“六祖”，彼等子孙，除宗室外，均称觉罗。所以宗学和觉罗学是清朝皇室和勋贵子弟的学校。宗学和觉罗学学生学习满文、汉文和骑射。毕业后，有愿到京师参与选侍卫、笔帖式者，与京师肄业宗室一例录用。觉罗学生肄业五年者，由将军、府尹考试，分别等第奏闻，以盛京三陵及五部、将军等衙门，省城口外等处笔帖式录用。

清廷在盛京地区设立两种类型的学校：一是儒学，民人入儒学，学习经史；二是旗学，旗人进旗学，学习“国语骑射”。儒学和旗学是完全不同的教育体系，也是盛京地区旗民二元管理体制的表现之一。

设立旗学，强调“国语骑射”的学习内容，这是清统治者刻意为之。满洲

① 《清圣祖实录》卷一百五十，康熙三十年三月乙未。

② 《钦定八旗通志》卷九十八，《学校志五》，吉林文史出版社，2002，第 1582－1583 页。

③ 《清世宗实录》卷一百二十四，雍正十年十月癸亥。

族入关后，与汉族杂居共处；随着时间的推移，满洲族“习汉书，入汉俗，渐忘我满洲旧俗”①。入关的满洲族渐染汉习，这是民族互化的必然，是不以清统治者的意志为转移的。而东北是清朝发祥地和满洲族故乡，清政府在这一地区大力推行“国语骑射”教育，目的就是要以此来维系本民族传统文化的存在。

清朝根据盛京地区的具体情况，建立起旗民二元管理体制，是其多元政治的具体实践。

四、留都的“坐班”与“朝贺”

康熙四年（1665）十二月，奉天府尹佟弘器上疏，建议：“盛京文武官员，每月逢五日期，应各穿朝服齐集大政殿坐班。遇万寿、元旦等节，奉天、锦州二府属州县，俱应照直隶各省州县例，各设龙亭仪仗，官员穿朝服行礼。”② 于是，在留都盛京的宫殿里，便有了特殊的“坐班”和“朝贺”，并形成制度载入国家典制。这也是留都体制的一种表现形式。

（一）坐班

所谓“坐班”，属于“常朝”礼仪的组成部分。在清太宗时期，规定每月的初五、十五、二十五为“常朝”日，高级、中级官员皆到皇宫崇政殿前按规定排列整齐，待“上御崇政殿”后，向皇帝奏报事务并接受谕旨。如果皇帝因故不能临朝，官员们也同样照常到宫殿前，待有关官员查点人数和排列礼仪后再散去，称为“坐班”。

清迁都北京后，昔日人来人往、辉煌雄伟的盛京宫殿变得空空如也。自康熙四年（1665）奉天府尹佟弘器上疏后，清冷寂寥的宫殿又有了生机。仍然是

---

① 《清高宗实录》卷一百八十一，乾隆七年十二月丙午。

② 《清圣祖实录》卷十七，康熙四年十二月辛酉。

每月初五、十五、二十五为常朝日，不过官员们坐班的地点改在了大政殿前。当日，盛京工部管理大政殿官员带人将殿前广场打扫干净。黎明，盛京将军，副都统，五部、奉天府、承德县等各衙署的官员着朝服，齐集于大政殿前的御路两侧。八旗官员首先按各自所属旗分在本旗亭前排列。其顺序是：东侧由北及南，分别是镶黄旗、正白旗、镶白旗、正蓝旗；西侧由北及南，分别是正黄旗、正红旗、镶红旗、镶蓝旗。非旗籍官员排列在镶蓝旗之南。然后，同旗官员再按品级高低由北向南排列。盛京各衙门主要官员品级如下：

一品：盛京将军；

二品：副都统、五部侍郎；

三品：奉天府尹、奉天府丞；

四品：八旗协领、城守尉；

五品：五部郎中、员外郎、八旗佐领、奉天府治中；

六品：五部主事、奉天府通判、承德县知县；

七品：承德县经历、八旗骁骑校；

八品：笔帖式、奉天府学教授；

九品：笔帖式、司狱。

“坐班”虽然是象征性的，但却丝毫马虎不得。官员们立在御道两旁，东侧者面向西，西侧者面向东。典礼开始的时间，春、冬两季为辰正（8点），夏、秋两季是卯正（6点）。届时，盛京礼部赞礼郎2人分别从东、西两侧自班首绕至班尾，记录坐班官员的姓名及职衔，并检查排列无误，然后才可宣布散班。

（二）朝贺

“朝贺”，即朝觐庆贺。清太宗时期以元旦（正月初一）、冬至日、万寿节（当朝皇帝诞辰日）为国家的“三大节”。届时，文武官员们要举行朝贺皇帝的仪式。清入关后规定，每逢“三大节”，京城内的王公官员们在皇宫太和殿朝贺。盛京作为留都，礼仪制度参照京师。节日当天清晨，相关官员将大政殿内的宝座屏风擦拭洁净，盛京礼部官员在殿外正中摆设香案。典礼之前，官员们

图2－9 沈阳故宫大政殿

在大清门外列队等候，至规定时辰，行进至大政殿前，面向大殿立在御道两旁，其排班规则与“坐班”相同。在赞礼官引导下，向宝座方向跪行三跪九叩头礼，起立，退出。其间另有盛京礼部官员2人负责监督。如果遇万寿节，这种朝贺仪式要在五至七天内连续举行，连同其他庆祝活动，成为留都盛京城内的盛事之一。

在没有皇帝的宫殿“坐班”和“朝贺”，正是盛京留都身份的体现，也是留都制度中的一项内容。

第三章 以盛京将军统辖旗人

在清代，人被分为两大群体，即旗人与民人。凡隶属于八旗者，包括八旗满洲、八旗蒙古、八旗汉军，皆称为旗人；在八旗之外的即为民人，所谓“不问满汉，但问旗民”。清统治者为充实“根本之地”，不断增加盛京地区驻防八旗兵的数额；这些八旗兵偕眷属分驻在重要城邑和要塞，形成了旗人社会。盛京将军是旗人社会的最高军政长官，其下设副都统、城守尉、防守尉等官，自成一套管理体系，专辖旗户，处理旗人事务。

第一节
盛京将军与将军公署

盛京作为留都，自然受到清统治者的高度重视。清代在东北实行三将军分辖制，其中盛京将军设置最早。出任盛京将军者皆为精挑细选、值得信赖和倚重者，他们总揽盛京地区的军政要务。

一、盛京将军设置及名称沿革

（一）盛京将军设置沿革

顺治元年（1644），清迁都北京，以正黄旗内大臣何洛会为盛京总管，留守东北。因为关内战事紧张，何洛会很快被调入关，朝廷以梅勒章京叶克书为盛京总管。总管是在特殊背景下设置的，具有临时性。二年（1645）闰六月，定文武官员品级，规定镇守盛京京城总管官为二品，正式纳入国家官制序列。三年（1646），升叶克书为昂邦章京，镇守盛京，“给镇守总管印”[①]。昂邦章京为一品，盛京总管官阶又升一级。当时，除盛京地区有驻防兵之外，在盛京以北的广大地区唯有宁古塔设有驻防，盛京总管全权负责管理整个东北地区。

清初以来，沙俄逐渐侵入黑龙江流域，烧杀抢掠，修筑城堡，作为军事据点，强迫当地少数民族缴纳实物税。为加强东北边疆的防御，抗击沙俄入侵，顺治九年（1652）七月，清廷“命梅勒章京沙尔虎达、甲喇章京海塔、尼噶礼统官兵驻防宁古塔”[②]；九月，宁古塔章京海色领兵前往黑龙江，与俄军作战，失利，海色伏诛。东北边疆的问题，引起清统治者的重视。在中原战火未熄，各方抗清势力尚未完全肃清的情形下，清廷开始考虑加强东北的防务。十年（1653），升沙尔虎达为昂邦章京，驻守宁古塔。于是，东北地区由原来的盛京昂邦章京一统，改为盛京和宁古塔昂邦章京分辖。

康熙元年（1662），清廷同时改宁古塔昂邦章京为“镇守宁古塔等处将军”（后改称吉林将军），盛京昂邦章京为“镇守辽东等处将军”。“辽东”是因袭明朝的称谓，明以辽阳为治守，设辽东都指挥使司（简称辽东都司），其辖境与今

① 金毓黼主编《奉天通志》卷五十七，辽海出版社，2002 年影印本，第 1226 页。

② 《清世祖实录》卷六十六，顺治九年七月丁亥。

之辽宁省大致相当，北起开原，南抵旅顺；西起山海关，东至鸭绿江畔。

康熙四年（1665）六月，“改辽东将军衔为镇守奉天等处将军”①，简称“奉天将军”，取“奉天承运”之意。二十二年（1683），为阻止沙俄入侵，清廷设置黑龙江将军，从此形成了三将军分辖东北的格局。

乾隆十二年（1747），“改奉天将军为盛京将军”②。

清末，在外国资本主义势力入侵和国内反抗封建统治的双重压力下，清廷被迫在政治、经济、文化等方面进行改革，时称新政。在东北，光绪三十三年（1907），废除三省将军衙署，设三省行省公署，以盛京将军赵尔巽为东三省总督。裁各地副都统，增设府、厅、州地方机构。历时200余年的旗民二元管理体制被废除，东北三将军的使命也随之宣告结束。

（二）称谓之变化

关于“奉天将军”和“盛京将军”的称谓，在康熙、雍正、乾隆三朝是混用的，并非整齐划一。

首先，康熙四年（1665），明确改辽东将军为奉天将军，此后，不再称辽东将军，但除了称奉天将军之外，又常常称盛京将军。二十一年（1682）二月，康熙帝以云南等处底定，欲赴盛京告祭三陵，并巡视吉林，命吉林将军巴海就候迎事宜，“与盛京将军定议行之”③。三月辛亥，圣祖抵达沈阳城近郊，“盛京将军安珠护等及文武各官迎驾。是日，驻跸永安桥西”④。

雍正时，虽然“奉天将军”和“盛京将军”混用，但更多时候使用“奉天将军”称谓。雍正三年（1725）四月，世宗以盛京诸事颓废，风俗日下，“谕盛京将军、满汉大臣、大凌河副都统、众城守尉等”，同心协力，“将盛京陋习

---

①《清圣祖实录》卷十五，康熙四年六月己未。

② 赵尔巽等撰《清史稿》卷二百六《疆臣年表十》，中华书局，1977，第8024页。

③《清圣祖实录》卷一百一，康熙二十一年二月己丑。

④《清圣祖实录》卷一百一，康熙二十一年三月辛亥。

极力整饬，令其悛改，复还满州旧日俭朴风俗”[①]。六年（1728）九月，世宗谕议政王大臣等：“奉天将军觉罗伊礼布，因盛京事务繁多，虽勉强供职，终不胜任，著调补天津都统……其奉天将军事务，著盛京刑部侍郎武格暂行署理。”[②]

其次，虽然在乾隆十二年（1747），改奉天将军为盛京将军，但终乾隆朝仍常常称为奉天将军。十五年（1750）十月，天津地区粮食歉收，需要奉天接济，高宗谕军机大臣：“可传谕奉天将军阿兰泰、府尹图尔泰等，令其酌量地方收获，照数运济。”[③] 四十七年（1782）四月，朝廷“以正黄旗汉军都统庆桂为奉天将军”[④]。当然，更多时候称盛京将军。

嘉庆初，偶尔使用“奉天将军”称谓。嘉庆五年（1800）十月，朝廷对宗室子弟举行恩科，规定奉天宗室“由宗学考试马步箭合式者，就近咨送奉天将军覆试录科送京”[⑤]。而更多称为盛京将军。

自道光朝至清末，在《清实录》中已寻不见奉天将军的痕迹，只称为盛京将军了。

综上所述，康熙元年（1662），改“盛京昂邦章京”为“镇守辽东等处将军”。因“辽东”是因袭明朝的称谓，故使用不久，便在四年（1665）改称“奉天将军”，取“奉天承运”之意。但因将军府治在盛京城内，将军管辖盛京地区，所以又习惯称“盛京将军”，故而形成了“奉天将军”与“盛京将军”混用的现象。乾隆帝大概要规范化，又凸显盛京的留都地位，所以改称“盛京将军”，但也由于习惯，终乾隆朝仍然是两种称谓混用，不过乾隆后期多用“盛京将军”。嘉庆初年偶用“奉天将军”，嗣后直至清末，至少在《清实录》中只称“盛京将军”了。

---

① 《清世宗实录》卷三十一，雍正三年四月庚辰。

② 《清世宗实录》卷七十三，雍正六年九月癸亥。

③ 《清高宗实录》卷三百七十五，乾隆十五年十月丙戌。

④ 《清高宗实录》卷三百七十五，乾隆四十七年四月丙申。

⑤ 《清仁宗实录》卷七十五，嘉庆五年十月壬戌。

二、盛京将军选任

盛京不仅是清朝的“龙兴之地”与满洲族的故里，同时它“西接畿辅，北临大漠，东南濒海”[①]，战略地位也极为重要，所以盛京将军“委任也最为隆巨”[②]。清帝选任盛京将军的标准主要有两条：一是可以信赖；二是年富力强。

对于清朝皇帝而言，最可信赖的是本民族之人，即八旗满洲人；而在满洲人中，又最信赖有血缘关系的宗室和觉罗。这一点在历任盛京将军的出身和旗属上有充分的体现。

首言出身。有清一代，盛京将军共76任（不包括署理）72人（有一人两次或多次出任）。在72人中，宗室、觉罗共计25人，占总数的32%。其中，顺治、康熙两朝79年，共有6人，主要集中在康熙朝前期，正值反击沙俄入侵的前后；乾隆朝60年，有8人；嘉庆朝25年间，宗室晋昌两度任盛京将军，任期共6年；道光朝30年，有8人；咸丰朝1人；光绪朝1人。在历朝中，道光时期以宗室、觉罗任盛京将军者为最多，在12任将军中只有两任非宗室、觉罗出身，详见表3-1。

表3-1　　道光朝盛京将军简表[③]

序号	姓名	出身背景	任职时间
1	松筠	蒙古正蓝旗	道光元年（1821）至二年（1822）正月
2	晋昌	宗室	二年（1822）正月至七年（1827）闰五月

① 乾隆元年《盛京通志》卷十。

② 《吉林通志》卷六十。

③ 此表根据赵尔巽等撰《清史稿》第二七册卷二〇五至卷二〇八《各边将军都统大臣表》，中华书局，1979年版整理。

续表 3-1

序号	姓名	出身背景	任职时间
3	奕颢	宗室	七年（1827）闰五月至十年（1830）三月
4	瑚松额	满洲镶白旗	十年（1830）三月至十二年（1832）三月
5	奕颢	宗室	十二年（1832）三月至十三年（1833）四月署
6	宝兴	觉罗	十三年（1833）四月至十五年（1835）正月
7	奕经	宗室	十五年（1835）正月至十六年（1836）九月
8	宝兴	觉罗	十六年（1836）九月至十八年（1838）闰四月
9	耆英	宗室	十八年（1838）闰四月至二十二年（1842）正月
10	禧恩	宗室	二十二年（1842）正月至二十五年（1845）九月
11	奕湘	宗室	二十五年（1845）九月至二十七年（1847）八月
12	奕兴	宗室	二十七年（1847）八月至咸丰三年（1853）九月

可见，宗室与觉罗是清帝简选盛京将军的主要对象。

所谓宗室，即努尔哈赤父亲塔克世的直系子孙；所谓觉罗，即清兴祖福满和景祖觉昌安的后世子孙中除宗室之外的其他各支。早在清入关前的半个多世纪里，爱新觉罗家族的成员们就追随努尔哈赤创业了。

努尔哈赤起兵后，他的 4 个弟弟穆尔哈齐、舒尔哈齐、雅尔哈齐、巴雅喇成为他的左膀右臂，个个是冲锋陷阵的勇士。他的侄子们成长起来后，形成一支新生力量。努尔哈赤有 16 个儿子，大多在 20 岁之前走上了战场。他们不仅是英勇善战的骁将，能领兵打仗，又能佐理国政。努尔哈赤的儿孙、诸兄弟及其子孙约有 50 余人，若加上他的叔伯支系，家族男性在百人以上。在战争年代，爱新觉罗全族皆兵，把女真人崇尚勇武的精神发挥到了极致，其中一部分子弟成为一代军事家。

皇太极在位 17 年，把努尔哈赤建立的事业推向了顶峰，为清政权入主中原奠定了坚实的基础。同时，爱新觉罗家族也走上了兴旺发达的道路，人口剧增，

图3-1 清代玉牒

人才济济。他的兄弟们是治国重臣；他的子侄辈共计76人，更是人才辈出。两代人齐心协力，统兵出征、分掌八旗，分领六部、共议国政，成为清政权的核心力量。虽然皇太极吸收大量汉官汉将进入清政权之中，但仍然是本家族人居主导地位，发挥着主要作用。崇德元年（1636），皇太极制定了宗室封爵制度，列爵九等：一等和硕亲王、二等多罗郡王、三等多罗贝勒、四等固山贝子、五等镇国公、六等辅国公、七等镇国将军、八等辅国将军、九等奉国将军。

在清朝开国创业时期，爱新觉罗族人形成一个集团，是清政权建立和发展的中坚力量。清入关后，宗室与觉罗仍然是清帝们最为信赖和倚重的一个群体。盛京是祖宗发祥之地，又是战略要地，其驻防将军自然主要从宗室、觉罗中简选。

再言旗属。在八旗体系内，有满洲八旗、蒙古八旗和汉军八旗。满洲八旗创建于努尔哈赤时期，皇太极增设了蒙古八旗和汉军八旗。满洲、汉军、蒙古八旗并存于清政权之下，标志着这个政权是满洲、蒙古、汉联合统治的政权，但是“满洲”“蒙古”“汉军”字样，又毫不含糊地标志着三个不同民族的族属。在这三个民族中，清统治者最信任的自然是满洲，清代对“首崇满洲”政策奉行不替；其次是蒙古八旗，早在努尔哈赤时期，就有漠南蒙古部落归附后金，皇太极时抚绥了整个漠南蒙古。爱新觉罗家族与蒙古部落的联姻始于努尔哈赤，至皇太极称帝时，建五宫后妃，这5位后妃全部来自蒙古草原，其中的中宫皇后、东宫宸妃、西宫庄妃出自科尔沁部，皇太极与庄妃所生的儿子福临（即顺治帝）成为第一位入关君临天下的皇帝。清政权入关后，奉行“北不断亲”的满蒙联姻政策。清廷通过联姻、会盟、封爵等措施，使蒙古成为其北部的屏障。康熙帝就曾经自豪地说：“昔秦兴土石之工，修筑长城。我朝施恩于喀尔喀，使之防备朔方，较长城更为坚固。”①

清统治者对满洲、蒙古、汉军的信任度，在盛京将军的选任上有充分的体现。在73位盛京将军中，满洲八旗65位，蒙古八旗7位，汉军八旗只有1位。汉军盛京将军即赵尔巽，他是清代最后一位盛京将军。

从盛京将军的出身背景和旗属来考察，可见清统治者对盛京和盛京将军选任的重视程度。

三、盛京将军职责及其公署

盛京将军的职责是“镇抚留都，安辑旗民，董率文武，凡军师卒戍，田庄粮糈之籍，疆域之广轮，关梁之要隘，咸周知其数，以时简稽而修饬之”②。因为盛京的特殊性，盛京将军的职掌与其他驻防将军相比也具有特殊性。

首先，盛京将军与内地各直省驻防将军不同。各直省设督抚管理民事，旗人生活在驻防城，与汉及其他民族并不杂居共处，将军衙署在驻防城内，只理旗务，与地方官互不干预。而盛京则不同，在清入关之后的一段时间内，因民人很少，故不设督抚，由将军兼理民事。随着出关汉人的增多，顺治十四年（1657）设置奉天府，奉天府府尹地位如督抚，专理民政，可直接向皇帝奏事。将军和府尹各掌其职，但由此导致事权不一，遇事互相推诿。乾隆帝认为这是

---

① 《清圣祖实录》卷一百五十一，康熙三十年四月壬辰。

② 《清朝通典》卷三六《职官十四》，浙江古籍出版社，2000，第2215页。

"因将军、府尹不相关涉，各分畛域之所致"[①]，于是在乾隆二十七年（1762），定盛京将军节制奉天府府尹，旗人与民人皆一统于盛京将军。然而，实行了3年后又恢复了原制。尽管实行旗民二元管理体制，但是"奉天各州县及旗庄地方，旗民错处，并无旗界民界之分"[②]，旗民之间的纠纷时有发生，需要旗署和民署共同办理、协商解决，所以盛京将军除管理旗务之外，还要办理旗民纠纷事宜。另外，各直省皆有绿营军，盛京则无绿营而只有八旗军队，凡"军师卒戍""疆域之广轮""关梁之要隘"皆由将军全权负责。

其次，盛京将军与吉林将军和黑龙江将军也不同。由于清廷对东北实行封禁政策，限制汉族人到吉林和黑龙江两地，故两地汉人很少。在吉林将军辖境内，虽然在雍正朝陆续设置了三州县，但在乾隆初期便相继裁撤，旗民事务统归吉林将军办理；在黑龙江将军辖境内，向来有民户而无民官，直至清末东北改制后才置民治机构。吉林和黑龙江两地管理体制单一，将军以管理旗人事务为主。与吉林和黑龙江将军相比，盛京将军要处理的旗人与民人关系错综复杂得多。

因盛京地区有大量的皇庄与王庄，有清入关前的宫殿及祖陵，所以清廷设置了"盛京内务府"和"关外三陵总理衙门"，盛京将军同时兼任"盛京内务府总管大臣"和"关外三陵总理事务大臣"。因盛京与朝鲜毗邻，盛京将军还要负责与朝鲜的外交事务。

有清一代，在东北三将军中，盛京将军辖境远小于吉林将军和黑龙江将军辖境；但由于盛京在历史和地理上的重要地位，盛京将军的职责却重于吉林和黑龙江两将军，所以乾隆帝说："盛京将军职任最关紧要。"[③] 乾隆十三年（1748），盛京将军达勒当阿在奏折中讲了这样一段话：

盛京武职，不似各省但管兵丁。如锦州、广宁、辽阳、牛庄、盖州等五城，边界辽阔，内有盛京户部包衣屯庄、王公庄头、部院屯丁、旗民人

---

① 《清高宗实录》卷六百七十六，乾隆二十七年十二月己亥。

② 《清高宗实录》卷九百九十八，乾隆四十年十二月乙巳。

③ 《清高宗实录》卷一千三百八十六，乾隆五十六年九月庚辰。

等杂处，时有争讼案件。牛庄、盖州地临海口，船务尤繁。凤凰城与朝鲜接壤，亦关重要。中后所、巨流河二路及法库、张武台（彰武台）、松领子（松岭子）、九关台等处边门各官，均职任防守，承办地方事件，非谙练勤干之员，不克胜任，请酌定调补之例[①]。

达勒当阿对盛京地区的复杂性做了充分说明。正是因为这种复杂性，盛京将军的执掌更繁重。所以，清末东三省改制时，直接将盛京将军一职改为“东三省总督”。

盛京将军公署位于盛京城内的德胜（大南）门内大街和抚近（大东）门内大街交汇处之东南，原是清入关之前的吏部衙门。公署内设有印务处，折本房，司务厅，户、礼、兵、刑、工五司，步营司，督捕司，恩赏库，围场处，牧群司，马政处，捐输局，官参局等。其具体设官及职掌如下：

印务处，也称堂司，额设管档主事一员，为将军监印，统领各司。

折本房，负责题本事务。一是办理各类请安折，如将军、副都统、府尹、五部侍郎等各级官员的庆贺元旦表文及庆贺元旦请安折，万寿节请安折，每年进鲜肉请安折，每年进年贡请安折，皇帝到盛京谒陵时的请安折等，均由折本房具体办理递送事务。二是每年按四季将提过数目、造具事由清册咨送通政使司衙门。三是汇总一年内各司咨报的军机事件。

司务厅，负责接收内外公文。

户、礼、兵、刑、工五司，各司均分左、右两翼，设两颗关防，由协领掌关防办理公务。各司具体职掌如下：

户司掌钱饷、旗地、赋税等事。例如发放八旗官兵的俸银、征收旗地应缴纳的钱粮、征收旗人买卖房屋园地税银等，附设金银库，设管库主事一员，管理库藏。

礼司掌典礼、祭祀等事。例如在每月初五、二十五的大政殿朝集日，由礼司把将军以下官员衔名造册咨送盛京礼部；将“三陵”大祭时所需抬桌官员名

---

① 《清高宗实录》卷三十，乾隆十三年三月丙戌。

单咨送盛京礼部；遇乡试之年，由将军考试文武生员的国语骑射，造册咨送学政衙门；将每年应领时宪书的官员衔名造册咨送钦天监。

兵司掌官兵训练、官员调补及防务等事。例如每年春秋两季官兵操演骑射、枪炮、号令，将军每三年一次考验旅顺口水师营战船，金州副都统每年于春季前往水师操演战船等事宜，兵司皆需上报兵部兵科；办理官员的承袭，遇有出征官员因年老残疾辞退者，将该员履历造册咨送兵部；考试满汉旗翻译笔帖式人等，照例会同盛京五部验看骑射，造册咨送盛京兵部。

刑司掌刑名案件。例如，每年十月将各城上报的盗窃案件汇总造册，咨送军机处及兵、刑两部；赴刑部会同审理案件。

工司掌各衙署等处修缮以及各项土木工程。例如锦州、义州、复州、辽阳等4城开采煤窑62座，工司负责将煤窑缴纳的岁银，按年解交盛京户部收库；各城驻防兵操演鸟枪所用的铅丸不合格者，自行重新灌造，所需银两由工司到盛京工部领取；乾隆四十年（1775），商人张君弼等捐款修建道路桥梁，剩存本银4699两，由工司交与承德县，按月1分2厘生息，所得银两以备修缮使用。[①]

将军公署的户、礼、兵、刑、工五司所负责的旗人事务分别与盛京户、礼、兵、刑、工五部相对应。

恩赏库负责发放旗人的赏银、接济银和牛具银。清统治者为了保障旗人的经济利益，除给兵饷和旗地之外，不论八旗官兵还是普通旗民皆有红白事赏银。例如乾隆朝规定："现任骁骑校、牧长、恩骑尉并原品休致食整俸骁骑校，红事各赏银十两，白事各赏银二十两"，"养育兵、鳏夫、孀妇、孤子，红事各赏银三两，白事各赏银六两"[②]。乾隆年间，八旗生计问题日渐凸显，朝廷拨专款来接济贫困的旗人。对于那些有地而困难的兵丁，由恩赏库发放银两，用来购买耕牛及农具。

督捕与步营二司负责盛京城里的治安。督捕司负责将"各处报逃案件咨行盛京刑部记档，饬役缉拿"。将拿获的逃人、盗窃犯、赌博者、私挖人参者移送

① 关于户、礼、兵、刑、工五司的具体职掌来源于《盛京典制备考》卷四《将军公署分司事宜》。

② 《盛京典制备考》卷五《将军公署分司事宜》。

盛京刑部办理；步营司负责“稽查宗室觉罗、查拿赌具、造窃盗案清册、（管理）砖城内外街道”①。设协领1员、佐领2员、八旗拜唐阿章京10员（后改为8员），有步领催132名、步兵1122名。由8名步领催和40名步兵（应是每旗1名领催、5名步兵）组成“大班拜唐阿”，负责“总查城之内外一切赌博、娼优、盗窃、逃犯、酗酒、斗殴不法等事”。每旗各挑选步领催4名、步兵8名，名为“小班拜唐阿”，负责“稽查本旗赌博、娼优、盗窃、逃犯、酗酒、斗殴不法等事”②。此外，内外城还有分布在各处的值班堆房（岗亭）48座，其中内城12座、外城28座、8座边门各1座，每座堆房皆有领催及兵丁数人轮流值班。各旗的拜唐阿章京管本旗的街道，每五天轮派1人在步营司值宿，巡查城里的哨位。

马政处的职责是将借支各驻防城的制钱交与当铺生息，所得息银用于各城购买马匹。

牧群司负责管理大凌河和陈苏鲁克两大牧群。对于将“国语骑射”视为“国之根本”的清政权而言，马的重要性显而易见。大凌河牧场是供应东北地区八旗官兵战马的重要基地，额设翼领2员、牧长34员、副牧长34员、牧副34名、副牧副34名、牧丁526名，负责马和骆驼的放养。额设马34群，每群有马400匹，共计13600匹。牧群每年小均群一次，3年大均群一次，对马驼数目登记造册，送交上驷院和盛京将军衙门查核。陈苏鲁克牧群额设翼长2员、副翼长4员、牧长14员。额设红牛2000头、羊1万只。红牛6年均群一次，羊3年均群一次。每年备羊毛400斤，供盛京工部使用。每逢陵寝祭祀，准备奶油、奶酒、奶饼等送盛京礼部。各种宴筵所需的羊，皆由陈苏鲁克牧群提供。

围场处，盛京将军辖区内原设105围，设围场协领1员、坐办围场事务协领1员、翼长佐领2员、办事佐领2员、骁骑校2员、梅勒骁骑校8员、委官8员、六品顶戴5名，兵200名。负责看守围场草木，缉拿进入围场捕打牲畜者，维修桥梁道路以备行围时车马行走，行围捕拿鹿羔供皇宫使用。

---

① 《盛京典制备考》卷五《将军公署分司事宜》，第6页。

② 同①，第7页。

捐输局负责内外城铺户日捐、厘捐。咸丰六年（1856），因军兴饷匮，经前任将军庆祺奏准，内外城铺户日捐、逐日捐东钱十文至一千余文不等，粮货厘捐货物价值东钱每百千抽捐东钱一千，粮石每十石抽捐东钱一千。光绪二年（1876），将军崇实因日捐流弊滋生，奏请裁撤，仅剩粮货厘捐，每年收银约一千一二百两，东钱一百零五六万千不等，咨部备充兵饷。

官参局负责办理参务事宜。东北盛产人参，努尔哈赤建立后金政权后，人参成为其重要的经济来源之一。清入关之初，采取八旗分山采参制。康熙后期，朝廷将参务由旗办改为商办，实施放票采参、招商刨采。至乾隆朝，又改为官办，设立官参局。官参局负责发放参票，向刨参者征收人参及参税，缉拿无票偷挖人参者。

以上各机构皆为将军公署的分司，各领其职，统于将军。

第二节 盛京的驻防旗人

清代，在中原地区平定之后，清廷为充实根本，不断增加盛京地区的驻防兵力，从而在盛京城周围形成了星罗棋布的驻防点。各驻防点的驻防旗人有关内拨回的“佛满洲”，有在东北地区招抚的“新满洲”，也有八旗汉军。

一、八旗驻防的恢复

清入关后，东北空虚，沙俄乘机派兵侵入黑龙江流域，东北边疆出现危机。康熙帝为反击沙俄入侵，着手建立东北地区的八旗驻防体系。在这种大背景下，盛京地区的八旗驻防迅速得到恢复和发展。

顺治元年（1644），清政权迁都北京，以正黄旗内大臣何洛会为盛京总管，以镶黄旗梅勒章京阿哈尼堪统领左翼，以正红旗梅勒章京硕詹统领右翼，共83名佐领留守盛京地区。除盛京城之外，当时的驻防城有：雄耀、锦州、宁远、凤凰城、兴京、义州、新城、牛庄、岫岩、东京、盖州、耀州、海州、鞍山、广城，共16城①。由于关内战事紧张，又不断将关外的八旗兵调入关内。至顺治十七年（1660），只剩下25名佐领1524人分驻在7个驻防城，分别是盛京城720人、兴京城50人、牛庄城50人、盖州城96人、凤凰城150人、广宁城28人、宁古塔城（今黑龙江省宁安市）430人。

清代称呼东北为盛京统部，其地域十分辽阔，包括东北三将军辖区和内属蒙古哲里木盟10旗，比今天东北三省的总面积要大得多。在如此辽阔的区域内，却只有7个驻防城，共计1524名八旗兵驻守，正如时任奉天府府尹张尚贤所说："沃野千里，有土无人，此内忧之甚者。"②

沙俄乘中国东北防务空虚之机，派兵侵入黑龙江流域。

沙皇俄国在清初被称为"罗刹"或"鄂罗斯"，原系欧洲国家，在乌拉尔山以西。16世纪中期建立沙皇专制统治后，开始向外扩张，为掠夺土地和西伯利亚的珍贵毛皮，对这一地区发动了一系列军事冒险行动。16世纪末，俄军越过乌拉尔山，之后在叶尼塞河中游建立叶尼塞斯克城。不久，又推进到勒拿河流域，建雅库茨克城。至此，俄国才与中国相邻。俄军以叶尼塞斯克城和雅库

---

① 《清世祖实录》卷七，顺治元年八月丁巳。

② 《皇清奏议》卷一六《敬陈奉天边地情形疏》，第5页。

茨克城为主要据点，开始侵入黑龙江流域。

黑龙江自古以来就是中国的内河，约在战国时期成书的《山海经》称之为“浴水”，称“黑龙江”者见于《辽史》。满语称黑龙江为“萨哈连乌拉”。其中，“萨哈连”（sahaliyan）汉意为“黑”，“乌拉”（ula）汉意为“江”。黑龙江流域面积为184万平方千米，土地辽阔，山川壮丽，物产丰饶，生活着众多少数民族。唐朝曾在这一地区设置行政机构——黑水都督府，明朝设置奴儿干都司，分别对这一区域进行管辖。

清太祖努尔哈赤在灭掉海西女真乌拉部之后，即派兵往黑龙江流域，招抚那里的各部族。清太宗皇太极时期，最终完成了对这一地区的招抚。崇德七年（1642），皇太极自豪地宣布：

> 自东北海滨，迄西北海滨，其间使犬使鹿之邦及产黑狐黑貂之地，不事耕种、渔猎为生之俗，厄鲁特部落，以至斡难河源，远迩诸国，在在臣服。①

皇太极生动地描绘了东北疆域的壮观图景，清楚地说明黑龙江流域辽阔的疆土已纳入清朝版图。

崇德八年（1643）冬，俄国军官波雅科夫率俄军携带铁炮、火药和粮食翻过外兴安岭，侵入中国领土，到达精奇里江，强迫那里的达斡尔人缴纳实物税。顺治八年（1651），由哈巴罗夫率领的俄军再次进入黑龙江流域，攻占了达斡尔人酋长阿尔巴西的城堡——雅克萨城，到处烧杀抢掠。俄军到达黑龙江下游赫哲人居住的乌扎拉村时，四出抢劫。赫哲人一面抵抗，一面向驻守在宁古塔的清军报警。宁古塔章京海色率八旗兵与俄军在乌扎拉村展开激战，双方伤亡惨重，哈巴罗夫被迫向黑龙江上游撤退。顺治十一年（1654），斯捷潘诺夫率领数百名俄军在中国境内骚扰掠夺，无恶不作。沙俄的入侵已引起清政府的严重关注。在一年前，朝廷命镶蓝旗梅勒章京沙尔虎达为昂邦章京，镇守宁古塔地方，

---

① 《清太宗实录》卷六十一，崇德七年六月辛丑。

以抵御俄国入侵，保卫边疆安宁。沙尔虎达率领清军几次给予俄军致命的打击，入侵黑龙江中下游的俄军被肃清。

但是，沙俄时刻都在梦想着吞并富饶的黑龙江流域。俄军在尼布楚和雅克萨筑寨堡、修工事，建立殖民据点，并以此为根据地，不断向黑龙江中下游扩张、侵扰。尽管清政府不断通过外交方式进行交涉与抗议，但无济于事，东北边疆出现更严重的危机。康熙帝决定以武力驱逐沙俄侵略者。

康熙帝分别于康熙十年（1671）和二十一年（1682）回盛京祭祖，并巡视东北，其实是部署反击沙俄入侵。嗣后，东北进入备战状态。二十二年（1683）十月，正式设置黑龙江将军。首任黑龙江将军萨布素上任后，立即着手在黑龙江东、西两岸建城，即瑷珲城和黑龙江城。清廷从宁古塔和盛京调八旗兵赴黑龙江屯田戍守，修造战船，建立驿站。

康熙二十四年（1685）五月，清军对俄军的军事据点雅克萨城发起进攻。经过一昼夜激战，城中的俄军投降，俄军官托尔布津发誓不再返回雅克萨。清廷释放了全部战俘，允许他们带走武器和财产，并将700余名俄国人送至额尔古纳河口，遣返回国。战后，清军撤离了雅克萨。可是不足两个月，俄军重返雅克萨，全力修筑城堡工事，做长期固守的准备。二十五年（1686）六月，第二次雅克萨战役打响，双方发生激战，各有伤亡。清军一时难以克城，遂进行围困，直至俄军弹尽粮绝。俄国见清政府决意收复雅克萨，只好同意谈判。二十八年（1689），中俄双方签订了中俄《尼布楚条约》，划分了两国东段边界。

雅克萨战后，清廷着手在东北设置驻防，以增强东北边疆的防御能力。于是，一批批驻防点建立起来，驻防旗人大量增加。

沙俄的入侵，使东北边疆出现危机。清统治者由此认识到加强故乡军事防御的重要性。

康熙三年（1664），改盛京昂邦章京为镇守辽东等处将军，翌年又改为奉天将军，开始恢复和建立盛京地区的驻防体系。为增加盛京驻防兵额，康熙十七年（1678），将宁古塔新满洲副都统衔布克头、扎努喀31佐领管下人丁迁往盛京，这31佐领有1131户，成年壮丁3531人，加上其家眷，共计11180口。[①] 康熙二十五年（1686），清廷正准备与俄国谈判，充实关外军事力量成为当务之急。议政王大臣会议认为，“盛京等处，地方广阔，因请增兵设防”[②]。翌年，从北京调大批佛满洲八旗官兵返回盛京。这一年成为盛京各驻防点增兵最多的一年，充实的是辽阳、熊岳、复州、凤凰城等处。康熙三十八年（1699）至四十年（1701）间，又将原安置于伯都讷和齐齐哈尔的锡伯族迁到盛京，编入八旗，分驻盛京、开原、铁岭、兴京、辽阳、牛庄、盖州等处。经康熙朝的建设，盛京的驻防已经初具规模，可以用雍正朝《会典》所载兵额来了解盛京地区各驻防城及其兵额情况，见表3-2。

表3-2 雍正朝盛京各驻防城兵额

驻防城	盛京	义州	开原	凤凰城	复州	辽阳	熊岳	岫岩	金州
兵额/人	4921	1218	1047	678	669	667	654	620	619
驻防城	锦州	兴京	广宁	铁岭	盖州	抚顺	牛庄	巨流河、白旗堡、小黑山、闾阳驿	小凌河、宁远、中后所、中前所
兵额/人	747	298	257	100	100	103	80	400	400

至雍正朝，围绕着盛京城已经形成星罗棋布的驻防点，各处驻防兵额合计达到万余人，驻防体系得以恢复。

二、八旗驻防体系

在盛京地区，八旗兵除分驻各城之外，还要看守柳条边边门和内外卡伦。

---

① 佚名：《盛京通鉴》卷三，《满蒙丛书》刊行会1921年版，第94页。

② 《清圣祖实录》卷一百二十七，康熙二十五年九月庚寅。

柳条边是清廷为维护“龙兴之地”而修筑的，因在土堤上“插柳结绳”，故称柳条边。顺治初年，在明辽东边墙基础上修建，至顺治末年完成。柳条边“起自凤凰城，北至开原，折而西至山海关接边（长城），周围一千九百余里，共十七边门，名为老边”，又称“盛京边墙”①。康熙九年（1670）至二十年（1681），又修筑吉林柳条边，“东自吉林北界，西抵开原县威远堡边门，长六百九十余里”②，又称“新边”。“新边”的边门归吉林将军统辖，盛京柳条边的边门归盛京将军统辖。

盛京的八旗驻防以将军为最高统帅，从一品。将军下分设副都统，正二品。副都统即入关之前的梅勒章京，协助将军佐理机宜，但单独驻扎一地时，执掌与将军相类似，可直接向朝廷奏事。若遇将军赴京朝觐或因事征调，印务多由副都统署理。副都统下设城守尉（正三品）、防守尉（正四品），掌本城旗籍。参领、协领（俱从三品），“以次各官，分掌驻防户籍，以时颁其教戒”③。这样，就形成了由上而下的八旗驻防体系。

清前期盛京地区共设盛京副都统、锦州副都统和熊岳副都统。下面以乾隆朝前期为例，来展现盛京地区的驻防体系。

（一）盛京副都统

盛京副都统 1 员，驻盛京城，领有盛京协领，兴京、凤凰城、辽阳、开原城守尉 4 员，广宁、牛庄（海城）防守尉 2 员，巨流河、白旗堡、小黑山、闾阳驿佐领 4 员，铁岭、抚顺防御 2 员及彰武台边门防御等，具体如下：

盛京城驻防有：副都统 1 员，协领 11 员，下设佐领 66 员、骁骑校 35 员、防御 34 员、主事 1 员、笔帖式 11 员、外郎 6 员、委官 27 员、世袭三等轻车都尉 1 员、骑都尉兼一云骑尉 2 员、骑都尉 9 员、云骑尉 9 员、恩骑尉 2 员，下设

---

① 阿桂等纂修《盛京通志》卷三十三《关邮》，辽海出版社，1997，第 618 页。

② 同①，第 619 页。

③ 赵尔巽等撰《清史稿》卷一百十七《职官四》，中华书局，1977。

步兵1188名、马兵5280名。看守御园领催1名、兵9名，看守皇寺兵8名，铁匠66名，箭匠61名，夜捕手38名，养育兵362名[①]。

兴京驻防，天聪七年（1633）始设，后有调整。至乾隆三十年（1765），有城守尉1员、防御4员、骁骑校4员、笔帖式1员、委官4员。属下有满洲、蒙古、汉军兵5995名，铁匠8名。

图3-2 凤凰城城守尉衙署旧址

凤凰城驻防，崇德三年（1638）始设，后有城守尉1员，巴尔虎佐领1员，骁骑校1员，满洲防御8员，骁骑校7员，蒙古骁骑校1员，笔帖式1员，委官4员，朝鲜通事官2员、迎送官3员、主客官1员（以上3种官员专掌朝鲜入贡之事）。属下有满洲、蒙古、汉军兵635名，铁匠9名。

辽阳驻防，始设于天聪六年（1632），康雍乾时期驻防官兵屡有增减。至乾隆三十年（1765），有城守尉1员、防御8员（后移驻塔尔巴哈台1员）、巴勒瑚佐领1员、满洲骁骑校1员、汉军骁骑校1员、笔帖式1员、仓官1员、外郎2员、委官1员。乾隆三十年（1765）时，有兵共计449名、铁匠9名。

开原驻防，康熙二十一年（1682）设，有城守尉1员、佐领1员、防御7员、汉军骁骑校1员、满洲骁骑校7员、巴勒瑚佐领1员、骁骑校1员、仓官与笔帖式各1员、委官9员。领有兵599名、铁匠9名。

① 关于盛京各处驻防的官兵数额，本书主要以阿桂等纂修《盛京通志》卷五十一《兵防一》所载为主。

广宁驻防，顺治四年（1647）设，有防守尉1员，佐领3员，满洲、蒙古、汉军防御各1员，骁骑校7员，笔帖式1员，委官5员。属下兵额400余名、铁匠5名。

牛庄驻防，天命六年（1621）始设，清初驻防官兵屡有增减，至乾隆三十年（1765）有防守尉掌印章京1员、满洲防御3员、汉军防御1员、四品协领1员、骁骑校4员、笔帖式1员、仓官1员、委官1员。属下兵额377名、铁匠2名。

巨流河驻防，康熙二十九年（1690）自山海关移驻，有满洲佐领、汉军佐领各1员，汉军骁骑校2员，委官5员。属下兵额200名、铁匠2名。

白旗堡驻防，康熙二十九年（1690）自山海关移驻，有满洲佐领、汉军佐领各1员，骁骑校2员，委官5员。属下兵额200名、铁匠2名。

小黑山驻防，康熙二十九年（1690）设，有满洲佐领、汉军佐领各1员，骁骑校2员，委官5员。属下兵额200名、铁匠2名。

闾阳驿驻防，康熙二十九年（1690）设，有满洲佐领、汉军佐领各1员，骁骑校2员，委官5员。属下兵额200名、铁匠2名。

铁岭驻防，康熙二十九年（1690）设，有满洲防御1员、汉军防御3员、委官5员。属下兵额200名、铁匠2名。

抚顺驻防，康熙二十九年（1690）设，有满洲防御1员、汉军防御3员、委官1员。属下兵额130名、铁匠2名。

彰武台边门，康熙二十六年（1687）设，在今北镇市广宁镇东北170里处。有满洲防御1员，属下有兵40名、领催3名。

以上14处驻防，官兵共计9877人。

（二）锦州副都统

雍正五年（1727）设锦州副都统，驻锦州府。辖义州城守尉，小凌河、宁远、中前所、中后所（今绥中）4处专城佐领，明水塘、梨树沟、新台、白石嘴、松岭子5边门防御[①]。具体如下：

锦州城驻防，有副都统1员，三品协领1员，满洲佐领8员，伊彻满洲佐领4员，骁骑校12员，仓官1员，笔帖式2员，委官1员，世袭恩骑尉2员。属下有马步兵786名、铁匠13名。

义州（今辽宁义县）城驻防，康熙十四年（1675）设，有城守尉1员，满洲佐领9员，骁骑校9员，内务府佐领8员、骁骑校8员，笔帖式与委官各1员。属下有满洲、蒙古、汉军马步兵967名、铁匠18名。另外，义州城守尉还兼辖九关台、清河、白土厂三边门驻防。其中九关台边门位于义州城西北，有满洲防御1员、领催3名、骁骑37名、台领催2名；清河边门位于城北，有汉军防御1员、领催3名、骁骑37名、台领催1名；白土厂边门位于义州城北，有满洲防御1员、领催2名、骁骑28名、台领催1名。[②]

小凌河驻防，康熙二十九年（1690）设，有满洲佐领、汉军佐领各1员，骁骑校2员，委官5员。属下兵额200名、铁匠2名。

宁远城驻防，康熙十四年（1675）设，有满洲佐领、汉军佐领各1员，汉军骁骑校2员，仓官与笔帖式各1员，委官5员，世袭恩骑尉1员。属下兵额200名、铁匠2名。

中前所驻防，康熙二十九年（1690）设，有满洲佐领、汉军佐领各1员，骁骑校3员，委官5员。属下兵额200名、铁匠2名。

中后所驻防，康熙十四年（1675）设，有满洲佐领、汉军佐领各1员，骁骑校2员，笔帖式1员，委官5员。属下兵额200名、铁匠2名。

松岭子边门驻防，康熙十七年（1678）设，在锦州城西北90里，有满洲防御1员，属下兵额40名。

梨树沟边门驻防，康熙十八年（1679）设，在锦州城西140里。有满洲防御1员，属下兵额30名。

明水塘边门驻防，康熙十八年（1679）设，在锦州城西南290里。有满洲

---

① 《钦定八旗通志》卷三十五《兵志四》，第7页。

② 同①，第8页。

防御 1 员，属下兵额 30 名、领催 1 名。

新台边门驻防，顺治十一年（1654）设，在锦州城西 130 里。有汉军防御 1 员，属下兵额 40 名。

白石嘴边门驻防，康熙十八年（1679）设，在锦州城西南 200 里。有满洲防御 1 员，属下兵额 40 名。

以上 10 处驻防，官兵共计 2833 人。

（三）熊岳副都统

熊岳副都统设于雍正五年（1727），驻熊岳城。辖复州、金州、岫岩三城守尉，盖州防守尉，旅顺水师营[①]。具体如下：

熊岳驻防，有副都统 1 员、三品协领 1 员、巴尔虎佐领 1 员、骁骑校 1 员、佐领 1 员、防御 8 员、笔帖式 4 员、委官 1 员、世袭云骑尉 1 员、恩骑尉 2 员。属下有兵 954 名、铁匠 9 名。

复州驻防，康熙二十六年（1687）设，有城守尉 1 员，巴勒瑚佐领 1 员，防御 8 员，骁骑校 9 员，笔帖式、委官各 1 员，世袭云骑尉 2 员。属下兵额 599 名、铁匠 9 名。

金州驻防，又称宁海驻防，康熙二十年（1681）设，有城守尉 1 员，巴勒瑚佐领 1 员，骁骑校 1 员，汉军佐领 3 员，骁骑校 3 员，满洲防御 8 员，仓官、笔帖式、委官各 1 员。属下兵额 830 名、铁匠 9 名。

岫岩驻防，康熙二十六年（1687）设，有城守尉 1 员、巴尔虎佐领 1 员、骁骑校 1 员、满洲防御 8 员、骁骑校 9 员、笔帖式与委官各 1 员、世袭云骑尉 2 员。属下兵额 547 名、铁匠 9 名。

盖州驻防，天聪七年（1633）始设，后兵额略有增减，至乾隆初期，有防守尉掌印章京 1 员、防御 3 员、四品协领 1 员、满洲骁骑校 3 员、汉军骁骑校 1 员、笔帖式 2 员、仓官 1 员、委官 1 员、世袭骑都尉 1 员、云骑尉 2 员。属下兵

① 《钦定八旗通志》卷三十五《兵志四》。

额385名、铁匠2名。

旅顺水师营驻防，康熙五十四年（1715）设，有汉军协领1员、佐领2员、防御4员、骁骑校8员、笔帖式1员。属下原有汉军兵500名，乾隆十二年（1747）增设100名，十九年（1754）裁。

以上6处驻防，官兵共计4073人。

此外，碱厂边门、英额边门、旺清边门、威远堡边门、凤凰城边门、叆阳边门均由八旗官兵驻守，俱为盛京兵部所辖，亦兼统于盛京将军。

道光二十三年（1843），熊岳副都统移驻金州，改称金州副都统。

盛京将军辖区专城驻防官兵18356名。永陵、福陵、昭陵不属于驻防系统，但归盛京将军兼理，有官兵802人。两项官兵合计近2万人，连同家眷共计10余万人。

清末，由于中国沦为半殖民地半封建社会，各地的八旗驻防呈现出衰落的趋势。盛京的驻防体系也发生了变化，驻防官兵的数量大幅下降。副都统由3员改为4员：

盛京副都统兼任福陵、昭陵守护大臣，领盛京协领，辽阳、岫岩、广宁3城的城守尉，牛庄、铁岭2城的防守尉，抚顺防御。巨流河、白旗堡、小黑山、闾阳驿4佐领和彰武台边门防御，均隶属广宁城守尉。

兴京副都统兼任永陵守护大臣，领兴京协领，开原、凤凰城2城的城守尉。法库边门防御隶属开原城守尉。

锦州副都统领锦州协领，义州城守尉，小凌河、宁远城、中后所、中前所4佐领。松岭子、白石嘴、新台、梨树沟、明水塘5边门隶属锦州协领，白土厂、清河、九关台3边门隶属义州城守尉。

金州副都统领金州、熊岳、盖州3协领和复州城守尉。

凤凰边门、兴京边门、英额边门、叆阳边门、碱厂边门和威远堡边门仍隶属盛京兵部，统辖于盛京将军。

盛京驻防兵额计2000余名。

三、驻防中的“旧满洲”与“新满洲”

“旧满洲”又称“佛满洲”，“新满洲”又称“伊彻满洲”。满语“旧”读作“佛”，“新”读作“伊彻”。在盛京驻防的八旗满洲中有“旧满洲”和“新满洲”。例如阿桂等纂修的《盛京通志》卷三十九载，在盛京城内，将军的属员有“旧满洲佐领八员，新满洲佐领二十三员”[①]。何谓“旧满洲”与“新满洲”？简而言之，这里的“旧满洲”是指清入关前就已编入八旗的满洲；“新满洲”是指在顺康时期东北地区的少数民族，被招抚后编入八旗者。

（一）“旧满洲”

天聪九年（1635）十月，清太宗皇太极发布上谕：

> 我国原有满洲、哈达、乌喇、叶赫、辉发等名，向者无知之人，往往称为诸申。夫诸申之号，乃席北超墨尔根之裔，实与我国无涉。我国建号满洲，统绪绵远，相传奕世。自今以后，一切人等，止称我国满洲原名，不得仍前妄称。[②]

皇太极为新的民族共同体正式定名“满洲”，这个满洲主要包括建州和海西四部女真人。

“新满洲”名称的出现，是在皇太极对黑龙江流域用兵之后。当地的部分达斡尔、赫哲、索伦人等被带到盛京，编入满洲八旗，时称“新满洲”。例如崇德二年（1637）四月，清军东征瓦尔喀部，获“新满洲男子六百九十二名、妇人

① 阿桂等纂修《盛京通志》卷三十九《职官一》，辽海出版社，1997，第697页。

② 《清太宗实录》卷二十五，天聪九年十月庚寅。

五百五十七口、幼稚二百口”[1]。五年（1640）十一月，对新编入八旗的新满洲男子2751名“均赏衣服布匹，复令较射，分别等第，一等者视甲喇章京，二等者视牛录章京，三等者视半个牛录章京，各照等第赐朝服、袍褂等物”[2]。

皇太极为补充八旗兵力，将黑龙江流域的少数民族编入满洲八旗。这部分人相对于努尔哈赤时期编入八旗的满洲而言，是“新满洲”。顺治元年（1644），百万八旗“从龙入关”。跟随顺治帝迁入关内的“新满洲”相对于康熙初年在东北再招抚的“新满洲”而言，又成为了“旧满洲”。

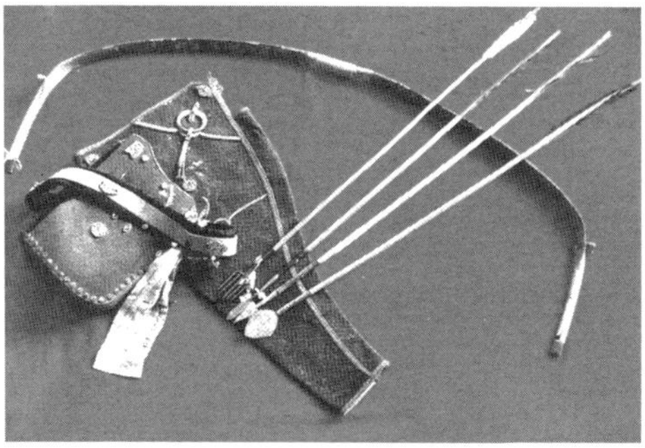

图3－3　弓箭

清代盛京驻防的“旧满洲”主要有两个来源：一是清政权迁都北京时留驻的满洲；二是康熙年间从关内迁回的满洲。

如前所述，清入关后，因战事的需要，不断将关外留守的八旗兵调入关内。至顺治十七年（1660），关外只有盛京、兴京、牛庄、盖州、凤凰城、广宁、宁古塔7个驻防城，驻防官兵不足两千人。这些留守的满洲人世代生息繁衍，成为“旧满洲”的一部分。

在康熙朝前期，为反击沙俄入侵，充实根本之地，清廷又从关内调部分满洲兵丁偕眷回到盛京。尤其是康熙二十六年（1687）前后，清廷从北京调大批佛满洲回盛京驻防，这在今天辽宁地区满族家谱中多有记载。例如岫岩《谢氏谱书》记载，本族原为长白山望族，先迁奉天，隶镶蓝旗佛满洲，再迁燕京，

① 《清太宗实录》卷四十一，崇德二年四月戊午。

② 《清太宗实录》卷五十三，崇德五年十一月壬辰。

"康熙二十六年，诏书特下，举凡八旗之弁兵，择其智勇兼优者，分遣外省，各携眷属，长川驻防，用以镇慑荒边，而巩固邦基者也。维时先祖达色当任都城护军校，遂蒙捡派，率部下骑兵，连同他骑（旗）兵士，同时东下，抵岫岩地方而居焉"①。《瓜尔佳氏宗谱》记载，其始祖是苏克苏浒河贝勒，隶正红旗，随龙入关，"及至圣祖充实边疆，复将我八世祖，于康熙二十六年由京师拨回奉天府，遂卜居于东边凤凰城镶红旗界"②。辽阳《富察氏谱本》记载，其祖宗是叶赫富察氏，从吉林宁古塔兴兵入关，从征多年，"于康熙三十年，奉旨移驻盛京辽阳驻防"③。《陈满洲赵氏谱》记载，其先人"自康熙二十六年，由京都移住奉天府属邑复州西南距城三十五里镶蓝旗界内居住"④。现收藏于本溪满族自治县草河城镇的《赫舍里氏宗谱书》记载，赫氏始祖于顺治元年（1644）"从龙入关"，居住在北京，始祖的第九子"罕督将军洼尔达于康熙二十六年，由京师拨往奉天在凤凰城驻防，并携其眷属于此定居，繁衍后代，立为赫氏始祖"⑤。

《八旗通志》和《盛京通志》等文献记载，盛京地区的驻防城多是在康熙二十六年（1687）前后设立的，这一时期的驻防兵数量也大量增加，这与上述家谱的记载是相互印证的。在中原底定之后，清廷为充实"根本之地"，将一批"旧满洲"从关内拨回了盛京驻防。

（二）"新满洲"

清代在黑龙江及乌苏里江流域分布着众多少数部族，如索伦、达斡尔、赫哲、巴尔虎、锡伯、卦尔察等。他们的生产方式以渔猎为主，与满族的先世女真人有着千丝万缕的关系。天聪八年（1634）十二月，皇太极派兵远征黑龙江

---

① 李林：《满族宗谱研究》，辽沈书社，1992，第283页。
② 同①，第309页。
③ 同①，第328页。
④ 同①，第340页。
⑤ 同①，第218页。

地方，临行前，对领兵将领霸奇兰说："此地人民，语音与我国同，携之而来，皆可以为我用。"并叮嘱霸奇兰一定告知那里的人，"尔之先世，本皆我一国之人，载籍甚明。"[①] 皇太极多次招抚和出兵黑龙江流域，把原属于明朝奴儿干都司管辖的区域全部置于清朝的统治之下。崇德七年（1642），皇太极以自豪的口吻总结他所取得的业绩，"朕蒙天眷佑，昔时金国所属，尽为我有。沿海一带，自东北以迄西北，至使犬、使鹿、产黑狐黑貂等国及厄鲁特国，在在臣服。"[②] 皇太极将黑龙江地区的各部族人大批迁到盛京，编入满洲八旗（时称"新满洲"），其壮勇之男丁则披甲当兵；将那些没有迁走的编入户籍，设官管理。"新满洲"的加入，扩大了满洲民族共同体，骁勇善战的新满洲兵增强了八旗兵的战斗力。

为解决东北驻防兵源不足的问题，从康熙初年始，清廷采取了皇太极时期行之有效的办法，把东北未编入八旗的部分少数民族编入旗籍，称他们为"新满洲"。这些"新满洲"被不断地调入盛京驻防，规模较大的有三次：

康熙十七年（1678），原居吉林乌拉的赫哲人迁到盛京，共 31 佐领 1131 户，壮丁 3531 名，加上眷属共计 11180 人。其中章京 29 员，骁骑校 29 员，苏拉哈番 1 员，领催、甲兵合计 1378 名。

康熙三十一年（1692），移驻一批巴尔虎人到盛京披甲吃粮，其中可披甲的壮丁一千余人，每百名编一佐领，每佐领分设领催、甲兵各 55 名。先令其在牛庄、辽阳等处游牧，嗣后分驻于开原、辽阳、熊岳、复州、金州、岫岩、凤凰城 7 处。每城有一佐领，省城有 3 佐领，共计 10 佐领。

自康熙三十八年（1699）至四十年（1701），原被安置在伯都讷和齐齐哈尔两地的锡伯族共 42 牛录分批迁到盛京[③]。锡伯族人迁到盛京后，各驻防地八旗兵内懦弱之辈、家奴披甲者被裁汰，从锡伯族人内挑选披甲替代。仅在康熙三十九年（1700）初，当第二批 12 个锡伯牛录到达盛京后，就"裁汰盛京步甲

① 《清太宗实录》卷二十一，天聪八年十二月壬辰。

② 《清太宗实录》卷五十九，崇德七年三月乙酉。

③ 关于迁赫哲、巴尔虎和锡伯人至盛京驻防，见《盛京通鉴》卷三，第 93、94、95 页。

四百名，挑选锡伯人充马甲二百名。又裁汰八旗满洲、蒙古牛录另户弱甲四十五名及所有奴甲五十五名，共一百名，挑选锡伯人充马甲一百名。裁汰义州另户弱甲十二名及所有奴甲一百零八名，共一百二十名，挑选锡伯人充披甲一百二十名。裁汰锦州另户弱甲三十七名及所有奴甲三名，共四十名，挑选锡伯人充披甲四十名。裁汰广宁另户弱甲八名及所有奴甲三十二名，共四十名，挑选锡伯充披甲四十名。裁汰盖州、牛庄、抚西（今抚顺）、铁岭等十二处另户弱甲及所有奴甲，共一百二十名，挑选锡伯人充披甲一百二十名。共挑选锡伯披甲六百二十名”①。除此之外，锡伯族人还被分到开原、兴京、辽阳、熊岳、复州、金州、岫岩、凤凰城、宁远、小凌河、白旗堡等驻防点。

图3－4　沈阳锡伯家庙

“新满洲”移驻盛京后，由于离开原居住地，自然地理环境发生了变化，而且受周围民族尤其是汉族的影响，他们逐渐放弃了射猎和捕鱼的生活，而改为务农，耕种土地。清政府在生活上给予了妥善安置，例如为安置万余名赫哲人，在东起抚顺、西至宁远州老君屯，南自盖平县拦石、北至开原县的范围内丈量土地，确定旗地4655380垧。清政府还规定，“新满洲迁来，若拨种豆地，每垧给豆种一金斗；拨种谷米、黏米、高粱地，每垧给各种六升。”②“新满洲”除了领取兵饷之外，还可以靠耕种旗地来维持生活。另外，各驻防城还提供住房，“每一家，给草房三楹”。有了耕地和房屋，原来逐水草而居的“新满洲”过上

① 中国第一历史档案馆编译《锡伯族档案史料》上册，辽宁民族出版社，1989，第134、135页。

② 《清圣祖实录》卷八十七，康熙十八年十二月癸未。

了定居生活。康熙时人王一元见到盛京地区的伊彻满洲妇女“多衣锦绣而足穿乌喇，三五成群，入市贸易”①。

盛京地区“新满洲”与“旧满洲”的具体人数，目前很难根据史料做出统计，但有一点是毋庸置疑的，那就是“新满洲”的人数要多于“旧满洲”。《盛京通志》卷三十九载，在盛京将军所属员额中，有“旧满洲”佐领8员、“新满洲”佐领23员、巴尔虎佐领3员。可以说，“新满洲”是盛京驻防的主要力量。

四、驻防中的八旗汉军

在盛京驻防的旗人中，汉军旗人是重要的组成部分。下面依据《盛京通志》，来了解乾隆时期盛京各处驻防八旗汉军人员数额情况，见表3-3。

表3-3　乾隆时期盛京各处驻防八旗汉军人员数额

驻防地	官兵	铁匠/人	驻防地	官兵	铁匠/人
盛京城		66	巨流河	佐领1员，骁骑校2员，兵111人	2
抚顺	防御3员	2	海城	防御1员，兵66人	2
辽阳	骁骑校1员	9	开原	骁骑校1员，兵50人	10
盖平	骁骑校1员，兵97人	2	复州	兵15人	9
铁岭	防御3员，兵100人	2	旅顺	协领1员，佐领2员，防御4员，骁骑校8员，兵500人	

① 王一元：《辽左见闻录》，渤海大学图书馆藏手抄本。

续表 3－3

驻防地	官兵	铁匠/人	驻防地	官兵	铁匠/人
宁海（金州）	佐领 3 员，骁骑校 3 员，兵 241 人	9	凤凰城	兵 34 人	9
岫岩		9	熊岳		9
锦州		13	宁远	佐领 1 员，骁骑校 2 员，兵 120 人	2
小凌河	佐领 1 员，兵 120 人	2	中后所	佐领 1 员，兵 120 人	2
中前所	佐领 1 员，兵 120 人	2	白旗堡	佐领 1 员，兵 109 人	2
广宁	防御 1 员，兵 110 人	5	闾阳驿	佐领 1 员，兵 109 人	2
小黑山	佐领 1 员，兵 109 人	2	兴京边门	兵 25 人	
义州	兵 664 人	18	英额边门	兵 25 人	
碱厂边门	兵 25 人		威远堡边门	兵 25 人	
旺清边门	兵 25 人		凤凰城边门人	兵 25 人	
叆河边门	兵 25 人		松岭子边门	兵 28 人	
发（法）库边门人	兵 30 人		梨树沟边门	兵 19 人	
新台边门	防御 1 员，兵 30 人		彰武台边门	兵 25 人	
白石嘴边门	兵 30 人		九关台边门	兵 30 人	
白土厂边门			总计	3241 人	192
兴京	兵 34 人	2			

以上25个驻防城及15个边门，共有八旗汉军官兵3433人，[①] 若以每人一家5口计，盛京地区驻防的汉军及其家眷当在17000人以上。这个数字仅是驻防兵数额，盛京内务府所属汉军尚未计算在内，关于这一部分将在第五章第二节中专做叙述。

这些汉军旗人，或者是清政权入关时留驻的，或者是顺康时期从关内调回的，而更多的则是在顺康时期出关谋生的汉人被编入八旗者。

八旗抽调兵力的惯例，通常是从各旗、各佐领下按人数平均抽调。这样在陆续拨回盛京的八旗中除满洲、蒙古之外，也应该有汉军，这在满族家谱中可以得到证实。

收藏于辽阳市的《张氏宗谱》记载：

> 由大清起义，我始祖等投诚来归，而纪念之也。为我始祖兄弟三人，择居京师之外城，明曰彰仪门，清改广宁门，又改广安门之人也。及清世祖入关定鼎燕京，编为汉军正黄旗。迨八年，遂将我始祖张起雾者，拨往盛京驻防，命其随汉军镶红旗第二佐领下当差，官舍在大东抚近门外焦炸市附近处。择居辽阳城南满洲镶蓝旗界，距城五里许徐家屯。[②]

张氏始祖张起雾是在顺治八年（1651）被拨回盛京的，居住在辽阳城南满洲镶蓝旗界的徐家屯。

在平定“三藩之乱”后，康熙帝即着手部署反击沙俄的入侵，从关内拨大批旗人返回故乡。岫岩《洪氏谱书》记载，康熙二十六年（1687），洪氏由北京迁居岫岩，当时“草莱荒秽，田原未辟，株柯蓊翳，山岚满目，经我祖几许心血，一再经营，始有今日之土平地广”[③]。

除了留守和从关内拨回的汉军之外，顺康时期到关外谋生的汉族移民是汉军的主要来源。清政权迁都北京后，山海关外是“沃野千里，有土无人”。在朝

---

① 阿桂等纂修《盛京通志》卷五十一《兵防一》，辽海出版社，1997，第844-852页。

② 李林主编《满族家谱选编》，辽宁民族出版社，1988，第135页。

③ 李林：《满族宗谱研究》辽宁民族出版社，1992，第88页。

廷颁布辽东招民垦荒政策后，河北、山西、山东等地的部分汉族人为谋生迁到了盛京地区，开荒种地。清廷鉴于关外八旗兵源不足，遂将他们编入八旗披甲当兵。

本溪县《张氏族谱》载，祖籍山东登州府莱阳县，二世祖张有才于顺治八年（1651）奉诏拨民，投奔盛京，迁到本溪县分水岭落户，投旗入籍。①

本溪县《贾氏谱书》载，顺治年间拨入汉军旗，二世祖（康熙年间中期）贾文学占兴京小峪红册地162.5亩，三世祖贾大占辽东田师傅沟以及腰堡，归辽阳苏那海牛录册地120余亩，由此分二支承领名地。②

岫岩县《王氏谱书》载，先祖原居山东小云南大榆树，顺治八年（1651），迁居盛京入旗。③

辽阳县《高氏宗亲谱册》载，始祖原居云南，耕读为业。崇祯十五年（1642），云南战乱不止，于是迁居山东登州府蓬莱县高家庄。顺治年间，二世祖率族人越海到盛京，一支居住在辽阳高家岭等地方，一支居住在海城高湛屯等地方。康熙二十二年（1683），入盛京汉军镶白旗第三佐领，开占红册地数千顷。④

辽阳《吴氏族谱》载，始祖于顺治八年（1651）从山西迁到辽阳城高丽门内。后隶旗籍，占地50余亩。再迁辽阳城北五十里孟胡屯，遂聚族居之。⑤

辽阳《王氏宗族谱书》载，顺治年间，始祖由山东迁居奉天，入汉军正白旗第三佐领下喜纯牛录为丁，先居海城白云寨，至康熙年间迁至辽阳亮甲落户，占地92亩。⑥

北镇市《李氏族谱》载，祖居山东德州，雍正十年（1732），拨民前往山海关宁远州，隶汉军镶白旗。四世祖任小黑山骁骑校，后迁广宁。⑦

---

① 李林：《满族宗谱研究》，辽宁民族出版社，1992，第230页。

② 同①，第88页。

③ 同①，第235页。

④ 同①，第243页。

⑤⑥ 同①，第87页。

⑦ 同①，第248页。

现收藏于辽宁省图书馆的《吴氏族谱》载，始祖于清顺治八年（1651）自山西太原府迁至辽东辽阳，始隶旗籍，辛勤刨垦。

清廷自顺治到康熙前半期，为补充盛京地区八旗兵力之不足，将从关内迁来的部分汉族移民纳入八旗之中。康熙中期以后，随着“新满洲”兵的加入，一大批汉军解甲归田；但是这些人仍然在旗籍之内，属于旗人系统，受所在地驻防长官的管辖。

在盛京地区，除“佛满洲”“新满洲”及八旗汉军之外，还有八旗蒙古驻防。他们共同组成了旗人系统，统辖于盛京将军。

第三节 盛京将军对旗人及相关事务的管理

盛京将军作为旗人社会的最高军政长官，对旗务的管理包括军事、经济及行政等方面。

一、统领盛京军务

盛京驻防将军的第一要务是统领军务。所谓军务，主要包括两个方面：一是遇有战事时，或者率兵出征作战，或者提供兵源和物资；二是日常训练军卒和选阅武弁。

（一）奉调出征与战争供给

满洲族世世代代的射猎生活，不仅使他们擅长骑射，更造就了崇尚勇武的精神。在努尔哈赤和皇太极时期，在八旗制度下，满洲族人的骑射技艺转变为军事征服手段，崇尚勇武提高到了一个新高度，形成一种民族精神，人人以不得捐躯国事、死于窗下为耻。皇太极称赞八旗兵道："我国士卒，初有几何，因娴于骑射，所以野战则克，攻城则取，天下称我兵曰：立则不动摇，进则不回顾，威名震慑，莫与争锋。"①

图3－5　镶黄旗兵甲胄

顺治元年（1644），清政权迁都北京，以83名佐领留守盛京；旋即因关内战事的需要，又从盛京调大批八旗兵入关作战，盛京只留25名佐领。康熙年间，清廷将黑龙江、松花江、乌苏里江等流域的少数部族编入八旗，成为"新

① 《清太宗实录》卷三十二，崇德元年十一月癸丑。

满洲”。“新满洲”除驻防黑龙江和吉林之外，其中一部分被拨到盛京，一是补充盛京驻防兵力之不足，二是在盛京储备兵源，以备关内或者东北边境有警时输送兵力。自康熙二十二年（1683）清政府统一台湾后，中原再无大规模的战争，京师与关内各驻防地的八旗兵靠国家俸饷生活，进入城市而失去了骑射环境，致使战斗力日趋下降。而生活在东北的旗人，没有脱离生产劳动，又有捕牲围猎的自然环境，“务农敦本，以国语骑射为先，兵挽八力，枪有准头，骁勇闻天下”①。东北的八旗兵逐渐成为清军的精锐部队，几乎参加了清前期所有的重大战役。盛京将军或者亲自统兵出征，或者挑选精于骑射、勇于征战的官兵输送入关，奔赴前线，为多民族国家的统一和稳定做出了巨大贡献。

康熙十二年（1673），“三藩之乱”起，大半个中国陷入战火之中，社会急剧动荡，清朝刚刚完成的大一统事业面临严峻考验。十三年（1674）十二月，清廷调盛京官兵1000名②，翌年正月再调600名③，共计1600名官兵进京待命。二月，由副都统鄂泰统领1000名盛京兵往驻山西太原，防守汾州诸处，以防备“逆贼乘隙来犯”④。十五年（1676）三月，康熙帝命参领达汉泰、沙礼率领盛京兵1500名开赴河南，抵达后以500名防守河南，1000名添发大将军图海前。⑤四月，江西告急，图海率盛京兵1000名及驻防兖州每佐领骁骑1名，急赴江南，以备增援。十一月，大将军康亲王统兵平闽，进剿海寇，分守福州诸路。康熙帝担心兵力未敷，命“以驻守江宁盛京兵内发七百名，驻守京口汉军兵内发五百名”，赴大将军前，听其调遣。在平定“三藩之乱”的战争中，入关的1600名盛京兵先后被派往山西、河南、江宁、福建等地，充分表现出强大的机动灵活作战能力。

康熙二十九年（1690）五月，漠西蒙古准噶尔部首领噶尔丹，以攻伐喀尔喀为名，率两万大军进入内蒙古乌珠穆沁境内，大肆杀戮，抢掠牲畜财物，在

① 萨英额：《吉林外记》卷八《风俗》，吉林文史出版社，1986。

② 《清圣祖实录》卷五十一，康熙十三年十二月庚子。

③ 《清圣祖实录》卷五十二，康熙十四年正月壬午。

④ 《清圣祖实录》卷五十三，康熙十四年二月丙申。

⑤ 《清圣祖实录》卷五十九，康熙十五年三月辛丑。

乌尔会河击败清朝理藩院尚书阿喇尼率领的蒙古骑兵，深入到距离北京仅700余里的乌兰布通。面对噶尔丹的挑衅，康熙帝决定亲统大军征讨噶尔丹。六月，兵部派郎中恩丕至盛京，会同将军绰克托、副都统博定，挑选盛京、开原、兴京、东京、辽阳、广宁、锦州、义州等城兵共计3000人，由将军、副都统亲自率领入关，随康熙帝出征。[①] 当到达波罗和屯时，康熙帝发病，未能率盛京兵亲临前线，但他对盛京发兵迅速、官兵斗志高昂给予了赞扬。他说："盛京官兵虽未接战，而奋勇敌忾，深可嘉悦。"[②] 三十五年（1696）春，康熙帝第二次亲征噶尔丹，分兵西、中、东三路。黑龙江将军萨布素统领东路军，由盛京兵1000名、吉林兵1000名和黑龙江兵2000名组成，作为防御，前往黑龙江流域的索岳尔济山屯驻，防止噶尔丹战败东逃。[③] 这次出征，康熙帝收服噶尔丹的降众，切断了他的外援，于十二月胜利返回北京。三十六年（1697）二月，康熙帝第三次亲征，一路向西追击。噶尔丹势尽途穷，饮药自尽。

康熙五十五年（1716）十一月，准噶尔汗策妄阿拉布坦派其表弟策零敦多布等领兵进入西藏，攻陷拉萨，进入布达拉宫，杀害拉藏汗，将其幼子及所属寨桑送往伊犁。康熙帝决定打响"驱准保藏"战役。在准噶尔军入藏前袭击哈密时，东北的八旗兵就被调往西北了，协助当地驻防军防御准噶尔。五十五年（1716）九月，清政府命"盛京、船厂（吉林乌喇）二处，著拣选兵丁一千名，于伊等弟兄亲戚内，择可用之人，每一名派与跟役二名，于三月十八日前来京，给与马匹器械，前往祁里德军前"[④]。盛京将军共拣选兵丁1500人。五十七年（1718），盛京又派出1000名兵。五十九年（1720）春，清军入藏，驱逐了准噶尔兵，恢复了西藏的社会秩序。盛京兵此次出征历时十载，直至雍正三年（1725）西北形势稳定之后，才全部撤回盛京。

准噶尔政权长期割据于天山南北，与清朝中央政权对抗。乾隆初年，准噶

① 《清圣祖实录》卷一百四十六，康熙二十九年六月庚辰。

② 《清圣祖实录》卷一百四十八，康熙二十九年九月戊子。

③ 《清圣祖实录》卷五十一，康熙十三年十二月庚子。

④ 《清圣祖实录》卷二百六十九，康熙五十五年九月辛巳。

尔部出现多次争夺汗位的战争，部众大批投降了清朝。乾隆帝决定乘机彻底解决准噶尔问题。

乾隆二十年（1755）正月，盛京将军阿兰泰奉命统兵由北路进征。阿兰泰，蒙古正白旗人，博尔济吉特氏，骁勇善战，历任头等侍卫、满洲正黄旗副都统、满洲正白旗副都统、蒙古镶蓝旗都统、宁古塔将军，乾隆十三年（1748）调任盛京将军。此次出征，清军在五月进抵伊犁。六月，准噶尔汗达瓦齐被擒。至此，盘踞伊犁七八十年的准噶尔割据政权被彻底消灭。阿兰泰因功晋男爵，受命留乌里雅苏台办事。旋即，厄鲁特蒙古辉特部台吉阿睦尔撒纳发动了反清叛乱。阿兰泰迅速采取行动，率八旗兵逮捕了阿睦尔撒纳的妻子以及班珠尔等叛军头目，派侍卫富廉等带兵押送北京。阿兰泰还派出八旗兵，将阿睦尔撒纳属下游牧人众迁往塔米尔河等处，避免了叛乱事态的扩大。

平定准噶尔部和回部之后，清朝政府留兵驻防，设置伊犁将军统领驻防八旗，管辖全疆。乾隆二十九年（1764），应伊犁将军所请，朝廷从盛京及所属诸城征调锡伯族官兵远赴伊犁戍守。此次共挑选兵 1000 名，防御和骁骑校各 10 员。官兵及家眷共计 4295 人[①]，分为两队，告别亲人和故里，从盛京城出发，风餐露宿，克服艰难险阻，历时一年有余，抵达伊犁。他们的后代就是今天伊犁哈萨克自治州察布查尔锡伯自治县的锡伯人。

缅甸位于中国西南部，与中国西藏和云南接壤。清政权在进行统一战争的过程中，曾经出兵缅甸，以武力迫使缅甸交出南明永历帝，此后双方没有发生外交关系。乾隆三十年（1765），缅甸军队侵入云南边境，深入到普洱府附近的孟连土司东部。从乾隆三十一年（1766）起，清政府两次出兵征缅，均遭到失败。三十四年（1769）初，清军第三次进攻缅甸，征调了东北的八旗兵。盛京将军恒禄从各驻防城的锡伯兵中挑选出年轻力壮者 1000 名，善于管束之协领 1 员、城守尉 1 员、章京 12 员、骁骑校 12 员[②]。这些锡伯官兵在七月中旬抵达云

① 《军机处乾隆二十九年四月满文月折档》，转引自吴元丰、赵志强：《锡伯族历史探究》，辽宁民族出版社，2008，第 71 页。

② 中国第一历史档案馆编译《锡伯族档案史料》上册，辽宁民族出版社，1989，第 166 页。

南。他们的任务主要是驻守要塞，保护台站。同年十一月，战争结束，即开始分批撤兵。在这次远征中，阵亡 12 名，伤口不愈而死者 3 名，关外病故者 54 名，关内病故者 36 名，共死亡 105 名。[①] 这次战争，清军入缅 3 万人，生还者不足 13000 人，而以感染瘴气病死者最多。盛京的 1000 名锡伯兵征途最远，从东北到西南，对西南气候不能适应，所谓关内、关外病故者应该在云南即感染了疾病。

除统兵出征和输送兵源之外，在战争中提供军事供给也是盛京将军的重要职责。

军队出征，尤其是远征，沿途所需马匹、粮食、器械等的供给也是非常重要的。嘉庆十八年（1813），吉林、黑龙江两地的八旗兵奉调入关，镇压天理教起义。途经盛京时，盛京将军和宁遵旨选派城守尉、协领、佐领、知州、知县数员，分段护送，具体情形是：吉林官兵于十月十四日起陆续进威远堡边门，至二十日全行经过盛京城，前赴大凌河更换马匹；黑龙江官兵于十月二十日起至二十六日，陆续全行进法库边门，径赴大凌河更换马匹。至沿途旗民地方官应备载运军装器械车辆及骑马草料等项，均先期预备妥协，河道过渡亦无阻隔。[②] 清廷在大凌河设置牧马场，牧养马匹，以备军用。盛京将军要负责黑龙江、吉林两队八旗兵的战马更换，组织沿途八旗和地方官预备运输车辆和粮草，保证道路和桥梁的畅通。

（二）训练军卒与选阅武弁

训练士兵、选阅武弁承担封疆守土的重任，是驻防将军的主要任务，也是其日常的主要职责。康熙帝说："将军之职，以训练军卒，选阅武弁为要。"[③]

① 《军机处乾隆三十五年正月满文月折档》，收入中国第一历史档案馆编译《锡伯族档案史料》上册，辽宁民族出版社，1989，第 173 页。

② 中国第一历史档案馆藏《朱批奏折》，嘉庆十八年十月二十七日，盛京将军和宁等奏《奏为遵旨照料黑龙江吉林两省官兵过境事》，档号 04－01－03－0078－003。

③ 《清圣祖实录》卷二百一十二，康熙四十二年五月丙寅。

训练军卒与选阅武弁，具体是指组织与校阅驻防官兵每年的操演，督促官兵勤习马步弓箭，点验稽察军器，选拔兵丁，裁汰老弱等。

满洲是以射猎著称的民族，清朝的建立是“以武功定天下”，骑射代表着八旗的武力，所以历代皇帝皆视骑射习武为“军国要务”“国之根本”，极为重视。早在关外时期，皇太极就告诫诸王贝勒们：“我国家以骑射为业，今若不时亲弓矢，惟耽宴乐，则田猎行阵之事，必致疏旷，武备何由而得习乎？盖射猎者演武之法，服制者立国之经，朕欲尔等时时不忘骑射，勤练士卒。”① 以后，历代皇帝皆遵祖训，有清一代，对八旗兵的训练主要是演练骑射。乾隆帝曾训诫驻防将军：“教演骑射技艺，是其分内应办之事。”② 道光帝也强调：“清语骑射，为满洲根本，人所应习……各省将军副都统等，其仰体朕意，将所属满洲官兵，教以清语骑射，俾各精熟，毋得渐染汉人习气，废弛满洲旧业。”③ 对于在关外的八旗兵而言，骑射更为重要。嘉庆十一年（1806），清廷曾令东北八旗兵与关内的绿营一体演练长枪。黑龙江将军观明上疏道：“黑龙江地方情形，兵丁不宜添演长枪。”嘉庆帝完全赞成观明的想法，他说：

> 东三省兵丁专以打牲为业，骑射鸟枪等技，本自精熟，虎枪亦素练习。若令与绿营兵丁一体兼学长枪，转致误其马上技艺。所有盛京、吉林、黑龙江兵丁，均著毋庸兼习长枪，仍著照旧演习弓箭鸟枪及一切马上技艺，务使益臻精锐。④

清政权入关后，由于生产生活方式发生了变化，加之承平日久，兵戈休矣，满洲官兵已“渐染汉人习气，废弛满洲旧业”，满洲统治者唯赖东北的八旗官兵维系骑射长技。在这种背景下，盛京将军训练军卒的主要任务就是演练骑射。

清廷为保持八旗兵跃马弯弓、纵横驰骋、研习武备，设置了五大围场，即

① 《清太宗实录》卷三十四，崇德二年四月丁酉。

② 《清高宗实录》卷五百五，乾隆二十一年正月辛酉。

③ 《清宣宗实录》卷一百二十七，道光七年十月己卯。

④ 《清仁宗实录》卷一百六十九，嘉庆十一年十月壬寅。

南苑围场、热河围场、盛京围场、吉林围场及黑龙江围场。

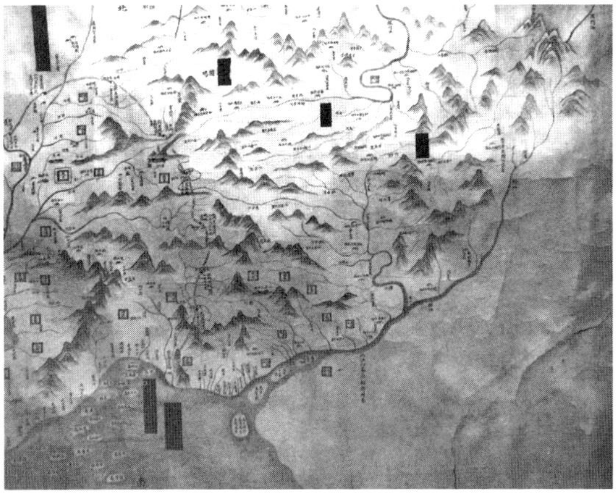

图3－6　盛京所属各围场卡伦图

盛京围场是东北最大的围场，南起三通河，北至伊通河，东起辉发城，西至威远堡边门。东西180里，南北490里，相当于今天的梅河口市（位于吉林省东南部）、辉南县（吉林省东南部）、东丰县（位于吉林省中南部）、吉林省辽源市西安区、西丰县（辽宁省北部）。围场分为大围场和鲜围场两大部分。鲜围场专为捕打鲜品、进呈贡物而设，范围相当于今梅河口境。大围场范围辽阔，其间河流纵横，山林繁茂，是八旗兵跃马驰骋操演技艺之场所。

八旗兵操演技艺的主要方式是行围，行围分为定期行围和临时行围两种。

定期行围即按一定时节操演围猎，又分为行围和大围两种。盛京围场行围在芒种节前后，“视马之肥瘠酌量行围”①。大围在小雪前后，亦称冬围。行围时，“按八旗排阵而行，成围时，无令不得擅射，二十余日乃归”②。此外，还有不定期的出猎行围，或朝出暮归或两三日而归，谓之小围。行围时，旌旗招展，人欢马叫。清初，盛京流人陈之遴曾咏诗描写八旗将士出猎的情景：

---

① 《清朝文献统考》卷一百三十九。

② 吴桭臣：《宁古塔纪略》。

旌麾八部蔽霜空，万马奔腾喜逆风。
高雁数行惊不定，半天霹雳起雕弓。①

诗中的“八部”是指八旗，陈之遴生动、形象地描绘出了八旗官兵行围打猎时的壮观场面。

临时行围是清帝巡幸时举行的。届时由兵部通知盛京和吉林两将军各率八旗兵参加。康熙、乾隆、嘉庆、道光四位皇帝皆曾赴盛京谒祖陵，亲临围场行围。康熙二十一年（1682），康熙帝第二次东巡祭祖，随行的高士奇在其所著《扈从东巡日录》中详细描写了康熙帝行围时的情景：

每猎，则以随驾军密布四周，旗色分八路，各以章京主之，分左右翼驰山谷间，逾高降深，名曰围场。惟视蓝旗所向，以为分合，有断续不整者，即以军法治之。章京服色亦随本旗，惟御前侍卫及内大臣得穿黄褶。

行围之法：以镶黄旗大纛居中为首，圣驾在大纛之前，按辔徐行。两翼门纛相遇，则立而不动，以俟后队渐次逼近，谓之合围。缇骑环山，旌旄焰野，狐兔麋鹿散走围中，或皇上亲射，或皇太子射之，亲王、大臣、近侍非得旨，不敢在围中发一矢。兽有出围者，方许扈从诸人捕之。亭午，就山阳张黄幄尚食。一日凡两合围，约行八九十里。②

围场是训练八旗兵骑射所必需的天然场地。带领八旗兵丁赴围场行围，是盛京将军每年要做的一件大事。金州、义州和广宁三城的兵丁原在红螺山等地围猎，随着山谷间“村庄甚密，故不见兽迹，兵丁不得习步箭”。针对这种情况，雍正十年（1732）六月，盛京将军那苏图上疏说：

盛京十月围场，山平兽丰，兵丁耐得劳苦严寒，可得以练习射马步箭，

① 张玉兴选注《清代东北流人诗选注》，辽沈书社，1988，第131页。

② 高士奇：《扈从东巡日录》卷下，收入李澍田主编《长白丛书》初集，吉林文史出版社，1986，第106页。

且仰赖圣主之恩，于伊等仍有益处。臣等望停止金州、义州、广宁三城兵会猎红螺山等地。倘伊等内有才技力强、愿来盛京十月围场学习者，则带来练习围猎。查兵丁不可不习练劳苦，射马步箭，任交付该副都统，每年带到适于冬季围猎处围猎操练。如此，兵丁得以学习射马步箭，且亦可练习耐得劳苦寒冷。[①]

每年十月，盛京的八旗兵丁在围场内跃马弯弓，不仅操演了骑射，而且练就了耐寒苦和崇尚勇武的精神。乾隆帝在第一次东巡谒陵时说："盛京乃我朝肇基之地，人心朴实，风俗淳厚。朕此次恭谒祖陵巡幸至此，见其兵丁汉仗俱好，行围演武均属熟练整齐。至其淳朴旧俗百余年来未尝少失，朕甚嘉悦！国本攸关，最为紧要！"[②] 正是因为历任盛京将军坚持行围操演，所以在百余年后，淳朴旧俗"未尝少失"。

清廷为保证八旗兵丁演武及贡鲜，对围场管理很严格。在盛京将军之下设围场总管，围场四周设 12 个卡伦（监管所），每个卡伦派八旗官 1 名、旗兵 20 名，并常设一支由 24 员八旗武官和 480 名旗兵组成的巡逻队，分为三班，四个月轮换一次，负责围场的巡视。对私自进入围场射猎者依刑律加以重罚。

为保持旗人的骑射长技，康熙二十九年（1690）清政府规定，"奉天府满洲、蒙古、汉军，考取生员及生员、监生乡试，应照京师八旗之例，于未入场之先，令奉天将军、副都统等检射马步箭，能者准其考试，不能者不准入场。"[③] 考核旗人骑射如同训练骑射一样，是盛京将军的重要职责。

---

① 中国第一历史档案馆译编《雍正朝满文朱批奏折全译》，雍正十年六月二十一日，《盛京将军那苏图等奏请令兵丁冬季围猎操演折》，黄山书社，1998，第 2130 页。

② 《清高宗实录》卷二百一，乾隆八年九月癸巳。

③ 《清圣祖实录》卷一百四十五，康熙二十九年三月癸丑。

（三）统御边门及内外卡路

1. 戍守边门与卡路

清政府在顺治年间修筑了盛京柳条边。盛京东部柳条边外的广大地区形成了鸭绿江封禁区，即英额、旺清、碱厂、叆阳、凤凰城5座边门以东，鸭绿江西岸之地。之所以对鸭绿江流域实行封禁政策，一是为避免中国和朝鲜两国边民发生冲突，二是保护采参山场。鸭绿江流域盛产人参，尤其是英额、兴京（后改为旺清）、碱厂、叆阳4座边门以外，分布着众多采参场，是清朝内务府进贡皇室专用的采参山场，清朝统治者为独占其经济利益而实行封禁。直至光绪二年（1876），在大东沟设置安东县，才对鸭绿江流域解禁。在长达200余年的封禁期间，盛京将军统御八旗兵通过设置边门、部署内外卡路的方式，对鸭绿江禁区内的中国领土主权实施着有效的管理。

"卡路"又作"卡伦"，即哨所。盛京柳条边东段5座边门的内外均设置卡路，派官兵戍守。其中外卡路之设，主要是针对朝鲜越界采参的边民。兹对从凤凰城边门至英额边门所设卡路情况分述如下：

凤凰城边门及内外卡路。乾隆朝人博明希哲著《凤城琐录》载："边门在凤凰城东南三十里，凤凰山之麓，植木栅为缭垣，屋三椽，中为门，施管钥焉。边门章京司之，为通朝鲜孔道。"① 书中所记的边门位于今凤城市边门镇。凤凰城边门由八旗兵50人驻守。在边门内设置佛笑岛卡路、沙基子卡路，每个卡路由官1员、兵10人戍守；边门外设中江卡路，由官1员、兵20人戍守。守卫卡路的官兵皆由凤凰城城守尉派出。戍守期从四月至十月，其间两月一更换。边门与内外卡路驻兵共计90人。

叆阳边门及内外卡路。边门位于凤凰城北120里（今凤城市爱阳镇），有驻守章京1员、防御1员、八旗兵50人。边门内设有瓜坡子卡路、边门卡路、铁

① 博明希哲撰《凤城琐录》，收入金毓黼主编《辽海丛书》第一册，辽沈书社，1985，第273页。

佛寺卡路、汤堡城卡路，每处由官 1 员、兵 10 人戍守，由凤凰城城守尉派出，每月一更换。边门外设有五卡路，其中长岭子卡路、棋盘岭卡路、大江口卡路三处由凤凰城城守尉派官兵戍守，每处有官 1 员、兵 10 人；三道榔头卡路、斜哨卡路由熊岳副都统派官兵戍守，每处有官 1 员、兵 10 人。边门外五卡路官兵皆两个月一更换。叆阳边门及内外卡路驻兵共计 140 人。

碱厂边门及内外卡路。边门在兴京城南 140 里，初称加木禅边门，位于今本溪满族自治县东营坊。碱厂边门驻守章京 1 员、防御 1 员、八旗兵 50 人。边门内有三处卡路——哈哩山卡路、平顶山卡路、碱厂营卡路；边门外有三处卡路——坎船沟卡路、大南沟卡路、风马沟卡路。内外卡路戍守官兵皆由辽阳城守尉派出，每处有官 1 员、兵 10 人，两月一更换。边门及内外卡路驻兵共计 110 人。①

旺清边门及内外卡路。最初设有兴京边门，民国《兴京县志》记载："兴京边门即旺清门街，近柳条边，清置章京衙门。旧门在今旧门村东二里，扼柳条边冲，盖清初置兴京边门即在此地，后拓移旺清门。"② 边门驻守防御 1 员，属下八旗兵 50 人。边门内设有五处卡路——马家寨卡路、三家子卡路、老鹰营卡路、石棚沟卡路、多兴阿台卡路；边门外设有六处卡路——发毕喇卡路、那哩珲毕喇昂阿卡路、金道和伦卡路、二道黄沟卡路、斡尔敏卡路、毕什哈达卡路。内外卡路每处有官 1 员、兵 10 人，皆由兴京城守尉派出，两月一更换。边门及内外卡路共有驻兵 160 人。

英额边门及内外卡路。边门在开原城东 200 里，位于今清原满族自治县英额门镇。边门驻守章京 1 员、防御 1 员，属下八旗兵 50 人。边门内设有四处卡路——花家沟卡路、耿家庄卡路、新台卡路、商家台卡路；边门外设有四处卡路——辉发毕喇昂阿卡路、辉发湖屯卡路、碗口卡路、红石砬子卡路。内外卡路每处有官 1 员、兵 10 人，皆由开原城守尉派出，两月一更换。边门及内外卡

① 关于凤凰城边门、叆阳边门、碱厂边门及内外卡路详见阿桂等纂修《盛京通志》卷五十一，辽海出版社，1997，第 850 页。

② 民国《兴京县志》卷十一《古迹》"边隘"条，1925 年铅印本。

路共有驻兵130人。①

至乾隆末年，清政府在柳条边凤凰城至英额5座边门内外共设有37处卡路，其中在柳条边之外的19处卡路，是保卫鸭绿江领土主权的前线阵地。嘉庆五年（1800），嘉庆帝在接见奉天府府丞百龄时，得知“英额等边以外旧设有卡座十九处。自乾隆五十五年以来，共裁撤十三处，后又增添六处”的消息后，立即谕令军机大臣，“凤凰城各边外地方，与高丽接壤，所关甚要。此等地方卡座皆系太祖、太宗开基之始相度地势建设，非可任意更改。”② 并要求盛京将军晋昌调查此事，恢复被裁撤的卡路。柳条边外的卡路多沿鸭绿江西岸设置，每年四月青草初生时，八旗兵前往戍守，至十月落叶季节撤回，就是针对朝鲜边民越境采参设防的。因为冬季一到，山上没有人参可采，加上气候寒冷，人难以在野外生存，越境采参活动自然停止。

2. 莽牛哨设汛事件

莽牛哨（今作牤牛哨）夹心子岛，位于今辽宁省宽甸满族自治县西南的古楼子乡，是鸭绿江下游江中的一个沙洲小岛，现面积为7500平方米。在清代，莽牛哨在岫岩厅所属凤凰城边外，与朝鲜分界相距一二里，是沿鸭绿江的重要水路要塞。在雍正年间和乾隆初年先后有两位盛京将军提出在莽牛哨设汛巡查鸭绿江，以堵截内地和朝鲜越江偷挖人参的边民，均因朝鲜的干涉而未果。透视莽牛哨事件，可见中朝两国的边界事务问题。

雍正九年（1731）五月，盛京将军那苏图向朝廷提出，在莽牛哨地方设立哨所，以强化对鸭绿江下游的管辖，杜绝朝鲜边民越境偷挖人参之事。那苏图在奏疏中说：

> 凤凰城边外，设立陆路防汛之虎耳山等处，有草河、叆河二水，俱自边内发源，至边外莽牛哨地方，汇流入于中江。其中江之中，有洲名江心沱，沱西属凤凰城管辖，沱东系朝鲜国界址。每年常有匪类私乘小船偷运

---

① 阿桂等纂修《盛京通志》卷五十一，辽海出版社，1997，第850页。

② 《清仁宗实录》卷六十二，嘉庆五年三月戊寅。

米粮，虽虎耳山设有陆路防汛，而河水阻隔，且界连朝鲜，难以查缉。请于草河、叆河汇流入江之莽牛哨地方，设立小船四只、三板船二只，将驻扎虎耳山防汛之官弁一员、兵丁二十名，再添派官弁一员、兵丁二十名，移驻于此，立为水师汛地。若值冰冻之后，仍撤回虎耳山陆路安设，并令该管城守尉等督率稽查。[1]

那苏图所说的“汛地”，是清代最小的驻军单位，相当于今天的军队哨所。设水师汛地可以在汛期打击清朝内地和朝鲜越界的偷采人参者，以保护清朝各山场的经济利益，同时起到稳定中朝边界的作用。

雍正帝考虑到莽牛哨地方地界连朝鲜，恐于朝鲜不便，命礼部行文询问朝鲜，“若设立水路防汛，于该国有无未便之处，俟回奏到日，再行议定。”[2]朝鲜方面担心清朝以此展边，拓展领土，如兵曹判书金在鲁所言：“莽牛哨即凤凰城近处草河、叆河汇入江之所，而界与我国相接，北（清朝）咨意在拓地。”[3] 于是回复清廷，希望“一遵旧例”，维持边界现状。雍正帝做出决定：“著照所请，不必添设防汛。”[4] 遂停止莽牛哨设汛。清政府取消在莽牛哨岛设置水路汛地计划后，朝鲜边民越境盗挖人参事件屡屡发生，那苏图任盛京将军期间被八旗兵捕获的就多达数百人。

乾隆年间，清廷加大了对东北的封禁力度，对偷采人参者予以严厉打击。朝鲜边民非法越境采参事件时有发生，两国经常就此进行交涉，清政府本着怀柔政策均以宽大结案。例如，乾隆七年（1742），清朝礼部奏报：“朝鲜国王李昑咨称，该国民人金时宗、西嫩达伊牟、郑世弼等三案，越境犯法，屡荷宽典，感戴天恩，咨请转奏。”乾隆帝在礼部奏折上批复：“朝鲜国民人越境犯法，屡荷宽典，乃朕格外柔远之恩，若无知之人，见朕屡次从宽，而渐流于纵肆，则犯法者转多，非朕保全外藩民人之本意矣。该国王当严加约束，不时稽查，俾

①② 《清世宗实录》卷一百六，雍正九年五月戊辰。

③ 吴晗辑《朝鲜李朝实录中的中国史料》第十一册，中华书局，1980，第4441页。

④ 《清世宗实录》卷一百一十，雍正九年九月辛酉。

各安分，不致再罹法纪。该部即行文该国王知之。"[1] 乾隆帝态度很严厉，知会朝鲜国王严加约束朝鲜边民。

为防止偷采人参者沿鸭绿江口溯江而上进入各山场采参，乾隆十年（1745）十一月，盛京将军达勒党阿再次奏请设兵驻守莽牛哨，以加强对鸭绿江流域的管辖。朝中有官员提出此事需要"询之朝鲜国王再行定拟"，但乾隆帝认为，巡查边境、设兵驻守是清朝内政，与朝鲜无关，因此准达勒党阿所奏。[2] 于是，达勒党阿便安排属下官员筹划在莽牛哨设兵屯田事宜。

乾隆十一年（1746）七月，得到消息的朝鲜国王咨文清廷，称："臣闻今于凤凰城边外开垦，莽牛哨地方设兵屯田。信如臣所闻，垦田设兵耕种，则中间界河，不能禁人往来，竟成通衢，将禁之难周，戒之弗从。臣国边疆获罪者自此始矣。臣国上下人民，不胜惶惧，不得不据情陈奏。"[3]

乾隆帝对朝鲜国王反对清廷在莽牛哨设兵屯田表现出不满，指出：

观该国王所奏，盖以其境内之人，素有乘间偷越挖参者，若我设兵巡察，则伊等不得任意往来，所奏亦属卑鄙。小国之人，不识大体，惟知纵下谋利，不思宁定边疆，而故谓难行以示我，亦未可知。再伊疏内有从前凤凰城立界时，曾留沿江旷地百余里等语。此盖恐我于原留空地驻兵屯田，逼近彼疆耳。

朝鲜反对清军驻兵莽牛哨，其目的正如乾隆帝所说，是"纵下谋利"——放任朝鲜边民谋取人参之利。乾隆帝为慎重起见，派盛京副都统什勒扪前往莽牛哨实地查看，是否对朝鲜有所妨碍。什勒扪考察后奏报：

中江东北哨二十里，江中有一洲，其北支水一曲，即莽牛哨地方。江中有石一条，即系与朝鲜分界处。现在添拨官兵巡防，皆在吾界内。每年三月间，遣舟师四名巡察。于冰释后拨二舟往守莽牛哨要隘，其二舟轮流

---

① 《清高宗实录》卷一百七十七，乾隆七年十月甲辰。

②③ 《清高宗实录》卷二百七十，乾隆十一年七月己酉。

巡察。所有官兵俱不许踰江中界。若彼此各加严禁，不致相通。[1]

清朝兵部根据什勒扪的实地考察，提出初步意见：

查奉天将军达勒当阿（达勒党阿）原议，于莽牛哨添设官兵，原因该处系内地边界，应驻官兵弹压。复经查明，江心有石屿一道，与朝鲜东西分界，所议驻兵处，与该国界址，尚隔巨浸。即开展边疆，垦辟地亩，亦系内地，不至杂扰。且原议兵船于西岸停泊，不许擅侵东界，惟期查拿奸匪，以为久远安全之计。则设汛之议，不特边境肃清，于外藩亦大有裨益。应将该国王所奏，均无庸议。[2]

兵部的上述意见概括起来就是：盛京将军达勒党阿计划开垦土地和设置哨所之处，均在中国内地，与朝鲜相距甚远，根本不会引起任何边境冲突，并可有效阻止朝鲜边民的越境行为，对李朝政府也“大有裨益”。因此，兵部主张批准达勒党阿的奏请，而不用理会朝鲜的无理干涉。

然而，乾隆帝考虑到“加恩朝鲜，从来优渥”是清政府的一贯政策，因此又派兵部尚书班第前往莽牛哨考察。一个多月后，班第回到北京，向乾隆帝汇报：“查勘得彼地在我朝界内，与朝鲜国无涉。虽与该国人等共涉一江，若彼此不准越界，各自约束所属人等，则不致滋扰。永靖边疆，于伊国亦不无裨益，此汛理宜安设。”然而，此时乾隆帝的想法却又发生了变化，他对大学士们说：

惟是该国王世戴国恩，甚属恭顺。若安设此汛，彼国之无知小民，倘有违禁者，伊恐获罪，是以奏请。其安设此汛之处，虽有江滩分界两岸，不过一二里之遥，相隔甚近。如伊属下人等，不能遵奉该国王禁令，以致该国王得罪，朕心有所不忍。著照该国王所请，莽牛哨地方添设汛兵之处

---

① 《清高宗实录》卷二百七十〇，乾隆十一年七月己酉。

② 《清高宗实录》卷二百七十一，乾隆十一年七月乙卯。

停止。令该国王将伊所属人等，严加约束。[①]

为防止设汛垦田事件再次发生，乾隆帝谕令："凡事俱遵照旧制办理。其后任将军大臣不知，复恐有欲如是办理者，著存记该处档案，以便永远遵行。"[②]

由于乾隆帝和雍正帝一样，为朝鲜"甚属恭顺"所迷惑，两任盛京将军力主的莽牛哨设汛以加强对鸭绿江流域管辖的计划流产了。清廷取消莽牛哨设汛的决定，遭到时任直隶总督那苏图的反对。他上疏说，他在盛京将军任内时，属下官兵曾经捕获朝鲜越境挖人参的边民数百人。乾隆帝才认识到问题的严重性，说："从前该国人既有结伙数百，越境挖参之事，今请停止安设卡座，显有纵容偷越情弊。"他命盛京将军达勒党阿："饬令守卡官兵，于海岸路径严加防汛，朝鲜有偷越挖参者，实力查拿。"[③]

在雍正和乾隆两朝，由于朝鲜的反对和清廷的怀柔政策，两次莽牛哨设汛计划均告流产。这对以后清朝和朝鲜的边界与边务问题均产生了重大影响。

清廷虽然放弃了在莽牛哨驻兵，但是有意加强了对鸭绿江流域的巡查和守卫，并逐步形成与朝鲜方面的会哨制度。所谓会哨制度，即清八旗官员巡查鸭绿江流域时，事先通知朝鲜派官员在鸭绿江边约定地点相见。道光二十七年(1847)，清廷派刑部侍郎柏葰为钦差大臣，前往盛京查勘鸭绿江封禁区内的采参山场。柏葰拟定了《善后章程六条》，具体内容如下：

一、叆江西岸添设卡伦三座，以资稽查。二、每年统巡官出边巡查，应分春秋二季，以归核实。三、每届三年春季，请令盛京副都统酌带官兵巡查一次。统巡官毋庸派往。四、统巡官出边，应令先知照朝鲜国地方官会哨，如无搭盖窝棚处所，该国地方官具文，由统巡官申报将军，以备稽核。五、各边门严禁出入，其采参刨夫及运粮人等，出边时共有若干名，按名填注。进关时仍逐名勾稽，以防弊混。六、三道浪头为山犯偷运木植

① 《清高宗实录》卷二百七十三，乾隆十一年八月癸巳。

② 《清高宗实录》卷二百七十一，乾隆十一年七月丁巳。

③ 《清高宗实录》卷二百七十七，乾隆十一年十月辛巳。

必由之路，应于该处酌添官兵，严密堵缉。[①]

柏葰在《善后章程六条》中再次重申了会哨制度。会哨制度要求盛京将军督率属下八旗将领，切实加强对鸭绿江流域的巡视与管辖。尤其重要的是，通过会哨制度，进一步向朝鲜方面表达了清政府保卫鸭绿江流域领土主权的严正立场，以及实施对封禁区管辖的具体行动，同时也借此来约束朝鲜边民的非法越境行为。

二、教养旗人

乾隆八年（1743），乾隆帝第一次东巡拜祭祖陵，就对盛京将军和副都统指示说："将军、副都统等，不惟职司训练，兼有清理地方、养育兵民之责，与他省武职不同。"[②] 教即教化，养即抚养。八旗是旗人的社会组织，旗人无论在何地皆自成体系，盛京亦然。举凡盛京旗人的婚丧嫁娶、生老病死、子弟的教育抚养、鳏寡孤独的救济、户田诉讼、鼠窃狗盗、赌博酗酒、与民人的纷争等，无一不在将军的管辖范围之内。从这个角度来看，将军不仅是军事长官，更是旗人的一位大总管，承担着对旗人的教化和抚养救济职责。嘉庆帝曾有《御制将军箴》，从中可见驻防将军教养旗人之责：

将军之责，与古迥殊。八旗禁旅，生聚帝都。日增月盛，分驻寰区。星罗棋布，奕祀良模。旧习常守，汉俗勿趋。国语熟练，步射驰驱。先养后教，心洽诚孚。训尔营队，巩我皇图。[③]

---

① 《清宣宗实录》卷四百四十二，道光二十七年五月癸卯。

② 《清高宗实录》卷二百一十，乾隆八年九月癸巳。

③ 马协弟主编《荆州驻防八旗志》卷一，辽宁大学出版社，1990，第17页。

（一）以俸饷和旗地养旗人

盛京八旗官兵生计来源主要是俸银与旗地，此外还有赏银和救济银等。清朝恩养旗人，即通过官兵的俸银和饷银来养旗人。盛京地区的八旗官兵除领取银两之外，还有随缺地。

1. 俸银与饷银

官员支领的银两为俸银，兵丁支领的银两为饷银。《盛京典制备考》所载光绪时期盛京八旗官员的俸银数额具体如下：

将军：岁支俸银180两、养廉银2000两、随甲银276两。

副都统：岁支俸银155两、养廉银520两、随甲银180两。

城守尉、协领：岁支俸银130两。

防守尉、佐领：岁支俸银105两。

防御：岁支俸银80两。

骁骑校：岁支俸银60两。

主事：岁支俸银60两。

笔帖式：岁支俸银、米随品级照例支领。

外郎：岁支俸银24两。

各城官员每年春秋领俸银共计3.9万余两；至于每名兵丁的饷银数，书中没有记载，但记载了各城兵丁每年春秋领饷银共计44.7万余两。[①] 以上银两的发放事宜，由将军府的户司办理。

---

① 崇厚撰《盛京典制备考》卷四《户司应办事宜》，黑龙江教育出版社，2014，第156－157页。

2. 旗地

旗地是旗人耕种的土地，是满族统治者把土地以国有形式分配给八旗官兵，作为其基本生产和生活资料的土地，由此形成了八旗土地制度，它是八旗制度的重要组成部分。在盛京地区，旗地是旗人生计的主要来源。

顺治初年，清政府首先对留守盛京的八旗兵分配土地。“缘边次第挨给。若不论疆界，挑选膏腴，徇情派拨者，佐领、领催分别罚责。”[①] 即八旗兵以佐领为单位，在原明辽东边墙（缘边）范围内分配土地。同时又规定：“锦州、盖州各官庄屯，非由钦（指皇帝）赐者，概令退出”，另行分配。锦州地处辽西，盖州地处辽南，调整土地范围之大，可以想见。顺治五年（1648），清政府再次下令：“沙河以外，锦州以内，八旗官员家丁，每名拨给地六垧承种。”[②]八旗官员组织家丁设立庄屯从事生产，两黄旗官员庄屯位于沙河所，两白旗官员庄屯位于宁远，两红旗官员庄屯位于塔山，两蓝旗官员庄屯位于锦州。

为鼓励关内旗人返回盛京地区，顺治初年清政府规定，凡是从北京回来的旗人，若将原来在关内分配的圈地上缴户部，可以得到熟地耕种；未上缴户部的，分给草莱地（指抛荒时间不长的土地）5 垧供其开垦；若家中还有余丁，经有关官员具结，也给予草莱地开垦。康熙十二年（1673），清政府又规定，关内旗人凡是愿意前往“盛京领地设庄护坟者，若将份内壮丁地退出，准拨熟地。不愿退出者，以荒地拨给”[③]。从这些规定来看，关内的旗人回到盛京后，若上交原来分配的圈地，可以在关外得到熟地耕种；即使不上交原来分配的圈地，也可以在关外得到容易开垦的草莱地耕种。

旗地分配由盛京将军府的户司负责执行。八旗官兵分得的份地要向国家缴纳贡赋，所以旗人在份地之外又开垦余地和荒地，成为旗人的私产。18 世纪中期，清朝将闲荒余地分给八旗官兵耕种，务须抵缺交代，不得典卖，称为随缺地。这实为官兵职分田，并不同于以前圈拨的份地。《盛京典制备考》载，官兵

---

①②③ 《八旗通志初集》卷一八《奉天规则》，东北师范大学出版社，1985。

的随缺地数额如下：

将军：随缺地46日。

副都统：随缺地17日二亩、园地13日4亩。

城守尉、协领：随缺地50日。

防守尉、佐领：随缺地40日。

骁骑校：随缺地30日。

主事：随缺地60日。

笔帖式：随缺地30日。

前锋、领催、兵丁随缺地各10日。[①]

盛京旗人效仿汉族地主招佃收租，耕种旗地的佃户大多是关内的流民。他们成为旗地上的劳动力，旗人成为实租的地主。

康熙十年（1671），康熙帝首次赴盛京谒陵，对将军阿穆尔图说："满、汉人民悉赖农业，须多方劝谕，开垦耕种，俾各遂生计，以副朕眷念发祥重地之意。"[②] 由于旗人辛勤开垦耕种，康熙中期以后，盛京地区的旗地数量成倍增加，逐渐成为清朝在关外的粮食生产基地。盛京地方粮食屡获丰收，粮食被大量调往外地。例如雍正元年（1723）六月，雍正帝谕户部："京师人民聚集，食指浩繁，米粮储备不可不裕。近年盛京年岁丰收，米价亦贱，酌量动用正项钱粮，采买数十万石，运送京师。"[③]

3. 赏银与接济银

八旗官兵除支领俸银、饷银之外，遇有红白事情，按例发给赏银。对于鳏寡孤独或生活困难者，发给接济银。此外还有兵丁的牛具银。三项银两的发放由将军府的恩赏库具体办理。

---

① 崇厚撰《盛京典制备考》卷四《户司应办事宜》，黑龙江教育出版社，2014，第156－157页。

② 《清圣祖实录》卷三十六，康熙十年九月辛未。

③ 王树楠等纂《奉天通志》卷三一，辽海出版社，2003，第624页。

乾隆元年（1736）奏准，动用库银20万两交官铺生息，将所得利息作为八旗兵丁的赏银。十二年（1747）奏准，对闲散旗人也赏给红白事银两。三十三年（1768），停止交给官铺生息，由库储余地租银内动用银五六万两，陆续咨领散放。兵丁按等级领取不同数额的赏银，具体规定如下：

现任骁骑校、牧长、恩骑尉并原品休致食整俸骁骑校，红事各赏银10两，白事各赏银20两。

原品休致食半俸骁骑校，红事赏银5两，白事赏银10两。

食3两领催、前锋、工匠、达城门校、正舵工，红事各赏银8两，白事各赏银16两。

食2两领催兵役等及食1两5钱步领催，红事各赏银6两，白事各赏银12两。

食1两步甲、铁匠、箭匠并留养兵，红事各赏银4两，白事各赏银8两。

食5钱养育兵、鳏夫、孀妇、孤子，红事各赏银3两，白事各赏银6两。

原系兵役子孙，红事各赏银2两，白事各赏银4两。

图3-7　送嫁妆

各驻防城每年三次从盛京城领回本城赏银，存储备放。官兵红白事件核计银两数目由各旗处按月造具总册，呈报查核。仍按年将放出赏银数目加结呈报将军，并咨送户、兵二部。

乾隆三十四年（1769）奏准，官兵接济银两一项由库领银6万两，“酌量各该地方官兵多寡，就近分存借给官兵远近差徭以资接济，分为四季，由饷银内座扣存储以备续借”。所借银两数目、人名按月册报，在春秋两季各造具总册加结呈报查核，以备年终咨送户部查核。

乾隆五十四年（1789）奏准，兵丁牛具银一项由库领银6万两，酌量各该地方兵丁多寡，就近分存。对于有地而无力之兵丁，借给其牛具银12两。

每年，盛京及各驻防城共领接济银6万两、牛具银6万两。[①]

有清一代，对旗人实行恩养政策，在盛京地区用于赡养旗人的旗地、银两诸事项统由将军管理。

（二）施以教化，整顿风俗

盛京将军的另一职责就是对旗人进行约束教化，包括：教以礼义、孝悌、节俭，严禁酗酒、赌博、奢侈等恶习，约束兵丁避免扰民以缓和民族矛盾，保持“国语骑射”传统等。

1. 保持“清语骑射”之满洲旧习

“清语”又称“国语”，即满语；“骑射”即骑马射箭之长技。清语、骑射、服饰是满族文化的基本特色，也是这个民族外在的三大特征。早在关外时，皇太极就一直强调，保持民族语言是关系国家与民族兴亡的大事。他常举金世宗坚持使用女真语言、防止被汉化的例子，反复强调放弃自己的语言而仿效他人的，其国没有能长久的[②]。他的后世历代皇帝皆遵祖训，不废清语骑射。但由于满洲入关后国语骑射日渐衰微，清朝皇帝们只好寄希望于东北。道光二年（1822）六月，吉林将军富俊奏请朝廷将废员马瑞辰改发吉林，到白山书院教八旗子弟学习汉语汉文。道光帝认为富俊的奏请甚是荒谬，他说：

---

① 崇厚撰《盛京典制备考》卷五《恩赏库应办事宜》，黑龙江教育出版社，2014，第178－180页。

② 王先谦：《东华录》天聪八年四月。

图3-8 八旗兵射猎图

东三省为我朝根本之地，原以清语骑射为重。朕屡次申谕，总期崇实黜华，弓马娴熟，俾知共守淳风。富俊系满洲大员，且在东三省年分最久，于该处旗民本计，自应遵照旧规，实力讲求，方为不负委任。乃议课生徒，学习文艺，必致清语日益生疏，弓马渐形软弱。究之书院仍属具文，于造就人材毫无裨益，是舍本逐末，大失朕望矣。[1]

盛京作为“龙兴之地”、满洲故里，维护“满洲旧习”是其义不容辞的责任。而维系满洲旧俗最有效的方法，莫过于通过学校的教育来传承。

康熙三十年（1691），盛京设八旗官学，左右两翼各设一学，每学设两班，即满学班和汉学班。满学班学习清语、马步箭，汉学班学习满汉书及马步箭[2]。从官学生学习的内容来看，侧重于清语和骑射，只是因为盛京有民治机构，为管理所需，汉学班在学满文的同时兼学汉文。

---

① 《清宣宗实录》卷三十七，道光二年六月辛未。

② 阿桂等纂修《盛京通志》卷四十四《学校二》，辽海出版社，1997，第770页。

八旗官学的名额有限，为使更多八旗子弟读书，盛京在雍正初年设立八旗义学，每旗设立一所，凡适龄者不受名额限制皆可入学。由于义学是八旗自办的学校，重视不够，管理不善，办学效果不佳。奉天八旗汉军设立清文义学，已经二年有余，而读书子弟不尽通晓书义。奉天将军那苏图认为这是“事非专设，兼未得善教之人所致”，于是雍正十年（1732），那苏图奏请对汉军义学进行改设，“将奉天八旗汉军二十四佐领内，每两旗合为一学，共立义学四所。每学设清文教习一员，以司训课”[①]。经清政府批准，正式设立汉军义学四所，选取汉军俊秀子弟入学，每旗各 15 名，每所义学各 30 名。选学官教习满汉书及马步箭，由将军负责管理。八旗义学的设立，使更多八旗子弟有了受教育的机会，也使清语骑射得到更广泛的传承。

在盛京地区，随着汉族人的大量增加，满汉杂居共处，满族人渐弃满语而使用汉语。乾隆四十八年（1783）九月，乾隆帝第四次东巡盛京，发现由吏部带领引见的五部司员笔帖式等，清语俱甚平常。因此，严厉申饬盛京五部侍郎：“盛京系发祥之地，此处部院衙门官员等，岂惟应熟习清语，即平日说堂论事，亦当互相清语。身为旗员，岂可不能清语乎？”为此做出规定：“如武职官员清语生疏，朕必于将军是问。”又说：“文职俱系侍郎所属，又皆办事之人，不能清语，实为弃本。此皆由五部侍郎不能勤习清语，以至属员任意汉语之所致也。除此次宽免不究外，嗣后如有来京引见官员内清语平常者，朕惟于该部侍郎是问。”并要求“盛京将军、副都统、侍郎等文武官员，俱宜勤学清语，勿失满洲旧习”[②]。尽管清朝皇帝们一再强调“清语为国家根本”，盛京地区将军身体力行勤习清语，但是随着满汉民族的融合，清语仍然呈现出不断衰微的趋势。这是大势所趋，不以清朝统治者的意志为转移。

---

① 《清世宗实录》卷一百二十四，雍正十年十月癸亥。

② 《清高宗实录》卷一千一百八十八，乾隆四十八年九月壬寅。

2. 清除旗内积弊，整饬旗人陋习

盛京将军、副都统及各城协领、城守尉等皆有整顿旗人社会治安、整饬旗人风气之职责。例如在盛京将军衙门下设有督捕、步营二司，督捕司的职责是："拿获逃盗贼、窃贼、赌博、偷挖私参、造卖赌具等案，移送刑司办理。"步营司的职责是："总查城之内外一切赌博、娼优、盗窃、逃犯、酗酒、斗殴不法等事。"① 从督捕、步营二司的职责来看，赌博、娼优、盗窃、酗酒、斗殴等是严重影响社会稳定的因素，是重点打击的违法犯罪行为。此外，以奢侈相尚、争夸靡丽、潜通贿赂、怠于公务、玩忽苟安也是八旗要清除的积弊。

雍正三年（1725）四月，雍正帝谕盛京将军、满汉大臣、大凌河副都统、众城守尉等：

> 朕前祭陵时，见盛京城内酒肆几及千家，平素但以演戏饮酒为事。稍有能干者，俱于人参内谋利。官员等亦不以公务为事，衙门内行走者甚少。其聚会往来，不过彼此相请，食祭肉嬉戏而已。司官竟有终年不一至衙门者，堂官亦置若罔闻。坐台之人，看守边口，俱系关东人，伊等虽有押送罪人之差，而当兵者全无当兵之实，为官者亦无为官之道。

雍正帝对盛京风俗日下极为不满，历陈其弊，凡此种种皆是其代康熙帝到盛京谒陵时所亲见。及其即帝位，虽降谕旨数次，但不见整改，这令雍正帝不能容忍。他将将军、大臣内不及者革退，另简补授。他要求新任盛京将军"将盛京陋习极力整饬，令其悛改，复还满洲旧日俭朴风俗，勤学骑射武艺。若有恶乱之人，即加重处，以儆其余"②。

雍正二年（1724），年过古稀的清宗室多罗贝勒苏努被流放到山西右卫，不久病逝。雍正帝历数苏努的罪状，其中有一条是："盛京风俗，甚属不堪，俱因

---

① 崇厚撰《盛京典制备考》卷五《督捕、步营二司应办事宜》，黑龙江教育出版社，2014，第181页。

② 《清世宗实录》卷三十一，雍正三年四月庚辰。

图3-9 盛京城内市街

苏努为将军八年，俯徇无知小人之心，沽取虚名，私恩小惠，逞其机诈，唯利是图，毫无裨益地方军民之处。”①

苏努是清太祖努尔哈赤四世孙，曾祖父是努尔哈赤长子褚英。康熙年间，苏努曾任职于宗人府，负责纂修玉牒，任玉牒馆总裁官。康熙帝征噶尔丹时，苏努随征，因功晋封固山贝子。康熙三十八年（1699），苏努任奉天将军，即将赴任，康熙帝叮嘱道：“盛京事务废弛已极，公绰克托观射时不辨士卒骑射优劣，惟务闲谈。尔至任，勿蹈此辙。又盛京地方习俗颓坏已极，闻兵丁派出差役，不去者有之，去而私回者有之。尔至其地，择其尤者，严处一二人，若辈始知惩创矣。”② 康熙帝认为“盛京地方习俗颓坏已极”，寄希望于苏努严加整治。然而盛京颓势积重难返，四十五年（1706），因苏努奏请补授的骁骑校叶尔布不通满语，不谙骑射，兵部拟将苏努罚俸二年半，康熙帝宽宥，他最终被罚俸一年③。有协领名巴勒，马步射俱优，却一向与苏努不和。康熙帝屡次向苏努询问协领中有无人才健壮者，苏努“并未尝以巴勒启奏”④。四十七年（1708），

① 《清世宗实录》卷三十二，雍正三年五月癸亥。

② 《清圣祖实录》卷一百八十八，康熙三十七年四月庚寅。

③ 《康熙起居注》第三册，中华书局，1984，第2050页。

④ 《清圣祖实录》卷二百三十一，康熙四十六年九月庚申。

苏努卸任盛京将军，回京师任议政大臣。

苏努回京后，卷入储位之争。胤禛即皇帝位后，允禩的支持者苏努及其家人就在劫难逃了。雍正四年（1726），苏努被戮尸扬灰，其子孙俱被革去黄带子，从宗人府除名。五年（1727），雍正帝仍在谴责苏努对将军任内之事"漫不经心，内怀狡诈，饰貌沽名，将本朝法纪、满洲制度尽行废弃，侵蚀库帑，亏空仓粮，种种罪恶，不可枚举"。特别是苏努将"盛京城内，所有驻防兵丁六千名，节年俱各搬移城外，或百里，或五六十里居住等语。夫以驻防地方之兵丁，而听其散处僻远，有此理乎？"[①]

苏努虽然死于储位之争，但是雍正帝罗列其罪状，多是在其盛京将军任上，从中可见盛京将军整肃旗人社会风气的复杂性和职责的艰巨性。

（三）将军教养宗室、觉罗事宜

清太宗皇太极时规定：以清显祖塔克世的直系子孙为宗室，系黄带子；其余伯叔兄弟旁支子孙为觉罗，系红带子。盛京八旗旧居宗室890余人，其中食俸饷者450余人。觉罗1230余人，内有食俸饷者700余人。至光绪初年，宗室有1220余人，其中食俸饷者并遗孀等690余人；觉罗有2570余人，其中食俸饷者并遗孀等1130余人。

宗室食俸饷数额如下：

年至15岁，食俸饷2两，娶媳聘女准给赏银100两。

年至18岁，请戴四品顶戴。

年至20岁，食俸饷3两，白事准给赏银120两。

遗孀无子者，食饷银2两，每年领米21石2斗。

孤子不待年岁，食饷银3两。

孤女食饷银1两5钱。

宗室设总族长2员，左右翼各设佐领1员，各管4旗，由奉恩将军内拣放。

---

① 《清世宗实录》卷五十二，雍正五年正月乙巳。

每两旗设族长1员、学长1员，按左右翼每翼上二旗族长由宗学正管兼理，每翼下二旗族长并两翼学长4员，均由闲散宗室挑放，仍食原饷，一年无过的准奖赏（族长银各20两，学长银各15两）。

宗室子弟入宗室学，学校在天祐门外。额设学生20名，每名月支膏火银3两、粟米3斗。每届5年，奏请钦派大臣考试满文和汉文，取中者，以该学正、副管升用。额设汉教习2员，月给公费银各2两、粟米1石。每年夏秋给纱料、棉衣各1套；每两年，领皮衣一次。此项教习由奉天民籍进士举贡内考取，教习三年期满，如成就人才，出具考语咨送宗人府，带领引见，由皇帝钦定或以知县用或以教职用。设弓箭教习1名，从前锋领催委官内选用，月给公费银1两。宗室学额设正管2员，岁支领俸银45两；副管2员，岁支领俸银40两。正、副管月支公费银、米与学生相同。

嘉庆十九年（1814），从北京迁来盛京70户宗室，连同家属总人数应不少于300人。这些人在北京犯有赌博、嫖娼、诈骗等非政治罪，被“遣送”盛京。他们在东关边墙外另筑“宗室营”（旧时沈阳人称其为“罪城”），除衙署、公所、庙宇外，共有住房70所，每所8间。新移来的宗室食俸饷及红白事赏银与旧居宗室相同。“宗室营”设宗室学一所，额设学生20名，汉教习1员、弓箭教习1员，应领银、米、衣服与旧居宗室学相同。

觉罗食俸饷数额如下：

年至20岁，食饷银2两，娶媳聘女红事给赏银20两，白事给赏银30两。

遗孀无子者，食饷银2两，岁支米1石6斗。

孤子不待年岁，食饷银2两。

孤女食饷银1两。

觉罗额设族长2员，从现任觉罗笔帖式内选放。

觉罗子弟入觉罗学读书，学校在宗室学附近。额设学生40名，每名学生每月支领膏火银2两、粟米3斗。额设汉教习2员、弓箭教习2员，公费银、米、衣服与宗室学教习相同。

以上2所宗室学、1所觉罗学，每年冬应领木炭14000余斤，折银43两2钱。各学均有满教习，从各衙门笔帖式内选放。

盛京的宗室与觉罗事务由盛京将军督管，一般由户司承办。其中宗室、觉罗官学事务及奉恩将军承祭事务由礼司承办。

宗室与觉罗在盛京旗人中是一个特殊群体，无论是所食俸饷的数额还是学校学生及教习的待遇，以及每户 8 间住宅，无不彰显着他们的贵族身份。

在盛京的宗室和觉罗中，有一部分人是因罪或过错被遣送回故乡的，旨在令其“渐渍淳风”；但不乏有人自恃皇亲国戚，肆意妄为。

嘉庆二十年（1815）四月，宗室喀勒明阿强闯民宅，将民妇阎汪氏踢打致伤，并强行奸污。案发后，盛京将军晋昌会同盛京刑部审理，判处喀勒明阿绞候。嘉庆帝对喀勒明阿的恶行非常气愤，认为“此等凶淫之徒，若不立即惩办，无以儆众”，下旨命晋昌带领管宗室的文弼、杰信、禄康 3 人将喀勒明阿押赴宗室营，监视勒令其自缢。随同喀勒明阿闯入民宅的德克金泰被移送到吉林，交给吉林将军富俊严加管束。另有原宗室跟役张七也参与了此事，将其在宗室营房前“永远枷号示儆”。管理宗室的文弼、杰信以对宗室漫无约束罪，由郎中降为员外郎。①

是年十一月，又有宗室奕让酗酒逞凶，无故到郭罗特氏家中，殴打雇工陈大等，并将郭罗特氏左手碰伤，出言秽亵，肆意欺辱。盛京将军晋昌奏请将奕让移住吉林。嘉庆帝对晋昌所请很不满，申饬晋昌：

> 率请将奕让移往吉林居住，实属有心推诿，大非实心任事之道。奕让以宗室移住盛京，原责成该将军等约束教导，平时不加训诲，及至酗酒滋事，即请移住吉林，以为屏之他方，伊等遂可卸责。若奕让到吉林后，再有过犯，又将移往何处耶？②

嘉庆帝谕令晋昌传齐盛京的宗室，将奕让在宗室人面前重打四十板子，然后圈禁 3 年。在这起事件中，晋昌也受到处置，原部议“降三级调用”，最后嘉庆帝加恩“改为留任”。

---

① 《清仁宗实录》卷三百五，嘉庆二十年四月戊寅。

② 《清仁宗实录》卷三百一十二，嘉庆二十年十一月乙酉。

三、管理大凌河牧场

大凌河牧场是清代三大牧马场之一，分为两处：一处位于锦县界外，东至张良堡，西至杏山，南至海，北至黄山堡，东西宽80里，南北长40里；另一处位于广宁县界砖台子，东至茫涨湖，西至四方台，南至甜水井，北至无量殿，东西宽60里，南北长30里。[①] 牧场原属内务府上驷院管理，随着马匹孳生，马群不断扩大，康熙三十七年（1698），设大凌河牧场掌关防总管和副总管各一人。雍正朝对管理人员进行了调整。乾隆朝对大凌河牧场管理权的归属及管理人员再次进行调整，乾隆十五年（1750），将养息牧场总管归盛京将军管辖，随后照养息牧之例，将大凌河牧场总管亦归盛京将军管辖[②]。

在清代，马匹无论对于战争还是对于交通都极为重要，尤其对于视“国语骑射为国之根本”的满洲统治者而言，牧养马匹的重要性更是毋庸置疑，故而盛京将军对牧场管理的责任重大。大凌河牧场马匹在十月入圈喂养，第二年四月出圈放牧。入圈后交与各庄头轮流喂养，每十数日改换一次，这样造成责任不清，出圈时倒毙甚多，而庄头往往苟且塞责。嘉庆十五年（1810），盛京将军富俊到各庄头处查看，见棚槽狭窄，马匹拥挤，喂养方法不妥当，于是上奏，提出对大凌河牧场管理的改进意见：

按照庄头等第，均匀分养，令其一手经理。现有一等庄头六十六名，每名应喂马四十四五匹。二等庄头四十四名，每名应喂马三十八九匹。三等庄头四十四名，每名应喂马三十二三匹、四等庄头一百十三名，每名应喂马二十五六匹。自十月十五日入圈，验明膘分，登记号簿，按月点验。膘分有起色者记功，不足者惩责。至出圈日，按匹验明，将记功者归于均

① 光绪朝《钦定大清会典》卷九十六，新文丰出版公司印行，第970页。

② 《清高宗实录》卷三百六十五，乾隆十五年五月庚申。

群时，在牧长、牧丁应得赏项内，酌量分给。其虽未长膘，核与入圈时相等者免议。推故不喂，及喂养平时倒毙多者，将该庄头斥革示儆。其牧长、牧丁等，祇须令其在所管子群，轮流查察。每庄头喂养之所，分拨牧丁一人，已敷照管，亦不致顾此失彼。[1]

富俊经过实地考察，提出按庄头等第分养不同数额马匹，不再轮流，而是“令其一手经营”，待出圈时，按照马匹的膘分及倒毙数额分别奖罚。这一建议切实可行，得到朝廷认可，大凌河的日常管理趋于规范。

清政府对大凌河牧场内马匹的孳生与倒毙非常重视，自康熙朝就制定了具体的奖惩制度，例如规定：

骟马群每百匹内，倒毙一匹至四匹者，列为头等，赏给牧长蟒缎镶领袖缎袍一件，官缎一匹。牧副妆缎镶领袖缎袍一件，毛青布十匹。倒毙五匹至八匹者，列为二等，赏给牧长官缎一匹，牧副毛青布十匹。倒毙九匹至十二匹者免议。倒毙十七匹以上者，列为头等罪，牧长罚俸一年，牧副鞭八十。倒毙十三匹至十六匹者，列为二等罪，牧长罚俸六月，牧副鞭四十。[2]

如果大凌河牧场的马匹倒毙严重，盛京将军要承担责任。乾隆五十年（1785），大凌河牧场遭受暴风雪，马匹倒毙数千匹。为此，乾隆帝严厉申饬盛京将军永玮，命其“立即亲往，将本年风雪情形，据实查明。其应如何减等分赔，从轻办理之处，务须会同萨克慎，秉公分别定拟具奏”[3]。

大凌河牧场牧养马匹主要用于以下几个方面：

其一，为东北八旗兵奉调出征时更换马匹。大凌河牧场位于山海关外的辽西地区，处于从吉林、黑龙江到京师的中间地带。这两地的八旗骑兵经过长途

---

① 《清仁宗实录》卷二百二十四，嘉庆十五年正月壬戌。

② 光绪朝《钦定大清会典》卷九十六，新文丰出版公司印行，第971页。

③ 《清高宗实录》卷一千二百三十一，乾隆五十年五月甲戌。

跋涉，马匹疲乏，在入关之前，恰好在大凌河牧场更换马匹，留下羸弱者，换乘膘壮者，以保障军队的行军速度及战斗力。乾隆十三年（1748），清政府调吉林、黑龙江八旗官兵出征，乾隆帝命御前侍卫额勒登额前往盛京，会同盛京将军阿兰泰挑选大凌河牧场的强壮马匹，“以备酌量换给船厂、黑龙江兵丁骑用”①。道光十年（1830），吉林与黑龙江八旗骑兵奉调远赴新疆，道光帝传谕：“该官兵等自骑马匹，长途疲乏，至大凌河应须更换。著瑚松额（盛京将军）、奇明保，接奉此旨，即挑备膘壮马匹，在大凌河豫备。”② 大凌河牧场是东北出征的八旗马队的中转站，或者说是“加油站”。

其二，为东北各地驻防官兵供应马匹。雍正八年（1730），清廷从大凌河牧场调拨马匹给黑龙江索伦、达斡尔部众，为此，黑龙江将军卓尔海特上奏谢恩道：“为裨益打牲索伦等，圣主施以隆恩，令自大凌河牧场解送马匹四千一百四十一匹，……臣等率打牲众官员打牲众人，望阙叩谢天恩。将解回马匹交付打牲索伦、达斡尔等饲养，令其饲养越冬，俟立春青草生发之时，分别编为八牧场，谨慎饲养放牧。”③ 从大凌河牧场一次性解送马匹4000余匹，可见大凌河牧场牧群之规模。乾隆二十七年（1762），应黑龙江将军所请，为解决黑龙江地区马匹不足的问题，清廷从包括大凌河牧场在内的各官马场征调马匹6000余匹。从嘉庆二十五年（1820）至道光三年（1823），大凌河牧场孳生多余马匹4400余匹，道光帝命将这些马匹“加恩分赏盛京、吉林、黑龙江等处兵丁”，由盛京将军晋昌负责办理查点等事宜。

其三，为驿站提供马匹。在盛京地区，以奉天为中心形成了5条交通线。每条交通线上的驿站，根据事务的繁简配备数量不等的驿马。其中奉天东至兴京线，设置3个驿站，每站额设驿马15匹；奉天西至山海关线，设置13个驿站，每站额设驿马50匹；奉天南至朝鲜线，设置8个驿站，每站额设驿马13

① 《清高宗实录》卷三百二十八，乾隆十三年十一月己未。

② 《清宣宗实录》卷一百七十三，道光十年九月庚申。

③ 中国第一历史档案馆译编《雍正朝满文朱批奏折全译》，雍正八年十二月初二日，《黑龙江将军卓尔海等奏代索伦谢恩折》，黄山书社，1998，第2006、2007页。

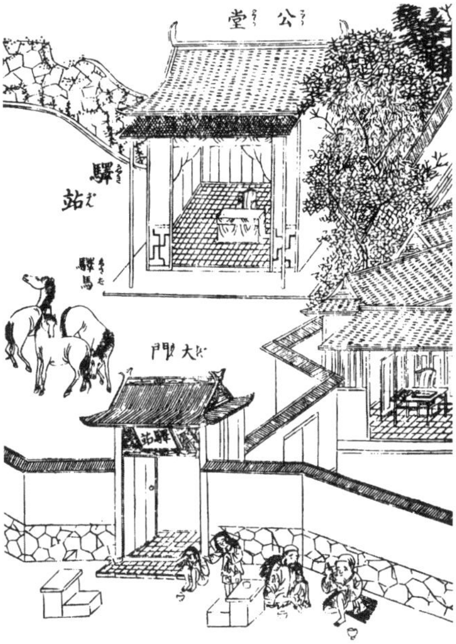

图 3－10 驿站

匹；奉天北至吉林宁古塔线，设置 3 个驿站，每站额设驿马 50 匹；奉天北至法库边门线，设置 2 个驿站，每站额设驿马 10 匹。以上 5 条交通线上共设置 29 个驿站，所需驿马共计 969 匹[①]。这是各驿站常规配备的马匹数量，当遇有重大事件时，驿站会添加或更换大量的马匹。清代，共有 4 位皇帝共计 10 次回盛京祭祖，又称“东巡”。每次东巡，皇室及扈从人员浩浩荡荡，携带大批御用物品、赏赐物品等，沿途驿站需要添加大量马匹。在养息牧牧场马群裁撤前，所需马匹从养息牧和大凌河牧场内挑选。乾隆十九年（1754），养息牧牧场马群归并到大凌河牧场后，清帝东巡所需的马匹就全由大凌河牧场提供了。

其四，为祭祀选送马匹。清廷有祭祀马神之风俗，一年两次，每次连祭两日，每日又分朝祭和夕祭。祭祀时所需的马匹由大凌河牧场选送。顺治朝规定，每年春秋两季，择日为马神，请坤宁宫所祭神，祭于神武门内神室。凡两日。正日，朝祭以绛帛系上乘御马 70 匹，夕祭以青帛送系大凌河骟马群 30 匹。次日，朝祭又以绛帛送系大凌河牝马群 1300 匹，夕祭以青帛送系大凌河牝马群

---

① 阿桂等纂修《盛京通志》卷三十三《关邮》，辽海出版社，1997，第 622、623 页。

276匹。这种祭祀习俗一直到乾隆朝才略作改变。乾隆四年（1739）规定，大凌河马群遇祭神系绛帛者，减定以30匹为率。以后将大凌河牝马群系帛皆改为青帛，朝祭系280匹，夕祭系30匹。

清统治者对大凌河牧场十分重视，清帝东巡时曾多次视察大凌河牧场并赋诗。乾隆四十三年（1778），乾隆帝第三次到盛京祭祖，途经大凌河牧场，作《观大凌河养息牧》，诗云：

唐时养马称最盛，四十万匹杜诗咏。
马多地狭苦难容，募民供秣劳难应。
我朝养马无须多，上都盐泽大凌河。
二十余万孳野牧，几曾刍萩烦催科。
此处牧政实稍异，夏逐水草冬则喂。
供以内府之庄头，何有追呼累民事。
今来阅马河之滨，按队分色万锦陈。
华阳归后无征战，易给扈跸利众人。
哈萨克马来服早，新疆用以资腾饱。
一家万里合东西，白传那歌阴山道。①

表3-4 清代历任盛京将军表

	姓名	旗籍	出身	始任时间	备注
1	何洛会	镶白旗满洲		顺治元年（1644）八月	
2	叶克书	正红旗满洲		顺治二年（1645）三月	
3	敦拜	正黄旗满洲		顺治十四年（1657）八月	
4	吴库礼	镶白旗满洲	一等阿达哈哈番	顺治十七年（1660）二月	又作乌库哩
5	达都	镶红旗满洲		康熙四年（1665）三月	又作达度

① 阿桂等纂修《盛京通志》卷十四《天章五·皇上圣制》，辽海出版社，1997，第253页。

续表 3－4

	姓名	旗籍	出身	始任时间	备注
6	吴玛护	正白旗满洲		康熙七年（1668）九月	又作武玛瑚
7	阿穆尔图	镶白旗满洲		康熙九年（1670）六月	又作阿木尔图
8	倭纳	正白旗满洲		康熙十二年（1673）十二月	又作倭内
9	安珠护	正黄旗满洲		康熙十七年（1678）七月	又作安珠瑚
10	伊巴汉	镶白旗满洲		康熙二十二年（1683）二月	又作伊把汉
11	察尼	正蓝旗满洲	宗室	康熙二十四年（1685）十二月	又作查尼
12	绰克托	镶红旗满洲	宗室	康熙二十七年（1688）十月	
13	苏努	镶红旗满洲	宗室	康熙三十八年（1699）四月	
14	孟俄洛	镶黄旗满洲	觉罗	康熙四十七年（1708）正月	
15	嵩祝	镶蓝旗满洲		康熙四十八年（1709）二月	又作松柱
16	唐保住	镶黄旗满洲		康熙五十一年（1712）十月	又作唐保柱
17	绰奇	正红旗满洲		雍正二年（1724）十二月	
18	噶尔弼	镶红旗满洲		雍正三年（1725）十一月	
19	伊礼布	镶蓝旗满洲	觉罗	雍正五年（1727）闰三月	又作伊札布
20	多索礼	正白旗满洲		雍正七年（1729）二月	
21	那苏图	镶黄旗满洲		雍正八年（1730）正月	
22	柏修	镶黄旗满洲	觉罗	雍正十三年（1735）正月	
23	那苏图	镶黄旗满洲		乾隆元年（1736）二月	
24	博第	正蓝旗满洲		乾隆元年（1736）八月	
25	额尔图	镶红旗满洲		乾隆三年（1738）五月	又作额勒图
26	达尔党阿	镶黄旗满洲		乾隆九年（1744）七月	

续表 3－4

	姓名	旗籍	出身	始任时间	备注
27	阿兰泰	正白旗蒙古		乾隆十三年（1748）四月	
28	清保	镶红旗满洲		乾隆十九年（1754）八月	
29	舍图肯	正红旗满洲		乾隆二十七年（1762）闰五月	
30	新柱	镶黄旗满洲		乾隆三十二年（1767）七月	
31	明福	正黄旗满洲		乾隆三十三年（1768）正月	
32	恒禄	镶蓝旗满洲	宗室	乾隆三十四年（1769）正月	
33	增海	正蓝旗满洲	宗室	乾隆三十七年（1772）六月	
34	弘晌	镶蓝旗满洲	宗室	乾隆三十八年（1773）五月	
35	福康安	镶黄旗满洲		乾隆四十三年（1778）十一月	
36	索诺穆策楞	镶黄旗满洲		乾隆四十五年（1780）二月	又作索诺木策凌
37	庆桂	镶黄旗满洲		乾隆四十七年（1782）五月	
38	永玮	镶蓝旗满洲	宗室	乾隆四十七年（1782）九月	
39	永铎	镶蓝旗满洲	宗室	乾隆五十二年（1787）十二月授	
40	庆桂	镶黄旗满洲		乾隆五十二年（1787）十二月署	
41	都尔嘉	正白旗满洲	宗室	乾隆五十三年（1788）十月	
42	嵩椿	镶蓝旗满洲	宗室	乾隆五十四年（1789）四月	
43	琳宁	镶蓝旗满洲	宗室	乾隆五十六年（1791）九月	
44	晋昌	正蓝旗满洲	宗室	嘉庆五年（1800）三月	
45	富俊	正黄旗蒙古		嘉庆八年（1803）八月	

续表 3－4

	姓名	旗籍	出身	始任时间	备注
46	观明	镶黄旗满洲		嘉庆十五年（1810）八月	
47	和宁	镶黄旗蒙古		嘉庆十六年（1811）十二月	
48	晋昌	正蓝旗满洲		嘉庆十九年（1814）二月	
49	富俊	正黄旗蒙古		嘉庆二十二年（1817）二月	
50	赛冲阿	正黄旗满洲		嘉庆二十三年（1818）九月	
51	松筠	正蓝旗蒙古		嘉庆二十四年（1819）九月	
52	松宁	正蓝旗蒙古		嘉庆二十五年（1820）四月	
53	松箖	正蓝旗蒙古		道光元年（1821）	松宁避讳改名为“松箖”
54	晋昌	正蓝旗满洲	宗室	道光二年（1822）正月	
55	奕颢	镶蓝旗满洲	宗室	道光七年（1827）闰五月	
56	瑚松额	镶白旗满洲		道光十年（1830）三月	
57	奕颢	镶蓝旗满洲	宗室	道光十二年（1832）三月署	
58	宝兴	正黄旗满洲	觉罗	道光十三年（1833）四月	
59	奕经	镶红旗满洲	宗室	道光十五年（1835）正月	
60	宝兴	正黄旗满洲	觉罗	道光十七年（1837）十月	
61	耆英	正蓝旗满洲	宗室	道光十八年（1838）闰四月	
62	禧恩	正蓝旗满洲	宗室	道光二十二年（1842）正月	
63	奕湘	正蓝旗满洲	宗室	道光二十五年（1845）九月	
64	奕兴	镶蓝旗满洲	宗室	道光二十七年（1847）八月	
65	英隆	镶蓝旗满洲		咸丰四年（1854）二月	
66	奕湘	不详	宗室	咸丰五年（1855）十二月	
67	庆祺	正蓝旗满洲		咸丰六年（1856）三月	

续表 3-4

	姓名	旗籍	出身	始任时间	备注
68	玉明	正黄旗满洲	宗室	咸丰八年（1858）六月	
69	都兴阿	正白旗满洲		同治四年（1865）十二月	
70	崇实	镶黄旗满洲		光绪元年（1875）二月	
71	崇厚	镶黄旗满洲		光绪二年（1876）十月	
72	岐元	正红旗满洲	宗室	光绪四年（1878）五月	
73	崇绮	正蓝旗蒙古		光绪七年（1881）七月	升镶黄旗满洲
74	庆裕	正白旗满洲		光绪九年（1883）十二月	
75	裕禄	正白旗满洲		光绪十五年（1889）七月	
76	依克唐阿	镶黄旗满洲		光绪二十一年（1895）八月	
77	增祺	镶白旗满洲		光绪二十七年（1901）正月	
78	赵尔巽	汉军		光绪三十一年（1905）四月	

第四章 以奉天府府尹分理民人

顺治元年（1644），清政权迁都北京后，盛京地区呈现出“沃野千里，有土无人”的状况。为充实“根本之地”，清政府颁布《辽东招民授官条例》，鼓励关内农民到辽东落户耕种田地。随着民人的增加，清政府设奉天府府尹总理民政，并相继设置府、州、厅、县各治所统辖民人，由此确立起八旗和府州县相辅而行的双轨制统治。有清一代，盛京地区的民政机构具有诸多特点，例如：参照顺天府府尹之例而设奉天府府尹，管理民政的府尹却多以旗人尤其是满洲旗人担任；民政机构设置呈现出鲜明的阶段性；民政公署内部机构简单，官吏人员数额较少。这皆与盛京地区的特殊地位密切相关，清政府在这一地区采取的民政政策和措施明显不同于各直省。

第一节 辽东招民授官

顺治朝，辽东地区有土无人，清政府为恢复辽东经济和充实根本，实行招民开垦政策，山东和河北等地的农民涌向辽东，成为开发辽东的先驱者。

一、辽东有土无人

明末清初，辽东是明、后金（清）的主战场，长期处于战争状态，辽民不堪战火蹂躏和民族压迫，纷纷逃离故土，辽东人口锐减。后来清政府迁都北京，当最后一批“从龙入关”的大队人马进入山海关之后，关外的辽东地区一片寂静荒凉，有土无人。

在明、后金（清）争夺辽东的战争中，后金（清）进攻的目标主要是大中小城镇。居住在这些城镇的汉人和守城的明军，最先受到攻击。辽阳失守后，全辽震动，明军溃逃，民在逃，官也在逃。他们或逃入关内，或乘船逃至登州，或避入海中各岛，或逃到朝鲜境内。后金时期，与朝鲜的主要矛盾之一便是朝鲜收留大量逃亡的辽人，后金索要而朝鲜不予。因为逃亡，加之被屠戮，辽东人口大量减少。

顺治元年（1644）四月，睿亲王多尔衮统领十余万清军入关；五月进入北京城，随后做出迁都决定；八月，顺治帝一行从盛京启程，迁往北京。《清世祖实录》卷八中称：“今皇上携带将士家口，不下亿万。”[①] 这种说法着实夸张，但也反映出跟随顺治帝入关的人数巨大。实际上，清朝在关外时期的八旗兵丁及其家眷在百万人以上。这百余万人分期分批地迁入关内。最后至顺治三年（1646）二月，“沈阳农民皆令移居北京，自关内至广宁十余日程，男女相携，车毂相击”[②]。这些农民是耕种旗地的广大壮丁及其家眷，他们搬迁到关内继续给旗人种地，可见清政权这次搬迁得多么彻底。

清政权迁都北京之初，留下 48 个佐领驻防盛京城。同时还有 35 个佐领分驻于锦州、宁远、凤凰城、兴京、义州、新城、牛庄、广宁等 15 城。盛京地区共留守 83 个佐领，若以每个佐领统 300 人计，总计 24900 人。然而，由于关内

① 《清世祖实录》卷八，顺治元年九月丁亥。

② 《李朝仁宗实录》卷四十七，科学出版社，1957，第 15 页。

战事频繁，兵力不足，又将关外留守的八旗兵陆续调往关内。到顺治十六年（1659），实际上留守的只有25个佐领，共计甲兵1100余人，分驻盛京、兴京、牛庄、盖州、凤凰、广宁6城。此外，在盛京以东、以北的广大地区，只有宁古塔（今黑龙江宁安市）设有八旗驻防。

在广袤的东北大地上，只留有千余名甲兵驻守，加上其家属也不过万人。于是，原本因战争而人口急剧减少的地方已成为无人区，这种情况绝非个别现象，而是普遍现象。土地无人耕种，任凭野草滋蔓；城中无人居住，成为野兽聚集之所。迁都带来的人口大迁移，竟使整个东北地区变得满目荒凉，榛莽遍地，罕见人迹。这在清初盛京流人的诗作中多有描述，如“白骨何年战，黄云终古愁”，“野火烧残戍，荒城抱冻溪”①，“黄龙塞北是开原，木叶山前战垒存。城中草深饥虎啸，百花如锦亦销魂”②。战死者的白骨暴露于野，触目皆是。饥饿的老虎在城中呼啸，凄惨荒凉尽在其中。沈阳作为都城，经过努尔哈赤和皇太极十余年的建设，已成为东北地区最大、最繁华的城市；但自从清朝迁都北京后，亦告衰落，有诗云：“开眼见城郭，人言是旧都。牛车仍杂沓，人屋半荒芜。”③ 沈阳城尚且如此，其他城市便可想而知了。

顺治十八年（1661），奉天府府尹张尚贤在给朝廷的《谨陈奉天形势疏》中，对盛京地区辽河东西有土无人的凄凉情形做了如下描绘：

> 合河东河西之边海以观之，黄沙满目，一望荒凉，倘有奸贼暴发，海寇突至，猝难捍御，此外患之可虑者。以内而言，河东城堡虽多，皆成荒土，独奉天、辽阳、海城三处，稍成府县之规。而辽、海两处仍无城池。如盖州、凤凰城、金州不过数百人，铁岭、抚顺惟有流徙诸人。不能耕种，又无生聚，只身者逃去大半，略有家口者，仅老死此地，实无益于地方。此河东腹里之大略也；河西城堡更多，人民稀少，独宁远、锦州、广宁人

---

① 戴梓：《耕烟朝堂诗钞》卷一《烽台晚眺》，收入《辽海丛书》第二册，辽沈书社，1985。

② 孙旸：《怀旧集·辽东杂忆》，收入张玉兴选注《清代东北流人诗选注》，辽沈书社，1988，第164页。

③ 杨辉校注《千山诗集校注》卷六《初至沈阳》，辽海出版社，2007，第121页。

> 民凑集，仅有佐领一员，不知于地方如何料理。此河西腹里之大略也。合河东河西之腹里观之，荒城废堡，败瓦颓垣，沃野千里，有土无人，全无可恃。此内忧之甚者。[①]

此时距迁都北京已 18 年，盛京地区仍是一片荒凉的景象。辽河之东西唯有奉天、辽阳、海城、宁远、锦州、广宁六处有人凑集，而抚顺、铁岭只有被流放的罪人，在盖州、凤凰城、金州的广大区域内不过数百人，放眼望去，“荒城废堡，败瓦颓垣，沃野千里，有土无人”。张尚贤作为奉天府府尹，面对盛京地区有土无人的状况心情沉重，为盛京面临的内忧外患而忧心忡忡、焦虑不安。

二、《辽东招民授官条例》

百万八旗人“从龙入关”是迁都之所需，但盛京作为“国初旧部”“龙兴之地”，仍然受到清统治者的重视。原因之一是，盛京战略地位十分重要。这里南濒渤海、东临朝鲜、西接蒙古、北抵俄境，而控制朝鲜、安抚蒙古、防御沙俄的入侵都是清政权国策中的重要组成部分，显然盛京空虚、有土无人的局面不利于国策的施行。原因之二是，盛京地区对于清皇室具有特殊的意义。先祖“龙兴”于此，这里是故乡，是大后方。这里有爱新觉罗氏的肇、兴、景、显四祖和太祖、太宗的陵寝；有大量的皇庄、王庄、山场、鱼泡等皇室产业；宫廷所需的药材、东珠、皮毛及诸多膳食用品皆取自这里。所以，一些有识之士大声疾呼：“欲弭外患，必当筹画堤防；欲消内忧，必当充实根本，以图久远之策。”[②]

顺治六年（1649），为尽快恢复经济秩序，清廷在全国施行招民垦荒政策，命各级地方官员广招流民，给予印信执照开垦耕种。辽东是招民垦荒的重点。顺治八年（1651），朝廷首次下达允许百姓出关垦荒的命令，“以山海关外荒地

---

①② 《清圣祖实录》卷二，顺治十八年五月丁巳。

甚多，民人愿出关垦地者，令山海道造册报部，分地居住。”[①] 但是，由于东北气候寒冷，地处极边，在关内尚有荒地可供开垦的情况下，人们“闯关东”的积极性并不高。为此，朝廷制定特殊政策，顺治十年（1653）颁布《辽东招民授官条例》，规定以招民多少作为授官的标准，具体内容如下：

辽东招民开垦，有能招至一百名者，文授知县，武授守备。百名以下、六十名以上者，文授州同、州判，武授千总。五十名以上者，文授县丞、主簿，武授百总。招民数多者，每百名加一级。先将姓名数目册报户部，领出山海关，交与辽东府县验收，给印文，赴吏、兵二部选职。

对于招来之民，朝廷照直省垦荒例，“每名口给月粮一斗，秋成补还，每地一垧给种六升，每百名给牛二十只”[②]。

十一年（1654）六月，朝廷又下诏令：“饥民有愿赴辽东就食耕种者，山海关章京不得拦阻，所在章京及府州县官，随民愿往处所，拨给田地，酌给种粮，安插抚养，毋致失所。”[③]

为鼓励招民垦荒，清廷之后又不断颁布新规定，补充和完善奖励办法。

十二年（1655）规定：

辽东招民百名者，考试身言书判，分为三等，除授知县，如不能通晓文义，咨送兵部，除授武职。

十五年（1658）规定：

文武乡绅垦地五十顷以上，现任者记录，致仕者给匾旌奖。

---

① 《清朝文献统考》卷一。

② 蒋廷锡等：《古今图书集成》卷五一《食货典》（上），鼎文书局，1997；阿桂等纂修《盛京通志》卷三十五《户口》，辽海出版社，1997，第1页。

③ 《清世祖实录》卷八十四，顺治十一年六月庚辰。

十六年（1659）规定：

> 民人开垦荒地二千亩以上者，以卫千总用，武举开垦二千亩以上者，于应授职衔加一等，以署守备用。[①]

招徕之民除关内汉人之外，还有原辽东人。明末清初，很多辽人避战祸于海岛。顺治十二年（1655），时任辽阳府知府的张尚贤示谕招徕，“随有广鹿、长山等岛民丁家口七百余名，俱回金州卫原籍”[②]。

图 4－1　清代辽阳城内魁星楼

《辽东招民授官条例》颁布后，引起一定的响应。原明朝陕西芮城知县浙江义乌人陈达德，年届六旬，寓居北京。他在几天内即招募 140 户农民。户部官员将此事奏报朝廷，时初设辽阳县，陈达德被任命为辽阳县首任知县。他到任后亲自率众垦荒，政绩突出，却不幸在任职两个月后去世。跟随他到辽阳县的农民悲痛万分，他们一致上书恳请以陈达德之子继任知县。吏部认为，“（陈达德）今殁而百姓愿戴其子，必其子同有招徕之劳，故乐与共事，应如所请。从之。”[③] 于是，任命陈达德之子陈瞻远为辽阳知县。陈瞻远继承乃父遗志，在辽

---

① 有关顺治朝招民开垦令详见《古今图书集成》卷五一《食货典》（上），鼎文书局，1997，第 533－535 页。

② 《清世祖实录》卷九十三，顺治十二年九月丁亥。

③ 《清世祖实录》卷八十三，顺治十一年五月丁酉。

阳率众伐木架屋，开荒辟田，终使辽阳“庐舍填厢，桑麻遍野”①。辽东宁远卫（今辽宁兴城）贡生刘宏德因招民百户，被授江南嘉定知县②。又有盛京猎户李百总，收养山海关内贫民四百余口，顺治帝闻奏报，命赏衣服、鞍马，以示奖励③。

朝廷深知迁都后盛京及整个东北地区人走地荒的情况，为恢复被破坏的经济，充实“根本之地”，故采取重奖政策，多方鼓励关内百姓出关垦荒。地方官员也以各种方式招民。例如顺治十八年（1661），奉天府府尹张尚贤上疏建言：“近有流徙人犯修造工程赎罪之例，有力者已认工程，无力者应准招民赎罪。”④流徙人犯基本上是中原及江南人，以流犯招民赎罪，可见招民之不遗余力。

顺治朝颁布辽东招垦令后，取得一定成效，辽东人口数和开垦土地数量都有所增加。顺治十七年（1660），辽阳、海城两县新增人丁 3723 人，土地增加 48165 亩；金州新增人丁 229 人，土地增加 7169 亩⑤。

但是，增加几千人乃至万余人，对于偌大个辽东地区而言寥若晨星。为促进移民垦荒，康熙二年（1663）规定：“辽东招民百名者，不必考试，俱以知县录用。”⑥

顺治朝规定，招民百名以上者授予知县，但须经考试身体、语言、书法、判断力，合格者方能授职。而康熙二年的新规定取消了考试，唯一的条件是招民百名以上，无疑朝廷加大了招民的力度。

对于招徕民人的安置情况，《开原县志》载：

---

① 嘉庆《义乌县志》卷十五。

② 光绪《嘉定县志》卷十三。

③ 《清世祖实录》卷八十一，顺治十一年二月癸酉。

④ 《清圣祖实录》卷五，顺治十八年十二月甲寅。

⑤ 乾隆元年版《盛京通志》卷二三。

⑥ 《古今图书集成》卷五二《食货典》（上），鼎文书局，1997，第 537 页。

凡招徕新民，户部遣同县官于城中，每丁给地基二绳，约三丈，使民得为园圃，沿街者可为间架，以便商贾。于野每丁给地二十五亩，永为民业。招至六名者，招头给缸一、牛一、农器全，按口每月给粟米一斗，至秋成止。[①]

三、关内汉人涌向辽东

康熙初年，朝廷加大辽东招民力度，给予移民更优惠的条件，很快收到了实效。在一些汉人聚居之地，出现了人多地少的情况。康熙二年（1663）正月，鉴于海城、牛庄等处安插新民，民多地少，奉天府府尹徐继炜上疏建言："查各蒙古头目移居边外，有遗下熟地，又马厂地方官马已经移养，弃地亦多，请分给新民。"康熙帝谕旨："马厂地，准给民耕种。"[②] 随着民人的增多，旗人与民人之间始有摩擦。同年三月，徐继炜再次上疏，请求严禁包衣佐领下打鱼网户扰害地方。工部议："应如所请，敕镇守辽东将军，严行申饬。"康熙帝对工部所议不满意，在谕旨中说："包衣佐领下及王贝勒属下鱼户，指称进鱼名色，违法扰民，自当察获治罪。尔部瞻徇，并不查以前扰民之人，止议申饬，殊属不合。"[③] 乃令工部再议。康熙帝不偏袒旗人，无疑对移民有利。五年（1666），清廷规定，白旗堡、小河西两处地亩给民耕种，照熟地例输赋；广宁、宁远两县旷地给民开垦，"不许旗人侵占"[④]。人多才会打架，旗民之间的摩擦正说明辽东民人日益增多。由于已经出现关内汉人流向东北地区的趋势，加之《辽东招民授官条例》是在特殊时期、特殊情况下制定的非正常铨选制度，时过境迁，朝廷遂于康熙七年（1668）停止该条例施行。

---

① 民国《开原县志》卷五，1917年铅印本。

② 《清圣祖实录》卷八，康熙二年正月己丑。

③ 《清圣祖实录》卷八，康熙二年三月丙子。

④ 《古今图书集成》卷五二《食货典》（上），鼎文书局，1997，第538页。

为配合招民开垦，有效管理关外的汉族民人，清廷设置了民治机构。顺治十年（1653）设辽阳府，治所在辽阳，以张尚贤为知府，下设辽阳、海城两个县。此为清廷在东北设立民治机构之始，其时锦州、宁远、广宁、沙后所四城尚属佐领所辖。十二年（1655），张尚贤奏请设金州县，理由是："辽东旧民，寄居登州海岛者甚众，臣示谕招徕，随有广鹿、长山等岛民丁家口七百余名，俱回金州卫原籍，但金州地荒人稀，倘准其任意开垦，则生聚渐多，亦可立县治，而诸岛皆闻风踵至矣。"[①] 十四年（1657），罢辽阳府，改设奉天府，置奉天府府尹一人、经历一人、儒学教授一人、训导一人，移治盛京。张尚贤改任奉天府府尹，秩正三品，与各直省巡抚相同。随着辽东土地的初步开垦，民人逐步增多，民治机构也在不断调整。康熙元年（1662），在辽西地区设锦县。三年（1664），设广宁府，下设广宁县、宁远州，又以锦县属之。同时增设承德（今沈阳）、开原、铁岭、盖平四县，升辽阳县为辽阳州。五年（1666），罢广宁府，改设锦州府，下辖宁远州、锦县、广宁县。在这十五六年间，盛京地区先后设置二府二州七县，即奉天府、锦州府、辽阳州、宁远州、承德县、开原县、铁岭县、盖平县、广宁县、锦县、海城县[②]。

顺治初年，盛京地区各城均由八旗驻防官员统辖军政诸务；府、州、县设置后，旗民始分治，民事由府、州、县衙署管理，旗人事务仍归将军（康熙元年改盛京总管为镇守辽东等处将军）统之。

尽管初设之府州县规模小、人口少，但它是清廷"充实根本之地"的重要举措之一，事实证明也是确实可行的有效措施，以此为据点，将会吸引更多的移民。顺治十二年（1655），流放到尚阳堡的季开生途经辽阳，就所见所闻赋诗《辽阳道中》，诗云：

关连白草暮云平，东望龙楼紫气生。
烽羽久停无夜哭，管弦将动有春耕。

---

① 《清世祖实录》卷九十三，顺治十二年九月丁亥。

② 阿桂等纂修《盛京通志》卷二十三《设置沿革》，辽海出版社，1997。

海潮仍洗废兵垒，边月曾窥大将营。
隋堞唐宫皆寂寞，惟闻山杵夜虚鸣。

诗中的“龙楼”指宫殿。努尔哈赤攻下辽阳后，迁都于此，建新都城，城中有“八角殿”，即龙楼。紫气，旧时指祥瑞之气。这首诗反映了辽东招民垦荒后，辽阳地区已经出现农人耕田的情景。

第二节 设置民治机构

清统治者大力推行民族隔离与分区而治政策。在盛京地区不仅“插柳为边，以界蒙古”，而且力图把历史上自然形成的“旗民杂处，住址参错”，“并无旗界、民界之分”的汉族与满洲族区分开来，加以隔离。首先在居住地域上，一般不准汉人居住在城内或关厢，而“令搬移在城外关厢内，择一处安插”。即使在广大的农村，也要求逐渐做到旗、民各自为屯。其次在土地耕种上，也是“旗、民地亩分立界限”，“不许旗人、民人互相垦种”。[①] 这样做的目的，一是减少民族之间的纠纷；二是维护满洲族在经济上的诸多特殊权益；三是保护满洲族在政治上的优越地位；四是保持满洲族传统风俗。为实行旗民分治，清廷

① 《清高宗实录》卷九百九十八，乾隆四十年十月乙巳。

设奉天府府尹，所治与各省巡抚相同。迄道光中叶，奉天府尹所辖共二府、二州、四厅、八县。府、州、厅、县的设置过程，充分体现了清政府对内地汉族人进入东北地区的政策，以及东北地区汉族人数不断增加的发展态势。

一、顺康时期府州县的设立

顺治朝至康熙初是盛京地区设置府州县的第一个阶段。这一阶段的特点是，配合招垦政策的推行，为鼓励内地汉族人到辽东，做好安置，加强管理。清政府积极主动地在一些重要农垦区内设置地方民政机构，甚至在汉族居民还很少的情况下，先行设置州县。

图4－2　辽阳州印

（一）相继设置府州县

清初，辽河以东“城堡虽多，皆成荒土，独奉天、辽阳、海城三处稍成府县之规”，因此在顺治十年（1653），首先设置了辽阳府，领有辽阳、海城两个县。[1] 顺治十四年（1657），“夏四月，罢辽阳府，改置奉天府于盛京”[2]。辽阳县初设时几乎没有汉族居民，顺治十一年（1654），浙江人陈达德“招徕民户一百四十户”。

康熙元年（1662），清政府在辽西的锦州设锦县，并将宁远县人民暂归锦县管理。[3]

在康熙二年（1663）以前，整个盛京地区仅设有一府三县，即奉天府、辽阳县、海城县、锦县，而且汉族居民寥寥无几。为推进招民开垦政策的落实，清政府于康熙三年（1664）对盛京地区民政机构进行建设，进行全面规划和调整。

首先，充实并健全了奉天府衙门的机构设置，添设了府丞、治中、通判、推官等官员。

图 4－3　锦州府印

其次，划拨土地，准备给新来开垦的农民。例如在盖州、熊岳，圈出“附近荒地房基”，准备“安插新民”；在海城、牛庄等处，对原蒙古部落“遗下熟地”及马厂“弃地”，准给“安插新民”垦种。[4]

① 《清世祖实录》卷七十九，顺治十年十一月丙申。

② 金毓黼主编《奉天通志》（一）卷二十八，辽海出版社影印本，2003，第 374 页。

③ 《清圣祖实录》卷六，康熙元年七月壬辰。

④ 《清圣祖实录》卷八，康熙二年正月壬午、己丑。

第三，康熙三年（1664），在辽东地区添设承德（今沈阳）、开原、铁岭、盖平四县，改辽阳县为州；在辽西地区添设广宁府、广宁县、宁远州，旋裁广宁府，改设锦州府。

同时还规定：以奉天府直接管辖辽东地区的海城县、承德县、开原县、铁岭县、盖平县及辽阳州；锦州府直接管辖辽西地区的广宁县、锦县及宁远州；而奉天、锦州两府“俱令奉天府府尹管辖”①。在康熙三年（1664）的一年之间就添设了一府二州五县，而且确立了府、州、县层层领导的体制，此后州县的建设大体是在这一体制基础上发展的。

在康熙三年（1664）所设的州县中，有的汉族居民很少，有的尚无汉族居住。没有汉人却先设治，目的是积极鼓励内地汉族人出关开垦土地。承德、盖平、开原、铁岭四县“州县新设，户无旧籍，丁鲜原额，俱系招徕”②。例如铁岭，除少数流人之外“固未有一民也”，第一任知县胡药婴到任后“始渐招徕”。为推进这一地区的开垦，康熙七年（1668），从辽阳州调拨部分居民充实铁岭。即使如此，至康熙二十三年（1684），铁岭全县仅有汉族居民 1829 户 2106 丁，在县城内外“及附近数处约略可尽，惟南赴奉天府沿途仍有三四处，其余则皆旗下旧人居之”③。开原县始设时，汉族人仅有 80 人左右，康熙七年（1668）自辽阳州拨来 701 丁。康熙二十四年（1685）统计，开原全县汉族人仅有 2162 丁。盖平县初设时尚无汉人，康熙四年（1665），从金州招徕沿海岛屿居民 299 丁。康熙二十四年（1685）统计，盖平全县汉族居民共有 1018 丁④。即使是设治较早的辽阳州，至康熙二十三年（1684），也仅有汉人 3335 丁⑤。至于辽西州县，在顺治十八年（1661）时虽已称“其间流民甚多”，截至康熙二

① 《清圣祖实录》卷十一，康熙三年四月癸卯；卷十二，康熙三年六月甲午；卷十三，康熙三年十二月壬午。按康熙二十一年《盖平县志》载，盖平县设于康熙三年四月，《清圣祖实录》漏载。

② 康熙二十四年《开原县志》卷下。

③ 康熙二十三年《铁岭县志》卷上、下。

④ 康熙二十四年《盖平县志》卷上、下。

⑤ 康熙二十年《辽阳州志》卷十二、十五。

十三年（1684），锦县、广宁县、宁远州汉族行差人丁也仅有14528人[①]。当然，人口比辽河以东地区还是要稠密一些，当时辽阳、开原、铁岭、盖平四地汉族人丁只有8621人。

辽西一府一州二县，辽东一府一州五县，总计两府两州七县。这就是康熙初年盛京地区州县的大体格局。各府州县官员与八旗的城守尉、防守尉居于同城，只是具体管辖对象与区域范围有所不同而已。实际上，由于城乡皆为“旗民错处”，区域范围很难划定，只能就民族区分各自的职权范围了。

（二）有职无权的承德县知县

康熙三年（1664），为适应管理沈阳地区民人和完备地方行政体制的需要，清政府在奉天府下再增设承德县，其行政管辖范围即沈阳城及其周围地区。按照乾隆年间记载，其县境为：

> 东至抚顺八十里抚顺城守界，西至辽河一百二十里广宁县（今北镇）界，南至十里河六十里辽阳州界，北至懿路站七十里铁岭界，东南至大堡八十五里辽阳州界，西南至新台子七十五里辽阳州界，东北至黑林子八十里奉天将军所辖界，西北至十方寺九十里铁岭县界。

上述辖区，大致也是以后的沈阳县、沈阳市的范围，直到20世纪80年代后期才有较大变化。

承德县初设时，东北地区还没有度过因清军入关而致人口锐减的年代。虽然新设了盛京城的附郭县，但当时在这座城市及周边地区居住的几乎都是八旗人，根本无“民人”可以管理，只好从招垦的山东、河北等地移民中拨出百余人，作为承德县的第一批百姓。以后虽然人口逐渐增加，但有清一代承德县所设官员一直很少，至乾隆后期其管辖的民人已经增至10余万，但额设官员只有知县1员、典史（掌管司法事务）1员。至光绪三十三年（1907）东北改设行

① 康熙二十三年《锦州府志》卷五。

省之后，承德县的管理机构不但没有增加，反而因为政治改革中撤县级司法裁判权，只保留管理行政事务权限，连典史一职也被裁掉。至宣统三年（1911），承德县因长期形同虚设，无事可管，终被裁撤，所属事务并入奉天府管理。这个设在盛京城里直接管理百姓的基层政府没有熬到大清国覆亡，就提前退出了历史舞台。

中国从秦汉开始，“县”就是基本的地方行政单位。县官由于直接管理百姓，向来被称为“父母官”。承德县是否也如此呢？宣统二年（1910）所修的《承德县志》记述了该县的职能：“本县为下级之行政官厅，隶于奉天府属下，掌一县之民治也。治其土田，征其赋税，听其词讼，办理管下之一切事务。统财政、司法、教育之全权而兼有者也。”所说虽然不错，但实际上作为盛京城范围内的行政长官，知县所能管辖的事情实在是太少了，原因很简单：一是盛京城内上级官署太多；二是城市中属于“民治”的事务太少。

就以上引县志中所列“财政、司法、教育”三项而言，县境内的财政，主要是“治其土田，征其赋税”，而承德县周围的皇庄、王庄、官庄、旗地却各有其主，皆不归承德县这种“民治官厅”管辖，自然赋税也就不归其征收，甚至连城内的牛马市商业税等也由奉天府或将军衙门征收，县官所管的是征收民地地税、契税、车牌捐等几项，只占很少的一部分；再说司法，凡涉及各类八旗人或者旗民之间的诉讼，分别由盛京将军衙门内刑司、盛京内务府慎刑司、盛京刑部负责处理，仅有县境内纯“民人”百姓之间的司法事务，才有一部分程序由县里负责；教育亦如此，旧式学校中的宗室觉罗学、八旗官学由宗人府和八旗官员管理，而由于属于地方行政管理的学生较少，县学并入府学之内，其主管官员当然是专设的奉天府府丞（学政），盛京礼部也兼管一些相关事务，即使是清朝末年在盛京城兴办的新式学堂，也大多由奉天省教育部门管理。因此，县境内尤其是城内的相关事务，承德县或者无权过问，或者被上级衙门包办代替，其权力实在是有限。

再说盛京城内治安，似乎应该属于承德县管理，但实际上却主要由盛京将军衙门下设的步营司负责。步营司属下管理城内治安、街道的官兵有千余人，其职责为“稽查宗室觉罗、查拿赌具、造盗窃案清册、（管理）砖墙内外街道”。而承德县所属仅有捕盗把总 1 员、马兵 30 名，只能对付一些偷鸡摸狗的蟊贼而已。

因此，处于盛京城“父母官”地位的承德县虽然不可或缺，但难有所作为。即使从品级的高低而论，虽然正六品的承德县知县要比普通知县高出两级，但在盛京城内实在是微不足道的“芝麻官”，更何况还是民籍的文职官员，不仅与将军、副都统、侍郎这些“大臣”等级的高官无法相比，就连遍布城内各区域的八旗 66 个佐领的主官（佐领）也多系五品官，再算上各衙门的司官（大多在六品以上），知县实在算不得什么“官”。夸张地说，只是比属下的“民人”百姓大一级而已。究竟有多少事情可以由这位县太爷发号施令、拍板定案，也就可想而知了。

二、雍正时期增设州厅

雍正年间，奉天州县增设不多；但是与顺康时期相比，很大的不同是新设州县之地因户口渐繁，不得不设治。

义州，原为察哈尔部游牧之地。康熙十四年（1675），察哈尔部西迁，因为进入游牧之地垦种的民人较多，遂于翌年设置义州巡检司，隶属广宁县。[①] 雍正元年（1723），移巡检司于锦州天桥厂，以锦州府通判驻义州。[②] 雍正十年（1732），在义州设管边同知，并辖边外汉民。旋以义州“接壤边境”，“户繁垦广”，仅有“微兵不足弹压”，于雍正十一年（1733）改设义州，“并将土默特耕地民人附入义州民籍”。[③]

复州，原为海城县属境，康熙三年（1664）改属盖平县。雍正五年（1727），设复州厅，置理粮捕盗海防通判。雍正十一年（1733），以复州“近

① 《广宁县志》卷一。

② 《清世宗实录》卷五，雍正元年三月辛丑。

③ 《清史列传》卷七十《杨超曾传》；《清世宗实录》卷一百三十三，雍正十一年七月甲午。

年户繁垦广”，将复州厅升格为复州。

宁海县，顺治十二年（1655），有“辽东旧民”居广鹿等岛者700余人，“俱回金州原籍”，因当地未设县治，所以暂时附入海城户籍。康熙四年（1665），将这些人中的一部分划归盖平县，余者于康熙二十年（1681）“归旗，别设城守章京治之”[①]。其后仍然不断有民人迁入，雍正五年（1727）设复州厅时，在金州设巡检司属之。雍正十一年（1733），改设宁海县。[②]

这个时期另一重要变动，是奉天府两名理事通判之设。奉天府原有理事通判1员，驻在沈阳。奉天地方旗民杂处，人命案件均由州县会同各城八旗官员处理，而旗员“每有情面托请，州县号令常不遵奉”，驻沈阳城的理事通判又“势难兼顾”。雍正十二年（1734），遂增加理事通判1员。两名理事通判，一名驻锦州，分管锦州、宁远、广宁、义州；一名驻盖平，分管海城、盖平、复州等州县。理事通判的职责是：“如旗民官员有会审不公等事，即稽查揭报。”同年年末，复移盖平理事通判于熊岳，与熊岳副都统同驻一城。

三、乾嘉道时期民政机构的调整

从乾隆到嘉庆乃至道光朝，在长达百余年的时间里，没有再增设州县，只是对原有民政机构进行调整，设立了3个视同府州的直隶厅。不再增设州县，与清政府在东北驱逐流民、实行封禁政策密切相关。

（一）驱逐流民的封禁令

在清代，“流民”二字的本义，通常是指未编入州县户籍的流动人口，与当代的“流动人口”概念相同。清初鼓励民人出关开垦时期，东北地区就出现了

---

① 康熙二十四年《盖平县志》卷上。

② 《清世宗实录》卷一百三十三，雍正十一年七月甲午。

流民问题，主要指偷挖人参的“走山者”。清初文献记载：“凡走山者，山东、西人居多，大率皆偷采者也。每岁三四月间趋之若鹜，至九十月间乃尽归，其死于饥寒不得归者，盖不知凡几矣。而走山者日益多，岁不下万余人。”[①] 此外，还有前往东北经商做工和种地佣作之人，“宁古塔及船厂工商佣作人等，不下三四万”[②]。这些流动人口除极少数外，基本上都履行了合法手续，在邻近山海关的临榆县领取印票后，进入东北各地。

截至乾隆四年（1739），关内民人只要到临榆县领取印票，就可以顺利出关。领取印票需要缴纳少量费用，“每票一纸，只身者索钱三十三文，有车辆者五六十文、百十文不等。其钱系城守都司兵役与揽头、店主、保人分肥”[③]。这种印票制度并不是专为汉人设立的，满族人出关也必须出具满文印票。清政府在山海关门派兵查验过往行人印票，目的是搜查非法采猎的人参、貂皮，因此对满人、汉人一样对待。对此前面已经有所述及。

然而，从乾隆五年（1740）四月开始，出关民人的命运发生了急剧变化。清政府以维护东北满族生计的名义，实行东北封禁政策。前往东北垦荒种地的关内农民，一律被视为无业流民，由守卫山海关的清军严行禁止出关。对滞留在东北地区的流民，以 10 年时间为限，强行编入州县户籍；过期未能入籍者，一律驱逐回原籍。

从顺治朝开始辽东招民开垦，到乾隆初年全面封禁东北，阻止内地民人偕眷出关，人们不禁要问，为什么清政府会发生如此重大的政策转变？这只能从东北地区客观形势的发展变化中寻求答案。乾隆初年东北地区的内外形势，与清兵入关时已经截然不同。

东北国防方面。清政府取得了反击沙俄侵略的决定性胜利，同沙俄签订了《尼布楚条约》，划定了中俄两国的东段边界。《尼布楚条约》签订后，清军继续增强八旗驻防。吉林将军辖区：康熙三十一年（1692）设伯都讷副都统驻防；

---

① 杨宾：《柳边纪略》卷三，第 7 页。

② 《清高宗实录》卷三百五十六，乾隆十五年正月乙卯。

③ 《清高宗实录》卷一百二，乾隆四年十月丙戌。

五十三年（1714），设三姓副都统和珲春协领驻防；雍正三年（1725），设阿尔楚喀副都统驻防。加上以前设立的吉林将军和宁古塔副都统驻防，吉林八旗驻防城增加到6处。黑龙江地区：康熙三十一年（1692），修筑齐齐哈尔城，在嫩江西岸设布特哈总管；雍正十年（1732），在海拉尔设呼伦贝尔统领，又在呼兰设城守尉。加上以前的瑷珲和墨尔根城，完成了黑龙江八旗驻防的新格局。

雍正末年，东北地区八旗兵总人数超过4万，在兵力上仅次于京畿八旗。据乾隆二十三年（1758）《大清会典》记载：盛京将军辖区驻防八旗兵19276人，下设副都统3人、城守尉4人、防守尉2人驻防；吉林将军辖区驻防八旗兵14392人，下设副都统5人、协领1人、佐领2人驻防；黑龙江将军辖区驻防八旗兵8557人，下设副都统3人、总管1人、城守尉1人驻防。顺治时东北驻防八旗兵只有1500余人，如今“共东三省兵四万二千二百有奇”①，增加25倍以上，东北边疆较清初大为巩固。

经济方面，从顺治年间开始的辽东招民开垦，取得了突出的成绩。东北地区南部农业区的生产规模，早已大大超过了明代。据雍正初年统计，仅盛京地区开垦的旗地就有1420万亩，另有民地数百万亩。清初，东北地区严重缺粮；康熙中期，清政府曾从天津、山东等地调拨大量粮食，从海路运至盛京地区。到康熙末年，盛京地区已经成为关外粮仓，粮食大量运往关内，“蒙古、黑龙江、船厂等处，收成偶欠，亦赖接济”②。东北吉林、黑龙江和西部地区在正常年景下，可以做到粮食自给有余，即使出现粮食歉收，靠从盛京运粮就能满足需要。清初东北“沃野千里，有土无人”的局面早已荡然无存，盛京根本重地固若金汤。

大清帝国经过百余年的发展，到乾隆帝即位时，正处于鼎盛时期。而与此同时，作为清朝柱石的八旗兵，入关百年后渐趋汉化；不仅战斗力锐减，而且北京满族人口不断增多，还出现了严重的生计困难。至乾隆初年，关外留都盛京地区也出现了旗人为流俗所染，生计风俗不如从前的状况。

---

① 魏源：《圣武记》卷一《开国龙兴记》，上册，中华书局，1984，第10页。

② 《清高宗实录》卷一百一十四，乾隆五年四月庚辰。

乾隆帝从维护盛京满族生计、保持东北八旗战斗力出发，做出了封禁东北的决定。乾隆帝谕令兵部侍郎舒赫德：

> 盛京为满洲根本之地，所关甚重。今彼处聚集民人甚多，悉将地亩占种。盛京地方粮米充足，并非专恃民人耕种而食也，与其徒令伊等占种，孰若令旗人耕种乎？即旗人不行耕种，将地亩空闲，以备操兵围猎，亦无不可，尔至彼处，与额尔图详议具奏。①

乾隆五年（1740）四月，舒赫德向清政府提出封禁东北的八项条款，全部被清廷采纳，从此，东北地区开始进入封禁时期。舒赫德的八项条款基本上是针对盛京地区的，其要点如下：

第一，山海关出入之人，必宜严禁。今后凡携眷移居关外之人，无论远近，不准放出。

第二，严禁商船携载多人。凡浙江、福建、山东、天津等关内沿海省区赴奉天（盛京）贸易船只，一律不得载运与贸易无关之人。

第三，稽查保甲宜严。盛京地区无论旗民，一体清查，情愿入档者取结编入档册，不愿入档者即逐回原籍。

第四，盛京空闲地亩，宜专令旗人垦种。请将盛京旗地、民地，交各地方官清查，余地全归旗人，禁止民人开垦。

第五，严禁凿山以余地利。除辽阳州所属白西湖（今属辽宁省本溪市）地方因供应陵寝用煤继续开采外，其他矿场永远禁止开采。

第六，重治偷挖人参，以清积弊。从前偷挖人参不足10两者，处以枷号、鞭责，现分别初犯、再犯、三犯，从重治罪。

第七，整顿宗室觉罗风俗。以后遇有宗室与旗人或民人发生诉讼，俱令呈报将军衙门，会同宗学总管、族长审讯。

第八，出关旗人给予凭记，以便查察。②

---

①② 《清高宗实录》卷一百一十五，乾隆五年四月甲午。

清朝实行东北封禁政策，以上述颁布实施的八项封禁法令为标志。因为盛京地区处在联结关内外的重要地理位置，所以，封禁了盛京地区实际上就等于封禁了整个东北。即便如此，以后清政府又陆续颁布针对吉林、黑龙江地区的一系列封禁令。这些封禁令既有针对山海关等陆路交通线的，也有针对盛京沿海交通线的，还有防范长城古北口外蒙古地区的。

东北封禁之后，清政府还在民人集中的盛京各州县驱逐未入籍的流民。按照舒赫德制定的条例，除了商贾、工匠和种地佣工“为旗民所资籍者，准其居住”之外，其余凡是未编入州县户籍的民人，统统被视为流民，“给限半年，勒令回籍”①。后改为以 10 年为期，允许在当地有产业的人编入州县民籍，将驱逐对象限制在游手好闲的无业之人。

盛京地区与直隶（今河北）毗邻，辽东半岛又与胶东半岛隔海相望，是关内民人走陆路和海路进入东北的必经之地，因此成为东北封禁的重点地区。

乾隆十一年（1746），奉天府府尹苏昌奏请稽查游民三事：

其一，山海关迤北至喜峰口一带边墙缺处，游民冒险绕越。请咨直隶总督、古北口提督巡防。奉天以西一带，交锦州副都统率该府加紧巡查。

其二，内地游民出古北、喜峰等口，由八沟、塔子沟绕入奉天境内。请令直隶总督、提督转饬塔子沟通判、河屯协副将实力检查。

其三，奉天之南，金州、复州、海城、盖平四城，与山东登州、莱州二府相对，山东商船私载民人，势所不免。奉天八旗兵丁散居各屯庄，轮班赴城供差，似难坐守。海滨各口，又无墩堡。请饬商船，俱于有官兵处停泊上岸，以便稽查。如无引票，即递回原籍。②

清政府全部采纳了苏昌的建议，下令有关部门立即执行。

乾隆十五年（1750），清政府再次强化对盛京地区海陆交通线的封禁：“令旗民地方官于奉天沿海一带严行稽查，并行文闽（福建）、广（东）、江（苏）、浙（江）、山东各督抚，查禁商船携带闲人。再，山海关、喜峰口等处及九处边

---

① 《清高宗实录》卷一百二十七，乾隆五年九月丁酉。

② 《耆献类征》卷一六九《苏昌传》。

门（指盛京柳条边西段邻近蒙古地区各边门），俱责该管章京及州县严禁。”①

乾隆二十六年（1761），清政府又将原有的封禁令进行修改，谕令直隶、山东等省督抚转饬边关、海口：“嗣后，赴奉天民人内查系并无贸易，又无营运者，严行查禁。”② 这就等于取消了单身佣工出关不受限制的条款，并且允许领取印票进入东北的只有从事商品贸易和运输的商人，实际上连手工匠人也被排除在外了。

乾隆四十二年（1777），山东布政使国泰奏称：“单身流民积渐成夥，较携眷就食者，更易做奸，请由地方官给票出口之处查禁。”清政府又下令：“嗣后，如有藉称寻亲出口赴奉天，并无确据者，不许给票。如滥给，滋事发觉，即将给票官降二级调用。至该布政使称，偷越总由船户，亦应如所请。嗣后，山东登、莱等处有票船只，如有夹带无照流民，私渡奉天者，杖九十，徒二年半，船只入官。从之。”③ 从此，关内民人出关前往东北探亲，都要受到地方官员的严厉控制。失查的地方官员，还要受到降职调离处分。如果船户携带无照流民被查出，要判处两年半徒刑，并没收船只。东北封禁可谓达到了极点。

（二）民治机构调整

尽管清朝对东北实行封禁政策，但仍然不能阻挡流民奔赴关外的脚步。有相当数量的流民进入辽东后，前往未设州县的边缘地带，开荒种地自谋生路。清政府对此只好承认现状，调整民治机构以加强管理。

1. 设立岫岩厅

清初实行辽东招民开垦政策时，山东胶东半岛的农民多乘船渡渤海进入辽东半岛南部的金州、复州等地。乾隆朝对东北封禁后，仍有山东农民进入辽东半岛。与之前有所不同的是，大部分人放弃了传统路线，而是沿黄海北上，进

---

① 《清高宗实录》卷三百五十六，乾隆十五年正月乙卯。

② 光绪《大清会典事例》卷一五八。

③ 《清高宗实录》卷一千二十八，乾隆四十三年三月己巳。

入辽东半岛的东部山区。

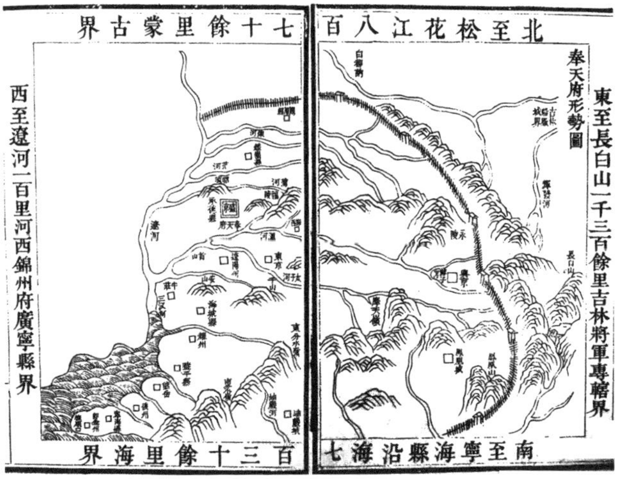

图 4－4　奉天府形势图

盛京东部黄海沿岸千余里之地，至乾隆朝前期尚未设置州县，仅在岫岩、凤凰城设有八旗驻防。乾隆三十七年（1772）三月，鉴于东部山区流民数量持续增长，盛京工部侍郎兼管奉天府府尹雅德奏报朝廷，建议将熊岳理事通判移至岫岩。他说："奉天属岫岩城，幅员辽阔，旗民杂处。该城向未设民员，归城守尉专管，分隶辽阳、海城、盖平、复州、宁海等五州县兼辖，相距各二、三、四百里不等，稽察难周。熊岳理事通判现无应办事，请移驻岫岩界内，命盗、户、婚等案，悉归该通判，分别旗民，照例办理。应征地丁钱粮、余地租银，亦归催征，铸给岫岩理事通判关防。"① 朝廷准雅德所奏。是年正式设立岫岩厅，移熊岳理事通判驻岫岩，兼辖凤凰城。同时设岫岩巡检，管理监狱缉捕。

岫岩厅设立之初，管辖范围极为广阔，东起凤凰城，西抵盖平县，南至大海，北达辽阳界，包括今天的岫岩满族自治县、凤城市、东港市、丹东市、庄河市全境和海城市东南部地区，以及黄海中的大小鹿岛、獐子岛、石城岛等岛屿。

---

① 《清高宗实录》卷九百五，乾隆三十七年三月辛亥。

岫岩厅通判衙门的执掌是管理全境民人，包括行政、财赋、民刑诉讼等一切事务。主官为通判，佐治者有训导、巡检。办事机构有七房四班。乾隆四十一年（1776），将凤凰城事务统归岫岩理事通判兼管，改称岫岩凤凰城海防通判。通判衙门初设在岫岩老城内（今火神庙胡同县人民武装部驻地外），后在火灾中被烧毁，移到新建的城内（今樱花宾馆一带）。火灾后新建的通判衙门有头门3间、仪门1间，东西有两个角门，仪门外有东西班房4间、大堂3间，大堂前有东西厢房14间、二堂3间，二堂前有东西厢房6间，二堂西茶房2间，东院花厅4间，西院书房3间，花厅前厨房3间，马号3间，内衙正房5间，东西厢房6间。巡检衙门在通判衙门西。①

乾隆、嘉庆时期，以山东农民为主的流民大规模进入岫岩厅辖境。据民国《岫岩县志》卷三“氏族”条记载，该县有大族26支，其中因饥荒逃难、经商落户的汉人有19支。在26支大族中，有14支祖籍山东，其中有6支在乾隆年间迁来，有8支在嘉庆年间迁来。岫岩原为旗人聚居地，但在乾嘉时期，山东等地的流民人数已经远远超过旗人。这些流民带来了关内先进的生产技术和生产工具，促进了这一地区的开发，使岫岩一带“一变荒烟蔓草之区，为村落都邑之盛”。

2. 设立昌图厅

东北封禁后，关内流民开始涌向盛京北部的蒙古科尔沁地区。科尔沁位于盛京柳条边法库边门之外。乾隆五十年（1785），清廷为避免蒙古、汉民族冲突和矛盾，将边外流民驱入边内居住。嘉庆七年（1802），科尔沁左翼王公因为生计困难，请求朝廷允许招民开垦闲置的荒山草场，得到朝廷批准。此后，在短短的4年里，流民人数便多至数万。为管理流民，清廷于“嘉庆十一年，以科尔沁左翼后博多勒噶台王旗地设昌图额勒克理事通判”②。昌图厅的辖境包括今辽宁省昌图、康平、法库县，以及吉林省部分地区。理事通判管理流入的汉人

① 《岫岩志略》卷二，收入《辽海丛书》第二册，辽沈书社，1984，第939页。

② 《奉天通志》卷五十七，辽海出版社，2003，第1235－1236页。

事务。

昌图厅设立后，流民不断增加，促进了当地的开发，蒙古王公收入倍增，引得其他王公纷纷效仿，私自招徕流民种地。道光二年（1822）七月，盛京将军晋昌上奏朝廷："盛京法库边外，科尔沁达尔汉王、宾图王二旗界内，向有蒙古招留流民，耕种地亩，并开设铺店生理。……因土著蒙古贪图租粮，陆续私招流民，给荒开垦。现在民人已有二百余户，垦成熟地已有二千余垧。"对此，朝廷认为，若按名拘解审办，未免多滋纷；若一概驱逐，又恐流离失所。于是同意晋昌所请："准其将查出建垦房地，遴派妥干大员，会同该王等，按段履勘，立地界封堆，毋任再有侵越。"① 并造具民户花名细册，就近责成昌图通判编立甲社，随时稽查管理。道光三年（1823）九月，晋昌派员前往科尔沁蒙旗调查发现：卓哩克图王旗招留民人 255 户，铺店酒局 16 座，共垦地 3184 垧；宾图王旗招留民人 103 户，耕种熟地 1546 垧，铺店酒局 12 座。道光六年（1826）七月，晋昌再次奏报朝廷：查出卓哩克图王、宾图王二旗界内，新招流民 572 户；续查出卓哩克图王旗界内，新招流民 193 户。在惩处私招流民的蒙古王公的同时，将查出的新招流民"造具民户花名细册，并交昌图通判，编设保甲，选充乡长，严加管束"②。

在科尔沁旗王公私招流民难以禁止的情形下，朝廷只好承认既成事实，于道光十二年（1832）七月，正式颁布《科尔沁旗开垦荒地章程》，设局划界放垦。

3. 设立新民厅

嘉庆十八年（1813）六月，清政府"分承德、广宁二县地置新民厅，隶奉天府"③。新民厅的管辖范围，东自承德（今沈阳市），西抵广宁（今北镇市），北至彰武台养息牧场，南尽辽东湾沿海地区。这一广阔的区域在此之前皆隶属地处辽西走廊的锦县管辖，民治机构设置如此之少与大凌河牧场有密切关系。

---

① 《清宣宗实录》卷三十八，道光二年七月庚辰。

② 《清宣宗实录》卷一百，道光六年七月癸未。

③ 赵尔巽等撰《清史稿》卷五十五《地理二》。

清初设置的大凌河牧场，加上为牧场马匹供应饲料的内务府官庄，占去了大片耕地。在东北封禁期间，进入辽东湾地区的流民开始私自开垦大凌河牧场上的土地。为有效地控制流民，乾隆初年，朝廷以巨流河巡检驻新民屯。盛京地方官员多次奏请，允许当地流民开垦牧场闲荒，交纳租赋，均被朝廷拒绝。嘉庆十七年（1812），吏部尚书松筠奉命前往盛京，筹划京师宗室移驻盛京事宜。他在考察大凌河一带之后上奏朝廷，在奏折中提到："大凌河一带地方，多有闲旷地亩，向被游民私垦。"建议先雇用流民试种，如果丰收，可以陆续扩大耕种面积。嘉庆帝采纳了松筠的建议。大凌河牧场土地肥沃，第二年试种5000亩，获得大丰收。关内流民纷至沓来，踊跃开垦荒地。

除设以上三厅之外，为管理民人，乾隆三十八年（1773），在兴京设理事通判；乾隆四十一年（1776），设凤凰城巡司。

第三节
父母官——奉天府府尹

奉天府之设立是清廷完善盛京留都体制的一项措施。顺治十四年（1657），吏科给事中王益朋上奏朝廷，请求定辽阳规制。他在奏疏中说："盛京兴王之地，自是上国规模。明洪武升集庆为应天，永乐升北平为顺天，嘉靖升安陆为承天。今辽阳府名亦宜升用天字，知府应改府尹，则名正言顺，足法后世。”① 此时，清政权已入关14年，在北京站稳了脚跟。基于此，王益朋奏请仿明制，为关外旧都辽阳定规制。留都问题也是清统治者要考虑的问题。是年四月，清廷“省辽阳府，始于盛京置奉天府，设府尹一人”②。奉天府府尹所设照京师顺天府府尹例，为正三品，高于一般行省的知府（正四品），直接隶属中央，行巡抚事，而不像各省的府由本省巡抚管辖，这充分体现了盛京作为留都的地位。

作为龙兴之地的奉天府，其府尹职责自然重大，府尹选任也有着特殊性。

一、府尹职责及选任

（一）府尹职责

图4-5　奉天府印

清制，“凡满洲、蒙古、汉军八旗事务，则统之于奉天将军；凡民人事务，则统之于奉天府尹。”③ 由于在盛京地区实行旗民分治，所以奉天府府尹的职责

① 王益朋：《请定辽阳规制疏》，收入《皇清奏议》卷一〇，文海出版社，1967，第1103、1104页。

② 《奉天通志》卷五十七《沿革》，辽海出版社，2003，第1227页。

③ 《清朝文献通考》卷二七一《舆地考三·盛京》，浙江古籍出版社，2000，第7276页。

是管理民人（非八旗人口），处理民人的各项事务。乾隆二十七年（1762），规定由盛京将军节制奉天府府尹。乾隆三十年（1765），照顺天府之例，改由盛京五部侍郎一人兼管。至光绪二年（1876）改革奉天吏治，又改由盛京将军兼管，府尹则加二品衔，以右副都御史行巡抚事。

至光绪朝，奉天府所属地方有5府、4厅、6州、26县，具体如下：

府：锦州府、昌图府、新民府、海龙府、洮南府。

厅：凤凰直隶厅、兴京厅、金州厅、营口厅。

州：辽阳州、复州、义州、宁远州、岫岩州、辽原州。

县：承德县、海城县、兴仁县、盖平县、开原县、铁岭县、镇安县、彰武县、东平县、西丰县、西安县、柳河县、锦县、绥中县、广宁县、怀德县、奉化县、康平县、安东县、宽甸县、通化县、临江县、怀仁县、缉安县、靖安县、开通县。①

光绪朝《钦定大清会典》卷七四记载，奉天府所属有2府、4厅、5州、14县，其余各府、州、县皆为光绪年间增设。

雍正四年（1726），朝廷拟在吉林地区设置州县。雍正帝谕令："命船厂地方添立永吉州，设知州、州同、吏目、学政各一员。宁古塔地方添立泰宁县，伯都讷地方添立长宁县，各设知县、典史、教谕一员，俱隶奉天府管辖。"② 可见，当时奉天府府尹是东北地区的最高民政长官。至乾隆朝初年，由于宁古塔将军的反对，朝廷将吉林地区民事归宁古塔将军管理，奉天府府尹则专理奉天民事。

奉天府府衙设在盛京城内钟楼南大街路西。

府尹之下设府丞1人，治中1人，理事通判1人（以上皆自有办事衙门），经历、司狱各1人，书吏10余人。府丞以下官吏皆由汉人充任。

府丞，设于康熙三年（1664），兼提督学政，掌盛京、吉林学校政令。按岁试（每年巡回考试各地童生）、科试（在乡试之前巡回考试各地童生，选拔优

---

① 张德泽：《清代国家机关考略》，学苑出版社，2001，第206页。

② 《清世宗实录》卷五十一，雍正四年十二月戊寅。

等生员参加乡试）考取文武生员。盛京设有宗学、觉罗学和八旗官学，各学的汉教习由奉天府府尹会同盛京五部侍郎在奉天进士、举人及贡生中考取充补。

治中，康熙三年（1664）设，掌钱粮等事务。光绪元年（1875），经尚书崇实奏请，加治中奉天驿巡道衔，兼行巡道事务，旋即裁治中一缺，专设驿巡道，掌巡查边防、督征税课、节制营伍，兼管驿站事务，并审转刑名案件。有典吏7人协助办事。

理事通判，康熙三年（1664）设，掌民人的审理诉讼。光绪二年（1876），改设军粮同知，掌旗人与民人涉讼案件，并管考试事。有典吏7人协助办事。[①]

经历，顺治十三年（1656）设辽阳府经历，十四年（1657）改为奉天府经历。掌收发文移，其办事机构为经历司。

司狱，康熙七年（1668）设，管理监狱，其机构为司狱司。有攒典二人分在二司办事。

府尹，总理所属各府、厅、州、县地方事务及官属考察。此外，按照清制，在三大节（元旦、冬至、万寿节）前期，奉天府府尹递送贺表到盛京将军府，届时，率其属员庆贺于盛京皇宫大政殿前。国有庆典亦如此。每月逢五为常朝之日，府尹着朝服坐班于大政殿前；福陵、昭陵的祭典，府尹皆随班行礼；每年举行一次对社稷坛、先农坛、文庙、关帝庙、龙王庙、贤王祠等坛庙的祭祀典礼。[②]

（二）府尹选任

从历任奉天府府尹的民族和旗属来看，呈现出鲜明的阶段性。以乾隆十一年（1746）为界，分为前后两个阶段：之前的90年间，在34位府尹中只有一位是八旗满洲人，余者为汉人或汉军旗人；之后的160多年中，在58位府尹中，有八旗蒙古4人、八旗汉军1人、汉人1人，余者52人皆为八旗满洲人。这种鲜明的阶段性的变化，与清统治者“首崇满洲”政策和盛京地区的地位及

① 光绪《钦定大清会典》卷七四，新文丰出版公司印行本，第767、768页。

② 同①，第767页。

形势变化密切相关。下面就前后两个阶段来进行分析。

在前一阶段，即顺治十四年（1657）至乾隆十一年（1746），府尹基本上是汉军旗人和汉人。形成这种局面的原因，正如乾隆帝所言："从前满洲之未用府县者，因人数不多，仅足敷京员之用。"[①] 在满洲人才不敷用的情况下，奉天府府尹只能由八旗汉军和汉人充任。但在选任汉军旗人还是汉人上也具有阶段性特点：康熙四十八年（1709）之前，主要以八旗汉军人任府尹；之后则多以汉人任府尹。这是因为清入关之初，盛京地区人口主要是驻防旗人，虽然民人数量不多，事务不繁，但盛京地位十分重要，是清政权入主中原后的大后方和留都，对于刚刚立足关内的清统治者而言，自然要任用可信任之人充任这一地区的最高民事长官。相比较之下，汉军旗人比汉人可靠，故而在顺治朝和康熙朝前期主要选任八旗汉军人充任奉天府府尹。康熙二十二年（1683），奉天府府尹缺出，康熙帝谕令："奉天地方事虽不甚繁，极为要地，且满洲事务居多，应于旗下官员内简择贤能补授。"[②] 康熙帝之言道出了清初奉天府府尹多为汉军旗人的原因。至康熙朝后期，清政权在中原的统治已经稳定，民族矛盾已经缓和，任人唯贤成为清统治者使用人才的基本原则。康熙五十四年（1715），补授奉天府府尹时，康熙帝即表示："必得办事优长，有才干之人方好。"[③] 同年，任命朱轼为新一任奉天府府尹，理由是康熙帝认为"此人操守好"。随着清朝统治的巩固和选人用人原则的变化，在康熙四十八年（1709）之后，一批汉人被任命为奉天府府尹。

自乾隆十一年（1746）之后，奉天府府尹基本上为满缺。出现这种变化的原因有两个：一是清统治者的"首崇满洲"政策；二是清政府对东北实行封禁以保护旗人利益。

"首崇满洲"的提出是在顺治十年（1653）二月，詹事府少詹事李呈祥奏请部院衙门裁去满官，专任汉人。顺治帝回答说："朕不分满汉一体眷遇，尔汉

---

① 《高宗纯皇帝圣训》卷五九，乾隆七年壬戌十月壬子，官辑内务府官刻本，第 29 - 30 页。

② 《康熙起居注》，中华书局，1984，第 1765 页。

③ 《钦定大清会典事例》卷一〇九三，中华书局，第 939 页。

官奈何反生异意？若以理言首崇满洲，固所宜也。”[①] 清朝历代皇帝皆视满洲人为国家之根本、朝廷之柱石。“首崇满洲”首先是保证满洲八旗在政治权利上的优势地位，这是清朝的根本国策之一，基本上与王朝相始终。至乾隆朝初年，满洲已入关百年，人口迅速增加，民族整体素质也有了极大提高，不乏人才。早在康熙二十一年（1682），左都御史达督就曾奏请：“盛京知县以上官员应用满洲。”[②] 因清制无旗人补授州县官之例，故未实施。至乾隆六年（1741），乾隆帝谕令：“满汉进士原属一体，嗣后满洲进士，亦著照依甲第名次，选用知县。”[③] 之后，奉天州县官始补选满员。

自顺治朝实行招民开垦政策后，盛京地区汉族人口快速增长，这引起清统治者的关注。乾隆帝认为：

> 今彼处（盛京）聚集民人甚多，悉将地亩占种。盛京地方，粮米充足，并非专恃民人耕种而食也。与其徒令伊等占种，孰若令旗人耕种乎。即旗人不行耕种，将地亩空闲，以备操兵围猎，亦无不可。

乾隆五年（1740），乾隆帝派兵部左侍郎舒赫德前往盛京考察。舒赫德回奏：

> 奉天地方为满洲根本，所关实属紧要，理合肃清，不容群黎杂处，使地方利益悉归旗人。但此等聚集之民，居此年久，已立有产业，未便悉行驱逐，须缓为办理，宜严者严之，宜禁者禁之。数年之后，集聚之人渐少，满洲各得本业，始能复归旧习。[④]

为使关外满洲利益不受到损害并保持本业，清政府对东北实行了封禁政策。然而，出关的民人却屡禁不止。乾隆六年（1741），奉天府人口为138190人，

---

① 《清世祖实录》卷七十二，顺治十年二月丙午。

② 《康熙起居注》第二册，康熙二十一年六月初四日，中华书局，1984，第852页。

③ 《钦定八旗通志》卷五十，吉林文史出版社，2002，第930页。

④ 《清高宗实录》卷一百一十五，乾隆五年四月甲午。

至乾隆四十六年（1781）增至390914人，增长了近2倍。辽西的锦州府人口在这40年中也增加了近1倍，见表4－1。

表4－1　乾隆六年（1741）、四十六年（1781）奉天府与锦州府人口数[①]　人

年代	奉天府	锦州府	总数
乾隆六年（1741）	138190	221432	359622
乾隆四十六年（1781）	390914	398179	789093

表4－1中是编入州县户籍的人口，此外还有大量未登记的流动人口。封禁后，人口仍然持续增长，这与奉天府府尹对封禁的抵制不无关系。乾隆初年，奉天府府尹吴应枚就曾两次上疏，反对驱逐流民的做法。朝廷将吴应枚调离奉天府，派光禄寺卿霍备接任。霍备在任数载，奉天“各州县流寓民人，并未取保入籍，亦未令其回籍，漫无稽查，而定议后出关人数，续添四万七千余口，聚集益众”[②]。霍备对清理流民一事“悬搁不办”，乾隆帝一怒之下将其革职充军。

乾隆帝认为，吴应枚和霍备皆为汉人，在情感上同情汉族流民，因此他打破以汉人任奉天府府尹的旧例，任命满洲旗人苏昌为奉天府府尹，以推动封禁政策的实施。此后连续十一任奉天府府尹皆为满洲旗人。奉天府府尹用满人的另外一个原因是盛京实行旗民分治，随着旗人人口日繁，汉族人口大量增加，旗民之间的纠纷诉讼事务繁多，同时在盛京地区有大量的皇庄、王庄、牧场等，以满洲官员任府尹便于保护旗人和王公贵族在盛京地区的利益。乾隆五十四年（1789），乾隆帝将奉天府府尹改为满缺，他说：“奉天府尹一缺，向例不分满洲、汉军、汉人开列，惟此缺四十余年，俱系简放满员，未便仍照旧例开列汉员，嗣后即以满缺开列。”[③] 此后，奉天府府尹以满缺开列成为定制。

---

① 人口数出自阿桂等纂修《盛京通志》卷三十六。

② 《清高宗实录》卷二百五十七，乾隆十一年正月戊子。

③ 《钦定大清会典事例》卷二三，中华书局，第288页。

二、奉天府府尹与盛京将军

盛京将军与奉天府府尹分辖旗民，形成两个管理体系，各自独立，互不统属。例如乾隆八年（1743），盛京旗兵农田遭遇歉收，所需口粮旗仓不敷，就此奉天府府尹霍备奏请“在民仓借给，秋收还仓”[①]。然而，奉天地方旗民杂处，旗民交涉事繁杂，又需要旗员、民官协同合作办理。

雍正十年（1732）八月，对于旗民之间发生的重案旗员与民官如何分工合作事宜，奉天府府尹杨超上疏建言：

> 奉天地方，旗民杂处，住址参错。每遇强劫重案，旗员民官，互相推诿，并无一定责成。嗣后如旗员管辖地内有民人失事者，将该管旗员查参疏防，限年缉获，民官免其查参，仍令与旗员协缉；其民官管辖之地有旗人失事者，亦照此例处分。至遇有人命等案，请令旗民官员，会同查验，仍照该管地址。[②]

由此可见办理旗民交涉事宜很复杂，旗民官员既要各司其职，又要相互合作。

对于盛京地区旗民长官的合作问题，清统治者也十分重视。乾隆八年（1743），乾隆帝首次东巡盛京，特降旨训谕奉天府府尹霍备：

> 府尹一官，为各属地方有司之统领。其所职掌，亦不甚繁。凡有旗民交涉事件，务须与将军等和衷商确，一秉虚公，则诸务自能妥协。倘先存一为旗为民之见，则意见参差，办理错误，既失寅恭之义，何以端人心而

① 《清高宗实录》卷一百九十八，乾隆八年八月癸丑。

② 《清世宗实录》卷一百二十二，雍正十年八月丁卯。

厚风俗乎。[1]

乾隆帝希望府尹霍备不要泾渭分明，存“为旗为民之念”，而要遇事与将军“和衷”办理，搞好民族关系。

府尹与将军的合作不仅限于辖区内的旗民交涉事件，还包括恭迎清帝东巡盛京祭祖、处理私贩人参案件、督察辖境内官员、处理盛京地区的重大事件等。乾隆二十七年（1762）十月，盛京将军舍图肯与奉天府府尹联合参奏奉天府治中高锦，诉其“巡察海船，收受陋规”[2]。

府尹和将军同驻一城，分理民事和旗务，难免互生矛盾。康熙二年（1663）三月，奉天府府尹徐继炜疏请，严禁包衣佐领下打鱼网户扰害地方。同年九月，徐继炜状告奉天将军吴库立“审事不公，恣意妄断”。吴库立针锋相对，奏称：“何事不公？何事妄断？”并请求朝廷派大臣察审。[3] 数月后，徐继炜被罢免。府尹和将军两权分立却又有交叉，遇事会相互推诿，尤其是府尹，官阶低于将军，加之“首崇满洲”的政策，往往在共事时诿于将军。康熙五十三年（1714）三月，奉天府府尹郝林陛辞时，康熙帝叮嘱他，“盛京旗民杂处，命案甚多，尔必亲历所属地方，诚心教导，毋谓此非久任之地，将事诿与将军、各部。国家设一官，即有一官之职，为官者当立志尽职，兴起教化，有一番整顿，方无忝厥职也。”[4]

盛京地区旗民之事不能统筹办理，旗民两套系统各自为政，有碍政务顺利进行。为解决这一问题，乾隆二十七年（1762）十二月，乾隆帝定盛京将军节制奉天府府尹制，谕曰：

> 向例盛京将军管辖旗人，奉天府府尹兼理民事，原无统辖。嗣因盛京系满洲根本之地，所有州县官员皆定为满缺，凡应行查拿私参，经将军派

---

① 《清高宗实录》卷二百一，乾隆八年九月丁未。

② 《清高宗实录》卷六百七十二，乾隆二十七年十月壬辰。

③ 《清圣祖实录》卷十，康熙二年九月辛巳。

④ 《清圣祖实录》卷二百五十九，康熙五十三年三月丁卯。

委官兵前往，地方各官自宜会同查缉。乃近日拒捕殴差之事，不一而足，地方官竟视同膜外，乡长保甲并不协力擒捕，此皆因将军、府尹不相关涉，各分畛域之所致。是以各属员亦存旗民分管意见，并不和衷办理，于地方事务甚无裨益，不可不为变通。在府尹为全省大吏，虽不可便为将军属员，亦当令其听将军节制，庶旗民事务归一，一切办理，不致参差。嗣后奉天府府尹著听将军节制。

乾隆帝为避免将军、府尹“各分畛域”，不和衷办理事务，规定嗣后盛京将军节制奉天府府尹。

然而不足3年，乾隆帝又变卦了。乾隆三十年（1765）十一月，乾隆帝发布上谕：

向来奉天府尹事务，令盛京将军兼辖。今思将军与府尹所属旗民事件，各有专司。若令将军节制，于公务未免牵掣。莫若照京城侍郎兼管顺天府尹之例，于盛京五部侍郎内，派出一员管理，永著为令，于体制更为画一。现在奉天府尹事，即著雅德兼管。

雅德时任盛京工部侍郎。以后，奉天府府尹便由五部侍郎兼任，遂成定制。

清廷为完善盛京的留都体制，除置盛京将军和奉天府府尹之外，还设户、礼、兵、刑、工五部，以侍郎掌部事。将军、府尹、五部侍郎互不统属，履行各自的职责，实际上是三权分立，彼此相互制约。当将军节制府尹之后，将军独掌旗民政务，权力远远大于五部侍郎，盛京地区的权力格局就失衡了。所以乾隆帝命五部侍郎兼任府尹，扩大了五部的权力，使之足以和将军制衡。光绪初年，署盛京将军崇实曾说：“兼尹归于户部，与将军更易抗衡。”①

有清一代，奉天府府尹就是奉天地区的最高民政长官，同时又扮演着制衡盛京将军的角色，反之亦然，这是清统治者所行的统治术。

---

① 朱寿朋：《光绪朝东华录》，光绪元年七月，中华书局，1958，第112页。

三、首任奉天府府尹张尚贤

奉天府设置于顺治十四年（1657），首任府尹为张尚贤。

张尚贤，辽东人，顺治五年（1648）任登州府知府[①]。十年（1653）十一月，清政府在盛京地区首设民治机构辽阳府，下辖辽阳县和海城县，张尚贤任辽阳府知府。也就是说，张尚贤是清代盛京地区首任民政长官。

顺治元年（1644）清政权迁都北京后，辽东地区一片荒凉，数百里无人迹，良田变荒野。顺治十年（1653），清廷在山海关外推行《辽东招民授官条例》，鼓励关内农民出山海关到辽东垦荒耕种，恢复辽东地区的农业生产。同年十一月设置辽阳府，作为民治管理机构，以张尚贤为知府。张尚贤上任后，见辽东地区人烟稀少、百废待兴，民人更是寥寥无几，他全身心投入到招民开垦和建设辽阳、海城两县之中。翌年，有浙江人陈达德招民140户，被任命为辽阳县知县。继而又有辽东人王全中招民有功，被任命为海城县知县。

为招徕更多民人，张尚贤采取了以下措施：

首先，设立儒学，振兴文教。顺治十一年（1654）四月，张尚贤奏请在辽阳设立儒学，“令辽生寄籍永平者，拨归辽学肄业”[②]。朝廷准其所请，在盛京地区建立起第一所儒学。儒学的建立，为到辽东垦荒的民人解决了子弟读书问题，无疑会推动招民开垦的进行。

其次，招徕寄居登州海岛的辽东旧民。张尚贤曾任登州府知府，了解在登州海岛有大量辽人，他们是在后金（清）政权向辽东发动军事进攻时逃到海岛的。张尚贤经过努力，招徕了广鹿岛、长山诸岛的民丁家口700余名，全部回

① 《奉天通志》卷一百四十一《宦绩四》，辽海出版社，2003，第3284页。

② 《清世祖实录》卷八十三，顺治十一年四月癸亥。

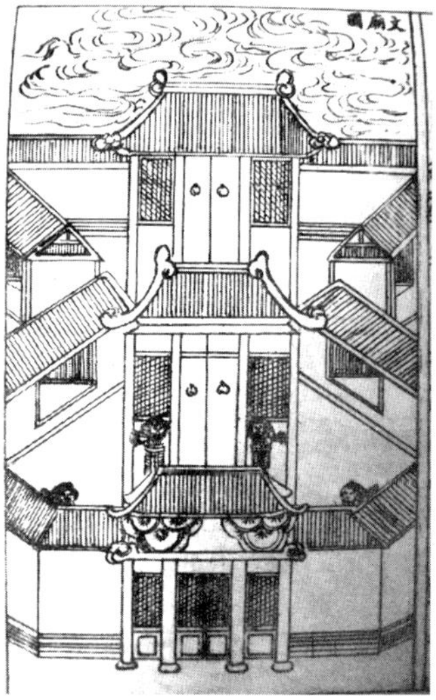

图4－6　文庙图

到金州卫原籍。对于如何安置这些辽东旧民，顺治十二年（1655）九月，张尚贤上疏建言：金州地荒人稀，准许重返家园之人任意开垦，“亦可立县治，而诸岛皆闻风踵至矣”①。由于张尚贤“拊循有道，一二年中遂致殷富”②。

顺治十四年（1657），废辽阳府，设奉天府，张尚贤升任奉天府府尹。

翌年，张尚贤上疏朝廷奏请：“辽阳人民始集输纳维艰，应每亩止征收银三分，以苏穷黎。”③ 他认为，减少土地税的征收，有利于招徕更多民人，恢复农业生产。

顺治十八年（1661）十二月，张尚贤上疏：

> 河西锦州、广宁、宁远地方，有佐领一员协管，或属永平，或属奉天，其间流民甚多，入籍甚少，应改为州县，收募为民。又近有流徙人犯修造工程赎罪之例，有力者已认工程，无力者应准招民赎罪，若得数千家立为京县，实万年根本之图。④

张尚贤的建议得到了朝廷的认可。康熙元年（1662）七月，改锦州为锦县，设知县、典史各一员，隶属奉天府，其宁远县人民暂归锦县管理。锦县是清朝在辽西地区设置的第一个民治机构，也是自明代以来辽西地区的第一个民治机构。新设置的锦县地处辽西走廊，是关内民人出山海关到辽东的必经之路。锦县的设立就近安置了出关的民人。

① 《清世祖实录》卷九十三，顺治十二年九月丁亥。

② 《盛京通志》卷五十七《名臣五》，上册，辽海出版社，1997，第919页。

③ 《清世祖实录》卷一百一十五，顺治十五年二月己丑。

④ 《清圣祖实录》卷五，顺治十八年十二月甲寅。

张尚贤在任职奉天府府尹的4年中，多次上疏建言献策，其中篇幅最长、最著名的是《盛京形势奏疏》。

顺治十八年（1661）四月，张尚贤向朝廷进献盛京地图；五月上《盛京形势奏疏》，具体内容如下：

> 盛京形势，自兴京至山海关，东西千余里。开原至金州，南北亦千余里。又有河东河西之分。以外而言，河东北起开原，由西南至黄泥洼、牛庄，乃明季昔日边防。自牛庄，由三岔河南至盖州、复州、金州、旅顺，转而东至红嘴、归复、黄骨岛、凤凰城、镇江、鸭绿江口，皆明季昔日海防，此河东边海之大略也。河西自山海关以东，至中前所、前卫、后所、沙河、宁远、连山、塔山、杏山、松山、锦州、大凌河，北面皆边，南面皆海，所谓一条边耳。独广宁一城，南至闾阳驿、拾山站、右屯卫海口，相去百余里，北至我朝新插之边，相去数十里，东至盘山驿、高平沙岭，以至三岔河之马圈，此河西边海之大略也。合河东河西之边海以观之，黄沙满目，一望荒凉，倘有奸贼暴发，海寇突至，猝难捍御，此外患可虑者。以内而言，河东城堡虽多，皆成荒土，独奉天、辽阳、海城三处，稍成府县之规，而辽、海两处，仍无城池，如盖州、凤凰城、金州，不过数百人，铁岭、抚顺，唯有流徙诸人，不能耕种，又无生聚，只身者逃去大半，略有家口者仅老死此地，实无益于地方，此河东腹里之大略也。河西城堡更多，人民稀少，独宁远、锦州、广宁，人民凑集，仅有佐领一员，不知于地方如何料理，此河西腹里之大略也。合河东河西之腹里观之，荒城废堡，败瓦颓垣，沃野千里，有土无人，全无可恃，此内忧之甚者。臣朝夕思维，欲弭外患，必当筹画堤防，欲消内忧，必当充实根本，以图久远之策。①

张尚贤是辽东地区的首任民政长官，从辽阳府知府到奉天府府尹，历时8年，对辽东的形势了如指掌。尽管顺治十年（1653）实行辽东招民开垦政策，

---

① 《清圣祖实录》卷二，顺治十八年五月丁巳。

图4－7　宁远州印

但效果并不佳，“合河东河西之腹里观之，荒城废堡，败瓦颓垣，沃野千里，有土无人”，“倘有奸贼暴发，海寇突至，猝难捍御”。面对辽东的内忧外患，张尚贤忧心忡忡，呼吁朝廷“筹画堤防”“充实根本”。

康熙帝即位后，关内战事基本平息。清统治者开始着手充实根本之地，张尚贤的奏疏无疑起到了推动作用。康熙二年（1663），朝廷再次颁布辽东招民授官令，规定：“辽东招民百名者，不必考试，俱以知县录用。”翌年，又加大招民授官力度，规定：“招民百家者，不分年份、次序，以知县先选。”这两次招民令，简化了招民授官的程序，很快便见到了效果。康熙三年（1664），在辽河以东地区增设盖平、承德、铁岭、开原4县，升辽阳县为州。在辽河以西设广宁府，附设广宁县，又在明宁远卫之地设宁远州。新设之州县吸引了关内大批民人前来落户。

张尚贤对辽东民治机构的初建和招民开垦做出了贡献。顺治十八年（1661）十月迁右副都御史，巡抚凤阳。“去官后，辽人为立祠于城西，岁时祀之。”①

表4－2　　历任奉天府府尹一览表②

序号	姓名	民族、旗属	任职时间
1	张尚贤	汉军正蓝旗	顺治十四年（1657）由辽阳府知府改授；十八年（1661）十月迁右副都御史，巡抚凤阳

① 《盛京通志》卷五十七《名臣五》，上册，辽海出版社，1997，第919页。

② 历任奉天府府尹一览表根据以下文献整理：《奉天通志》卷一百三十三《职官十二》，辽海出版社，2003；钱实甫著《清代职官年表》。

续表 4－2

序号	姓名	民族、旗属	任职时间
2	徐继炜	汉军正红旗	顺治十八年（1661）十一月自右通政授
3	佟宏器	汉军镶红旗	康熙三年（1664）正月自光禄寺卿授，五年（1666）四月迁大理寺卿
4	王印祚（又作王景祚）	汉人、进士	康熙六年（1667）自左佥都御史授，十年（1671）三月迁大理寺卿
5	陈一炳	汉军正蓝旗	康熙十年（1671）三月自左佥都御史授，十一年（1672）十一月迁左副都御使
6	陈洪明	汉军镶黄旗	康熙十一年（1672）十一月自左佥都御史授，十二年（1673）十一月迁大理寺卿
7	耿效忠	汉人、进士	康熙十二年（1673）十一月自左佥都御史授
8	梁拱宸	汉军旗	康熙十三年（1674）四月自光禄寺卿授
9	金鼐	汉军镶蓝旗	康熙十三年（1674）九月自太仆寺卿授，十八年（1679）六月迁宗人府丞
10	梁拱宸	汉军旗	康熙十八年（1679）六月再任
11	高尔位	汉军正黄旗	康熙二十年（1681）自左佥都御史授，二十二年（1683）三月迁刑部右侍郎
12	董秉忠	汉军正白旗	康熙二十二年（1683）四月自督捕理事官授，二十七年（1688）四月迁宗人府丞
13	金世鉴	汉军正黄旗	康熙二十七年（1688）四月自太仆寺少卿授，二十八年（1689）五月卒
14	王国安	汉军正白旗	康熙二十八年（1689）六月自刑部左侍郎管奉天府府尹事，三十四年（1695）以丁忧去职

续表 4－2

序号	姓名	民族、旗属	任职时间
15	徐廷玺	汉军正白旗	康熙三十八年（1699）十二月命协理河务
16	王国安	汉军正白旗	
17	艾芳曾	汉军镶黄旗	康熙四十六年（1707）六月自光禄寺卿授，四十八年（1709）迁通政使
18	廖胜烇	汉人、举人	康熙四十八年（1709）二月自光禄寺卿授，五十年（1711）十一月迁左副都御使
19	戴梦麟	汉人、举人	康熙五十年（1711）十一月自太仆寺卿授，五十一年（1712）二月卒
20	李涛	汉人、进士	康熙五十一年（1712）二月自光禄寺卿授，五月迁宗人府丞
21	董弘毅	汉军镶蓝旗	康熙五十一年（1712）十月自左佥都御史授，五十三年（1714）二月迁宗人府丞
22	郝琳	汉人、进士	康熙五十三年（1714）二月自太仆寺卿授，五十四年（1715）二月迁宗人府丞
23	朱轼	汉人、进士	康熙五十四年（1715）四月自光禄寺卿授，五十五年（1716）十月迁通政使
24	屠沂	汉人、进士	康熙五十五年（1716）十一月自顺天府府尹授，五十七年（1718）十一月迁左副都御使
25	文志鲸	汉人、进士	康熙五十八年（1719）三月自奉天府府丞授
26	金应璧	汉军镶黄旗	康熙六十年（1721）四月自太仆寺卿授，六十一年（1722）三月迁左副都御使
27	邹汝鲁	汉人、进士	康熙六十一年（1722）三月自左佥都御史授，雍正三年（1725）五月迁
28	尹泰	满洲镶黄旗	雍正三年（1725）五月自左都御史署盛京礼部侍郎兼理奉天府府尹事，四年（1726）十月改协理奉天将军

续表 4－2

序号	姓名	民族、旗属	任职时间
29	蔡珽	汉军正白旗、进士	雍正四年（1726）十月自兵部尚书降任奉天府府尹
30	王朝恩	汉军镶黄旗	雍正五年（1727）三月自盛京户部侍郎兼理奉天府府尹，八年（1730）六月迁刑部左侍郎
31	黎致远	汉人、进士	雍正八年（1730）六月自大理寺卿授
32	杨超曾	汉人、进士	雍正九年（1731）七月自翰林院侍讲学士授，十一年（1733）四月迁总督仓场侍郎
33	吕耀曾	汉人、进士	雍正十一年（1733）七月自左佥都御史授，十二年（1734）四月迁吏部右侍郎
34	宋筠	汉人、进士	雍正十二年（1734）四月自江西布政使授，后以疾告归
35	吴应枚	汉人、进士	乾隆三年（1738）四月自翰林院侍读授，六年（1741）十一月应召还京
36	霍备	汉人、举人	乾隆六年（1741）十一月授，十一年（1746）正月召还
37	苏昌	满洲正蓝旗	乾隆十一年（1746）正月自工科给事中授，十四年（1749）十二月迁广东巡抚
38	图尔泰	满洲镶黄旗	乾隆十四年（1749）十二月自工科给事中授，十七年（1752）迁太仆寺少卿
39	鄂宝	满洲正黄旗	乾隆十七年（1752）授，二十年（1755）十月迁广西巡抚
40	恩丕	满洲镶白旗	乾隆二十年（1755）十月自兵科给事中授，二十四年（1759）正月留京
41	通福寿	满洲正黄旗	乾隆二十四年（1759）正月授，二十七年（1762）十月解任鞫治，十一月革
42	耀海	满洲正白旗	乾隆二十七年（1762）十一月自光禄寺卿授，三十四年（1769）二月迁盛京礼部侍郎

续表 4－2

序号	姓名	民族、旗属	任职时间
43	博卿额	满洲镶红旗、进士	乾隆三十四年（1769）二月自侍讲学士授，四十年（1775）七月病免
44	明通（又作铭通）	满洲镶黄旗	乾隆四十年（1775）七月自太仆寺少卿授，四十五年（1780）正月应召回京
45	奇臣	满洲镶白旗、举人	乾隆四十五年（1780）四月自光禄寺卿授，五十四年（1789）六月去职（不详）
46	武隆额	满洲旗人	乾隆五十四年（1789）六月自光禄寺卿授，未任，七月仍回光禄寺卿任
47	穆和蔺	满洲正黄旗、举人	乾隆五十四年（1789）七月自光禄寺卿授，十二月迁安徽巡抚
48	陈用敷	汉人、进士	乾隆五十四年（1789）十二月自安徽巡抚授，五十五年（1790）六月迁广西巡抚
49	荣柱	满洲旗人	乾隆五十五年（1790）六月自刑部郎中授，五十六年（1791）十一月以未亲勘灾革
50	岳起	满洲镶白旗、举人	乾隆五十六年（1791）十一月自少詹事授，五十七年（1792）十月迁内阁学士兼礼部侍郎
51	福保	满洲正白旗、进士	乾隆五十七年（1792）十月自奉天府府丞授
52	西成	满洲正白旗、生员	嘉庆二年（1797）二月自安徽布政使授，四年（1799）七月被解职
53	王秉韬	汉军镶红旗、举人	嘉庆四年（1799）七月自安徽庐凤道授，十一月迁河南布政使
54	恩明	满洲镶蓝旗、监生	嘉庆四年（1799）十一月自河南布政使授，五年（1800）四月以失察家人收受门包被降职

续表 4－2

序号	姓名	民族、旗属	任职时间
55	明志	满洲正红旗	嘉庆五年（1800）四月自大理寺少卿授，七年（1802）七月迁内阁学士
56	良贵	满洲正白旗	嘉庆七年（1802）七月自太仆寺卿授，十年（1805）八月以御道泥泞被免职
57	五诚额	满洲镶黄旗	嘉庆十年（1805）八月自大理寺少卿授，十二年（1807）三月因病被免职
58	继善	满洲正蓝旗、生员	嘉庆十二年（1807）三月自和阗办事大臣授，十六年（1811）十二月以讳灾被罢职
59	砥柱	满洲正蓝旗	嘉庆十六年（1811）十二月自通政司副使授，十七年（1812）十二月卒
60	华连布	满洲正红旗	嘉庆十七年（1812）十二月授，二十年（1815）十二月被免职
61	贵庆	满洲镶白旗、进士	嘉庆二十年（1815）十二月自礼部右侍郎降补，二十三年（1818）七月以罪革职发配黑龙江
62	瑞麟	满洲正黄旗	嘉庆二十三年（1818）七月自内阁侍读学士授，十一月迁盛京刑部侍郎
63	额特布	满洲镶黄旗	嘉庆二十三年（1818）十一月自太仆寺卿授，二十五年（1820）六月以错拟罪名降任员外郎
64	盛泰	蒙古正蓝旗	嘉庆二十五年（1820）六月自原任直隶按察使降候补主事赏四品顶戴为奉天府府尹，道光八年（1828）六月应召还京以三品京堂候补
65	兴科	满洲镶黄旗、监生	道光八年（1828）六月自江西按察使授，九月以跸路泥泞严行申饬，十年（1830）正月应召还京
66	乌尔恭额	满洲镶黄旗、举人	道光十年（1830）正月自山西按察使授，十三年（1833）十一月迁盛京工部侍郎

续表 4－2

序号	姓名	民族、旗属	任职时间
67	图明额	满洲镶白旗、生员	道光十三年（1833）十一月自云南按察使授，十六年（1836）十二月迁山西按察使
68	庆林	满洲正白旗	道光十六年（1836）十二月自山西按察使授，十九年（1839）八月因病被免职
69	呈麟	满洲正黄旗、进士	道光十九年（1839）八月自四川永宁道授，二十年（1840）十二月降两级留任，二十二年（1842）五月因病被免职
70	赓福	满洲镶蓝旗、荫生	道光二十二年（1842）五月自内阁侍读学士授，十二月迁内阁学士
71	吉年	满洲镶蓝旗、举人	道光二十二年（1842）十二月自甘肃宁夏道授，二十六年（1846）十月因病被免职
72	文俊	满洲镶红旗、监生	道光二十六年（1846）十月自直隶按察使授，咸丰二年（1852）十月应召还京
73	福济	满洲镶白旗、进士	咸丰二年（1852）十月自山东按察使授代文俊，十二月迁河东河道总督
74	书元	满洲镶蓝旗	咸丰二年（1852）十二月自刑部左侍郎降调，三年（1853）正月迁盛京刑部侍郎
75	恒春	满洲正白旗、进士	咸丰三年（1853）正月自刑部尚书降调，未任，迁大理寺卿
76	长臻	不详	咸丰三年（1853）正月自陕西按察使授，三月迁河东河道总督
77	崇恩	满洲正蓝旗、觉罗	咸丰三年（1853）三月自哈密办事大臣赏四品顶戴署，五月迁
78	文蔚	满洲正蓝旗、进士	咸丰三年（1853）五月自驻藏办事大臣授，五年（1855）二月卒

续表 4-2

序号	姓名	民族、旗属	任职时间
79	景霖	满洲正白旗、进士	咸丰五年（1855）二月自山东盐运使授，七年（1857）十月丁忧，八年（1858）二月孝满回任。同治元年（1862）十二月迁左副都御使
80	德椿	满洲正蓝旗	同治元年（1862）十二月自直隶通永道授，四年（1865）八月以马贼滋扰被革职
81	恩锡	满洲正蓝旗、荫生	同治四年（1865）八月自山东按察使授，九年（1870）十月迁江苏布政使
82	德椿	满洲正蓝旗	同治九年（1870）闰十月自候补三品京堂授，十年（1871）七月迁内阁学士
83	庆裕	满洲正白旗、生员	光绪元年（1875）四月自热河道授，未任；十二月奉天府府尹加二品衔以右副都御使行巡抚事。二年（1876）十月应召还京
84	恩福	满洲镶黄旗	光绪二年（1876）十月自奉天驿巡道授。五年（1879）正月赴吉林查办事件，岐元兼署；五月回任；十一月迁盛京户部侍郎
85	松林	满洲镶黄旗、监生	光绪五年（1879）十一月自奉天驿巡道授，十年（1884）三月被免
86	裕长	满洲正白旗、监生	光绪十年（1884）三月自直隶天津道授，十五年（1889）七月迁直隶布政使
87	兴陞	满洲正蓝旗、生员	光绪十五年（1889）七月自驿巡道授，二十年（1894）六月卒
88	福裕	蒙古正红旗、荫生	光绪二十年（1894）六月自江西按察使授，二十一年（1895）正月休致
89	善联	满洲镶红旗、荫生	光绪二十一年（1895）正月自奉锦山海道授，闰五月因病被免

续表 4-2

序号	姓名	民族、旗属	任职时间
90	松林	满洲镶黄旗、监生	光绪二十一年（1895）闰五月自山东按察使授；二十三年（1897）六月因病被免，依克唐阿兼管
91	廷杰	满洲正白旗、进士	光绪二十三年（1897）六月自湖南辰永沅靖道授，二十四年（1898）八月迁直隶布政使
92	廷雍	满洲正红旗、觉罗	光绪二十四年（1898）八月自直隶长芦盐运使授，十二月迁直隶按察使
93	恒寿	满洲正红旗	光绪二十四年（1898）十二月自直隶热河道授，二十五年（1899）九月被免
94	玉恒	蒙古正黄旗	光绪二十五年（1899）自贵州按察使授，未任，前奉天驿巡道志彭署；二十六年（1900）履任；二十九年（1903）十月迁光禄寺卿
95	廷杰	满洲正白旗、进士	光绪二十九年（1903）十月自直隶布政使授；三十一年（1905）三月署盛京将军，七月开缺以侍郎候补
96	增韫	蒙古镶黄旗、附生	光绪三十一年（1905）三月自新民府知府署，八月裁奉天府府尹缺
备注	① 以上共计 91 人，其中有 5 人再任； ② 满洲 51 人，汉军八旗 20 人，蒙古八旗 3 人，汉人 17 人； ③ 乾隆朝奇臣任职 9 年，余者多则四五年，少则数月，一般任期为一二年		

第五章 盛京五部与盛京内务府

关于盛京五部，清人昭梿在《啸亭杂录》中做如下记载："章皇帝初定北京，盛京设昂邦章京一员，及驻防官员兵丁若干，以为陪都保障，时未遑设文吏。至康熙初，丁口渐盛，其赋税、刑名、简练士卒等事有饶于昔。因仿明南京之制，初设户部侍郎一员，继而次第设立礼、兵、刑、工侍郎各一员，陪京之制始备。其未设吏部者，以其地官员无多，仍由京中铨选，故不备。"① 昭梿道出了设置盛京五部的时间和缘由。

盛京内务府是管理盛京地区皇室和宫廷事务的机构。

第一节 盛京五部

顺康时期，次第在盛京设立户、礼、工、刑、兵五部，以隆留都体制。盛京五部具有如下特点：一是并非北京对应各部的下属部门或派出机构，而是专门负责东北地区有关事务的独立机构；二是其正式名称不能直接称"某部"，而必须称"盛京某部"，以此与中央各部区分；三是其主官不是尚书，而是侍郎；四是在盛京地区与盛京将军衙门、奉天府互不统属，独立存在。

① 昭梿：《啸亭杂录》卷四，中华书局，1980，第106页。

清统治者对盛京五部侍郎职位极为重视，多由八旗满洲官员充任，其任命和待遇与京师各部同等官职无高下之分。清帝每次东巡时，五部侍郎皆以大臣身份接驾陪同，并奏报各自所掌之事务。乾隆八年（1743），乾隆帝首巡盛京祭祖，亲笔题词赐给盛京五部，制成匾额悬挂在其各自大堂之上：盛京户部为“宗邦会要”，盛京礼部为“典重明禋”，盛京兵部为“陪京枢要”，盛京刑部为“弼教留都”，盛京工部为“饬材山海”。由此可见皇帝对盛京五部的重视和期望。

盛京五部的设置及职能分述如下。

一、盛京户部

盛京户部设于顺治十五年（1658）九月[①]，坐落在德胜门内街东，有大堂3间、三司司房9间、档子房3间、两旁班房4间、仪门5间、大门3间。[②]

额设侍郎满洲1人，掌治盛京之财赋；堂主事满洲1人，掌档案文移。

盛京户部的执掌主要是征收粮庄、盐庄、棉花庄的钱粮、食盐及棉花。此外还有旗地税、杂税（盛京城内的牲畜税）、当税（当铺税）等，再支给各处所需。

盛京户部内设机构有：经会司、粮储司、农田司、银库、内仓。

经会司。设郎中满洲1人、员外郎满洲2人、主事满洲2人，“掌泉货之出纳”。具体执掌：每年奏请京师户部，预领下一年应用银；将所收各种银税“皆纳而致诸库”，以充俸廉（盛京将军、“五部”各衙门官员养廉银）和公费（盛京将军、“五部”、“三陵”总管、盛京内务府等衙门的纸张银，赏给喇嘛布折银、寺庙香钱，守卫“三陵”国戚子孙、三旗马群牧副等人群每月的廪赡银等）等用；每季将收支数目册报京师户部，并于年终奏销；盛京各衙门所用的布、帛、纸、面等物，皆由盛京户部向京师户部领用。

---

① 《清世祖实录》卷一百二十，“顺治十五年九月庚子”条记载：“铸给盛京户、礼、工三部印。”

② 阿桂等纂修《盛京通志》卷四十五，辽海出版社，1997，第777页。

粮储司。设郎中满洲 1 人、员外郎满洲 2 人、主事满洲 2 人，“掌轂糈之出纳”。具体而言，“纳官庄之米于内仓”，“征旗地之米若草豆”，“别其所储而护其藏”。各衙门官员、丁役等的俸米、口粮皆由粮储司发给。各项征收数字登记于册，岁终造册奏销。“凡旗人余地，皆辨其上、中、下则而均其赋。”

农田司。设员外郎满洲 2 人、主事满洲 1 人。“掌田亩升降之数”，各城旗人在红册地之外私自开垦土地，按规定交纳税银；“治牧地之税务”，各城旗人可开垦马场地，按规定交纳银两；又设“管庄六品官满洲三人”，由盛京五部、将军衙门笔帖式内选任，“掌征庄赋”，其中 2 人管理官庄，1 人管理各庙撤出入官之地。

银库。设掌关防郎中满洲 1 人，由京师六部郎中内拣选充补；副关防满洲 1 人，由盛京五部郎中、员外郎、主事中拣选充补；司库满洲 2 人，由京师部院笔帖式内拣选充补，“掌守银库之藏”。

内仓。设正监督满洲 1 人、副监督满洲 1 人，由盛京五部郎中、员外郎、主事及将军衙门堂主事内拣选充补，“掌守仓糈之藏”。以后又增加了通济仓、太平仓、新仓，俱在街西。

除上述职官外，盛京户部还有笔帖式满洲 21 人、汉军 2 人，掌翻译。[①]

现将光绪初年盛京将军与盛京户部侍郎管理金银库收放银钱事宜开列于后，由此可见盛京户部所办事宜。

每年应收银两数目：

杂税银 15000 余两；

房税银 2600 余两；

煤税银 1100 余两；

当税银 2600 余两；

伍田生科试垦地租银 30000 余两；

---

① 盛京户部职官设置及执掌见《钦定大清会典》（光绪二十五年原刻本）卷二五，新文丰出版社，1976，第 256－258 页。

牛马税银2400余两；

木税银2000余两；

余地租银9000余两；

入官地租银700余两；

庄头等粮折价并地亩折银3000余两；

官参局余剩参票公用银1000余两；

山海关应交宁古塔通判等养廉银360余两；

各州、县、厅余地租银30000余两；

各州、县、厅地丁银20000余两；

杂税大制钱4000余串；

余地租大制钱1000余串。

以上各款统共收银119760余两、大制钱5000余串，又船规市平银27000余两。

每年应放银两数目：

内外城官兵并三陵、五部、内务府官役等春秋二季俸饷银540000余两；

宗室、觉罗官员等俸饷银25000余两；

宗室、觉罗并内外城官兵等红白事赏银70000余两；

兵部各驿喂马草豆并车价银20000余两；

四塔喇嘛养赡粮石布折并实胜寺等七寺香灯、果品等5000余两；

三陵祭祀采买果品等物银1000余两；

内务府送西勒图达喇嘛银并礼部拉运贡包车价等银2000余两；

各部公费、工食、养廉、心红、纸张、米稗折银20000余两；

各围资装并配造火药等银10000余两；

办理秋审公用并煤炭、赭衣，并恤赏银5000余两；

各部牛只并八旗兵皮袄价，并装炮、鹿车价等银4000余两。

以上各款统共放银702000余两。[①]

除以上收放银两之外，还有征收各类官庄的草豆、粮食、盐、棉花等，然后再支出。

清代盛京地区有“三庄”，即皇庄、王庄和官庄，其中官庄属于盛京户部。阿桂等纂修《盛京通志》卷三八“田赋二”载：乾隆朝盛京地区共有官庄126处，分布在盛京城周边及兴京、辽阳、牛庄、海城、盖平、铁岭、广宁等州县。原额设官庄领催6名；乾隆十二年（1747），盛京户部侍郎蕴著奏准添设拜唐阿领催1名，专管拜唐阿盐丁。盛京户部原设庄头126名；雍正八年（1730），奏准名数，分别等第，一等庄头12名、二等庄头20名、三等庄头37名、四等庄头49名，共计118名。根据等级的不同，粮庄上交粮食的数量也不同。此外，盛京户部还有棉花庄5处、盐庄3处。

二、盛京礼部

（一）设官及公署

盛京礼部设于顺治十五年（1658），额设侍郎满洲1人，“掌盛京朝祭之仪”；堂主事满洲1人，“掌档案文移”；读祝官满洲8人，赞礼郎满洲16人，“掌祭祀之仪”；笔帖式满洲10人，掌翻译。盛京礼部内分左、右二司。

左司设郎中满洲1人，员外郎满洲2人，“掌供祭祀之物”。具体而言，管理礼部所属田庄、果园、瓜菜园及鱼泊，其物品用于“三陵”祭祀；负责盛京各寺庙用品的供应，定时修葺；承管备用銮驾库。

右司设郎中满洲1人，员外郎满洲2人，“掌供祭祀之物，赡其僧道”。具

① 崇厚撰《盛京典制备考》卷六，收入《中国边疆研究文库·东北边疆卷》，黑龙江教育出版社，2014，第200页。

体而言，为京师之东陵与西陵祭祀、盛京之福陵与昭陵祭祀、朔望祭祀等提供所需物品；供应盛京地区各祠庙祭祀物品，掌管各寺庙的僧道，按额拨给养赡地、银及衣物，为住庙道丁发给部照；为过往盛京的官员提供饮食。[①]

盛京礼部公署在德胜门内街东，盛京户部南侧。它有大堂5间、后堂3间、档房3间、司房6间、千丁司3间、六品官办事房3间、东西果楼各3间、摘选果品房4间、水窖房3间、果窖房3间、土地祠1间、值班房2间、仪门1间、大门3间。

此外，归盛京礼部所管的还有：朝鲜使馆，在德胜门内街东，房15间；官房4处，在德胜门外街西，房14间，供造酒、制酱、磨面各工居住；僧录司，在白衣巷，清末移永宁寺；道录司，在城隍庙内。[②]

（二）执掌

盛京礼部的职责主要是掌礼仪，供应各类祭典所需物品，掌寺庙事，管理旗学。

1. 掌仪礼之事

祭盛京陵寝有“大祭”与“常祭”之分。清明、中元、冬至、岁暮之祭，为“大祭”；每月初一、十五及万寿圣节之祭，为“常祭”。“常祭”以宗室官、总管、掌关防官分别承祭。“大祭”则先由礼部开列盛京宗室官6人衔名，送太常寺奏请钦派。祭祀时，盛京将军与盛京礼部侍郎在殿内监礼，以副都统和盛京户、工、兵、刑四部侍郎在殿外陪祀。

祭盛京城隍庙、长白山神及贤王祠，由盛京礼部派祝赞官前往祭祀。

每年万寿圣节及元旦，文武官员在盛京皇宫大政殿举行朝贺。盛京礼部负责“正其班位”，众官员按旗分左右翼立班。丹墀内，左翼镶黄、正白、镶白、

---

① 盛京礼部职官设置及执掌见《钦定大清会典》（光绪二十五年原刻本）卷四十，新文丰出版社，1976，第420－422页。

② 阿桂等纂修《盛京通志》卷四十五，辽海出版社，1997，第777页。

正蓝四旗在东，右翼正黄、正红、镶红、镶蓝四旗在西，东班西上，西班东上，奉天府府尹、府丞等官从右翼。众官员皆穿朝服，在盛京礼部官员主持下行三跪九叩礼。嘉庆四年（1799）十二月十二日，盛京礼部为知会元旦大臣官员，俱穿蟒袍补褂齐集大政殿等事咨盛京内务府，咨文如下：

盛京礼部为知会事。

档案房案呈：嘉庆五年正月初一日，相应遵照礼部来文，大人、官员俱穿蟒袍补褂，于黎明齐集大政殿，听候赞唱行礼，前三日、后二日毋庸齐集，初五日系朝期，仍用补褂朝珠坐班。十五日上元节俱穿补褂朝珠，齐集大政殿坐班，十四、十六两日毋庸齐集，俟二十七个月后再照常例知照可也。须至咨者。

右咨盛京内务府衙门。[1]

清帝东巡盛京期间，要举行谒陵大礼，进入留都宫殿行升殿大礼，在清宁宫举行祭祀。虽然这些重大典礼由中央礼部主持，但盛京礼部要参与其中，例如，在大典正式举行之前，盛京礼部将参与典礼的王公大臣官员、朝鲜国使臣等请到崇政殿前进行演礼。

2. 供应各类祭典所需物品

盛京礼部下设田庄2处、果园10处、瓜菜园2处、官泡15处，每处设六品、七品官管理，随时采取捕捞以备供献。[2]“三陵”祭祀所需祭品种类繁多，数量亦不小。例如福陵、昭陵大祭时所用的米菜就有糯米、黍米、稗米、白盐、黑盐、蕨菜、木耳、蘑菇、鸡蛋、鹅蛋、鸭蛋[3]。祭祀所需用品除盛京礼部所属庄、园自产之外，还有一部分来自京师，由盛京礼部接收办理。光绪六年（1880）正月二十八日，盛京礼部为赞礼郎文荣补送果品蜡烛事咨永陵关防衙

---

① 杨丰陌、赵焕林、佟悦主编《盛京皇宫和关外三陵档案》，辽宁民族出版社，2003，第21页。

② 阿桂等纂修《盛京通志》卷三十八《田赋二》，辽海出版社，1997，第681－683页。

③《钦定大清会典》（光绪二十五年原刻本）卷四十，新文丰出版社，1976，第421页。

图5－1 沈阳故宫清宁宫前的索伦杆

门，全文如下：

盛京礼部为补送果品蜡烛事。

左司案呈，光绪六年正月十九日，准太常寺咨送果品、香帛、蜡烛等物到省。恭查，永陵祭祀应用八宝一百七十四斤，大占一百七十四斤，大白蜡一百零八封，小白蜡一百零八封，柿子九十六个，苹果九十六个，香水梨九十六个。王贝勒应用八宝二斤，大占二斤，今已送到，相应交与送苏麦官赞礼郎文荣补送永陵关防，照数查收，希将收明之处咨复备案。须至咨者。

右咨永陵关防衙门。[1]

祭神祭天典礼所用物品更加复杂。乾隆四十八年（1783），乾隆帝第四次东

① 辽宁省档案馆编《一宫三陵档案史料选编》，辽海出版社，2003，第80页。

巡，在盛京堂子举行祭神祭天典礼，所用祭器、什物如下：

> 蒙子一分，铜香碟三个，铜香匙一个，铜省槽一个，神刀一把，琵琶一担，弦子一担，铜香炉二个，木香匣一个，拜垫一个（黄布包袱），拜褥一个（黄布包袱），黄油大矮桌二张，供佛亭红油座一个，南木色矮桌四张，红油扎板架子二个，红油木床一张，红油盛拜垫、拜褥箱子一个，红油头号高凳一个，红油二号高凳一个，红油三号高凳一个，红油小凳一个，安神树红油木架一个，甬路挂币架一个，南木色大高桌一张，南木色二号高桌一张，黑油盛器皿木柜一个，黄油食盒一架，黄油酒瓶架子一个，红油小矮桌一张，托憎一根，托云二个，镀银圈九个，红毡一块，扎板十付，炭几二十块，红币铁丝红油石座戳灯三十二个，黄布单案套三个，黄细面黄布裹夹矮桌套二个……①

若祭祀典礼所用物品不当，则盛京礼部有不可推卸的责任。乾隆帝第二次到盛京谒陵时，发现盛京礼部“预备一切祭器俱甚潦草，且多错误”，深感“朕亲谒尚且如此，寻常祭祀，尚可问乎？”②，遂将盛京礼部侍郎世臣革职发往黑龙江。

3. 掌寺庙事

盛京礼部设有僧录司、道录司，同时管理7座寺庙。

北塔法轮寺，设正、副达喇嘛各1员，各支养赡银166两6钱；设得木奇2名、格思贵2名、教习3名、班第20名。

南塔广慈寺、东塔永光寺、西塔延寿寺，以上三寺各设达喇嘛1员，各支养赡银116两；各设得木奇1名、格思贵1名、班第17名。

实胜寺，设掌印达喇嘛1员，支养赡银数目与法轮寺相同；设得木奇2名、格思贵1名、班第61名。

---

① 王佩环主编《清帝东巡》，辽宁大学出版社，1991，第157－158页。

② 《清高宗实录》卷四百七十二，乾隆十九年九月戊子。

长宁寺，设达喇嘛1员，支养赡银数目与法轮寺相同；设得木奇2名、格思贵1名、班第25名。

玛哈噶拉庙，设达喇嘛2员，各支养赡银81两；设得木奇2名、格思贵1名、班第5名。

图5-2 实胜寺正殿

以上7座寺庙，凡达喇嘛，每员支领黄云缎3匹、线缎33庹；凡得木奇，每名支领养赡银10两4钱8分；凡格思贵教习，每名支领养赡银8两7钱8分；凡班第，每名支领养赡银7两7钱4分。除银两之外，每名支领河南布1丈5尺、加扣布5匹半。

此外，兴京各寺庙的衣帽道士、衣帽僧、衣粮道士，辽阳各寺庙的衣粮僧，皆每年给予衣粮。盛京所属寺庙有215所，真实的住庙道丁共660户，皆由盛京礼部发给执照。

4. 管理八旗官学

康熙三十年（1691），盛京正式设立八旗官学，在八旗左右两翼各设一学，每学下设两个班，即满学班和汉学班。左翼官学地址在城内东南隅，有正房5

间、东厢房2间。右翼官学地址在金银库西，有正房8间、西厢房2间。官学生的名额最初规定：各旗选取俊秀幼童10名，每翼40名，其中满学班20名、汉学班20名。雍正十年（1732），每翼官学又增加盛京内务府官学生30名。乾隆二十八年（1763），进一步明确规定：盛京左翼四旗内满洲官学生36名，汉军官学生4名，包衣官学生30名；右翼四旗内满洲官学生34名，蒙古官学生2名，汉军官学生4名，包衣官学生30名。左翼内并无蒙古之缺，应将左翼满洲官学生定为34名，所裁二缺改为蒙古，以昭划一。对满学班学生教读满书，习马步箭；对汉学班学生教读满汉书，习马步箭。其教员设置是：满学班设满文助教一员，汉学班设通满、汉文助教各一员，由奉天府府尹在盛京生员内择其才学优长者，经由吏部考核授职。教习若系廪生，停其支给廪粮，照京师八旗教习之例，给仓米12石，由盛京户部支给，其廪缺另行拨补，乡试之年仍照例准其参加乡试。盛京八旗官学由"盛京礼部董其事"，其堂官"不时稽查操演"。①

三、盛京兵部

盛京兵部设于康熙三十年（1691），公署在怀远门内街西，共有大堂3间、川堂5间、司房6间、档房4间、土地祠1间、驿丁房4间、大门3间、仪门1间。②

盛京兵部设侍郎满洲1人，"掌盛京之戎政，治其邮驿，凡铨除之事皆掌焉"；堂主事满洲2人，掌档案文移；笔帖式满洲12人，掌翻译。

盛京兵部内部机构有左、右两司，分掌邮政与边门。盛京兵部的职责主要有以下三项：

第一，管理盛京地区的驿站和边门。

---

① 《钦定八旗通志》卷九十八《学校志五》，吉林文史出版社，2002，第1582－1583页。

② 阿桂等纂修《盛京通志》卷四十五，辽海出版社，1997，第777－778页。

左司管理驿站事务，设郎中满洲 1 人、员外郎满洲 2 人、主事满洲 1 人，“掌邮政”。全境分设 29 个驿站（后增加 2 个），“凡公事之经由者，令验其邮符以应付”。各驿站壮丁共计 6800 余名，额设马 989 匹。驿站设正、副监督各 1 人，皆为满洲，管理驿站的车、马、驿丁事务。

左司所管驿站的名称及里程数兹列于下。

奉天西至山海关站道：从省城出发，60 里至老边站；40 里至巨流河站；70 里至白旗堡站；50 里至小黑山站；70 里至广宁站；80 里至十三山站；54 里至小凌河站；54 里至高桥站；62 里至宁远站；62 里至东关站；63 里至凉水河站；75 里至山海关站。

奉天东至兴京站道：70 里至噶布拉村站；70 里至萨尔浒站；80 里至穆奇站；40 里至兴京站。

奉天南至朝鲜站道：60 里至十里河站；70 里至东京驿站；70 里至浪子山站；50 里至甜水站；40 里至连山关站；50 里至通远堡站；60 里至雪里站；40 里至凤凰城站，过此为朝鲜界。

奉天东北至吉林站道：70 里至懿路站；70 里至高丽屯站；75 里至开原站。

奉天北至法库边门站道，自巨流河分界：70 里至严千户屯站；60 里至法库站，过此即蒙古界。[①]

右司管理边门事务，设郎中满洲 1 人、员外郎满洲 2 人、主事满洲 1 人，“掌边门之禁，与其铨试”。凡因公事过边门者，由右司给“单”，守边官验放后随时呈报，由盛京将军衙门按季报盛京兵部核查。本省仓官、驿官、守边官有缺出时，由右司拣选以报吏部题补。考试笔帖式前，开列阅卷官送吏部请旨，取中乃注册，有缺则以次补用。

第二，检查盛京各衙门及东、西、南、北四路兵马甲胄器械情况。

盛京地区按方位分为东、西、南、北四路。

东路包括：兴京城、抚顺路、兴京边门、碱厂边门。

---

① 崇厚撰《盛京典制备考》卷六，收入《中国边疆研究文库·东北边疆卷》，黑龙江教育出版社，2014，第 205 - 207 页。

南路包括：辽阳城、牛庄城、盖州城、熊岳城、复州城、金州城、岫岩城、凤凰城、水师营、凤凰边门、叆阳边门。

西路包括：广宁城、义州城、锦州城、巨流河路、白旗堡路、小黑山路、闾阳驿路、小凌河路、宁远路、中后所路、中前所路、法库边门、彰武台边门、白土厂边门、九关台边门、清河边门、松岭边门、新台边门、白石嘴边门、梨树沟边门、明水塘边门。

北路包括：开原城、铁岭城、威远堡边门、英额边门。

以上四路包括盛京将军衙门、盛京五部、盛京内务府的兵马器械皆登录在册，每三年简阅一次。

图5-3　八旗兵射箭图

第三，监督盛京旗员春秋两季会射。

盛京旗员每年春秋两季举行会射：春季从正月二十日起，三月二十日止；秋季从七月十六日起，九月十六日止。届期盛京兵部监射。

满洲民族及其先世以射猎为业，及清太祖努尔哈赤行统一大业，建立政权，满洲人的骑射长技由生产技能转化为军事征服手段，在战争中发挥了巨大作用。清朝历代皇帝无不倡导骑射，但是入关后，关内的八旗兵骑射技艺日渐衰退。乾隆帝曾训诫八旗都统等人：

盖满洲技艺，莫要于骑射。我朝定制，每月演习六次，春秋二季操练骑射。武职大臣等，有管辖训练之责，尤当时为督察。……著八旗都统、前锋、统领、护军统领晓谕属下章京等，嗣后各将该管兵丁严加督课，务令勤学骑射，该管大臣等亲赴教场阅看，优者奖之，劣者惩之。力挽流习以期复我满洲淳朴之风，俾各旗员子弟亦皆崇实习劳。倘有不加意训导，不亲赴骑射处所者，经朕查出，从严治罪，决不宽贷。[①]

清统治者唯赖东北的八旗兵能保持骑射长技，所以春秋监射是盛京兵部的一项重要职责。

四、盛京刑部

盛京刑部设于康熙二年（1663）[②]，公署在怀远门内街西，盛京兵部北侧。有大堂5间，南有白旗司3间、蓝旗司3间，北有黄旗司3间、红旗司3间，前堂5间，川堂3间，仪门1间，档房3间，大门3间；乾隆四年（1739）添建本房3间，赃罚库3间，科房3间。另有司狱司公署，正房5间、东厢房1间、大门1间。监狱在城内西南隅，有房25间，重犯锁禁于此；轻犯在城8门羁候，各设房5间。[③]

盛京刑部设侍郎1人，“掌狱盛京旗人及边外蒙古之狱，凡盗参者皆治焉”；堂主事满洲1人、汉军1人，“掌档案文移”；笔帖式满洲23人、蒙古2人、汉军5人，“掌翻译”。

盛京刑部内部机构有肃纪前司、肃纪左司、肃纪右司、肃纪后司，其职官

---

① 《清高宗实录》卷一百四十三，乾隆六年五月丁亥。

② 《清圣祖实录》卷十，“康熙二年十二月丙辰”条记载：“吏部议覆，辽东将军吴库立疏请添设盛京刑部郎中二员，员外郎六员，应如所请。得旨，如议，仍添设侍郎一员，尔部将应补官员开列具奏。”由此可知，康熙二年已设刑部。

③ 阿桂等纂修《盛京通志》卷四十五，辽海出版社，1997，第778页。

及具体执掌如下：

肃纪前司，设郎中满洲 1 人、员外郎满洲 2 人、主事满洲 1 人。

肃纪左司，设郎中满洲 1 人、员外郎满洲 2 人、主事满洲 1 人。

肃纪前司和左司掌盛京 15 城旗人狱讼及旗民交涉案件。案发地在盛京城周围 60 里之内的，由部员审讯。案发地逾 60 里者，大案押解重犯到盛京刑部审讯；一般案件由所在厅、州、县审理，按月造册上报盛京刑部。

肃纪右司，设郎中满洲 1 人，员外郎满洲 1 人，主事满洲 1 人、蒙古 2 人，“掌治边外蒙古之狱”。盛京法库柳条边外蒙古犯盗窃、人命及与旗民交涉之案件，由盛京将军、奉天府府尹或该蒙古札萨克咨送者，皆解嫌犯到盛京刑部审讯。应该验视者，由奉天府府尹酌派附近州县前往验看，录供报盛京刑部。

肃纪后司，设郎中满洲 1 人、员外郎满洲 1 人、主事满洲 1 人，“掌治私刨参者与私贩者”。凡有私刨人参与私贩人参者，皆由盛京刑部会同将军、管辖六边侍郎及奉天府府尹审讯定拟。

此外，设司狱满洲 1 人、汉军 1 人，掌监狱事；司库满洲 1 人、库使满洲 2 人，看守赃罚之钱。①

盛京刑部负责审理的案件主要包括三类：一是旗人和旗民交涉的案件；二是边外蒙古狱讼案件；三是私刨与私贩人参案件。下面分述之。

第一，旗人和旗民交涉的案件。

在盛京地区，虽然实行旗民二元管理体制，划分旗民界限，但在汉人不断涌入的情况下，实难将旗民人为地分隔开。旗民杂处，旗民交涉事务繁杂。旗民交涉案件可分为两类：一是旗民之间发生的纠纷与诉讼；二是旗民同流合污犯案。乾隆十一年（1746），盛京地区发生一桩案件，旗人敏住、勇住伙同民人周八、周四、王六等，偷刨傅天和家坟墓。盛京刑部审讯后，拟绞监候，上报京师刑部。乾隆帝对此案十分重视，尤其对旗人敏住和勇住的刨坟行为极为愤慨。他说：“向来旗人犯案，从未有发掘坟墓之事。今敏住、勇住伙同刨坟，为首为从，多至数次，情殊可恶。夫以旗人竟为此等残忍至极偷盗之事，朕览此

---

① 《钦定大清会典》（光绪二十五年原刻本）卷五十七，新文丰出版社，1976，第 607－608 页。

本，实为抱愧，凡属旗人闻之，谅亦无不惭忿。”乾隆帝命将敏住、勇住“著改为绞决，并将此旨通行八旗，及各省不肖旗人等，俾共知所儆戒”①。

盛京刑部的侍郎、员外郎、主事等多为满洲，在审理旗民交涉案件时，偏袒旗人的不公现象时有发生。雍正十二年（1734），辽阳州民人郭美金打死旗人裴玉亨，审案时“任听尸亲串同仵作，混报多伤，刑夹供认，草率定拟”②。同时，在康熙和雍正时期，盛京刑部审理案件乱象丛生：审讯无章法，请托徇私，动用酷刑。康熙二十七年（1688），盛京刑部侍郎吴世巴陛辞，康熙帝对他说：“闻盛京刑部审事，或别部官员及旗下官员闲散之人与审事之人并坐，干预所审事情。又与堂官同坐，嘱托事体。……尔去务于此项禁约，持正而行。”③ 雍正帝也曾谕内阁：“朕闻奉天地方，凡事关旗民，俱送盛京刑部会审。……一切人犯到案，先将锁炼盘于地上，令其膝跪，谓之跪锁。继以荆条互击其背，任意敲打，谓之背花鞭。”④ 严刑重罚之下，定有冤案。

第二，边外蒙古狱讼案件。

盛京法库柳条边外蒙古狱讼归盛京刑部办理，所以康熙三十四年（1695）五月，添设盛京刑部蒙古员外郎 1 人。但当时盛京刑部只是派官前往边外，会同该旗札萨克审理取供，然后上报理藩院。雍正八年（1730），改为盛京将军与札萨克、副台吉会同审理。乾隆二年（1737），朝廷以将军武职衙门不谙律例，改为边外蒙古事件悉交盛京刑部，同时传该札萨克、副台吉会同办理。

盛京刑部负责边外蒙古狱讼后，面临不少困难。一是因案件骤增，需要增加办事人员。盛京刑部原设蒙古笔帖式缺，但因八旗蒙古中多不会满汉文翻译，不能参加补选笔帖式的考试，所以蒙古笔帖式一直缺出。为解决这个问题，乾隆三年（1738）八月，盛京刑部侍郎葛森奏请：“停其清汉翻译考试，由盛京兵部，会同四部侍郎及奉天将军，于八旗蒙古监生、生员、官学生、前锋、领

---

① 《清高宗实录》卷二百七十九，乾隆十一年十一月庚戌。

② 《清世祖实录》卷一百五十七，雍正十三年六月丁酉。

③ 中国第一历史档案馆整理《康熙起居注》第三册，康熙二十七年十月十一日，中华书局，1984，第 1803 页。

④ 《清世祖实录》卷一百五十七，雍正十三年六月丁酉。

催、披甲人等内，考取满洲蒙古翻译。送部引见补放。”[①] 朝廷准葛森所请，蒙古笔帖式得以补选。同时也准葛森所请，因蒙古案件繁多，副台吉赴盛京路程遥远，嗣后改为一并交给盛京刑部审理。二是审理蒙古案件要按照蒙古条例定例，但盛京刑部所有蒙古条例皆为蒙古文，并未翻译成满文或者汉文。盛京刑部虽有蒙古司员，却不识蒙古文字，于是盛京刑部侍郎兆惠上疏，请“令理藩院将蒙古条例翻清，以裨引用”。朝廷准其所请。

第三，私刨与私贩人参案件。

人参是我国东北特产，与貂皮、乌拉草合称“关东三宝”。满洲人在进入辽沈地区之前就采挖人参，与明朝进行互市贸易。清入关后，人参是东北地区向皇宫进贡物品中不可或缺的，称为“贡参”，每年必须按定额交齐。清廷对人参采挖非常重视，成立专门机构办理参务。在盛京地区，盛京将军衙门下设官参局，专门办理参务。由官参局组织刨夫领票进山采挖人参，绝不允许私自刨参或贩卖。但由于人参的巨大经济利益诱惑，私挖私贩人参现象屡禁不止，朝廷对此予以坚决打击。乾隆五年（1740），朝廷决定重治偷挖人参行为以清积弊，王大臣议：“查威远堡边口外至凤凰城六口门外，皆产参之地。从前拿获偷挖人等，未及十两者，罪止枷号鞭责。此辈止趋重利，情甘犯法。嗣后除将会同百人以上，所得人参过五百两者，照例拟绞。不足百人，所得人参不足五百两者，亦照例杖徒外。其一、二人私挖人参，不足十两者，分别初犯、再犯、三犯治罪。”[②] 为审理私挖私贩人参案件，盛京刑部专设肃纪后司。

下面列出盛京刑部为偷挖人参事的两份咨文，从中可见一斑。

盛京刑部为催请拿送偷挖人参之朱发武事咨盛京包衣佐领等

康熙三十三年十一月十九日

盛京刑部咨掌管理内务府关防佐领等。

准京师刑部咨开，贵部送来偷挖人参之刘大、田四，讯据刘大等供：

① 《清高宗实录》卷七十四，乾隆三年八月辛巳。

② 《清高宗实录》卷一百一十五，乾隆五年四月甲午。

住辽阳州东边十五里处欧米庄财主朱发武给我等马、牛等物偷挖人参。等语。朱发武三十四岁，正白旗包衣米哈纳佐领下人，于文到后，务必将朱发武严查拿送。等因。于文到后，请务必将朱发武严查拿获，速速送来。等因。曾于十一月初八行文在案，至今仍未送来，于文到后，请将朱发武严查拿获，速送本部。为此催咨。[①]

盛京刑部为偷刨人参之额丁崔英宪治罪完结交该管官管束事咨盛京总管内务府衙门

乾隆二十三年十月十日

盛京刑部咨盛京总管内务府衙门，为解送事。

肃纪后司案呈：乾隆二十三年八月二十七日，盛京将军衙门解来偷刨人参之包衣厢黄旗石应屏佐领下额丁崔英宪，经本部审明治罪枷号。今枷号期满，鞭责八十，解送盛京总管内务府衙门，转交该旗管束可也。等因呈讫。为此，盛京刑部侍郎记录二十四次依鲁逊咨。(满文)[②]

以上所选的两份咨文，一份出自康熙三十三年（1694），另一份出自乾隆二十三年（1758）。在辽宁省档案馆所藏的《黑图档》《盛京内务府档案》《兴京县公署》《复县公署》等档案中，此类文件数量相当多。这表明，有清一代偷刨私贩人参案件一直存在，屡禁不绝。处理这类案件，成为盛京刑部的一项重要职责。

五、盛京工部

盛京工部设于顺治十五年（1658）。公署位于德胜门内街东，盛京礼部南

---

① 辽宁省档案馆编译《盛京参务档案史料》，辽海出版社，2003，第66页。

② 同①，第185页。

侧。有大堂3间，川堂5间，左、右司房8间，档房3间，仪门1座，大门3间，班房4间。库房包括：银库5间，大堂南边颜料库正房3间、匠作房3间，大堂后红土库4间，东厢熟铁库4间、火绳库4间，西厢废铁库4间、线麻库3间、纸库3间，另有库催住房13间。

盛京工部所属还有：织造库，在怀远门内东南，有楼房5间、厢房3间、作房5间、档房3间、门房1间；火药库，在大东门外万泉河南边墙内，有库房10间、班房2间；缮本官房，在福胜门内街东，有房7间；秫秸厂，在城东南边门内，有厂军班房3间、厂军14名；[①] 黄瓦厂，在海城县东析木城[②]。

盛京工部设侍郎满洲1人，“掌盛京营造之政令，稽其采伐，制其经费”；堂主事满洲1人，“掌档案文移”；笔帖式满洲16人、汉军1人，“掌翻译”。

盛京工部内设左、右二司及银库。

左司，设郎中满洲1人、员外郎满洲3人、主事满洲1人，具体执掌如下：

其一，“掌分理营造之事”。太庙、堂子、社稷坛、先农坛、大政殿、先师庙、景佑宫、实胜寺、万寿寺、舍利寺、东塔寺、南塔寺、关帝庙、都城隍庙、浑河神庙、辽河神庙、北镇庙、盛京工部署、盛京礼部署、左右翼官学、黑牛馆、乳牛馆、锦州旗仓、义州旗仓、广宁旗仓、宁远旗仓，以上建造工程皆归左司办理。

其二，征收木税。盛京地区有采木场22处，包括兴京9处、开原3处、凤凰城6处、岫岩2处、辽阳2处。凡商人或台丁砍伐，皆由左司照票，征收税银。

其三，辽河、浑河等处的船只由左司修造，盛京将军衙门围场的车马事宜由左司应付。

左司另外设四品官满洲1人，“掌永陵砖植之工”，属下有外郎1人、领催7人、听事7人，有匠役、壮丁1300余人供应差务；设六品官满洲1人，“掌供

---

① 阿桂等纂修《盛京通志》卷四十五，辽海出版社，1997，第778页。

② 崇厚撰《盛京典制备考》卷六，收入《中国边疆研究文库·东北边疆卷》，黑龙江教育出版社，2014，第208页。

三陵之物役”，属下设外郎2人，领催6人，瓦匠、石匠、铁匠、画匠、铜匠等各种工匠355人，壮丁881人。

右司，设郎中满洲1人、员外郎满洲2人、主事满洲1人，具体执掌如下：

其一，“掌分理营作之事”。显佑宫、长宁寺、地藏寺、西塔寺、北塔寺、大内宫殿、文溯阁、盛京将军署、盛京户部署、盛京兵部署、盛京刑部署、盛京内务府署、宗室与觉罗学、校场与演武厅、通济仓、太平仓、新仓、内仓，以及兴京、辽阳、开原、牛庄、盖州、熊岳、复州、凤凰城、金州、岫岩等城的旗仓，一切城垣修缮，其修建工程皆归右司办理。

其二，征收苇税。境内有苇塘59处，每年征收部分实物以供织席片之用。此外额征税银2147两有余，解交本部银库，归入岁修项下动用。

其三，管理颜料库、火药库及秫秸厂。颜料库负责染制各色纸张，以备“三陵”等各处祭祀之用。火药库预备盛京及黑龙江等处所需的火药、铅子、火绳等。秫秸厂负责供应各陵寝及衙署等处所需的秫秸，设监督1人，从银库领银采买。

此外，右司设四品官满洲1人，“掌植黄瓦”，属下有外郎1人、领催6人，各类匠役壮丁千余人。黄瓦窑在牛庄析木城，陵寝等处烧造黄瓦所用的土石，皆在该窑附近取得。设六品官满洲1人，掌大政殿之打扫清洁，属下有领催1人、拔草壮丁6人。

银库，设司库满洲2人，“掌工帑之藏”。凡一年修工料银，每年行知京师工部题准兴修，转行京师户部发给，无定额。该部征收木税、苇税及砖瓦折银，皆交银库存储备用。[①]

盛京作为留都，其修缮营造事务纷繁复杂，盛京工部营作工程概括起来分为六项：坛庙、陵寝、宫殿、城垣、公廨、祠宇。各项工程由该管衙门报部勘估，题报兴修，视工程大小而定期限，竣工则随时具题。一年所修工程于次年夏季汇总具题，俱由京师工部核销。

盛京工部的职责事无巨细，大到城垣的修建，小到物品的修缮。乾隆四十

---

① 《钦定大清会典》（光绪二十五年原刻本）卷六十二，新文丰出版社，1976，第656－662页。

图5－4　沈阳故宫凤凰楼

六年（1781），因崇政殿前日晷石座卯准离开寸许，盛京工部派刘志德带领匠役前往归安事，咨文盛京内务府，文中写道：

盛京工部为咨行事。

右清吏司案呈，准盛京总管内务府咨开：查得，崇政殿前日晷一座，其下石座卯准离开寸许，恐至跌坏，移咨安置前来。除札行六品官刘志德带领匠役前往归安外，相应知会盛京总管内务府可也。须至咨者。

右咨盛京总管内务府。①

清帝东巡盛京，是盛京工部最繁忙的时候。在清帝东巡之前，要铺垫道路；要对清宁宫、崇政殿、大政殿、大清门、文德坊、武功坊进行修理，包括糊门窗、油饰彩绘等；要准备筵席所需的一切桌张、肉槽、什物、席棚等；要准备

① 辽宁省档案馆编《一宫三陵档案史料选编》，辽海出版社，2003，第12页。

祭神所用的物品。以乾隆八年（1743）乾隆帝首次东巡盛京清宁宫祭神为例，盛京工部要准备的工作有：修理糊饰堂子，备办祭堂子的物品——棕毡、木柴、缸、瓶、盆、坛、栏板、鼓架、杌子。此外，清宁宫内的设备，从大祭背灯用的蓝绸挖单、悬挂挖单的铁杆，到绸幔和祭祀用的红毡，南炕上放置高6尺、宽6尺9寸的插屏，供酒用的长3尺1寸、宽1尺、高1尺的小条棹，在查核时发现有缺少者，皆由盛京工部及时成造。甚至清宁宫大祭中的所有铁器皿因年久生锈，事先也由盛京工部派人率锃磨匠锃磨光亮，以备届时使用。[①] 准备工作非常细致。

盛京工部官员责任重大，屡有官员因或大或小的过失被处罚。康熙七年（1668）五月，盛京工部侍郎努山被免职，原因是监修的永陵大殿廊柱不牢固。[②] 康熙三十三年（1694），因盛京粮食歉收，清政府从山东、天津运粮食至盛京。因盛京缺乏转运的船只，故迟误。是年五月，乾隆帝谕内阁："盛京挽运，原有船百艘，乃实有用之具也，存留预备，凡遇缓急，为益良多，盛京工部无故奏而废弃之。今年从山东、天津所运之米，因乏转运之船，遂至迟误。盛京工部堂司官，著该部严讯议罪具奏。"[③]

盛京为清代留都，又行旗民二元管理体制，机构庞杂，官吏众多，且地处塞外，官场中流弊丛生。雍正三年（1725）四月，雍正帝谕盛京将军、满汉大臣人等，他愤恨地说：

> 迩来盛京诸事隳废，风俗日流日下。……官员等亦不以公务为事，衙门内行走者甚少。其聚会往来，不过彼此相请，食祭肉嬉戏而已。司官竟有终年不一至衙门者，堂官亦置若罔闻。坐台之人，看守边口，俱系关东人，……当兵者全无当兵之实，为官者亦无为官之道。[④]

---

① 辽宁省档案馆藏《黑图档》第685册，转引自王佩环主编《清帝东巡》，辽宁大学出版社，1991，第102－103页。

② 《清圣祖实录》卷二十六，康熙七年五月辛丑。

③ 《清圣祖实录》卷二十六，康熙三十三年五月庚子。

④ 《清世宗实录》卷三十一，雍正三年四月庚辰。

为整顿盛京风俗，同年六月，朝廷以都察院左都御史尹泰署盛京礼部侍郎兼理奉天府府尹事；十月，应尹泰所请，添设稽察盛京御史一员，清查盛京五部及将军衙门事件，每年派换一人。①

雍正五年（1727），雍正帝再次整顿盛京五部。盛京五部设立后，长官及其属员多为满缺，尤其是属员一般由本地旗人担任，他们"互相勾结，瞻徇情面，欺蔽上司"。为改变这种状况，雍正帝谕吏部：

> 尔部将盛京本处之人，现任郎中以下、主事以上人员，查明人数，悉行调来以京员用。其员缺著在京各部堂官拣，选办事中等司官，尔部带领引见补用。所遗员缺，即将盛京撤回之员补授。如此，则盛京堂官易于办理，而盛京部院积习可以悛改矣。②

从此，以京员任盛京五部司官制度化，避免了本地人任官结党营私、徇私舞弊、欺上瞒下等弊端。

六、盛京五部侍郎与盛京将军

盛京将军、盛京五部侍郎、奉天府府尹三权分立，互不统属，皆直接对中央负责。设置多重机构，是实行旗民二元管理体制的需要，也是为了彰显留都体制，还有利于各机构长官之间的互相牵制。

盛京五部侍郎分掌盛京地区的赋税、礼仪、军事、刑名和工程等事项。盛京将军是旗人社会的最高行政长官，同时也是辖区内的最高军事长官。五部侍郎和将军执掌有明确分工，却又有交叉重叠。例如盛京地区的武备事宜，由盛京兵部负责，但兵权掌握在将军手里，遇有过往需要拨兵护送时，需要咨文盛

① 《清世宗实录》卷三十七，雍正三年十月壬辰。

② 《清世宗实录》卷五十四，雍正五年三月丙申。

京将军，而驿站和边门则归盛京兵部负责。再如，盛京地区宗室人员庞大，遇有宗室人员犯案，乾隆五年（1740）规定："嗣后遇有宗室，或与旗人，或与民人，互相控诉，俱令呈报将军衙门，会同宗室总管、族长审讯。"① 宗室犯案由盛京将军主审。但将军为武职，不谙律例，于是嘉庆十七年（1812）清廷作出调整，"改由盛京刑部会同将军援例定拟"②。将宗室案件改为盛京刑部会同将军办理。其他如赋税、礼仪、营作等亦多如此。遇有重大事件，更需要多部门合作协理。乾隆四十八年（1783），乾隆帝要东巡盛京谒祖陵，恭候迎驾事务千头万绪，盛京将军永玮上疏，就迎驾诸事做了分工安排，具体如下：

请将盛京所属各处尖营、大营，修理桥道，供备冰井柴炭，及先往夏园行宫豫备事宜，令工部侍郎德福专管查察。迎送圣驾，派锦州副都统成策带领官兵前往。皇上由避暑山庄启銮，计至九关台，臣先赴祗候迎驾。请将德福留盛京，署理将军、内务府总管印务，如有应议事件，臣照常商办。其各尖营、大营，应需粮饷，系户部承办，令该侍郎鄂宝迎至九关台豫备。自九关台增设台卡，系兵部承办，令该侍郎伯兴办理。自九关台至永陵，所有修理桥道，豫备冰井柴炭等项，系奉天府府尹承办，请交伯兴会同府尹奇臣，先赴永陵查勘后，仍回至九关台，在彼接驾。至三陵祭祀事宜，系礼部承办，俟该侍郎玉鼎柱至九关台接驾后，再赴永陵，敬谨豫备。再城内既有仓库刑名事件，请留刑部侍郎荣柱在城，兼署户、礼、兵、工四部事务。又府丞蒋良骐，接驾后令其随营行走，如地方官内有不照数给发夫价，及商贾任意高抬物价等弊，令其会商严办。臣仍总理一切事务。③

从盛京将军的上疏中既可以看到盛京各机构之间的合作，又可见在盛京地区将军的地位高于五部侍郎和奉天府府尹。

① 《清高宗实录》卷一百一十五，乾隆五年四月甲午。

② 《清仁宗实录》卷二百五十九，嘉庆十七年七月丁酉。

③ 《清高宗实录》卷一千一百七十八，乾隆四十八年四月辛酉。

尽管盛京将军地位较高，但盛京五部侍郎并不归盛京将军所辖。他们之间由于权力职责的交叉势必会出现矛盾。尤其是自乾隆三十年（1765）规定由盛京五部侍郎兼理奉天府府尹事之后，五部侍郎的权力大增，与盛京将军形成势均力敌之势。

盛京五部侍郎和将军之间常会发生互相参奏之事。

雍正五年（1727），盛京刑部侍郎武格上疏，奏报奉天将军［乾隆十二年（1747）改称盛京将军］噶尔弼家人开铁矿。他在奏疏中说："窃照今年二月二十，以将军噶尔弼家人王弘、袁弘、富尔瑚纳开铁矿分取银两，执之解送将军衙门，将与府尹衙门会同鞫审。兹复审出将军噶尔弼族兄闲散三达色、副都统富格家人四十二，民吴德贵等九人。闻得，审据供称，彼十二人商议，自去年八月始，在辽阳属地山朝阳寺地方开采铁矿是实。等语。若由将军衙门鞫审毕，不行具奏而完结，则奴才将另行奏闻。"① 开铁矿的虽然是将军噶尔弼家人，但噶尔弼也难逃失察之责。

乾隆四十三年（1778）十月，盛京将军弘晌奏："盘查盛京户部库贮银，亏短甚多，显有侵盗情弊，请旨审办。"② 朝廷立即派人前往盛京查办，盛京户部掌关防郎中彝伦，副关防已升刑部员外郎的拉萨礼，前任司库已升大理寺评事傅通，库使亿龄、百禄俱被革职，交部严审。③

随着清廷对盛京军政事务的调整，盛京五部侍郎权力增加、地位提高，例如协同将军管理盛京内务府，协同将军管理宗室觉罗事务等，分掌了将军的部分权力。这种事权不一、政出多门的情形，不利于政务处理，也使彼此间产生矛盾冲突；但也达到了清统治者让这些地方大员相互监督制约的目的。

乾隆四十三年（1778），乾隆帝东巡盛京祭祖，曾赋诗给盛京五部侍郎，诗曰：

---

① 中国第一历史档案馆译编《雍正朝满文朱批奏折全译》，雍正五年三月十二日，《盛京刑部侍郎武格奏报将军噶尔弼家人开铁矿折》，黄山书社，1998，第1447页。

② 《清高宗实录》卷一千六十九，乾隆四十三年十月丁丑。

③ 《清高宗实录》卷一千七十一，乾隆四十三年十一月庚戌。

陪都五部备官仪，实各亮工有所司。
讵祇养高胜国似，亦常抡彦内朝移。
曹郎互半中兼外，台职应全罢允宜。
大异南京纷议论，徒资挠乱竟何裨。[①]

第二节 盛京内务府

盛京内务府又称盛京总管内务府，其职责是管理盛京地区的皇室及宫廷事务。顺治三年（1646），始设盛京包衣佐领；乾隆十七年（1752），正式设立盛京内务府。在此之前，盛京上三旗包衣佐领隶属北京总管内务府。盛京内务府设立后，与北京总管内务府几乎处于平级地位，这与盛京留都体制有密切关系。盛京内务府由盛京将军兼管。

一、盛京内务府设置沿革

满洲民族在进入辽东之前，处于奴隶制社会，奴隶主贵族将掠来的人口充

① 阿桂等纂修《盛京通志》卷十五《天章六》，辽海出版社，1997，第269页。

当包衣。“包衣”是满语 booi 的汉语音译。满语中有 booi aha 一词，义为“家奴”“家下人”，booi 是 booi aha 的略写。包衣地位低下，人身自由受到限制，承担主家的各项劳务，也跟随主家外出征战。满洲大大小小贵族都有数量不等的包衣供役使。清太祖努尔哈赤创建八旗时，八旗组织内部就有了包衣佐领（牛录），服务于汗和贵族之家。

福临即帝位后，掌有正黄和镶黄二旗。顺治七年（1650），摄政王多尔衮病死，他领有的正白旗归皇帝执掌。此后，清朝皇帝亲领正黄、镶黄、正白三旗成为定制。这三旗地位略高，被称为上三旗；其余五旗即为下五旗。上三旗包衣佐领及其所属人丁归皇帝掌控，办理皇室及宫廷事务。

顺治元年（1644），清政权迁都北京。为办理皇室和宫廷事务，在京师成立了总管内务府，而将关外盛京地区原有的粮庄、果园等交给留下的包衣打理。

顺治三年（1646），始设镶黄旗、正黄旗包衣佐领各一员。顺治八年（1651），增设正白旗包衣佐领一员。至此，由上三旗包衣佐领办理皇室和宫廷在盛京地区的事务遂成定例。

盛京上三旗包衣佐领归北京总管内务府管理。辽宁省档案馆藏有《顺治年间档》，是顺治四年（1647）至八年（1651）京师总管内务府为办理皇室和宫廷事务给盛京包衣佐领行文的摘要档册，每一件档案的开头均写作“总管内务府书致安塔穆、布塔西”，其中的一件内容如下：

> 总管内务府书致安塔穆、布塔西：
>
> 布达里家之住于大凌河之庄头玛玛色之八牛倒毙，由贡干处择牛六头，补与此拖克索。
>
> 顺治四年二月二十九日霍托领催带来。①

这件档案行文中的“安塔穆”“布塔西”是盛京包衣佐领，北京总管内务府指示这两人给玛玛色所在的庄园补充牛。

---

① 季永海、何溥滢译《盛京内务府顺治年间档》，收入中国社会科学院历史研究所清史研究室编《清史资料》第二辑，中华书局，1981，第 192 页。

顺治十二年（1655），清政府颁给盛京上三旗包衣佐领关防印玺一颗[1]。

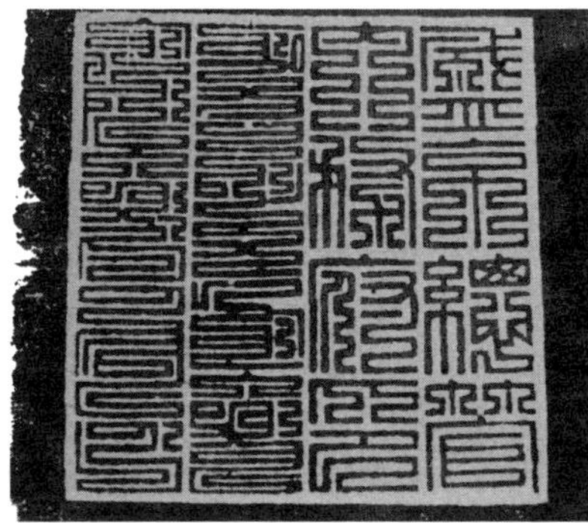

图5－5　盛京内务府总管印

康熙二十年（1681），平定“三藩”之乱后，朝廷将“三藩”所属庄园、家仆籍没，拨给盛京皇庄安置，使盛京皇庄由原来的20余座骤增至80余座，皇室产业得以快速发展。同时，上三旗包衣佐领的差务也日益繁重，为防止3个包衣佐领遇事相互推诿，遂钦定一人掌关防。

经过顺治、康熙、雍正三朝近百年的发展，盛京地区的经济已经恢复，上三旗包衣佐领经营的规模也不断扩大，差务日繁。乾隆八年（1743），乾隆帝首次东巡盛京祭祖，在感叹祖先创业之艰难的同时，决定改建和扩建盛京皇宫。之后，每年从北京移送大量宫廷器物、图籍珍宝等到盛京宫殿，一来满足东巡期间仪典及日用需要，二来表示不忘祖宗之孝心。移送盛京皇宫的物品大体分为两类：一是圣容、玉牒、实录、圣训、玉宝等；二是各朝御用和普通兵器，卤薄乐器，金、银、玉、珐琅、瓷等器物，以及古玩、珍宝、书画等。于是，盛京皇宫及其藏品的守护和管理责任空前重大，盛京上三旗包衣佐领所属人丁越来越多，差务名目纷繁复杂，管理任务十分艰巨。为适应盛京皇室产业和皇宫的新变化，乾隆十三年（1748），仿北京总管内务府的内部机构，在盛京上三旗包衣佐领下增设了一些机构。此时，与盛京留都相适应的将军衙门、奉天府和盛京五部早已建立。相比较之下，管理皇族和宫廷事务的机构——盛京上三旗包衣佐领衙门——与留都地位不相匹配。

---

① 佟永功：《满语文与满文档案研究》，辽宁民族出版社，2009，第207页。

乾隆十七年（1752）正月，清政府正式设立盛京内务府。《清高宗实录》卷四〇七记载：

> 庚辰，设盛京总管内务府大臣。谕曰：盛京包衣三旗佐领等官，皆系职分相等之员，并无统领办事之人，难保无互相推诿及掣肘遗误之处。盛京地方，最为紧要，应行设一总管内务府大臣专辖，将此永著为令。现应增设之缺，著将军阿兰泰兼管。①

盛京内务府是为适应盛京地区皇室及宫廷事务的发展，在原来盛京上三旗包衣佐领衙门的基础上设立的，也是为彰显留都之制而进行的一次重大体制改革。以盛京将军为盛京内务府总管大臣，盛京内务府的地位与北京的内务府平行，直接对皇帝负责。

二、盛京内务府官员及官署

（一）官员设置

盛京内务府公署在大清门外，有东、西房6间，文书房1间，东楼房5间，南、北厢房7间。在衙署后边有仓房28间。库房在大清门内，有楼7间、转角楼10间。织造库在银库之后，有房东3间、西6间，棉花库3间，铁库3间。②

盛京内务府设总管大臣1人，以盛京将军兼；协同管理内务府大臣1员，由盛京五部侍郎内随时委派；佐领3人，内务府镶黄旗、正黄旗、正白旗各1人，京包衣缺；骁骑校3员，本省包衣缺，掌盛京三旗包衣之政令；另有笔帖

---

① 《清高宗实录》卷四百七，乾隆十七年正月庚辰。

② 阿桂等纂修《盛京通志》卷四十五，辽海出版社，1997，第778页。

式15人，掌翻译。[1]

属员有：顶戴领催3名、二两领催15名、甲兵678名、内管领1员、司库2员、食九品俸催长5员、食二两饷催长5名、库使16名、掌仓达1名、仓达3名、顶戴馆达6名、无顶馆达2名、牧长3名、执事人60名、捕牲兵30名，以上俱食二两饷；牧丁18名（食二两饷）、采蜜领催3名（食二两饷）、食五钱各匠役158名，管档案的堂主事1员、委主事1员、笔帖式15员、帖写兵15员、听事人12名。[2]

（二）内部机构及其应办事宜

盛京内务府的内部机构和各自职掌，经过了一个逐步完善的过程，直至嘉庆朝才最终确定下来。各机构及其具体职掌如下：

1. 广储司

设司库、副司库、执事人等。承办收发银两及棉花、盐、靛，催征房租，抖晾库贮及陈设的一切什物。具体收管官房共122间，均坐落在盛京城内，招商生理居住，每年收房租银570余两；旧有本领银200两，原交镶黄、正黄二旗属下丁作为商人各项本银100两，每年各交利银30两，共收利银60两，如商人缺出，由该旗拣选殷实人家顶补。镶黄旗每年催办星呢壮丁银2351两，新丁银4两8钱8分，应交棉花折银283两6钱2分（每百斤棉花折银5两8钱），应交靛折银73两9钱8分（每百斤靛折银9两5钱），应交盐折银14两3钱8分（每百斤盐折银3钱3分），三旗一律；正黄旗每年催办伍户壮丁银495两3钱、新丁银13两5钱，应交棉花折银255两1钱5分，应交靛折银41两9钱1分，应交盐折银13两7钱8分；正白旗每年催办京玺五尔占壮丁银637两，应交棉花折银267两3钱7分，应交靛折银85两，应交盐折银9两6钱；会计司

---

① 《钦定大清会典》（光绪二十五年原刻本）卷九十八，新文丰出版社，1976，第997页。

② 崇厚撰《盛京典制备考》卷三，收入《中国边疆研究文库·东北边疆卷》，黑龙江教育出版社，2014，第145页。

庄头羊草官甸出产羊草每年折银100余两；镶黄旗每年催收伍田租银147两；正黄旗每年催收伍田租银853两4钱；正白旗每年催收伍田租银714两2钱。以上共收银7170余两，三旗仍应交本色棉花12000斤、本色靛1950斤、本色盐21000斤、借项银883两5钱。乾隆七年（1742），奏准由库储正项银动用3000两另箱存储，以备三旗骁骑校、库使、催长、领催、执事人、兵丁遇有红白事件时准借给5个月钱粮，遇有京差打围时准借给3个月钱粮，按季由应领钱粮坐扣，不加利息。每年各项京差领坐粮、车脚、采买布匹、皮张、染造布匹颜料、汲饯果品沙糖食辛者，库人折给口粮银，并万寿、元旦、上元备茶等项，共放银9000余两；每年采买叫鹿皮100张，发价银300两，交将军衙门打秋围佐领采买，一年由将军衙门咨领恩赏银2000余两，备发给官兵红白事件赏项之需；每年采买汤皂皮15张，发价银30两，送交武备院，年例应领潮脑97斤14两。

2. 营造司

设食俸催长、食饷催长、执事人等。承办打扫宫殿、管理地面、呈报岁修、看守铺垫什物等差务，每年应领潮脑104斤12两8钱。每年应成造鱼鸭箱匣25个，需要的木料由盛京工部领取（如果河口无存木植，改给银6两9钱3分）；每年应领野鸡尾掸子16把。宫殿内廷应糊的窗户由盛京工部派员两年糊饰一次。

3. 掌仪司

额设食俸催长、食饷催长、执事人等。承办香水梨、各色果品、野鸡，催征果品折色银两解京。具体每年应交围丁折色钱粮银1020余两，派员送京；每年应交香水梨2000个，白露节派员送京；每年应交接梨2800个，秋分节派执事人送京；每年应交野鸡1000只，年底派执事人送京；每年应交冻梨2625个；每年应交榛子88仓石余；每年应交山梨皮2仓石4斗。三旗庄头16名、无饷虚职催长1员、园丁2923名，每名应交钱粮银3钱6分2厘，每年共交银1058两5钱3分9厘，扣除送京果子抵销银360两零7分7厘外，余剩银698两4钱6

分1厘，按年专差送京交内务府。

4. 会计司

设食俸催长、食饷催长、执事人等。承办大粮庄头应交粮食，催征地亩余租、各色银两及进贡鸭鹅等差务。具体而言，头等庄头28名，每名应交仓粮352仓石；二等庄头4名，每名应交仓粮352仓石；三等庄头5名，每名应交仓粮307仓石；四等庄头31名，每名应交仓粮192仓石。统计庄头68名，共领官地510998亩，每名原领官地二三万亩至四五千亩不等，竟有地多粮少、地少粮多者，先年定数，至今照办，每年共交粮1233仓石。每年应交黑牛馆黑豆2304石，由谷粮内扣抵；每年应交草甸余租银4000余两，交盛京户部银库；每年应交乳牛馆粟米八九十石不等，由谷粮内扣抵；每年应交谷草银300余两，交盛京户部银库；每年应交羊草银100余两，交广储司；每年应交贡鹅80只。将军年例应进：贡汤鹿10只、汤獐10只、鹿尾20盘、野鸡80只、鸭子60只、白鱼12尾、鳌花鱼12尾、鳊花鱼8尾、鲤鱼8尾、过夏糖20匣、奶子2仓石、葡萄2仓石、黏粉子2仓石、散粉子2仓石、卤鰕4瓶。三佐领每年轮替1员送京。本内务府年例应进：贡鸭60只、卤鰕2篓、过夏糖20匣、黏粉子20仓石（交内管领处）、散粉子米15仓石（交内管领处）、糖芽黄米8仓石6斗4升（交内管领处）、点灯油1094斤。

5. 都虞司

设食俸催长、食饷催长、执事人、牧长、牧丁、牲丁等。承办各色鱼尾，采捕蜂蜜，办理王多罗树甲丁三季打围应进口味及雕翎、鹳翅、水獭皮，管理三旗听差官马150匹。具体应办事宜如下：

镶黄旗、正黄旗共养蜂丁18名，每名应交鲜蜜2.5瓶，每瓶重20斤，共计45瓶，交仓汲饯果品。三旗采蜜丁341名，每名应交蜂蜜2.5瓶，每瓶重20斤，共交蜂蜜852.5瓶，内交仓汲饯果品蜜178.5瓶，余下蜜674瓶（每瓶折银5钱）共折银337两。

三旗菜丁6名，每名交葍蒿菜1筐。

捕水獭丁18名，每名应交水獭皮4张，共72张。内实送京9张，余下63张，每张折银1两，共折银63两。

正白旗鹳丁10名，每丁应交鹳翅15副，共150副。内送京鹳翅12副、雕翎18副，每副雕翎抵交鹳翅5副，共抵交93副、鹳筋2两，余下鹳翅48副，每副折银3钱，共折银14两4钱。

三旗细鳞鱼丁30名，每名应交细鳞鱼50尾，共1500尾，内送京100尾，余下1400尾，每尾折银4分。道光二年（1822），奉谕旨将细鳞鱼100尾亦照例折银，共折银60两。三旗捕杂鱼丁48名，每名应交鱼500斤，共应交杂色鱼24000斤，于道光二十三年（1843）奏奉谕旨，又减去9000斤，每斤折银3分。二十五年（1845），复奏准全数折银，每年送京银720两。

王多罗树围场三旗捕牲兵30名，共应交鹿肉干2700束，于道光二年（1822）奉谕旨减去600束，每三束照例折银1钱。嗣后于道光九年（1829），复奉谕旨将应交鹿肉干全数照前例折银，又将全鹿120只亦停交，每一只鹿照例折银3两，共折银360两。以上肉干、全鹿共折银1194两4钱，按年派员送京交内管领处。

木丁头目2名、木丁48名，每年出旺清边门砍办槽盆57件、椴木寸板19块、桦木枪杆50根、楸木椽子200根、柳木椽子400根、杨木箭杆50根，按年送交武备院。

每年应交蘑菇175斤、木耳123斤、蜜饯果品53斤、黏粉子1仓石2斗、散粉子1仓石2斗、糖芽150斤、常青菜53斤，按年送交果房、菜库。

每年福陵、昭陵做祭品辛者库人并本属食辛者库人口，男妇子女，大口月食谷3仓斗6升，小口减半，自9岁起共应食口粮28000余仓石，均由大粮庄头交纳。皇仓内关领除庄头每年交粮14000余仓石之外，其不敷粮13000余仓石，照例折价银4100余两。按年充当内庭打扫地面差使，现有余粮男妇子女6700余口。

6. 三旗织造库

设食饷催长、笔帖式、匠役等，承办催征本色棉、靛、盐斤折色银两，纺线织布，染造花、红布匹解京。具体应办事宜如下：

镶黄旗织造库，一年应织大布 830 匹，应织小布 1245 匹。黑津关领小布 1012 匹，送京漂白小布 100 匹，送京染青蓝小布 100 匹，送京染红青小布 33 匹，送京葛线 163 斤。

正黄旗织造库，一年应织大布 782 匹，应织小布 1173 匹。黑津关领小布 940 匹，送京漂白小布 100 匹，送京青蓝小布 100 匹，送京红小布 33 匹，送京葛线 136 斤。

正白旗织造库，一年应织大布 724 匹，应织小布 1086 匹。黑津关领小布 853 匹，送京漂白小布 100 匹，送京青蓝布 100 匹，送京红布 33 匹，送京葛线 165 斤。

7. 三旗牛录处

设骁骑校、顶戴领催、领催、甲丁等。管理各项人丁，催办丁银，征收蘑菇、木耳、常青菜、葡萄、奶子，以及打冬围、操演兵丁。具体应办事宜如下：

镶黄旗牛录处，百总 12 名，所管差丁 5175 名。每年春季由织造库领取棉花纺线交库造办布匹，由广储司发给棉花 3355 斤 10 两，放给纺线丁。该丁共 5175 名，按丁领棉花 9 两 8 钱 7 分 1 厘，交线 8 两 9 钱 8 分，共交还线 2904 斤 6 两。又放给纺葛线棉丁 163 名，按丁领棉花 1 斤，交线 1 斤，共交葛线 163 斤。冬季，每丁应交蘑菇、木耳、常青菜、葡萄、奶子。三旗领催轮流送京。

镶黄旗有伍田地 3675 亩，按亩征银 4 分，每年共交租银 147 两（交内库）。

雍正四年（1726），星呢门下壮丁拨入镶黄旗交纳钱粮银。共差丁 1206 名，每丁每年交差银 2 两零 9 分 9 厘，每年共应交钱粮银 2531 两（交内库）。

正黄旗牛录处，百总 12 名，所管差丁 2170 名。每年春季由织造库领取棉花纺线交库造办布匹，年例由广储司发给棉花 3153 斤 4 两 5 钱，放给纺线丁 2170 名。每丁领棉花 1 斤 4 两 1 钱 2 分，外加弹纺伤损棉花 1 两 5 钱，共放给棉花 2993 斤 9 两。每丁应交线 1 斤 4 两 1 钱 2 分，共交线 2737 斤。又放给棉花庄头纺葛线棉花 146 斤，外加弹纺伤损棉花 13 斤 11 两，共放给棉花 159 斤 11 两。共交葛线 146 斤。每年冬季，每丁应交蘑菇、木耳、常青菜、奶子、葡萄。

三旗轮流派领催送京。

正黄旗有伍田地21336亩4分，每亩征银4分，每年共交租银853两4钱5分6厘（交内库），应交浮多伍田租银71两8钱7分8厘（交盛京户部银库，又交伍田地边滋生课银2两，共交银73两8钱7分8厘）。

雍正四年（1726），“阿其那、塞思黑、允禩、勒什信、苏奴五户”壮丁拨入正黄旗交纳钱粮。共有差丁256名，每名应交银1两9钱3分5厘，每年应交钱粮银495两5钱（交内库）。

正白旗牛录处，百总12名，所管差丁1086名。每年春季由织造库领取棉花纺线交库造办布匹，由广储司发给棉花2952斤零5钱，放给纺线线丁1086名。每名领棉花2斤5两3钱3分3厘，外加弹纺损伤棉花1两5钱，共给棉花2771斤9两。每名交线2斤5两3钱3分3厘，共交线2534斤。又放给棉花庄头纺葛线棉花165斤，外加弹纺损伤棉花15斤7两，共放给棉花180斤7两。

按年交葛线165斤。冬季每名应交蘑菇、木耳、常青菜、葡萄、奶子。三旗轮流派领催送京。

正白旗有伍田17856亩7分，每亩征银4分，每年共交租银714两2钱6分8厘（交内库）。

雍正四年（1726），京玺五尔占门下壮丁拨入正白旗交纳钱粮银，共有丁428名，每名应交钱粮银1两4钱8分8厘，每年共交钱粮银637两（交内库）。①

此外还设有庆丰司，设黑牛馆厩长、永陵黑牛馆厩长及乳牛馆厩长，负责养祭祀牛羊事务。内管领处，设内管领、长领达、仓达、仓上执事人、甲丁，负责收发粮食，汲饯果品，砍槽盆、箭杆等差务。文溯阁，设催长2人，承办有关《四库全书》事务。

---

① 崇厚撰《盛京典制备考》卷三，收入《中国边疆研究文库·东北边疆卷》，黑龙江教育出版社，2014，第145-153页；《钦定大清会典》（光绪二十五年原刻本）卷九十八，新文丰出版社，1976，第997页。

三、盛京内务府皇庄

“皇庄”，即皇室庄园。清代皇室在盛京地区有粮庄、棉庄、盐庄、靛庄、果园等多处，专为皇室和宫廷服务。

粮庄是盛京内务府皇庄的主体，历史久、数目多、规模大，有一整套管理制度，农奴制特点鲜明。

盛京内务府粮庄源于努尔哈赤、皇太极时期的“拖克索”（庄园）。有清一代，盛京内务府粮庄数量不固定，时增时减。在康熙二十年（1681）之前有20多个，平定“三藩之乱”后，将“三藩”在南方的属下人和在辽东原籍的属下人籍没编庄，使得粮庄的数量在短期内骤增至80余个。乾隆年间，粮庄数量有所减少，原因是将一部分粮庄拨给诸位皇子，成为王庄。档案记载，至嘉庆元年（1796），盛京内务府有粮庄77个[①]，道光末年减至68个，至咸丰十年（1860）剩下63个。粮庄减少的原因，一是拨给皇子；二是庄头因官粮不足被斥革后，无人愿意赔补欠项接续庄头，于是不得不将地亩交给地方官招租。

粮庄以盛京城为中心，遍布于盛京、兴京、牛庄、熊岳、金州、盖州、辽阳、岫岩、凤凰城、铁岭、广宁等地。康熙二十九年（1690），盛京管理粮庄领催张国祥等在给盛京包衣佐领的呈文中称：“原来粮庄仅有二十余个，距盛京城不过百里……今增加六十余个，住地距盛京城二三百里。”[②] 五十八年（1719），盛京包衣佐领向北京总管内务府呈请添设管理粮庄领催时说：“惟众庄头皆散居于城之四周四五百里内各处山谷中。”[③] 盛京内务府粮庄与旗地、民地错落相间，大小不一，大的庄园达到万余亩。据《盛京典制备考》卷三记载，光绪初年，盛京地区有粮庄庄头68人，共领有地510998亩，每个庄头平均领地7500

① 佟永功：《满语文与满文档案研究》，辽宁民族出版社，2009，第241页。

② 辽宁省档案馆藏《黑图档》第72册，第107－108页。

③ 辽宁省档案馆藏《黑图档》第99册，第84－86页。

余亩。

粮庄归盛京内务府的会计司管理，粮庄内设庄头1名、庄丁若干名。在组建庄园时，庄丁有数额限制，故称为“额丁”。初建粮庄时，每个粮庄拨给庄丁10人、妇女10人、牛6头、地120垧，另给口粮、种子等。庄头的来源主要有两种途径：一是由能干之丁拣选；二是带地投充之人及其后代。最初的庄头与庄丁地位相同，皆为皇家农耕奴隶，庄头不过是带领庄丁进行农业生产，负责按规定纳粮完差。随着时间的推移和粮庄的发展，庄头的作用越来越重要，遇有庄头缺出，每每以“出缺”“补放”“革退”称之，庄头似乎成了一种官职。庄头的地位发生了明显变化，成为了“二地主”。盛京内务府对庄丁的管理非常严格，庄丁被牢牢限制在粮庄之内，无人身自由。庄丁若逃跑，庄头必须报告相关衙署缉拿；庄丁若不事农耕而游手好闲，会被鞭责，甚至被发遣到打牲乌拉衙门服苦役。庄丁的子女只能在庄丁之间嫁娶，而且必须经过核准，否则将受到惩罚。

粮庄的差赋主要是“报粮”，此外还有交猪折粮，交腌制猪腊肉送京，在冬季喂养盛京上三旗包衣佐领的差马和养息牧的马群，交纳鹅鸭及蘑菇、木耳、蕨菜等。

棉庄在皇庄中占有一定数量。满洲在进入辽东之前，女工所织的只有麻布；进入辽沈地区后，开始种植棉花和纺棉。天命十年（1625），后金开始在辽沈地区大量编庄，有粮庄、棉庄、盐庄等。清政权迁都北京后，以上三旗包衣佐领承办盛京地区皇庄事务，包括棉庄。乾隆朝成立盛京内务府之后，则由内务府的广储司负责管理棉庄。

广储司有棉庄25处，其中，辽阳界4处、海州界7处、盖平界13处、熊岳界1处。[①] 另有庄头45名、上三旗包衣佐领下各15名。

棉庄的管理与粮庄基本相同，设庄头，有额设庄丁。每年按丁数征收棉花，盛京内务府每年征收棉花26200余斤[②]。在雍正朝之前，棉庄每年上交的是本色

---

①② 阿桂等纂修《盛京通志》卷三十八《田赋二》，辽海出版社，1997，第681页。

棉，除当年使用之外均有剩余，造成库存棉花霉烂。于是在雍正六年（1728）之后，将应征棉花数量分为两份：一份征本色棉；另一份折为银两征收。

棉庄生产的棉花非商品，不出售，除少量用于内管领下食辛者库人口做冬衣外，主要用以纺纱织布和纺棉线。盛京内务府每年所需布匹量很大，用途五花八门，例如包装送北京的腊肉、腌鱼用白粗布，各种用途的包裹皮、单子等。

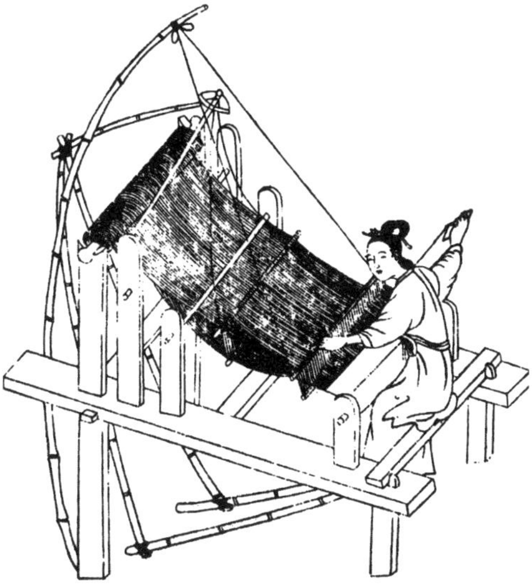

图5－6　织布机

盐是生活必需品。后金进入辽沈后，即开始煮盐，设立盐庄。清代在盛京地区有盐庄3处（其中，海城界2处、盖平界1处）、庄头3名。[①] 每处盐庄额设盐丁10名（包括庄头），但实际上盐丁数量远远超过额定人数。乾隆二十一年（1756）以前，每庄岁纳盐一万斤，之后略有变动。盐庄的盐丁来源单一，皆为沿海世代以煮盐为业的汉人。

盐庄生产盐的用途：一是服务于皇室和宫廷，皇室贵族们对关外的“龙兴之地”有着浓浓的眷恋之情，盛京内务府每年将大量土特产品送往京师，用盐

① 阿桂等纂修《盛京通志》卷三十八《田赋二》，辽海出版社，1997，第681页。

腌制的就有腌猪肉、腌野味、腌鱼、腌鹿尾和各种咸菜，所用的盐皆来自三处盐庄。嘉庆二年（1797），正白旗佐领为领取盐腌野韭菜根事咨文盛京内务府，全文如下：

正白旗佐领延福等呈，为领盐事。

骁骑校阿林保等呈称：查得，腌送京之野韭菜根需用盐二十五斤，每年均由库领用在案。今差派领催司俊去采，需用25斤盐，请照例由内库领取。等因呈来。相应呈堂照例发给可也。

为此上呈。[①]

二是拨给盛京户部、马群及打牲人等。盛京户部也有三处盐庄，但每年所产的盐不敷用，只能求助于内务府盐庄。乾隆五十六年（1791）定制，盛京户部每年从盛京内务府领盐两万斤。盛京上三旗包衣佐领下有用于各种公差的马群，马群及管理马群的夫役所用的盐也取自内务府盐庄。

三是供给吉林打牲乌拉的官员和牲丁。清廷在吉林设有打牲乌拉总管衙门，专司打野味，采蜂蜜、松子，捕捞东珠、鳇鱼等，供宫廷使用。

除以上粮庄、棉庄、盐庄外，还有靛庄和果园。

清代盛京皇庄是皇室私有财产，由盛京内务府管理。皇庄设庄头、庄丁，实行农奴制管理，是清代社会经济中的一种特殊形态。

① 辽宁省档案馆编《盛京皇庄档案史料选编》，辽海出版社，2006，第5页。

第三节
盛京“三陵”总管

清入关后，在盛京地区留下三座帝陵，即永陵、福陵、昭陵。清统治者遵循儒家“慎终追远”与“敬天法祖”的思想路线，以“孝治天下”。他们对关外“三陵”的祭祀和护卫非常重视，甚至康熙、乾隆、嘉庆、道光四位皇帝不远千里，长途跋涉，来到祖先创业的盛京，目的就是祭祖，表达对祖先的景仰与感激之情，抒发不忘祖先创业艰难之情怀。为了祭祀和守卫，“三陵”皆置公署，设官与兵，“三陵”事务由盛京将军总理。

一、盛京“三陵”

（一）永陵

永陵是爱新觉罗家族的祖陵，坐落于今辽宁省抚顺市新宾满族自治县永陵镇，位于赫图阿拉城西北约 5 千米处，背依启运山（原名桥山），前临苏子河，山环水抱，景色壮美。陵主是努尔哈赤的六世祖、曾祖、祖父和父亲，即后世追尊的肇祖原皇帝猛哥帖木儿、兴祖直皇帝福满、景祖翼皇帝觉昌安、显祖宣皇帝塔克世。

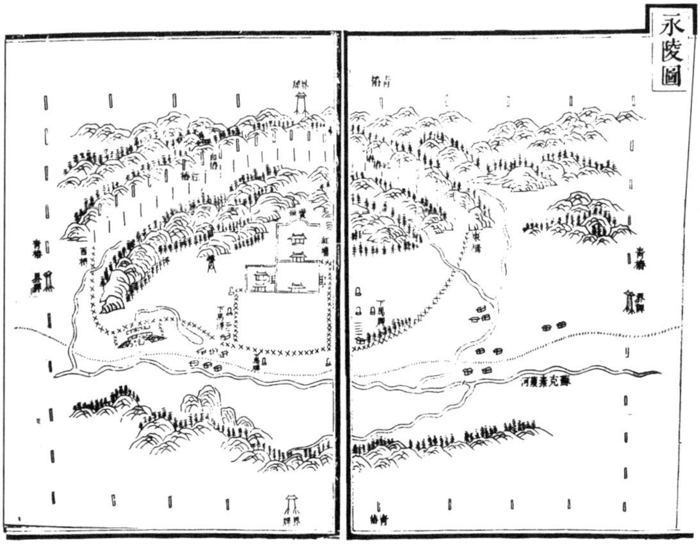

图5－7　永陵图

陵园始建于明万历二十六年（1598），当时努尔哈赤任明建州左卫都督佥事并龙虎将军。起初，肇祖原皇帝、原皇后，兴祖直皇帝、直皇后之陵共一山，称兴京陵。景祖翼皇帝、翼皇后，显祖宣皇帝、宣皇后之陵共一山，称东京陵，在奉天府城东250里处。顺治五年（1648）十一月，始追上列先祖之尊号，封兴京陵山曰“启运山”，东京陵山为“积庆山”。十三年（1656），在陵山周围立界址，界内禁止采樵。十五年（1658），奉移东京陵祔兴京，罢积庆山祀典。十六年（1659），尊四祖陵为永陵。十八年（1661），立《迁祔永陵庙碑》。陵前宝顶上有瑞榆一株，轮囷盘郁，圆覆城隅。乾隆四十三年（1778），乾隆帝御制《神树赋》，勒石立于西配殿。①

---

① 阿桂等纂修《盛京通志》卷二十一《山陵》，辽海出版社，1997，第342－344页。

图5-8 永陵神功圣德碑碑楼

永陵经过顺治、康熙、乾隆三朝的修建，红墙黄釉琉璃瓦，颇具皇家陵寝之气派。陵园由前院、方城、宝城组成。前院正中并列四座神功圣德碑碑楼，碑楼两侧均有配殿，是守陵人居住和准备祭祀用品之所。穿过碑楼中间的御道，迎面是启运门，为面阔3间歇山式黄琉璃瓦顶建筑。进入启运门是方城，方城内正中是启运殿，高居于月台之上，同为面阔3间歇山式建筑，顶铺黄色琉璃瓦，是举行祭祀大典的地方。东西有配殿，其中西配殿前有焚帛亭一座。启运殿之后是宝城（即陵墓），由壕墙环卫。

（二）福陵

福陵坐落于沈阳东郊的天柱山（原名石咀头山）山坡上，浑河水在山前流过。陵主是清太祖努尔哈赤，同葬者有孝慈高皇后（皇太极生母）、继妃富察氏。福陵始建于天聪三年（1629），初建的福陵十分简陋。天聪八年（1634），仿古帝王礼制，增建寝殿，植松木，立石狮、石象、石马、石驼等。崇德元年（1636），皇太极称帝，尊太祖山陵为福陵。顺治八年（1651），陵区续建工程告竣，清廷派兵把守。

福陵依山势而建，气势宏伟，庄严肃穆，坐北面南。南面正门称正红门，为单檐歇山式建筑，三拱洞门朱红色。进入正红门，一条青砖铺成的参道伸向远方。参道两旁的松林中排列着石望柱，即4对石像生。至参道平地的尽头，

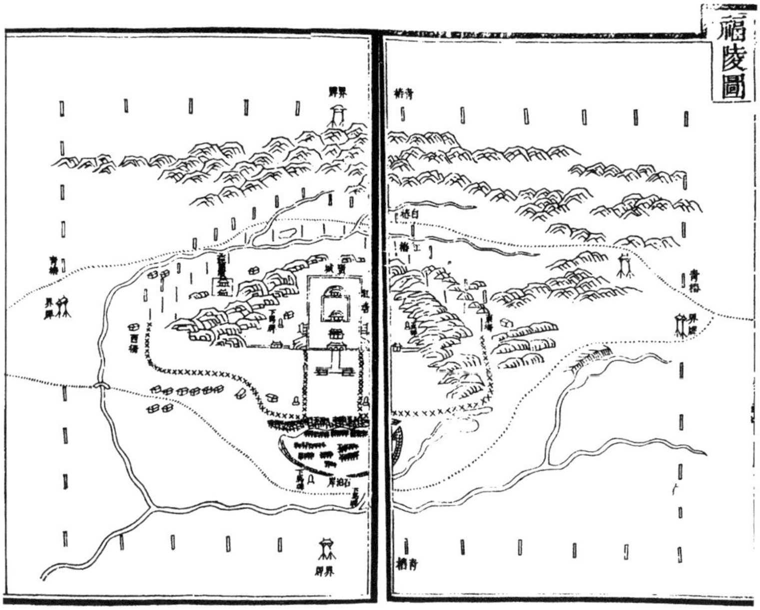

图 5 -9　福陵图

是步步登高的“一百单八磴”砖阶。砖阶之上为一平整台地，正中建有重檐歇山顶的神功圣德碑碑楼，碑楼两侧建有茶房、果房、涤器房等。碑楼北侧是隆恩门，为三楹重檐歇山式建筑。入隆恩门，便是方形城堡式建筑——方城。方城城墙高大，墙上建有马道、垛口和女墙，城四隅建有重檐歇山式角楼。城内正中是高大的隆恩殿，为三楹单檐歇山式建筑，是供奉神位、祭祀的场所。殿前有焚帛楼一座。方城北侧是宝城，半圆形，俗称“月牙城”。宝城高 1 丈 7 尺 1 寸，周长 59 丈 5 尺。宝顶高 2 丈，四周长 33 丈。月牙城高 1 丈 6 尺 5 寸，四周长 23 丈 4 尺 7 寸。正中有琉璃照壁一座。

雍正九年（1731）定制，禁止在正红门前大路及山根左畔行走车马。陵门之外有下马石各一，门之前有涤祭品井一、冰窖房六。

（三）昭陵

昭陵地处沈阳市北部，是清太宗皇太极与孝端文皇后的陵墓。始建于崇德八年（1643），竣工于顺治八年（1651）。昭陵是关外最大的皇陵，它修建于平地，不同于永陵和福陵建在山地上。昭陵坐北朝南，入正红门北行，在神道两侧立 2 对华表、6 对石像生，其中有两匹石马称为“大白”“小白”，象征皇太极生前的坐骑。再向北，为陵园的主体建筑区，城墙环绕，内分为三个区域，建筑规制与福陵相似：前面的区域内有碑楼及东西配殿；后面是方城，内有隆恩殿、配殿、焚帛楼；最后是宝城。宝城高 2 丈 3 尺 8 寸，周长 61 丈。宝顶高 2 丈，四周长 33 丈。月牙城高 2 丈 2 尺 7 寸，四周长 27 丈 7 尺。正中有琉璃照壁一座。①

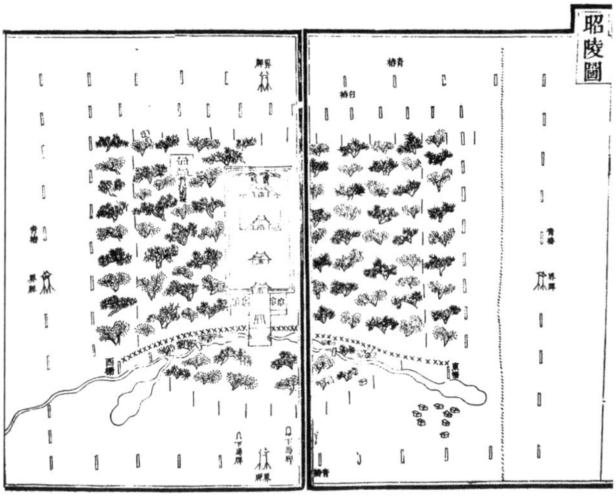

图 5 –10　昭陵图

昭陵虽然不如福陵坐落山地那样高大雄伟，气势磅礴，但它设计精巧，陵园内有人工堆起的假山，有碧波荡漾的湖水，风光秀美宜人。

盛京“三陵”建筑规制相似，陵园主要由三部分组成：前庭，主体建筑是功德碑碑楼；后院为方城，主体建筑是供奉神位和举行祭祀的大殿，其中永陵称为启运殿，福陵、昭陵均称作隆恩殿；最后是宝城。前庭、后院均建有配殿。三个区域将服务、祭祀、安葬三种功能有机地结合起来，形成如皇宫的“前朝后寝”的建筑群。只是，“三陵”在建筑规模和建筑水平上有明显差别：永陵占地面积最小，建筑简单、原始；昭陵占地面积最大，建筑水平最高。这也反

① 阿桂等纂修《盛京通志》卷二十一《山陵》，辽海出版社，1997，第 347 页。

映了后金（清）在不同时期社会的发展状况。

二、盛京“三陵”官制

盛京“三陵”额设职官和兵役，由盛京将军总理。“三陵”各设总管和掌关防官。总管掌巡查陵山树木、河道，皆为京缺，任职满 5 年更换；掌关防官专管殿内陈设，承办祭祀用物。此外设四品官，专管千丁夫役，烧造砖瓦，备办灰筋，用于“三陵”每年的维修。

（一）永陵设官及其执掌

永陵，总管公署 3 间，掌关防官公署 3 间在西堡，水窖在东堡，酒房 6 间，

酱房 3 间，粉房 3 间，面房 6 间，碾房 3 间，黑牛馆 28 间，乳牛馆 3 间。①

武职官：额设总管 1 员、翼长 2 员；八旗满洲防御 16 员，笔帖式 2 员；领催 4 名、马兵 185 名（内有国戚舅氏之子孙兵，至 18 岁者作为马兵）；章京品级 2 员，由国戚舅姨子孙兵中挑放。他们负责永陵的巡查、护卫。

文职官：掌关防官 1 员，副关防官兼内管领 1 员，副关防官兼尚膳总领、尚茶总领2 员［副关防官兼尚膳总领设于康熙十一年（1672），尚茶总领设于乾隆八年（1743）］，内管领 1 员、副内管领 1 员，尚膳正 1 员、尚膳副 1 员、尚茶副 1 员，笔帖式 2 员，尚膳人 8 名、尚香人 4 名，拜唐阿 12 名、摆桌人 8 名，厨役 12 名、院户领催壮丁 40 名，四品官 1 名、外郎 2 员，领催 8 名（四品官所属，俱由盛京工部管辖）、各项匠役 13 名，牛羊馆管达 2 员、喂牛羊壮丁 20 名。掌关防官、副关防官率领所属官员及夫役，承办祭祀事宜。祭祀是“三陵”最重要的事务，分为岁祭、大祭、小祭。每年清明日、孟秋望日、冬至日为大祭，每年孟冬朔日及每月朔望日为小祭。岁祭、大小祭是日常祭祀，此外还有

① 阿桂等纂修《盛京通志》卷四十五《官署一》，辽海出版社，1997，第 778 页。

清帝东巡谒陵，其祭典更为隆重。各类祭祀皆有定制。

（二）福陵设官及其执掌

福陵有：总管公署3间、档房3间，掌关防官公署3间、东西档房5间。此外有碾房2间、乳牛馆3间、牛犊房2间，寿康太妃园寝有碾房1间、乳牛馆2间。[①]

武职官：额设总管1员、翼长2员，八旗满洲防御16员、笔帖式2员，世袭云骑尉6员、世袭六品官1员，世袭七品官5员、世袭八品官4员，领催4名、马兵76名，章京品级65员（由国戚舅姨子孙兵中挑放），舅姨子孙兵100名。总管、翼长率所属官兵掌福陵之护卫。

文职官：掌关防官1员、副关防官2员（兼理内管领、茶膳正），内管领1员、副内管领1员，尚膳正1员、尚膳副1员，尚茶正1员、尚茶副1员，笔帖式2员，尚膳人8名、尚茶人6名，尚香人6名，拜唐阿15名、摆桌人8名，院户领催壮丁20名、各项匠役23名。掌关防官及副关防官率属员承办祭祀事宜。

此外，有太妃园寝首领2员（由兵挑放）、兵18名，四品官1员（汉军袭缺）、外郎2员，领催8名。

（三）昭陵设官及其执掌

昭陵有：总管公署3间、档房1间，掌关防公署3间。此外还有碾房3间、乳牛房5间，懿靖太贵妃园寝有碾房1间、乳牛房2间。

武职官：额设总管1员、翼长2员，八旗满洲防御16员、笔帖式2员，世袭头等侍卫兼轻车都尉1员，世袭头等侍卫兼骑都尉1员，世袭云骑尉4员、世袭六品官7员，领催4名、马兵76名，章京品级20员（由国戚舅姨子孙兵内挑放），舅姨子孙兵100名。总管、翼长率所属官兵掌昭陵护卫。

---

① 阿桂等纂修《盛京通志》卷四十五《官署一》，辽海出版社，1997，第778－779页。

文职官：掌关防官1员、副关防官2员（内管领、茶膳正、世袭侍卫内兼理），内管领1员、副内管领1员，尚膳正1员、尚膳副1员，尚茶正1员、尚茶副1员，笔帖式2员，尚膳人10名、尚茶人8名、尚香人6名，拜唐阿34名、院户领催壮丁21名、各项匠役65名。掌关防官和副关防官率所属官员、匠役人等承办祭祀事宜。

此外，贵妃园寝有首领2员（由兵挑放）、兵19名、领催8名。

“三陵”官制具有鲜明的特点：一是文武分置，各负其责，武掌护卫，文掌祀典；二是国戚舅姨子孙（即宗室、觉罗）任职者多；三是官员及兵以八旗满洲为主。以上诸特点充分显示出清统治者对“三陵”的重视。

为显示“三陵”的重要性，“三陵”官员、匠役的待遇也很高。

总管三品俸，随缺地80日。

翼长四品俸，随缺地60日。

防御五品俸，随缺地40日。

笔帖式随品级俸银，随缺地30日。

章京品级同食二两饷，随缺地25日。

舅姨子孙兵同食二两饷，随缺地15日。

领催随缺地10日。

马兵随缺地10日。

以上为武职官兵的待遇，既有俸饷，又有旗地。

掌关防官同四品俸，岁支俸米105斛，随缺地60日。

副关防官岁支俸米80斛。

内管领同五品俸，岁支银80两、俸米80斛，随缺地40日。

茶膳正五品俸，不支米，随缺地40日。

副内管领及茶膳副食二两饷，随缺地各30日。

茶膳人及香灯人俱食二两饷，随缺地各15日。

拜唐阿食一两饷者，随缺地15日、10日不等；食5钱饷者，随缺地10日。

匠役食5钱者、厨役支领米盐者、院户支领布棉者，各有随缺地定数。

园寝二处首领由兵挑放，食原饷，原随缺地。

外郎食二两饷，领米30斛2斗，随缺地20日。

领催食二两饷。[1]

文职官的品级略低于武职官，但掌关防官同四品俸，其地位同奉天府府丞和各直省的知府。从“三陵”文武官员的待遇可见“三陵”在清统治者眼中的重要性。

① 崇厚撰《盛京典制备考》卷一，收入《中国边疆研究文库·东北边疆卷》，黑龙江教育出版社，2014，第119页。

第六章 清帝东巡盛京

皇帝离开都城到外地巡视，观风问俗、察吏安民，作为一项政治实践活动，本不算特别的举动。为巩固统治计，皇帝这样做，也是很有必要的。但实际上，并非历朝历代每个皇帝都外出巡视。换言之，并非每个皇帝都能做到，只有少数皇帝才会去做。而这少数皇帝出巡，其目的不尽相同，效果也截然不同。

历史上最喜欢出巡的皇帝当为秦始皇。在国家一统，表面呈现天下安定之时，秦始皇偕诸臣，率军队，巡游天下。他出巡的目的是加强对帝国疆域的控制，炫耀皇帝至高无上的威权，到处刻碑，张扬个人的功德。秦始皇在统一中国以后的十二年中，数次出巡，几乎走遍了他的国土，最后死在出巡的路上①。另一位喜欢出游的皇帝是隋炀帝，他曾三下扬州。他出游不是为了观风问俗，而是贪图扬州的繁华，以至乐不思蜀，最后死在扬州。

在唐、宋、元、明几个朝代，除个别皇帝御驾亲征外，几乎没有皇帝出巡的记录。例如明代，统治时间长达270余年，共历16帝，但出巡无几，唯永乐帝率军亲征蒙古，还有英宗出征蒙古而被俘。其他各帝，终其一生，皆老守皇宫。

比较而言，清朝皇帝的巡视活动远远超过历朝历代。其规模，特别是出巡的目的与实际效果，都与历代出巡的皇帝不同。自康熙帝首次东巡，乾隆、嘉庆、道光三帝继其后，160多年间共有10次东巡。雍正帝即位前，曾受其父康熙帝之委派，代父皇东巡。一个朝代竟有如此之多的皇帝巡视故里，确是史无前例。同时，清帝还有屡次北巡、南巡之举，同样为历史所仅见。清帝的南巡、北巡、东巡构成了清帝政治及文化实

① 司马迁：《史记》卷六《秦始皇本纪》，岳麓书社，2001年第2版。

践活动的一大特色，比之历代，实为清帝的一大开创，极大地丰富了清帝活动的历史内容。根据本书之需要，这里只叙述清帝东巡盛京的史实。

第一节
清帝东巡始末

所谓“东巡”，即出巡盛京、吉林等地。这里是清朝的发祥地，是满洲民族的故里，是爱新觉罗祖陵所在地。清朝皇帝十分重视祖宗陵寝和发祥重地。在清政权入关后，曾有4位皇帝先后10次赴盛京谒陵。康熙帝3次东巡，首次出巡在康熙十年（1671）；乾隆帝4次东巡；嘉庆帝2次东巡；道光帝1次东巡，也是清朝皇帝最后一次东巡谒陵。在谒陵的同时，行围习武，联络蒙古，考察吏治，倡导文教。清帝东巡是清代历史上的重大政治事件。

一、东巡之缘起

清帝东巡始于康熙帝，但最早提出者是顺治皇帝。康熙九年（1670），康熙帝提出东巡祭祖，对礼部说明到盛京祭祖的缘由是：

> 太祖高皇帝创建鸿图，肇兴景运。太宗文皇帝丕基式廓，大业克弘。迨世祖章皇帝诞昭功德，统一寰区，即欲躬诣太祖太宗山陵，以天下一统致告，用展孝思。因盗贼未靖，师旅繁兴，暂停往谒。朕以眇躬缵承鸿绪，上托祖宗隆庥，天下底定，盗贼戢宁，兵戈偃息。每念皇考未竟之志，朝夕寝食不遑宁处，……今欲仰体皇考前志，躬诣太祖太宗山陵，以告成功，展朕孝思。①

康熙帝明确说明，东巡祭祖，一是以天下一统致告太祖与太宗，二是完成父皇的遗愿。

福临6岁时在盛京皇宫即位，翌年迁都到北京，至顺治八年（1651）亲政，是年14岁。顺治十年（1653）五月，16岁的顺治帝第一次提出东巡盛京，理由是："朕仰承天眷，统一区宇，深惟我太祖武皇帝肇造艰难；太宗文皇帝大勋克集，诞佑朕躬，以有今日。自登极以来，眷怀陵寝，辄思展谒。"这位少年皇帝怀念父祖，"每届祀期，瞻仰在天之灵，徘徊几筵，不禁陨涕，以致寝食俱废，日夜靡宁"，所以他决定"将躬谒山陵，稍展孝思"②，并传谕礼部，交议政诸王、大臣，满汉九卿等官详议。顺治帝将他欲东巡盛京的目的说得很清楚：他感恩父祖艰难创业，才有他的今日。所以，他要亲自前往关外，拜谒祖先陵寝，以完成国家统一大业告慰父祖的在天之灵，表达他的孝心。此时的顺治帝已经长大成人，心中渴望回到出生地看看，凭吊父亲与祖父，这也是人之常情；但因南方用兵，政局尚未稳定，民生尚未安宁，时机不成熟，因此未成行。

次年三月，顺治帝再次提出东巡，他说：

> 朕方在冲龄，即值先帝晏驾。终天抱痛，时刻靡谖，梦想音容，涕泗横集。自元年定鼎以来，绥辑多方，焦心劳思，不遑宁晷，顾瞻陵寝，邈在天涯，虽岁时祭祀斋沐遣官，而朕躬未行恭谒，追慕之殷，以日为岁，每临餐废箸，中夜以兴。所以择吉东行必不获已。

---

① 《清圣祖实录》卷三十四，康熙九年九月丙辰。

② 《清世祖实录》卷七十五，顺治十年五月丁丑。

诸王以京畿地区发生水灾、南方用兵为由，请顺治帝缓期东行。顺治帝很固执，坚持“四月内，朕必亲往”[①]，并拟于十一日启驾。这时叔父济尔哈朗出面阻拦，遂将东巡日期推迟到七月。至六月，欲备办出行时，六科给事中朱徽等又上疏劝阻，顺治帝再也无法忍受，怒斥道：“恭谒山陵，屡旨已定，朱徽等明知渎奏，借此沽名，甚属可恶！本当议罪，念系言官，姑从宽宥。”[②] 朱徽等人险些丢了官职。可见顺治帝东巡谒陵之心已决，并且十分迫切。事已至此，各方即进行准备，礼部行文盛京相关衙署，准备迎驾事宜。然而行期将至时，顺治帝迫于“盗贼未靖，师旅繁兴”，政局动荡不安，以国家安危为重，只好暂时放弃东巡，“俟他年有暇再行展谒”，意欲再延后一些时日，待形势稳定后再去盛京。此后几年，由于南明等抗清势力未靖，加之长期战乱造成经济萧条，国家财政困难、民不聊生，阶级矛盾和民族矛盾复杂尖锐，顺治帝东巡始终未能成行。顺治十八年（1661），年仅 24 岁的顺治帝患天花去世，东巡的夙愿成为了遗憾。

二、康熙帝三次东巡

顺治帝驾崩后，年方 8 岁的玄烨即位，即圣祖康熙帝。因年幼，由遏必隆、苏克萨哈、索尼、鳌拜四大臣辅政。康熙六年（1667）亲政。九年（1670），康熙帝提出东巡之议，欲亲往盛京，以实现其父的遗愿。但诸王大臣皆认为不可，理由是该年南涝北旱，又有治理黄河、淮河之工役，而去盛京路途遥远，东巡存在诸多困难，故应暂停此举。康熙帝亦知其难，遂不勉强，即改为翌年出行。

康熙十年（1671）正月，康熙帝又提出东巡谒陵之事。此时他已经 18 岁，

---

① 《清世祖实录》卷八十二，顺治十一年三月丙申。

② 《清世祖实录》卷八十四，顺治十一年六月庚辰。

决心实现父亲的遗愿，指示礼部说：“朕仰体世祖章皇帝遗志，欲躬谒太祖、太宗山陵展祭，以告成功。……今思太祖、太宗创业垂统，功德隆盛，山陵在望，刻不能忘。”康熙帝特别说道，去年他已去“恭谒孝陵（世祖之陵寝）礼成”，现在如不去盛京，他就无法安宁。“兹当海内无事，欲乘此躬谒福陵、昭陵，以告成功，用展孝思。”① 由于康熙帝的坚持，东巡盛京谒陵终于成行。康熙帝在位61年间，共3次东巡，每次东巡的目的及路线皆不相同。

（一）康熙帝首次东巡

康熙十年（1671）秋九月，天高气爽，康熙帝率领王公贝勒、文武大臣等从北京启程，以“寰宇一统，用告成功”赴盛京亲祭太祖太宗山陵。经直隶（今河北）的三河、蓟州、玉田、丰润、卢龙、抚宁，出山海关，再经兴城、北镇等处而至盛京（今沈阳），行程1500余里，仅用16天。

自九月十九日至二十四日，在盛京驻跸，主要活动是谒福陵、昭陵，行告祭礼；观赏盛京宫殿，宴赏文武百官。

九月二十四日，康熙帝以“欲周览盛京畿内形胜”为由北上，经铁岭、开原、叶赫正北堡、雅克萨、古城、穆当阿烟台、纳尔浑、达溪达尔巴，于十月初三日至吉林境。

十月十一日回到盛京城，率扈从人员谒福陵、昭陵，行辞别礼；在盛京宫殿检阅盛京将军阿穆尔图等以下各官在大清门步射，康熙帝还亲射数矢。在返京启程之前，谕宁古塔将军巴海，褒奖其贤能，并叮嘱其两件事：一是对归附的飞牙喀（费雅喀）、黑折（赫哲）等少数民族，不仅要“善为防之，尤须广布教化，多方训迪”；二是对沙俄，“罗刹贼寇虽云投诚，尤当加意防御，操练士马，整备器械，毋堕狡计”。又谕盛京将军：“朕驾将还，观尔非无能之人，尔其镇守地方，勉副朕意。”② 豁免自山海关至奉天府所属地方康熙十年、十一年份正项钱粮。然后设仪仗奏乐，康熙帝一行启程，盛京将军率文武百官跪送。

---

① 《清圣祖实录》卷三十五，康熙九年正月甲子。

② 《清圣祖实录》卷三十七，康熙十年十月壬辰。

至十一月初三日抵京。康熙帝首次东巡谒陵历时两个月，恭谒太祖、太宗陵寝，但未能至肇、兴、景、显四祖陵前致祭。

（二）康熙帝第二次东巡

康熙二十一年（1682）二月，春节刚过，康熙帝携皇太子并诸王大臣，不畏严寒，风尘仆仆地奔赴塞外。康熙帝急于东巡盛京，目的有二：一是向祖父祭告平定“三藩之乱”成功；二是进行军事部署，反击沙俄侵略。

“三藩”是指平西王吴三桂、平南王尚可喜、靖南王耿精忠。清初，三藩王分别镇守云南、广东、福建，势力日渐强大。康熙帝担心日久形成尾大不掉之势，于是在康熙十二年（1673）宣布撤藩。平西王吴三桂首先发动叛乱，随后靖南王耿精忠、平南王尚可喜之子尚之信等响应，挑起了内战，战争席卷了大半个中国，清朝刚刚建立的统一政权面临着严峻考验。康熙帝以其雄才大略和坚定的信念，运筹帷幄，调兵遣将，历时 8 年，至康熙二十年（1681），终于平定了叛乱。国家又归于一统，避免了分裂，巩固了清政权的统治，并为天下大治开辟了道路。康熙帝没有辜负祖宗，他要把这一重大成功告知先祖，在对臣下言此次东巡谒陵的原因时说：“自逆贼吴三桂倡乱滇南，多方煽动，军兴八载，中外骚骚。仰赖祖宗在天之灵，默垂眷佑，殄灭凶渠，民生乂安，疆圉底定。特行遍祀山陵之礼，用告成功。”①

令康熙帝不畏严寒，急于东巡的更重要的原因，是东北边疆出现危机。沙俄军队已经侵入黑龙江流域，筑城建堡，烧杀淫掠，甚至深入到松花江下游，到处点燃战火。黑龙江是满洲族先世的故乡，早在清太宗皇太极时期，就已经完成了对黑龙江流域及乌苏里江流域至库页岛的统一。崇德元年（1636），皇太极任命巴海为第一任宁古塔副都统，管辖两江流域。顺治初年清政权迁都北京后，清军南下，东北防御空虚，给沙俄以可乘之机，他们携带火器在黑龙江流域横冲直撞，无恶不作。② 尽管留守在东北的清军经过激战基本上肃清了入侵的

① 《清圣祖实录》卷一百一，康熙二十一年三月丙辰。

② 关于沙俄侵略军的暴行，在巴赫鲁申《哥萨克在黑龙江上》等众多著作中均有详细披露。

俄军，但由于清政府正倾力于关内的统一战争，抽不出兵力回东北驻防，尤其是黑龙江流域空旷无人，更无军队巡边，遂酿成严重后果。康熙初年，沙俄侵略军卷土重来，他们有步骤地实施侵略计划，开始在黑龙江沿岸建立一系列侵略据点。正当沙俄在东北黑龙江流域肆虐之时，在中国的南方爆发了以吴三桂为首的“三藩之乱”，康熙帝为避免同时南北用兵，派使臣前往尼布楚，向沙皇俄国表示抗议，试图通过外交手段解决东北边疆问题，但未果。“三藩之乱”平定后，康熙帝便马不停蹄地奔向了东北，他要亲自考察东北边境，进行军事部署，反击沙俄的入侵。

康熙帝一行于二月十五日从京师启程，三月初四日抵盛京城。祭奠福陵与昭陵后，初九日从盛京城出发，北上赴兴京（今新宾满族自治县永陵镇）拜祭永陵，以弥补第一次东巡时未能祭祀永陵之憾。十一日，时逢大雪，康熙帝一行顶风冒雪恭谒祖陵，康熙帝作《三月十一日雪中诣永陵告祭》：

峰峦叠叠水层层，王气氤氲护永陵。
蟠伏诸山成虎踞，飞骞众壑佐龙腾。
云封草木桥园古，雪拥松楸辇路升。
一自迁岐基盛业，深思遗绪愧难承。①

这首诗描写了雪中的永陵，表达了康熙帝对先祖的崇敬和缅怀之情。永陵祭礼毕，继续北上。在去吉林的路上，康熙帝度过了他 29 岁生日。三月二十五日抵达吉林乌拉（今吉林省吉林市）。二十七日，在吉林将军巴海陪同下，泛舟松花江上，赋诗《松花江放船歌》：

松花江，江水清，夜来雨过春涛生。
浪花叠锦绣縠明，彩帆画鹢随风轻。
萧韶小奏中流鸣，苍岩翠壁两岸横。
浮云耀日何晶晶，乘流直下蛟龙惊。

---

① 阿桂等纂修《盛京通志》卷五，辽海出版社，1997，第 116 页。

连樯接舰屯江城，貔貅健甲皆锐精。
旌旄映水翻朱缨，我来问俗非观兵。
松花江，江水清，浩浩瀚瀚冲波行，
云霞万里开澄泓。①

“我来问俗非观兵”，而实际上，康熙帝在乌拉召见宁古塔军事将领，商议边防，观看松花江上水师演习，都是他“讲武”与“备战”的一系列举措，恰恰是“我来观兵非问俗!”康熙帝以诗言志，抒发了定要驱逐沙俄侵略军的豪情壮志。这次东巡之后，马上进入实施反击阶段，就证明了此行意在了解东北边防状况，为筹划和制定反击沙俄的战略做准备。在吉林停留 3 日，宴赏如例。四月初七日启驾南归，十九日至盛京，诣福陵、昭陵，行告辞礼。二十日返京，五月初四日至京师。这次东巡历时 80 天。

（三）康熙帝第三次东巡

康熙三十七年（1698）初，西北准噶尔部噶尔丹为乱近 10 年，终被清朝平定。康熙帝以此大功告成，于同年七月东巡奉祀祖陵。当然还有更深刻的政治内涵，即借东巡祭祖之机会，安抚蒙古诸部。七月二十九日，康熙帝亲奉皇太后（孝惠章皇后），并率皇长子多罗直郡王胤禔、皇三子多罗诚郡王胤祉、皇五子多罗贝勒胤祺、皇七子多罗贝勒胤祐、皇九子胤禟、皇十子胤䄉、皇十三子胤祥及王公大臣等一行经河北密云县、古北口，越长城，出口外，经承德县直奔蒙古牧区。在此驻跸喀喇沁和硕端静公主与和硕额驸噶尔臧府第。转东北行，经过翁牛特、敖汉、奈曼旗、科尔沁旗，驻跸科尔沁王府、和硕纯禧公主与额驸般迪府。再转向南，途经托尔惠、乌楚滚等地，见当地“雨泽沾足，有益农事”，康熙帝十分高兴。其间对来朝见的翁牛特、敖汉、奈曼、阿禄科尔沁、郭尔罗斯、喀尔喀、科尔沁、喀喇沁、土默特诸王、贝勒、贝子、公、台吉等均赏以白金彩缎，加深了与蒙古各部的关系。

---

① 阿桂等纂修《盛京通志》卷五，辽海出版社，1997，第 117 页。

九月初十日，由蒙古折向南，直趋吉林。此间，黑龙江将军抗俄英雄萨布素、宁古塔将军沙纳海等朝见，康熙帝特降旨嘉奖二人。在吉林地方察吏安民，行围狩猎，练兵习武，还到“水深千尺”的松花江上亲自掷网捕鱼。

九月二十九日，康熙帝从吉林南下，十月十三日至兴京永陵，行告祭礼。然后出抚顺，于十月十六日抵盛京城，诣福陵、昭陵，行祭礼。康熙帝还亲临清开国勋臣扬古利、费英东、额亦都墓奠酒举哀，以嘉其辅佐太祖肇基天下之功劳。在盛京宴赏官兵人等，停留4天，于二十一日奉皇太后回銮，十一月十三日至京师。这次东巡历时最久，长达3个半月；所行路程最长，北巡、东巡连续进行，跨越今之河北、辽宁、吉林、黑龙江、内蒙古诸省和自治区，足迹几乎遍及东北和西北，往返近万里，创造了出巡的新纪录。

康熙帝在即位六十年之春，举行了60年大庆典礼。康熙帝认为此事意义重大，理应祭告祖先，但他已年近70岁，不宜远行，遂派皇四子雍亲王等代他赴盛京祭告永、福、昭三陵。一年之后，康熙帝驾崩，雍亲王胤禛即位，即世宗雍正帝。雍正帝与其父康熙帝及其子乾隆帝频繁出巡不同，他哪里也不去，就连避暑山庄也不曾去过一次。终其在位13年，就行止于皇宫之内，直至去世。

三、乾隆帝四次东巡

乾隆帝曾经跟随祖父康熙帝至盛京谒陵，对祖宗及盛京满怀眷恋之情，对东巡盛京谒陵的意义也有深刻认识，所以在执政的60年中，先后4次东巡祭祖，分别在乾隆八年（1743）、十九年（1754）、四十三年（1778）、四十八年（1783）。其中乾隆八年（1743）的东巡，在清帝东巡史上占有重要地位。

（一）乾隆帝第一次东巡

乾隆八年（1743）七月初八日，乾隆帝奉皇太后钮钴禄氏自畅春园启銮，经怀柔、密云县，出古北口即进入内蒙古地界，到避暑山庄稍事停留休息。七月十九日，从避暑山庄出发，沿途经过中关、波罗和屯、张三营入木兰围场。蒙古48旗诸王公等热烈迎候，他们跟随乾隆帝在围场行围打猎，乾隆帝赐宴招待并给予赏赐。乾隆帝作诗《过蒙古诸部落》，在诗中描绘了蒙古民族质朴、勇武、洒脱、安适的游猎生活。谒陵队伍由哲里木盟入吉林将军辖区；至克尔素河（今吉林伊通），奉天官兵来迎接，由英额边门进入盛京地区。

九月十六日，乾隆帝奉皇太后进至永陵，举行了庄重的谒陵礼。第二天，再赴永陵行大飨礼。

九月二十二日，乾隆帝一行经过抚顺前往福陵行谒陵礼，次日行大飨礼。当日由福陵往谒昭陵，第三天在昭陵行大飨礼。至此，乾隆帝一行完成了关外"三陵"的谒陵典礼。

九月二十四日进入盛京城，驻跸盛京皇宫。在宫中举行了隆重的升殿大典和筵宴，进行祭神活动，接见盛京将军、奉天府府尹等官员，对随驾的王公文武官员、盛京官兵、宗室觉罗及旗民老寿人等加恩赏赐，接待朝鲜使臣。

十月初二日，乾隆帝奉皇太后启銮回京。从盛京城出发，渡辽河，经广宁（今北镇）、锦县、宁远（今兴城）、山海关、卢龙、丰润、遵化，于十月二十五日回到北京，历时3个半月。[①]

乾隆帝初谒祖陵，对先祖在关外创立基业的艰难有了更深刻的认识，同时关外的山川形胜及风土人情给长居深宫中的他留下了难以忘怀的印象。乾隆帝在驻跸盛京皇宫时作《盛京赋》，洋洋洒洒4000余字，其中有如下论述：

> 宗庙禘尝之典，固先王继志述事之大经也，然自圣人象大过肇封树以来，上陵之制，汉代已然。我国家肇兴盛京，邠岐之地，桥山在焉。昔皇祖六十一年之间，三谒丹陵，用展孝敬。皇考在位，百度维新，日不暇给，适西鄙有事，征役已劳。又藩邸时，曾奉皇祖命，往谒祖陵，是以十有三年中，未举是典。予小子缵承丕基，惧德弗嗣，深惟祖宗缔构之勤，日有孜孜，敬奉神器，言念盛京为天作之基，永陵、福陵、昭陵，巍然在望，

① 关于高宗第一次东巡盛京详见《清高宗实录》卷一百九十八—二百三，乾隆八年七月—十月。

不躬亲祀事，其奚以摅悫忱而示来许。爰以乾隆癸亥秋，恭奉皇太后发轫京师，届我陪都，孝思以申，祖武是仰。因周览山川之浑厚，民物之朴淳，谷土之沃肥，百昌之繁庑，洵乎天府之国，兴王之会也。①

在这段论述中，乾隆帝解释了父皇雍正帝十三载未至盛京谒祖陵的原因，表达了自己对祖宗的深厚感情，申明盛京谒陵，不只是为祭祖以展孝思，还可以周览山川形胜，体察风土民情。

（二）乾隆帝第二次东巡

乾隆十九年（1754）五月初六日，乾隆帝再次奉皇太后由圆明园启銮，北上避暑山庄，所行路线与首次大略相同。七月初五日，从承德出发，出中关，入喀尔沁境，经敖汉、土默特、科尔沁诸部，途中对前来迎接的蒙古各部王公赐宴招待。由伊屯边门进入吉林将军辖区，八月初七日至吉林城。是年，乾隆帝44岁，是第一次来到长白山地区。他在吉林将军的陪同下，登上温德亨山祭祀长白山神。在《望祭长白山作》一诗中，这位大清皇帝记叙了当时的祭神情形：

诘旦升柴温德亨，高山望祭展精诚。
椒馨次第申三献，乐具铿锵叶六英。
五岳真形空紫府，万年天作佑皇清。
风来西北东南去，吹送膻芗达玉京。②

祭祀长白山之后，乾隆帝游览了松花江，然后取道西南途经辉发城，由英额边门入盛京界。九月初五日，乾隆帝一行至永陵，进行祭陵活动，程序和礼仪与前次相同，再至福陵、昭陵谒陵。九月十一日，入盛京城，举行宴筵、庆

① 《清高宗实录》卷二百二，乾隆八年十月庚戌。

② 阿桂等纂修《盛京通志》卷五，辽海出版社，1997，第227页。

图6－1 长白山图

典、赏赐如前。在盛京城停留7天后回銮，在回程途中经过广宁，乾隆帝亲诣北镇庙行礼，又遣官祭辽太祖陵，开清帝礼拜北镇庙之先例。十月十一日回到北京。第二次谒陵历时5个多月，是乾隆帝4次东巡中时间最长的一次，原因是乾隆帝在避暑山庄接见准噶尔部三车凌，谋划对准部用兵事，耗去一个多月。

（三）乾隆帝第三次东巡

在乾隆帝第二次东巡回京后，清廷出兵新疆，平定准噶尔部叛乱和回部的大小和卓叛乱；出兵大小金川；出征缅甸。乾隆帝在出兵平叛的同时，西巡五台山礼佛，东巡山东祭孔，南巡视察河工海塘、差吏安民、观风问俗。大概因军事和政务繁忙，20余年间，乾隆帝没到盛京祭祖。乾隆四十二年（1777）九月，乾隆帝发布上谕：

盛京乃我朝定都创业之地，永陵、福陵、昭陵巍然在望。皇祖圣祖仁皇帝御极六十一年，曾经三次展谒，孝思追远，常切钦承。朕自乾隆八年

> 及十九年恭谒祖陵以来，迄今已二十余年。遥企桥山，每深依恋。常时恭阅太祖太宗实录，敬惟开创艰难，佑启万年统绪，兹际重熙累洽之庥，溯念前劳，辄不禁愀然泪下。而松云葱郁，向惟再莅瞻仰，心甚歉焉。朕现在精力如前，尚堪远涉，拟于明岁秋间前诣盛京，恭谒祖陵，以申积悃。所有跸路往来，俱由内地出山海关而行，于置顿安营较为妥便。[1]

此时乾隆帝已经67岁高龄。他在上谕中表达了对先祖的追思，对太祖太宗艰难开创基业的缅怀，以至每当读太祖太宗实录时都不禁潸然泪下。他认为自己的身体和以前一样健壮，还能远涉，所以要第三次东巡谒陵。但这次东巡与以前不同，因为是年初，乾隆帝生母钮钴禄氏去世，他尚在二十七月服内，所以规定途中不行围打猎，至盛京时不升殿不宴筵，蒙古王公毋庸朝觐，朝鲜国不用遣使朝贺。

乾隆帝这次到盛京的路线也与以往不同。乾隆四十三年（1778）七月二十日，乾隆帝一行从北京出发，经三河、丰润等县，循渤海沿岸行走。出山海关后，在杏山东大营行殿召见并赏赐蒙古敖汉、奈曼、巴林、阿鲁科尔沁、翁牛特、喀尔喀、土默特、扎鲁特等各部王公台吉。驻广宁城南大营两天，亲诣北镇庙行礼。渡辽河，八月十七日至永陵。大概是生母去世的缘故，乾隆帝谒永陵时，“未至碑亭，即降舆恸哭。步入启运门，诣宝城前行礼，躬奠哀恸”[2]。然后到福陵、昭陵拜祭，乾隆帝也是未到碑亭即失声痛哭。自此以后，清帝谒陵时放声大哭就成为一项固定的仪式。九月初二日，乾隆帝返程，二十六日到达北京。这次东巡谒陵历时66天，是时间最短的一次，一切从简。这大概与乾隆帝生母去世不久有关，也与乾隆帝年事已高、不便长期出巡有关。

（四）乾隆帝第四次东巡

乾隆四十八年（1783），73岁的乾隆帝要第四次东巡盛京谒陵，原定“于

---

① 《清高宗实录》卷一千四十一，乾隆四十二年九月壬午。

② 《清高宗实录》卷一千六十五，乾隆四十三年八月申戌。

五月二十四日启銮至热河，驻跸避暑山庄。七月十一日即由热河至盛京、兴京恭谒祖陵”[①]；但考虑到七月十一日仍在三伏之内，天气炎热，又值雨季，道路泥泞，大队人马行走不便，于是在热河避暑山庄停留时间较长。八月十六日，乾隆帝从承德启銮，经塔子沟、叶博受（今叶柏寿）、三座塔，由九关台边门入盛京界。先至永陵拜谒，再至福陵、昭陵拜谒。入盛京皇宫后，乾隆帝御崇政殿，扈从皇子、王公大臣官员、蒙古王贝勒、盛京文武官员大臣及朝鲜使臣等行礼朝贺。御大政殿赐宴，招待皇子、王公大臣官员及使臣。除赏赐王公大臣官员人等之外，“所有奉天等处旗民男妇，官兵母妻七十以上者，各给布一匹，米五斗；八十以上者，给绢一匹，米一石；九十以上者倍之；百岁者，加赏大缎一匹，彭缎一匹。用以优老引年之意”[②]。

九月二十二日从盛京启程，十月十七日回到北京。乾隆帝最后一次东巡谒陵历时 5 个月。

乾隆帝四次东巡盛京的意图与具体活动内容，皆遵循康熙帝的做法，并将祭祖活动程序化、制度化。每次东巡的时间多半超过康熙帝。尤其是晚年两次东巡，不畏车马劳顿，说明了乾隆帝对东巡的重视。这不仅仅是恭谒祖陵，缅怀先祖，而是一项重要的政治活动。乾隆帝除东巡外，还不断南巡、北巡，在这方面创下了新的纪录。

四、嘉庆帝两次东巡

继乾隆帝之后，仁宗嘉庆帝亦步其父祖之后尘，相继两次东巡盛京。第一次是嘉庆十年（1805），第二次是嘉庆二十三年（1818）。嘉庆时，清朝已由盛世的顶峰滑落下来，正处于由盛转衰时期，国家财政艰难；因此嘉庆帝两次东巡皆不围猎，不偕后妃，行程也缩短，由京师直接至盛京，未绕道蒙古，也未

---

① 《清高宗实录》卷一千一百七十八，乾隆四十八年四月丁亥。

② 《清高宗实录》卷一千一百八十九，乾隆四十八年九月乙巳。

远涉吉林，返程时也是直接返回京师，未费更多时日。

（一）嘉庆帝第一次东巡

自乾隆末期起，全国各地的农民起义已经此起彼伏。及嘉庆帝即位后，爆发了白莲教起义，敲响了盛世的丧钟。清政府动用全国的兵力和财力，历经10年，终于镇压了白莲教起义。嘉庆九年（1804）八月，嘉庆帝谕内阁：

> 盛京为我朝发祥之地，桥山弓箭，谟烈存焉，自祖宗以来，祗修谒陵之典，朕忆从前随侍皇考高宗纯皇帝恭诣陪都，敬仰鸿仪，山川风景，依依在目。尔时即蒙皇考恩慈，欲畀以付托之重，曾默以朕名告于太祖太宗仰维昭鉴之诚，勖以丕基之绍。及兹寅承统绪，九年以来，宵旰敬勤，诚求治理，期以上酬眷顾。本拟于亲政后即恭谒祖陵，适缘剿办川陕楚邪匪，筹笔连年，今幸事机顺利，歼厥渠魁，党恶十数万悉被歼除，零星余匪亦已迅就肃清，从此海宇敉宁，群黎蒙福，此皆列祖在天之灵默为垂佑，俾蒇钜功，允宜虔诣山陵，升芗对越。①

嘉庆帝即位前曾经跟随乾隆帝东巡，对当年的盛况记忆犹新，尤其是乾隆帝再三告诫子孙，倘若“轻视故都，而惮于远涉。或偶诣祖陵，视周延揽古迹，而漠不动心，是则忘本而泯良。设有其人，即为国家之不幸。实不愿我后嗣之若此也”②。乾隆帝把轻视故都或者虽然谒祖陵却漠不动心视为国家的不幸，其训诫语重心长，目的是让子孙不忘先祖创业之艰难，兢兢业业地守成，永保江山一统。嘉庆帝将乾隆帝的训诫牢记在心，在镇压了白莲教起义后，便迫不及待地提出东巡谒陵。

嘉庆十年（1805）七月十八日，嘉庆帝率皇子及王公大臣自京师东华门启程。八月十五日，抵永陵，举行谒陵仪式。二十日，恭谒福陵，驻跸马关桥大

---

① 《清仁宗实录》卷一百三十三，嘉庆九年八月己巳。

② 《清高宗实录》卷一千六十六，乾隆四十三年九月丁亥。

营。第二天，恭祭昭陵，入盛京皇宫。在皇宫内举行清宁宫祭祀；嘉庆帝御崇政殿，扈从王公大臣官员、蒙古王公、盛京文武官员及朝鲜使臣等行庆贺礼；对众官员兵丁人等加恩赏赉；在大政殿举行大规模的君臣宴。① 在旧宫中见到太祖遗留的甲胄时，嘉庆帝感慨而作《恭瞻太祖皇帝甲胄》，诗云：

龙兴辟宇宙，辽沈定邦基。
百战申诛讨，诸藩共扈随。
复仇摧小丑，临阵督雄狮。
甲胄有创迹，拜观增痛悲。②

嘉庆帝睹物思人，追忆祖先创业之艰难及丰功伟业。八月二十八日，回銮。九月二十三日，从京师朝阳门进东华门，入宫。嘉庆帝首次东巡盛京，历时两月有余。

（二）嘉庆帝第二次东巡

嘉庆十八年（1813），天理教等农民起义先后被镇压，社会形势稍稍平稳。二十二年（1817）六月，嘉庆帝谕内阁，提出“拟于明秋再举三陵大典，用展孝思”。大学士松筠等因时逢大旱，兼以经过多年兴师镇压各地农民起义，耗资巨大，天灾人祸已致百姓民不聊生，倘若再率众出巡，必加重国家和百姓负担，所以奏请暂缓盛京谒陵之事。嘉庆帝对松筠所奏很不满意，训斥道：“昨据大学士松筠折奏，致旱之由因朕欲诣盛京，列圣示象阻止等语，实属梦呓，怪诞极矣。成汤遇旱，六事自责，六事中有谒祖陵一节乎？况一年后之事，先为此言摇惑众心，大玷首辅之职矣。……今松筠因夏令微旱，竟敢阻止明岁上陵巨典，较秋狝为尤甚。此奏若在明降旨之后，朕必将松筠置之重典。”松筠虽然被宽宥，但还是被革去大学士、御前大臣、领侍卫内大臣、都统并各项差使，以二

---

① 关于仁宗首次东巡详见《东巡纪事》卷一，收入《辽海丛书》第四册，辽沈书社，1984。

② 《清仁宗御制诗集》。

品顶带补授察哈尔八旗都统，仍带革职留任，若八年无过“方准开复”。①

嘉庆二十三年（1818）七月，嘉庆帝率皇次子智亲王绵宁（即后来的道光帝）、皇四子绵忻及王公大臣兵丁扈从启驾东巡盛京，恭谒永陵、福陵、昭陵。入盛京宫殿，举行庆贺典礼；对随行扈从人等、盛京文武官员兵丁及蒙古王公赏赉有差；降旨免奉天、兴京、承德、辽阳、牛庄、盖州、熊岳、复州、锦州、岫岩、凤凰城、开原、广宁、锦州、宁远、义州等旗地本年应纳米豆草束的十分之五，并以前的积欠。

九月十六日，嘉庆帝一行自盛京启程返回北京。

五、道光帝东巡盛京

宣宗道光帝仅有一次东巡，在道光九年（1829）进行，历时66天。

道光帝即位之时，清朝已经由盛转衰，颓势已定，中年登基的道光帝面临着内忧外患。内则政治腐朽，吏治败坏，国家财力日蹙，阶级矛盾日趋尖锐，各地各族的起义和变乱时有发生；外则在葡萄牙、西班牙、荷兰、英国向中国涌来的同时，美国、法国、比利时、奥地利、丹麦、瑞典、俄罗斯等国家也先后逼向中国。道光帝刚即位，新疆便发生了张格尔叛乱，事态不断扩大。道光六年（1826），张格尔攻陷喀什，叶尔羌、英吉沙尔、和阗诸城也相继被叛军占领。数万名清军参加了这场平叛战争，道光八年（1828）正月，张格尔被擒，五月被解至北京处决。

张格尔之乱成为道光初年国家的要患，历时8年终将其平定，实为道光帝即位后最值得庆贺的大事之一，道光帝遂决定赴盛京告祭祖陵。他谕内阁：

> 我朝肇基东土，桥山弓剑，谟烈昭垂。自祖宗以来祗修谒陵巨典。皇考仁宗睿皇帝临御二十五年，曾两次躬诣陪都，恭谒祖陵。朕寅承统绪已

① 《清仁宗实录》卷三百三十六，嘉庆二十二年十月己未。

经八载，无日不以躬亲展谒为念，现在回疆大功庆成，虽于本年遣王恭代祇告，尚不足以申悃忱，特涓吉于明年八月十六日，恭奉皇太后安舆，自京启銮，由山海关一带，前赴盛京，恭谒三陵。①

道光帝决定“躬亲展谒”的原因有三：一是经康熙、乾隆、嘉庆诸朝，东巡谒陵已相沿成制，他要恪守祖制；二是表现他缅怀故里、敬仰祖先创业功德的孝诚之情；三是表达他对列祖列宗在天之灵庇佑平定叛乱、巩固江山的感激之意。

谕旨下，盛京将军奕颢便筑桥修路，修缮“三陵”及盛京宫殿，征调骆驼、马匹，准备迎驾。

道光八年（1828）八月十九日，銮驾启程出京。途中不驻避暑山庄，所行路线与仁宗嘉庆帝两次东巡路线基本相同。九月十六日，谒永陵。次日在永陵行大飨礼。二十一日，谒福陵，奠额亦都墓，驻跸马关桥御营。次日在福陵行大飨礼，谒昭陵，驻跸瓦子峪。二十三日，诣昭陵行大飨礼。是日，入盛京旧宫。在旧宫隆重举行庆贺典礼、宴筵和清宁宫祭祀，颁诏恩赏。三十日，道光帝奉皇太后回銮。十月二十四日，还宫。

道光帝的东巡谒陵历时 66 天，行程 3700 余里。因道光帝曾经跟随嘉庆帝至盛京谒陵，对沿途山川景物并不陌生，且为体现“节用爱民”，所以不仅取消了沿途的行围打猎，也省去了观光游览性质的活动，只保留了先帝东巡中较为重要的一些祭祀礼仪，例如去盛京途中祭姜女庙、北镇庙等。

道光帝的这次东巡是清帝东巡的第十次，也是最后一次。就当时的社会背景而言，清朝已处于江河日下之际，国内弊端丛生、矛盾重重，国外列强已经叩响中国的大门。当时虽然也“依制”完成了东巡谒陵大典，但与康乾之世的 7 次东巡相比，已不能给人留下盛世天子荣归故里光耀祖先江山的印象，而只是满足遵从祖训和装扮升平气象的需要，勉强成行的循例之举。从东巡的政治意义和社会影响来看，康熙帝和乾隆帝在展谒祖陵这一表面目的之外，还有巡

① 《清宣宗实录》卷一百三十八，道光八年七月庚子。

查东北边务、抚绥内蒙古各部及阅视关外八旗兵民状况等更深一层的用意。而道光帝此行，无论是往返途中还是驻跸盛京期间，皆给人以行色匆匆、无暇多顾之感，很少对东北地方军政事务加以垂询和部署，并且取消了黑龙江将军接驾和检阅盛京八旗军队等象征性的“巡边阅武”之惯例。究其原因，或系当时顾虑所在主要是西北回疆和东南沿海，东北地区尚属平稳，无暇多加顾问。这样就使得此次谒陵“东巡盛京”的意义不如以往，而近乎单纯的例行祭典。

道光中叶以后，清朝统治所面临的危机日益加深。1840年爆发的第一次鸦片战争，使中国开始沦为半殖民地半封建社会，往昔天朝大国的威风已不复存在，皇帝东巡谒陵这样的盛典自然难以继续举行。咸丰一朝又有声势浩大的农民起义，同治与光绪年间东北已经成为沙俄和日本争夺的势力范围。在这种情况下，皇帝坐守京师尚不得安宁，出关祭陵就更无从谈起了。所以自道光帝那次东巡谒陵以后，咸丰、同治、光绪诸帝皆放弃了东巡，亦停止了祭祀祖陵的活动。换言之，清代东巡祭祖的活动，至道光帝东巡一次之后，即告永远停止。

清帝东巡、北巡、南巡，已构成清史的独特内容，也是清朝皇帝政治实践活动的一大特色。尤其是东巡，四帝十次去盛京和兴京祭祖，显示出清帝对盛京的特殊眷顾，将盛京置于特殊的政治地位。

如何评价清帝东巡？学术界对此问题认识不同，故其评价也有明显差异。一种意见认为，皇帝出巡，靡费国家钱财，骚扰所经之地的百姓，增加额外负担，故出巡的积极意义不大。另一种意见对此不以为然，认为出巡不过是皇帝的个人嗜好，没有必要重视这类事。还有一种意见是给予基本肯定的评价，认为皇帝到社会生活中了解社会，体察世风民俗、考核地方官吏，这对于治国多有益处。

考察历史，皇帝（或称天子）出巡已被明确定为一项典制而载入史籍。例如《尚书·舜典》载：“岁二月，东巡狩。”《孟子·梁惠王》解读“巡狩”之意：“天子适诸侯曰巡狩。巡狩者，巡所守也。”[①] 可见，出巡是皇帝应做的事。实际情况是，绝大多数皇帝并不出巡。历代只有少数皇帝出巡，但他们怀有不

---

① 戴逸：《清帝东巡·序》，辽宁大学出版社，1991。

同的目的，做法未必一致，效果也不尽相同。笔者认为，对皇帝出巡，应看作一件好事，因为皇帝通过出巡了解民情、吏风，有利于治国。这是出巡的本意和价值所在。但是，有的皇帝出巡，是为满足个人的逸乐，当然不足取；有的是为张扬个人之威，以此辖制天下百姓，也不足道。清代诸帝东巡、北巡、南巡，并非为逸乐，从其出巡的诸项活动可知其出巡之本意，仍坚持古训“巡所守也”。例如康熙帝所倡导，“察吏安民”。所以对于清帝东巡，笔者给予肯定的评价。以下就对东巡盛京的具体状况展开叙述，从中可以揭示东巡的具体内容，判断其有无积极意义。

第二节 恭谒祖陵与旧宫庆典

圣祖康熙帝3次东巡。在3次东巡过程中，谒陵祭祖的规制及在盛京旧宫的庆典礼仪渐趋完备。至乾隆帝东巡时，各项规制与仪礼进一步典制化，成为清朝后代皇帝不易之规则。

一、谒陵展孝思

祭祀是人类共同的一项重要活动。人类在其自身发展过程中，形成了不同的民族或部族，祭祀的形式多种多样，祭祀过程与程序也各不相同；但祭祀对象却是大同小异，诸如天地、山川、世间万物神祇，近及祖先和已故血缘亲人等。

祭祖，不过是名目繁多的祭祀中的一种。天在人们心目中是崇高而神圣的。同样，祖先也是神圣不可侵犯的。在中国两千多年的封建社会里，儒家的“慎终追远”思想贯彻始终，祭祀祖先活动已经成为每个人与每个家庭生活的重要组成部分。“敬天法祖”成为大清王朝治国的思想信条。

清朝统治者是满族人，尤其重祭天、祭祖，祭祀天神和祖先神是满族萨满教祭祀最主要的内容。祭祖一方面表示对祖先的追思，另一方面希望得到祖先的保佑和庇护。

清入关后，在盛京地区留下三座祖陵，即永陵、福陵、昭陵。

图6－2　永陵功德碑楼上雕刻的坐龙

盛京“三陵”建筑规制相似，陵园主要由三部分组成：前庭，主体建筑是功德碑碑楼；后院为方城，主体建筑是供奉神位和举行祭祀的大殿，其中永陵的大殿称为启运殿，福陵、昭陵的大殿均称作隆恩殿；再后是宝城。前庭后院均建有配殿。三个区域将服务、祭祀、安葬三种功能有机地结合起来，形成如皇宫的“前朝后寝”的建筑群。但是，“三陵”在建筑规模和建筑水平上有明显差别：永陵占地面积最小，建筑简单、原始；昭陵占地面积最大，建筑水平最高。这也反映了后金（清）在不同时期的社会发展状况。

满族对祖先的祭祀仪式和程序与汉族大不相同。清朝诸帝对祖先的祭祀，似乎比汉人所建王朝更为隆重，更为崇敬。他们遵循儒家“慎终追远”与“敬天法祖”的思想，以“孝治天下”。他们不远千里之遥，长途跋涉，来到祖先创业的盛京，目的就是祭祖，表达对祖先的景仰与感激之情。

早在清入关之前，崇德元年（1636）六月，就制定了祭祀福陵礼仪规制。清入关之后，派官兵把守防护关外“三陵”。顺治八年（1651），修订诸陵祀典，规定：

兴京、东京四祖陵，于冬至、岁暮、清明、中元、十月朔，俱致祭。其祭品是：冬至、岁暮、清明，各用牛一，献酒果，上饭，上羹，供香烛，焚帛，读祝文；中元、十月朔，各用羊一，献酒果，供香烛，焚帛，读祝文。举行这五祭时，俱遣宗室觉罗大臣致祭。每月朔望，荐熟羊一，献酒果，供香烛，令守陵章京致祭。祭福陵、昭陵，上躬往，自左门入。若遣官，自右门入。祭文、祭品，悉由中门入。祭福陵，于牌楼前下马。祭昭陵，诸王则于立狮子处下马，官民则于树红桩处下马。福陵、昭陵，除清明、中元、岁暮照常致祭外，每年十月朔、冬至，亦各致祭一次。其祭品是：十月朔用酒果、供香烛；冬至用牛羊豕，献酒果，上饭，上羹，供香烛，焚帛，读祝文。

又定：“凡和硕亲王以下，文武三品官以上，或专往盛京，或道过盛京，俱先谒福陵、昭陵，于二门外行三跪九叩头礼。及还，辞陵礼如前。”[①]

如上所引，清朝从入关前到入关后，已形成一套完整而系统的谒陵大典，规定：每年清明、中元（指农历七月十五日）、冬至、十月朔、岁暮为五大祭日，行大祭；每月逢朔日（初一）、望日（十五）则行小祭。承祭人因大、小祭不同而有所区别：大祭日，派遣宗室觉罗大臣前往祭祀；小祭日，由守陵官员负责祭祀。大、小祭祀所用祭品，祭祀程序等都做出明确规定。此外，每逢已故皇帝与其皇后的忌辰、诞辰也要祭祀。

---

① 《清世祖实录》卷五十七，顺治八年六月乙丑。

（一）恭谒祖陵顺序

圣祖康熙帝第一次东巡时诣福陵、昭陵行告祭礼，未到永陵。第二次东巡，先诣福陵与昭陵，然后谒永陵，原因是祭永陵后继续北上宁古塔。第三次东巡，先至永陵行告祭礼，然后诣福陵与昭陵。至乾隆朝，恭谒祖陵的顺序已确定下来：无论皇帝是从吉林一线，还是从山海关、彰武一线进入盛京地区，均先谒永陵，然后谒福陵、昭陵，谒陵礼毕后驻跸盛京皇宫。

高宗乾隆帝第一、二次东巡盛京，均从热河避暑山庄经内蒙古进入吉林南部，再从英额边门进入兴京界，自然是先谒永陵，然后谒福陵、昭陵。其第三次东巡，从北京取道山海关，经盛京城西不远的老边，从昭陵、福陵北方越过，直趋兴京，先谒永陵，然后回而转西，再谒福陵、昭陵。第四次东巡，从热河避暑山庄经过，但在今叶柏寿、朝阳一线取道九关台边门，经过义州，仍然循盛京西老边越过福陵与昭陵，先至兴京永陵拜祭，然后回谒福陵、昭陵。

从前两次东巡谒陵路线看，先谒永陵，再谒福陵、昭陵是自然的；但从后两次看，并不是按照巡幸路线来决定谒陵顺序，而是由永陵、福陵、昭陵的年代、辈分决定谒陵顺序的。这种顺序在乾隆朝已经成为定制。

之后的嘉庆帝与道光帝皆遵守定制，先谒永陵，再谒福陵、昭陵。

（二）谒陵程序与仪注

祭祖陵既然是清朝的一项重要典制，当然要有固定的行祭仪式和程序。下面以乾隆八年（1743）九月乾隆帝首次东巡盛京祭祖陵为例加以说明。《清高宗实录》卷二一载：九月“乙未上奉皇太后，率皇后谒永陵，……丙申上诣永陵行大飨礼……”[①] 据此可知，祭祖陵之仪分两日举行：第一日行谒见礼，第二日行大飨礼。

谒见礼，即拜见礼，在宝城前举行。为此次祭祖，礼部议定谒陵仪注如下：

---

① 《清高宗实录》卷二百一，乾隆八年九月乙未。

皇上御素服，至正门外降舆。礼部堂官导引，由正门之左门进。永陵，入启运门之左门，经启运殿东旁行，以地狭，拜褥设阶下，行三跪九叩礼。福陵、昭陵，入隆恩门之左门，经隆恩殿东旁行，诣祭台处，行三跪九叩礼。兴，诣东旁立，俟设奠几毕，上进谒陵。永陵，凡四跪，祭酒十二爵。福陵、昭陵各祭酒三爵，每一祭酒，行一叩礼，礼毕，仍诣东旁立，西向举哀。

王以下、三品以上官员等，于殿之两旁，按翼向上排立，均随行礼举哀。毕，礼部堂官导引皇上由原进之门出，乘舆还行宫。

以上所录，是皇帝、随祭诸王及三品以上官员谒陵的具体仪式。参加谒陵的还有皇太后、皇后，对此礼部制定的仪注是：

皇太后、皇后至正门之右门外降舆，掌关防等官之妻导引，由正门之右门进。永陵，至启运门下；福陵、昭陵，至祭台处，皇太后就正中拜位，皇后随后，均行六拜三叩礼。兴，诣西旁立，俟设奠几毕。皇太后谒永陵，四跪，祭酒十二爵；福陵、昭陵各祭酒三爵，每一祭酒，行一叩礼。皇后均随行礼。兴，仍诣西旁立，东向举哀。毕，掌关防等官之妻导引皇太后、皇后由原进之门出，乘舆还行宫。①

谒见礼的程序归纳起来有三：行礼、祭酒、举哀。

大飨礼，是在大殿（永陵在启运殿，福陵与昭陵在隆恩殿）举行的祭祀大典。该礼仪更为庄重，更为严格。乾隆八年（1743），乾隆帝在永陵举行大飨礼的礼仪与程序如下：

步入启运门，诣香案前跪，上香，复位，行三跪九拜礼。初献，奠帛爵（即焚帛、奠酒），读祝毕，行三拜礼。亚献、三献，各奠爵毕，行三跪

① 《清高宗实录》卷二百，乾隆八年九月癸巳。

> 九拜礼。王以下官员，均随行礼。上（乾隆帝）诣望燎位望燎，礼毕，入陵寝左门，至明楼前，西向立，举哀。往以下各官，咸举哀。①

比较前述之谒见礼，大飨礼的确更为隆重。祭祀内容尤为重要，如“奠帛”“初献”“亚献”“三献”等。此外还有一项重要程序——“读祝”，即宣读祭祀祖宗的祝文（或称祭文），这是祭祖中必不可少的内容。祭文以皇帝名义撰写，完全体现皇帝的情感，表达皇帝对祖先创业的景仰与赞颂。祭文是典型的官样文章，兹引录乾隆八年（1743）的《祭永陵文》：

> 仰惟皇祖瑞启灵源，肇基王迹。高山荒作，垂景福于无疆。积德累仁，裕鸿图于有永，凡我国家万祀休明之宝祚，皆赖皇祖百年缔造之宏规。肆是眇躬，诞因遗绪，眷怀园寝，时切瞻依。兹循躬祀之彝章，肃举明禋之巨典，峰回长白，念堂构以钦承，龙护鼎湖，抚杯棬而惕息。伏祈慈鉴，尚赐居歆。②

这类刻意写作的颂扬性祝文，一般而言，不具有重要的史料与研究价值，因此一向被人们忽略。但是，当研究清帝祭祖仪式与祭祀的具体内容时，祝文就具有了研究价值。可以说，从祝文的文体到祝文的内容，完全是汉家传统文化的再现，与清朝之前各朝代祭祖模式一脉相承。从中可见满汉文化交流已达到融为一体的程度。

谒祖陵仪式早在康熙帝东巡盛京时已做规定。至乾隆朝，乾隆帝四次东巡祭祖，又不断补充和完善。例如乾隆十九年（1754）第二次东巡时，规定：大祭之日，皇帝改穿朝服行礼，陪祭的各大臣官员有朝服者俱穿朝服，扈跸王大臣等俱穿蟒袍、补褂，以示典礼隆重，彰显其子孙诚敬之意③。四十三年（1778）谒祖陵时，又增加了“恸哭”的内容，规定：皇帝未至碑时，“即降舆

---

① 《清高宗实录》卷二百一，乾隆八年九月乙未。

② 阿桂等纂修《盛京通志》卷十一，辽海出版社，1997，第1页。

③ 杨丰陌、赵焕林、佟悦主编《盛京皇宫和关外三陵档案》，辽宁民族出版社，2003，第433页。

恸哭，步入启运门，诣宝城前行礼，设奠哀恸”[①]。皇帝在到达宝城之前就放声大哭，以此表达悲伤之情，展现其孝心。

清帝谒祖陵，盛京大臣、官员人等均随同前往陵寝行礼。为避免祭典时出现差错，众大臣、官员在皇帝到达的前两日，齐聚陵门前，随礼部官员演练礼仪[②]。

需要说明的是，上述引文中，有“皇太后谒永陵，四跪”的规定，因永陵供奉肇祖、景祖、兴祖、显祖四祖灵位，故定为“四跪”。另外，皇帝与皇太后、皇后进出陵园之门有所不同，此系遵循“男左女右”的传统古礼，故规定：皇帝进出陵园必走左门，皇太后与皇后等女眷皆进出右门。

清帝东巡，在祭祖陵的同时，还进行一系列祭祀活动。清入关前，一批开国元勋（如克勤郡王岳托、武勋王扬古利、费英东、额亦都等功臣）皆葬于盛京地区。乾隆八年（1743）乾隆帝东巡时，选择主要勋臣遣官祭祀。此外，到清宁宫祭神，“遣官望祭长白山”，即面向长白山方向，设神位以祭祀。今北镇市的医巫闾山一向被视为“神山”，在古代其受崇的程度超过长白山，但当清朝把长白山定为祖先发祥地之后，长白山更受到清朝的崇拜。当然，清朝也没有冷待医巫闾山，在祭长白山时，也遣官祭祀医巫闾山。乾隆帝还为北镇庙书“乾始坤枢”匾额。

到嘉庆以后，又增加了祭祀对象，例如辽河、巨流河、太子河、浑河、松花江诸河神，还有姜女庙、夷齐庙等，山川神祇，以及有功于清朝的杰出人物，都受到祭祀。

乾隆帝四次东巡盛京，有关祭祀祖陵的程序与仪式，在不断增补和完善后成为定制。继乾隆帝之后，仁宗嘉庆帝两度东巡盛京，宣宗道光帝一次东巡盛京。嘉庆、道光两帝在盛京谒陵，行大飨礼等，皆遵循乾隆之制，除个别细节略有变动外，依成例举行。

清朝祭祖已形成一套完整的典章巨制，与国家的其他典章同等重要；而且

---

① 《清高宗实录》卷一千六十五；王佩环主编《清帝东巡》，辽宁大学出版社，1995，第131－136页。

② 杨丰陌、赵焕林、佟悦主编《盛京皇宫和关外三陵档案》，辽宁民族出版社，2003，第460页。

清帝坚持亲至祖宗创业与安葬之地举行隆重的祭祀活动，历五帝（含雍正帝即位前代祭一次），共160余年间，凡11次。这在历朝历代的祭祀活动中，堪称创纪录。

祭祀本身就是文化活动，但这一文化活动是由皇帝主持并动用国家的力量来完成的，是国家制度化的一项政治性活动。所以，不妨把清帝东巡盛京视为政治文化的实践活动。

图6-3　乾隆帝穿着朝服像

清帝重视祭祖活动，并不远数千里，往返于京师与盛京之间，固然是“慎终追远”，展示其孝思；但深一层的意义，则重在宣示不忘本，发扬先辈艰苦创业的传统，以保其统治长治久安。乾隆帝对此有明确的认识，并有深刻的阐述。乾隆四十三年（1778）九月，乾隆帝第三次东巡盛京，在清宁宫祭神后，对随行的皇室人员阐述必须东巡的道理。他说，自出山海关后，途中所经城镇、山川，直到浑河等处，“悉我太祖、太宗艰苦百战之地，历历在目，溯自兴京（赫图阿拉）肇迹，辽沈迁都，业基于勤而谋成于断，皆世世子孙所当深念者”。也就是说，不忘祖先创业之艰难，时刻记在心上，用以指导治国。

乾隆帝要求他的后世子孙以他的话与实践为志，付诸行动。他说：“凡我子子孙孙，绍大统者，可不体朕志以为志，眷怀辽沈旧疆，再三周历，蕲于祖宗遗绪，身亲而目睹哉！至于朕叩谒永陵、福陵、昭陵，每至必泪随声涌，瞻恋不忍去，此非可以强致也。”他告诫道：“我后世子孙，诚能遵朕此旨，处尊位而常缅前劳，览当年原巘而兴思……知守成之难，兢兢业业，永保无坠，则我大清累洽重熙之盛，洵可绵延于亿万斯年矣！非然者，或轻视故都而惮于远涉，或偶诣祖陵，视同延揽古迹而漠不动心，是则志本而泯良，设有其人，即为国家之不幸，实不愿我后嗣之若此也。子若孙可为不恪奉朕训，而知儆俱乎?”他再三强调：“盛京为根本重地，发祥所自，后世不可不躬亲阅历!”如有臣劝阻“不宜轻出关外”者，“此即我朝之乱臣贼子，当律以悖命之罪，诛之毋赦!”

他规定，今后每阅三年，即派皇子二三人“恭谒祖陵，每次于秋冬间启行”。

最后，他命将此训话记录整理出来，颁布天下，令各级官员与天下百姓皆知，再交给尚书房一份存记，以备后继者习诵而实行①。

乾隆帝的这一长篇训话，集中反映了清朝对祭祖的重视程度。对于清朝统治的巩固和长治久安而言，祭祖绝对重要、绝对必要，具有不可估量的政治意义。他批判“轻视故都”盛京而惧怕远行的错误思想，也批判把祭祖视同游览古迹而无动于衷的行为。他的后世子孙中，若果真有这种人，就是“国家之不幸”。

乾隆帝的后世子孙恪守其训诫，坚持亲历其地祭陵，一切如旧例。可惜，道光以后，国势日衰，财政艰难，内忧外患，尤其是帝国主义列强加紧侵华，清朝已经江河日下，处于风雨飘摇之中。故道光以后，清帝无暇顾及祭祖，例如咸丰、同治、光绪、宣统四朝，再无皇帝出关，远赴盛京祭祖。

二、旧宫里的典礼

清帝谒陵礼成后，均在盛京旧宫内举行庆贺典礼和宴筵。盛京皇宫是清太

① 《清高宗实录》卷一千六十六，乾隆四十三年九月丁亥朔。

祖努尔哈赤和清太宗皇太极营建的宫殿，也是清世祖顺治帝的诞育之地。顺治帝生前多次拟回盛京谒祖陵，终未成行。康熙帝完成了乃父之遗愿，在拜谒祖陵后，自然要瞻仰先祖旧宫，缅怀前辈创业之艰难与丰功伟业。返回京师后，要在太和殿举行庆典，庆贺东巡谒陵礼成。乾隆帝以后免去回京庆贺典礼，而只在盛京举行。

（一）庆贺典礼

清帝谒祖陵礼成后，在盛京旧宫举行庆贺典礼，庆祝恭谒祖陵成功，并形成一种制度。康熙十年（1671）九、十月间，康熙帝首次东巡盛京谒陵，回到京师后，于十月丙辰御太和殿，王以下文武各官行庆贺礼。颁诏天下：

> 朕惟帝王诞膺天命，抚育万方，皆由祖功宗德，缔造维艰，俾后人克享成业，所以天下一统之后，必展告成之礼，甚巨典也。我太祖高皇帝创建鸿图，肇兴景运。太宗文皇帝布昭功德，式廓丕基。至世祖章皇帝统一寰区，大勋既集，即欲躬诣山陵，展祭告成，未遑修举。朕缵承隆绪，上托祖宗洪庥，天下底定，仰体皇考未竟之志，躬诣福陵、昭陵，虔修祀事，以告成功。礼竣旋京，湛恩宜沛。于戏，继述无疆，永著显承之盛。升平胥庆，益彰乐利之休！布告天下，咸使闻知。[①]

图6－4　康熙帝像

① 《清圣祖实录》卷三十七，康熙十年十月丙辰。

康熙帝时期的庆贺典礼是在东巡结束后，回到京师举行。到乾隆帝时，谒陵礼成后，在盛京旧宫即举行隆重的庆贺典礼，回北京后再行庆贺礼。下面以乾隆十九年（1754）东巡为例，来了解盛京旧宫庆贺典礼的状况。

是日清晨，礼部鸿胪寺官员设表案于崇政殿内之东，銮仪卫陈卤簿于崇政殿前，乐部陈中和韶乐于殿檐下二层阶台下之两旁，陈丹陛乐于两乐亭，皆北向设。陈龙亭、香亭于礼部堂上，礼部堂官从亭内捧表从大清门左旁门入，安设于崇政殿内东旁黄案上。

礼部堂官奏请皇上诣皇太后宫行庆贺礼。其时，和硕亲王以下、入八分公以上皆穿朝服在皇太后宫门外按八旗左右两翼齐集，文武官员皆穿朝服在大清门外按两翼排班。执事官预将皇上拜褥设在皇太后行宫门外正中。皇上着礼服在东旁门内乘轿，礼部堂官前导至皇太后行宫门外下轿，东旁立。礼部堂官转传内监奏请皇太后升座。礼部堂官引皇上就拜褥立，王以下文武官员俱向上立，鸣赞官赞跪、叩兴，皇上率众人行三跪九叩头礼。鸣赞官赞礼毕，礼部堂官引皇上复原位立，转传内监奏请皇太后还宫。俟皇太后还宫，礼部堂官奏礼成，引皇上还宫，王以下文武各官皆退。

然后，鸿胪寺官引导三品以上大臣在崇政殿丹墀内齐集，三品以下官员等在大清门外齐集，耆老、领催等皆在崇政殿外齐集。礼部堂官奏请皇上具礼服升崇政殿座，中和韶乐作，奏《元平之章》。皇上升座，乐止。銮仪卫官赞鸣鞭，丹墀内三鸣鞭。鸣赞官赞排班，鸿胪寺官引导诸王文武各官排班时戏竹（指挥奏乐的用具）合，丹陛乐作，奏《庆平之章》。鸣赞官赞进跪，王以下各官俱进跪。赞宣表，宣表官至黄案前捧表跪在殿檐下正中，大学士二员跪在左右展表。戏竹开，乐止。宣表官宣毕，捧表立。丹陛乐作，捧表官捧表置于黄案上。鸣赞官赞叩、兴，王以下各官行三跪九叩头礼。兴，鸣赞官赞退，王以下各官俱退复原位立，乐止。鸿胪寺官员引导朝鲜使臣至大清门外，戏竹合，丹陛乐作，奏《治平之章》，鸣赞官赞叩兴，朝鲜国使臣行三跪九叩头礼。退，戏竹开，乐止。

排班、宣表、奏乐结束后，王以下、入八分公以上俱各携坐褥入殿内行一跪一叩头礼，殿内外排立的文武大臣官员亦随行一跪一叩头礼，皆坐。赐茶。

毕，銮仪卫官鸣鞭，王以下皆立，中和韶乐作，奏《和平之章》，皇上还宫，乐止。①

谒陵礼成后，在盛京旧宫举行受贺大典始于乾隆八年（1743），当时还有颁诏大赦之举。乾隆十九年（1754）乾隆帝第二次东巡及以后未再举行此礼，但颁诏大赦的内容却相沿成例，以明发上谕的形式颁示天下。

乾隆四十三年（1778），乾隆帝第三次东巡时，因在皇太后丧期27个月之内，所以只在崇政殿前陈卤簿乐悬，但设而不作，也不设表案。鸣鞭时大臣排班行礼，不宣表作乐。赐茶后，鸣鞭退朝。

乾隆四十八年（1783），乾隆帝第四次东巡谒陵礼成后，在盛京旧宫举行升殿大典，除没有向皇太后行庆贺礼一节之外，其他与乾隆八年（1743）时同。

在庆典时所奏的中和韶乐、丹陛大乐，其乐章之词皆为东巡盛京谒陵所制，颇具特色。兹引《庆平之章》《和平之章》词如下：

《庆平之章》：重熙累洽，纮瀛被仁风，穆如神孙临镐丰。桥山礼成御故宫，零露瀼瀼，有来雍雍。

《和平之章》：文思洽九瀛，神孙继治荐升平。皇初七德成，缔造艰难景命膺。抚序剔中情，凝旒伫，若奉盈。昭兹万亿龄，列祖武，敬其绳。

词句虽然不长，但反映了皇帝谒祖陵、归故里的情景，抒发了皇帝颂扬先祖艰难创业和继承大统、力求升平的思想情感。

（二）宴筵

升殿大典一般在清晨举行，当日巳时即举行升殿宴筵。其仪节如何？下面以乾隆四十八年（1783）的宴筵为例加以说明。

皇子、王公、大臣官员俱穿蟒袍补褂齐集。设中和韶乐于大政殿檐下两旁，设清乐于东旁，设丹陛乐于大政殿前两旁王亭廊下，北向。设御筵于宝座前正中，张黄幔，陈金器于反坫桌上。殿内两旁设入班皇子、王公大臣并外藩王公

---

① 辽宁省档案馆藏《黑图档》第440册。

等桌张，丹陛左右设群臣桌张，朝鲜国使臣桌张设在左旁之末。鸿胪寺、理藩院官引班入，各就位次。到时掌仪司官奏请升殿，中和韶乐作，奏《平原之章》。皇上升座，乐止。皇子、王以下各就本位行一叩礼，坐。内管领护军、参领等进饽饽桌。丹陛乐作，奏《海宇升平之章》。尚茶进茶，皇子、王以下各在坐处行一叩礼。饮毕，复行一叩礼，坐，乐止。

掌仪司官从反坫桌上黄幔下捧壶、爵、金卮从中道进，丹陛乐作，奏《玉殿云开之章》。各起立。掌仪司官上殿阶西面实酒于爵。进爵大臣出殿释补服入殿内跪。众皆各就本位跪。掌仪司官捧爵跪授进爵大臣，进爵大臣接爵恭进，仍在原处跪。皇上进酒时，俱行一叩礼。进爵大臣起，接皇上爵，退至原跪处跪。掌仪司官跪接爵，退。皆起立。掌仪司官以金爵酌酒立赐进爵大臣，进爵大臣跪受，行一叩礼。饮毕，掌仪司官立接金爵退。进爵大臣行一叩礼，兴，出殿，穿补服，复入原座。皆就坐，乐止。

尚膳进馔。清乐作，奏《万象清宁之章》。皇上进馔。尚膳分给各筵恩赐食品，领侍卫内大臣起视侍卫等分赐酒。皆跪行一叩礼。饮毕，复行一叩礼。坐，乐止。

随进世德舞乐，由喜起舞大臣分对于殿廊下依次进舞。毕，各在坐处行三叩礼，兴。中和韶乐作，奏《和平之章》，皇上还宫。乐止，各退。①

升殿宴筵，无论在崇政殿举行，还是在大政殿举行，或者在崇政殿和大政殿同时举行，乾隆帝四次东巡盛京的基本环节大致相同。第一、二次东巡时，因为是初创的制度，在进庆隆舞前后还有蒙古乐、杂技等节目穿插助兴。除在崇政殿宴筵随从文武大臣、朝鲜使臣外，还在大政殿赐盛京文武官员和宗室觉罗宴，即《盛京赋》中所谓“置酒故宫，用酬父老”，当更亲热随便一些，气氛也很热烈，从乾隆帝即兴赋诗“笙歌酒醴乐联情”② 一句可见。

---

① 辽宁省档案馆藏《黑图档》第510册。

② 阿桂等纂修《盛京通志》卷一十三，辽海出版社，1997，第240页。

（三）清宁宫祭祀

图6-5 清宁宫

清太宗皇太极在崇德元年（1636）称帝时，册封五宫后妃，清宁宫被封为正宫。清宁宫在建筑上保持着满洲传统的“口袋房”式格局，东面为一间暖阁，西面是4间神堂，这里是萨满祭祀的地方。萨满祭祀本为满族民间的一种祭神活动，皇太极把它引进宫中，规定皇室中人（即皇帝、后妃及爱新觉罗氏家族成员）都要参加。清迁都北京后，这里一度沉寂，清宁宫的萨满祭祀活动也转到了北京皇宫中举行。但自从康熙十年（1671）以后，清宁宫又重新充满了生机。东巡的清帝在谒陵礼成后，通常在清宁宫举行隆重的萨满祭神活动，这也是盛京旧宫典礼中的一项重要内容。关于祭神的具体情况，可以从《黑图档》中找到一些线索：

宫内祭祀，九月二十八日并三十日二日乌云，用猪八口，每口折粮十五石，共折粮一百二十石。用过红黏谷八金斗，折粮二仓石八斗八升。十月初一日，用猪四口，折粮六十石。做酒用过红黏谷一金石，折粮三仓石六斗。打糕用过红黏谷二金石，折粮七仓石二斗。做牡丹用红黏谷八金斗，折粮二仓石八斗八升；用过荞麦五金斗，折粮一仓石八斗，用过白豇豆四仓斗，折粮四仓斗，用过白小豆一仓斗，折粮一仓斗；用过苏子一金石二斗，折粮三仓石三斗二升。初二日祭天，用猪一口，折粮十五石；稗子米二仓升，折粮四仓升。以上等项共折粮二百一十八仓石二斗二升。①

从上述档案记载得知，清宁宫祭祀共4天，其中九月二十八日和三十日乌云，十月初一日是大祭，十月初二日祭天，下面分述之。

“乌云”称为引祀，即《钦定满洲祭神祭天典礼》中的“报祭”，是宫中大祭前的先祭。九月二十八日和三十日两天，每天用猪4口，其中朝祭2口、夕祭2口。使用红黏谷8金斗，未说明具体用途。根据乾隆帝《钦定满洲祭神祭天典礼》所说旧例应当用于做醴酒，是祭祀前3天蒸红黏谷饭与曲所酿。《清高宗实录》载：“丁未，上诣清宁宫祭神”，“己酉，上诣清宁宫祭神”。丁未、己酉正是九月二十八日和三十日两天，也就是说乾隆帝参加清宁宫祭神，正是“乌云”这两天。

十月初一日为大祭，包括朝祭、夕祭。朝祭时将各神祇陈列在西炕上，供器、供品（主要是果、酒、糕等）陈设在炕上、炕下。寅时（凌晨3—5时）开始，主祭司祝（俗称萨满太太）诵神歌，以三弦、琵琶、拍板及拍掌人伴奏。共诵神3次，祷祝9次，这时皇帝行礼，然后撤去佛、菩萨，只留下关帝。向关帝进牲。所谓进牲，即进生猪2口，猪首朝向关帝，用酒灌猪耳朵，同时祝祷奏乐。若灌酒时猪耳朵动了，就表示神领了，于是杀猪、煮肉，再向神前贡献，同时奏乐，此时皇帝再行礼。夕祭又称背灯祭，祭祀时将各神祇陈列在北炕上，其前陈列供品。司祝腰间系铜铃，执手鼓，盘旋步祝祷，内监击鼓、鸣拍板和之，先后3次，此时皇帝行礼。然后进牲，程序同朝祭。进牲毕，熄灭宫中灯火，除司祝及执鼓、执板太监外，其余人等皆退出宫外，关上宫门。司祝振神铃，诵神歌祷祝，太监用鼓、板应和，先后共3次。然后开门，点灯。最后撤下祭肉，交与膳房，将夕祭神收于北墙神柜之上。背灯祭之后，皇帝与宗室诸王用小刀自割食胙，俗称“吃福肉”。

---

① 辽宁省档案馆藏《黑图档》第352册。

图6－6　萨满祭祀所用的乐器

十月初二日祭天，又称“祭索伦杆”。用猪1口，神牲当在清宁宫前院内宰杀，将猪内脏等切碎放在院内神杆上的锡斗里以饲乌鸦、喜鹊。用稗子米（小米）2仓升，数量不大。根据《钦定满洲祭神祭天典礼》载，除用酒米祭天的仪式外，当用部分与切碎牲肉混合煮成“小肉饭”吃。民间称“吃燎毛肉”，即将猪肉皮上的毛在院里用火燎去，切成大块肉拿到宫中，用大锅煮熟，分给宗室、侍卫、太监、杂役人等食用，又称为吃“大肉”。乾隆帝奉皇太后率后妃等当年在参加祭天仪式时象征性地吃了大、小肉后，即回銮离开盛京旧宫了。

根据档案记载，清宁宫祭神有女萨满3名，均为盛京觉罗之妻室，分管预备大祭、乌云；有还愿男萨满2人，均为云骑尉品级章京，专管还愿祭祀。这些萨满在祭祀和还愿时都要进行祈祷，在祈祷过程中边唱边跳。清宁宫祭祀要挑选唱得好又跳得好的萨满；弹弦子与琵琶、打鼓与扎板皆由闲散宗室担任。清宁宫祭神时由他们弹奏，与萨满的腰铃、抓鼓节奏相呼应。其他皆由已婚妇女担任。

第三节
东巡盛京理政

清帝东巡盛京，一路上行围演武，拜谒修缮神庙，联络蒙古各部王公台吉，对于巩固清政权的统治无疑起到了重要作用。同时，亲诣留都盛京，对民间兵丁有所考察，对盛京地区的吏治、文教、宗室勋旧及陵寝事务等有所关注，并针对问题采取了一系列措施，又善待朝鲜使臣，因而对盛京地区的政治、经济、文化的发展起到了一定的促进作用。

一、整饬吏治

盛京作为留都，在清入关后陆续设置了户、礼、兵、刑、工五部。清入关之初，盛京五部司员皆由本地人员补放，“彼此交通，蒙混舞弊”，因此康熙、雍正时期不得不严行整饬，将盛京官员调到京师，盛京五部司员额缺由京城部员调补，三年更换，以免日久弊生。乾隆帝首次东巡盛京，见到“盛京官员俱各勤勉，积习已改”[①]，考虑到“所有应升之缺，若俱将京城官员补放，有碍伊

① 《清高宗实录》卷二百一，乾隆八年九月丙午。

等升途”，于是决定“嗣后盛京司员若将本地应升人员补用，半由京城补放，则于部务有益，而本地人员升途亦无碍”。

乾隆帝见到盛京五部事务较少，决定将五部中添设的汉员“概行裁汰”，是考虑到“现在考取笔帖式”的旗人作为“翻译人员办理汉文事件并无遗误”，即使“户、工二部关系钱粮，刑部办理刑名”也能胜任。他制定这一政策，反映了满族官员经过长期学习已经能够办理刑名钱粮等事务。乾隆帝在首次东巡谒陵期间，因“盛京革职降级官员，共知奋勉当差”，决定将“此内有情节较轻之原任协领何颜青、伊都著补用防御，原任佐领王林著补用骁骑校，原任防御佛寿著充领催，原任主事富尔逊仍补用主事，原任佐领降三级调用之哈萨尔著降二级调用，原任赞礼郎降二级调用之珠隆阿著降一级调用”①。

乾隆帝第二次东巡谒陵时，发现盛京礼部“预备一切祭器俱甚潦草，且多错误”，深感“朕亲诣尚且如此，寻常祭祀尚可问乎？”他果断采取措施，将盛京礼部侍郎世臣革职，发往黑龙江。② 在调换官员的同时，他对盛京官员发出上谕，训诫那些“不竭尽诚敬，草率办理”事务的官员，命将上谕“悬之公署，令触目警心”。在查抄世臣时发现其诗稿中有作为“满洲世仆”“遂忘根本”的思想问题，严厉斥责其以“秋色招人懒上朝”来自鸣清高，在留都重地作为大臣还要“叹途穷”，如此“何以为庶寮表率”，指出其“纵情诗酒，最为居官恶习”，告诫“盛京各官当深以为戒”。③

奉天府府尹鄂宝因“修理御路草率”，其所属知县富昌“为向导人员预备饭食马匹”是“有意逢迎”，也被乾隆帝交部察议。

乾隆帝首次东巡盛京时还针对“盛京为王化始基之地，自昔人心淳厚，风俗敦庞，甲于天下，但旗民杂处，恐无知之辈尚存畛域之见”，要求盛京将军、府尹“和衷商榷，一秉虚公”，特别强调府尹霍备不要有“为旗为民之见”，应处理好旗民关系，着重指出：“将军、副都统等不惟职司训练，兼有清理地方、

---

① 《清高宗实录》卷二百二，乾隆八年十月庚戌。

② 《清高宗实录》卷四百七十二，乾隆十九年九月戊子。

③ 《清高宗实录》卷四百七十二，乾隆十九年九月庚寅。

养育兵民之责，与他省武职不同”，当与五部大臣“一体维持惠爱旗人”，大家“共同奋勉，以称朕意”，巩固“根本重地”的统治。

为了在盛京地区维护满洲旧习，乾隆帝要求盛京将军、副都统、盛京五部侍郎等文武官员人等勤学清语。乾隆帝在第四次东巡盛京时，发现“由吏部带领引见五部司员、笔帖式等清语俱甚属平常”，因此严厉申饬盛京五部侍郎，指出：“盛京系发祥之地，此处部院衙门官员等岂惟应熟习清语，即平日说堂论事亦当互相清语。身为旗员，岂可不能清语乎？”为此规定：“武职官员清语生疏，朕必将军是问”，“文职俱系侍郎所属，又皆办事之人，不能清语，实为弃本”，“朕惟于该部侍郎是问”。[①] 清统治者很重视旗人的国语骑射，乾隆帝责成盛京将军和五部侍郎敦促旗人日常使用清语，切勿“弃本”。

仁宗嘉庆帝在东巡过程中，对所见玩忽职守和酿毙人命的酷吏毫不留情，给予重惩。嘉庆十年（1805）七月，嘉庆帝一行赴盛京谒祖陵，出了山海关，见到处是荒凉颓败的景象，尤其令其不能容忍的是御道“泥泞难行，并无民夫修治”，甚至“驿路数十里内道旁并无一二官员带领民夫伺候，且亦无修道器具”。嘉庆帝经过时唯见盛京将军富俊亲自动手清扫垫平道路，询问之，富俊称雇集民夫不容易，并有“呼应不灵之语”。嘉庆帝旋又召见盛京侍郎及奉天府府尹询问，所称均属相同。嘉庆帝震怒，申斥众人道：

> 朕此次举行谒陵大典，路经关外，草野编氓，分应趋事赴功，何至埽除畚锸之事，竟无人执役。总由地方大小官吏，平素诸务废弛，甚至车驾经临，亦复怠缓从事，辄藉口于呼应不灵，殊不思民不听令，则焉用官为，尚安望其能化民成俗耶？此等信口搪塞之词，罔顾急公奉上之义，太不成话。[②]

盛怒之下，将承修道路的“昏庸玩误之员”分别给予惩处：宁远知州克星额被革职，发往热河充当披甲；知府善连、府尹良贵先行摘去顶戴，交部严加

① 《清高宗实录》卷一千一百八十八，乾隆四十八年九月壬寅。

② 《清仁宗实录》卷一百四十七，嘉庆十年七月己卯。

议处；侍郎花尚阿兼管府尹，亦有地方之责，亦交行在吏部严加议处；将军富俊对府尹等办理不善之处，未据实参奏，交行在兵部议处。对以上各官员虽又开恩宽宥，但也皆降级调用，以示惩戒。

在嘉庆帝这次东巡中发生了因派民夫修路而酿成人命的案件。在修筑邱家屯一带道路时，防御官英福等到此地派夫役，民人刘兴等称该屯旗夫全被披甲扎隆阿雇去，无法应差。英福传唤刘兴，刘兴供出有回民湛大闲在家中。英福骑马带人前往捉拿湛大，令所雇工人三儿殴打湛大。三儿追赶湛大至河坡，乱殴导致湛大落水。湛大爬起，三儿又用马鞭当头殴打，最终湛大落水身亡。嘉庆帝了解案情后，认为对如此酷吏如不严惩不足以平民愤，谕令交部从严议处。最终将三儿交与盛京刑部监候秋后处决；英福命三儿殴打人致死，“罪与原谋无异”，被发往伊犁当差；已经被革职的知县伊诚“于人命重案，并不即时通详缉拿，几令正凶漏网”，于是被发往乌鲁木齐当差。以上人等“均不准其援免”。嘉庆帝认为湛大“最属无辜”，命将军富俊和宜兴两人共出银25两，以20两赔偿给湛大家属，另外5两给替湛大告状的洪明宜。[1]

图6-7　嘉庆帝身穿朝服像

嘉庆帝在盛京地区发现许多地方官懒政，“不急公办案”，造成悬案、控案甚多。他对内阁说：“朕此次巡幸盛京，跸途往返，旗民人等在道旁叩阍呈诉者，不一而足。”这些案件多系因田亩事纷争，反映出当时社会上官僚地主大量

① 《清仁宗实录》卷一百四十九，嘉庆十年八月丙午。

兼并土地的现实。由于各官员“遇事延搁，甚或奸胥蠹役，多方刁顿，申诉为难。是以讯据该旗民人等，往往有不敢再向上宪衙门控告，情愿冒罪叩阍之供”。由于地方官不作为甚至刁难，很多百姓求告无门，只好在清帝东巡的路上冒险拦驾申诉。嘉庆帝还举例说，有拦驾告状者名黄国霖，在道旁跪诉时，距离盛京将军富俊站立处所近在跬步之内。明知其为本省将军，却不就近递呈，却在嘉庆帝面前控诉。嘉庆帝斥责地方要员不理民事，“坐享厚禄，遇事延挨不办，于心安乎？于理得乎？”谕内阁：“嗣后著通饬各直省文武大吏，有管辖旗民之责者，遇有控诉案件，均当即时秉公讯结。……总应速就清厘，毋得仍蹈稽迟积习。”又命盛京将军富俊，将之前的徐桂、刘永福、德凌阿、刘文宣等所控各案即行讯问详确，“逐案定拟具奏，勿因朕已回銮，又复诸事泄泄也。”①其实嘉庆帝所见不只是盛京官员的积习，外省亦如此，乃为普遍现象，官场腐败已是积重难返。

在乾隆朝，由于编庄汉人生齿日繁，为生计考虑，清廷准其出旗为民，各谋生路。嘉庆帝在东巡路上，见到出旗为民编户渐多，乃命增设汉官加强管理，并重申严禁欺辱汉人，为此特谕：

> 奉天省所属州县，从前只用旗员。原以各该地方旗人生计及一切交涉事件，惟旗员乃能熟悉。嗣因齐民编户渐多，遂参用汉员。今承平日久，闾阎生齿日增，地方事务，较形繁剧，州县为亲民之官，旗员等多有从部院笔帖式等官铨补者，初膺外任，于吏治未经练习，转不足以资治理。②

嘉庆帝命吏部将奉天省所属州县各缺详细查核，其中临近蒙古边界者，必须补用旗员，其他州县适当增加汉族官员。部议：“奉天所属州县内义州、广宁、开原、铁岭四州县，系附近蒙古边界地方，自应专用满洲人员。其辽阳、宁远、复州、海城、盖平、宁海六州县，应请专用汉员。至义州一缺，原系调缺，既经改为专用满洲人员，应请改为在外题补之缺。遇有缺出，由满洲知县

---

① 《清仁宗实录》卷一百五十，嘉庆十年九月己未。

② 《清仁宗实录》卷一百四十九，嘉庆十年八月己亥。

内提升。如不得人，仍奏请由部拣补。其承德县知县系六品京县，锦县知县系附府首邑，嗣后二县缺出，满洲、汉员应请俱准升调。再奉天所属州县等缺，倘乏人拣调，奏请拣选者，应请先尽曾任州县之员与挑。如满洲人员一时无曾任州县之人，即将曾经外任丁忧回旗之同知通判人员借挑补授。”① 嘉庆帝根据盛京地区汉人增多的情况，改变乾隆朝之前多用旗员的状况，尽量增加汉族官员的数量，加强对汉人的管理，以汉治汉，有利于社会稳定，同时也有利于缓和满汉民族矛盾。

二、加恩赏赐与减免钱粮

清帝东巡谒陵礼成后，在旧宫对众人大行赏赐以笼络人心，同时减免盛京地区的租银赋税，体现出其爱民的思想。

在适当时机对官民将士给予一定的赏赐，是历代统治者用以安抚民心，维系君臣关系、君民关系的惯用手段，清统治者亦如此。自圣祖康熙帝东巡伊始，每位东巡盛京的清帝皆举行颁赏活动，业已成为惯例，也是东巡谒陵后的一项重要活动。盛京是清朝的发祥地和留都，其重要性自不待言。清帝对这一地区的军民施以“恩泽”，具有更深刻的政治内涵。

清帝赏赐财物数额巨大，例如康熙帝首次东巡盛京，不仅赏赐盛京大小文武官员，而且“召披甲被伤老病退甲闲散四百余人至御前，各赐银两”。康熙帝担心有颁赏遗漏，对盛京将军阿穆尔图等说：“此等闲散老病之人，如有一二遗漏未沾恩泽者，尔等查出陆续奏闻，俾得均沾恩惠，以示朕轸恤之意。”② 清帝每次东巡时均需要动用国库银两财物，从京师带往盛京。以康熙三十七年（1698）为例，据《总管内务府行文档》记载，是年从京师携带诸多财物，只好将这些金银绸缎以千斤计。其中“户部为皇上带往盛京的银两、绸缎等物，

① 《清仁宗实录》卷一百四十九，嘉庆十年八月己亥。

② 《清圣祖实录》卷三十六，康熙十年九月辛未。

计重八千九百斤，装十二车；造办库带的衣物、鞍辔等物计四千二百斤，装六车；广储司带的缎服等项，计重二千三百斤，装三车。”这些财物主要用于赏赐，此外还携带一些日用什物。乾隆帝东巡时携带的财物更多。

（一）赏赐财物

乾隆帝在东巡盛京之前，就如何赏赐问题交给内阁议。和硕庄亲王允禄遵旨查出康熙二十一年（1682）和三十七年（1698）东巡时的“赏赐常例”，并将所查详细清单呈给乾隆帝。下面根据档案中保存下来的清单，将康熙二十一年（1682）和三十七年（1698）对盛京官民兵丁的赏赐情况整理如下：

赏赐“三陵”官兵：

总管3员，二十一年（1682）赏镀金漆鞍1副、龙缎袍1件、凉帽1顶、带1条、靴1双；三十七年（1698）赏漆鞍1副、凉帽1顶、蟒缎袍1件、带1条、靴1双。

副总管6员、掌关防官3员，二十一年（1682）赏蟒缎袍1件、凉帽1顶、带1条、靴1双；三十七年（1698）赏同。

头等侍卫1员，二十一年（1682）赏嵌松耳石珊瑚镀金撒袋连弓箭1副、嵌松耳石镀金腰刀1口、漆鞍1副、凉帽1顶、蟒缎袍1件、带1条。

副关防官6员、总领管领6员，从前赏过之例未曾查得。

骑都尉3员，二十一年（1682）赏蟒缎袍1件、缎3匹、弓1张。

轻车都尉7员、防尉51员，二十一年（1682）赏或镀金撒袋1副或腰刀1口、缎2匹；三十七年（1698）赏同。

六品官5员，二十一年（1682）赏靴1双、缎1匹；三十七年（1698）赏或缎袍1件或褂1件、缎1匹。

七八品官笔帖式21员，二十一年（1682）赏或镶领袖缎袍1件或褂1件、缎1匹、靴1双。

兵丁人等550名，二十一年（1682）赏食3两银者赏银9两、食2两银者赏银7两、食1两5钱者赏银5两、食5钱者赏银4两；三十七年（1698）赏同。

壮丁3000名，二十一年（1682）赏银3两；三十七年（1698）赏布3匹。

赏赐奉天将军、大臣、官兵：

奉天将军1员，二十一年（1682）赏镀金玲珑鞍1副、嵌松耳石镀金撒袋连弓箭1副、嵌松耳石珊瑚玲珑刀1口、貂皮里龙纹缎袍1件、貂皮短褂1件、染貂帽1顶、带1条、靴1双；三十七年（1698）赏撒林皮坐鞍1副、嵌松耳石镀金撒袋1副、龙缎袍1件、褂1件、凉帽1顶、靴1双。

副都统4员、侍郎5员，二十一年（1682）赏嵌珊瑚镀金玲珑撒袋连弓箭1副、龙缎袍1件、凉帽1顶、带1条、靴1双；三十七年（1698）蟒缎袍1件、缎褂1件、凉帽1顶、带1条、靴1双。

府尹1员，未曾查得。

府丞1员，未曾查得。

城守尉、协领23员，二十一年（1682）赏镀金玲珑撒袋连弓箭1副、蟒缎袍1件、缎1匹；三十七年（1698）赏蟒缎袍1件、帽1顶、带1条。

佐领117员、掌印章京2员，二十一年（1682）赏或蟒缎或妆缎1匹、缎1匹；三十七年（1698）赏或蟒缎1匹或妆缎1匹。

防尉110员，二十一年（1682）赏或小蟒缎或字缎1匹、缎1匹。

骁骑校197员、迎送官4员，二十一年（1682）赏弓1张、缎1匹、靴1双；三十七年（1698）赏或缎袍1件或彭缎1匹。

巡察御史1员、郎中17员，二十一年（1682）赏镀金玲珑撒袋连弓箭1副、蟒缎袍1件、缎1匹。

员外郎44员，二十一年（1682）赏或大蟒缎或妆缎1匹、缎1匹。

立事6员、鸣赞官司库助教66员，二十一年（1682）赏弓1张、缎1匹、靴1双。

司匠笔帖式129员，二十一年（1682）赏或缎袍1件或缎1匹。

奉天所属各城兵约2万名，二十一年（1682）赏食3两钱粮者赏银9两、食2两者赏银7两、食1两5钱及1两者赏银5两、食5钱者赏银4两；三十七年（1698）随围者赏同，其余兵丁分赏1个月钱粮。

大凌河养息牧牧群官员从前赏给之处未曾查得（计有总管2员、副总管2员、牧长76员、牧副牧丁1360名）。

各寺大喇嘛8名，二十一年（1682）赏金黄缎2匹。

庙7处，二十一年（1682）给银50两。喇嘛150名，二十一年（1682）赏缎1匹。①

需要说明的是，康熙帝东巡时还对随行王大臣官兵、蒙古王公、吉林将军等进行赏赐，因本章只讨论盛京问题，故不再赘述。

图6-8 乾隆帝东巡时赏给广宁百岁老人的黄马褂

综上可知，康熙帝东巡时，盛京地区受赏人员数目十分巨大，上自将军、府尹，下至兵丁乃至壮丁，凡属八旗系统，几乎人皆有份。受赏人员中，"三陵"官兵壮丁凡3662人，奉天各地八旗官兵凡22124人，大凌河牧场官兵共1442人，总计27228人。颁赏的财物除银两之外，各种缎袍、撒袋、靴、带等不下十几种，其中大宗物品是各种缎和银两。估算仅康熙二十一年（1682）东巡赏给盛京官兵人等银两当在2万两左右，耗资巨大，足见清统治者用心良苦。

康熙朝将颁赏银两、缎帛数目作为"成例"，为乾隆帝及以后诸帝所遵循。但是每次赏赐物品之多寡仍然有差别，这取决于国家当时的经济状况，也与盛京地区官员政绩的优劣有关。例如康熙帝第二次东巡时，盛京将军苏努政绩欠佳，所得赏赐"较十年稍低"。

乾隆帝首次东巡盛京即大行赏赐，所有事宜开列于后：

---

① 《上传档》上传24号。

一、随从王等纪录一次，大臣官员及奉天文武大臣官员俱加一级。

一、随从兵丁及内务府执事人等，俱赏一月钱粮。

一、奉天、山海关文武大臣官员兵丁、三陵守陵官兵俱著加恩赏赉……

一、奉天居住之宗室、觉罗及国戚子孙，俱著加恩……

一、奉天旗民男妇，年七十以上者，给与布一匹、米五斗；八十以上者给与绢一匹、米一石；九十以上者倍之。[①]

乾隆帝东巡时赏赐的对象较康熙帝时有所增加，增加了居住在奉天的宗室、觉罗及国戚子孙，以及旗民男妇年龄在 70 岁以上者。乾隆帝首次东巡盛京时，对盛京官员大臣兵丁遍赏之后，表示“朕心仍以为歉，著再拨银三万两交将军额尔图，查明格外奋勉出力之人，分别等第”加恩赏赐，“将军大臣以下，总管以上官员等共赏银一万两”，“奉天、山海关及守护三陵官员自将军以下文武等官一千一百余员分别赏马鞍、撒袋、腰刀、缎匹等物，兵役人等二万八千余名分别赏给银、布等物”。[②] 乾隆帝阅看盛京官兵“身体壮健，弓马娴熟，诸务备办”，高兴之余将生息银 20 万两“借与官员兵丁等，官员等展限四年坐扣，兵丁等于两年后再定限坐扣”，目的是希望八旗官兵们“生计日臻充裕”。乾隆帝首次东巡盛京时正值清朝的鼎盛期，社会稳定、经济发展、国库充实，所以乾隆帝的赏赐也是大手笔。

（二）减免钱粮赋税

减免钱粮赋税，也是清帝东巡恩赏的一部分。

乾隆帝第一次东巡时，颁诏：“奉天内务府庄头所有积欠，在乾隆七年以前者俱著宽免”，此外，“盛京所属各城旗员、州县官内有承追钱粮未完……俱著

---

① 《清高宗实录》卷二百一，乾隆八年九月甲辰。

② 《清高宗实录》卷二百一，乾隆八年九月乙巳。

宽免”。又考虑到“奉天所属钱粮及各庄头粮食俱已豁免，尚有盛京等处旗地未得沾恩”，于是又命将盛京、兴京、辽阳、牛庄、盖州、熊岳、复州、金州、岫岩、凤凰城、开原、锦州、宁远、广宁、义州等15处旗地应纳本年豆米草束免征一半。乾隆七年（1742）以前的积欠，与七年因灾缓征之项，交与盛京户部查明，一并宽免；对尚惟邦、耿化祚后人之家“名下壮丁应交本年丁米及上年缓征米石亦著一例免其输纳”①，可谓十分周到。

乾隆帝第二次东巡时，蠲免盛京户部庄头本年应交仓粮1万余石，盛京、兴京、辽阳、牛庄等15处旗地本年米豆草束免征一半等，基本上照首次东巡盛京之例办理。但也有不同于第一次之处，例如蠲免奉天所属府州县当年正项地丁钱粮，盛京等15处旗地壮丁应完本年丁米免其输纳等。

乾隆帝第三次东巡时，蠲免奉天府属来年地丁正项钱粮。

嘉庆帝照先皇之例，在东巡时也蠲免钱粮。例如嘉庆十年（1805）八月，嘉庆帝首次东巡盛京，宣布“奉天府属应征嘉庆十一年分地丁银两，著宽免”，“奉天内务府庄头所有积欠在嘉庆九年以前者，俱著宽免”。② 当时，盛京户部所属庄头每年缴纳两份粮食：一份供应陵寝祭祀用粮；一份交仓储以备供应各种匠役人等口粮。嘉庆帝两次东巡皆对其减免一半。嘉庆二十三年（1818）九月，嘉庆帝第二次东巡盛京，免奉天兴京、承德、辽阳、牛庄、盖州、熊岳、复州、金州、岫岩、凤凰城、开原、锦州、宁远、广宁、义州等15处旗地本年应纳米豆草束十分之五，并二十三年以前的积欠。免盛京官员借支俸饷，银四万两有奇。③

宣宗道光帝东巡盛京时，遵祖制，免盛京、兴京、辽阳等15处旗地应纳本年米豆草束十分之五，并道光八年（1828）以前的积欠，以及各壮丁应完本年丁米；免盛京各庄头本年应交仓粮。④

① 《清高宗实录》卷二百一，乾隆八年十月庚戌。

② 《清仁宗实录》卷一百四十八，嘉庆十年八月癸未。

③ 《清仁宗实录》卷三百四十六，嘉庆二十三年九月辛丑。

④ 《清宣宗实录》卷一百六十，道光九年九月甲寅。

清帝在东巡时，对盛京地区实行减免钱粮政策，尽管是杯水车薪，但对于缓解旗人生计仍具有一定的作用。

图6-9　道光帝身穿朝服像

除了赏赐财物和蠲免钱粮之外，对犯罪者也实行宽释。例如乾隆帝首次东巡盛京时即宣布："奉天府、宁古塔、黑龙江等处除十恶死罪不赦外，凡已结正未结正死罪俱著减等，其军流徒杖等罪俱著宽释。"[①] 道光帝东巡时，也发布上谕：所有发往盛京、吉林、黑龙江三处的官犯，"亦应核其情节，量施法外之仁，著盛京、吉林、黑龙江各将军，查明各官犯原案，开列清单具著请旨"[②]。对犯罪者实行宽释，以示皇恩浩荡。

三、倡导文教

清帝东巡盛京谒陵后，念念不忘"遵循旧习"，对盛京官兵的骑射武功十分重视。同时，作为封建帝王，也将文治放在了重要地位，大力倡导振兴文教。

---

① 《清高宗实录》卷二百一，乾隆八年九月甲辰。

② 《清宣宗实录》卷一百六十，道光九年九月乙卯。

（一）教育人才与京师一体

早在关外时期，皇太极即位后即提出“以武功戡祸乱，以文教佐太平”的治国方针。为兴文教，后金修建文庙，开科取士，这标志着后金已经接受儒家思想文化，表达了对汉族文化和以孔子为代表的汉族知识分子的尊重。清入关后，历代皇帝无不将儒家思想作为治国的思想，无不倡导兴文教，编纂书籍、建学校和书院。当然，他们也没有忘记关外的故乡。康熙三十年（1691），礼科给事中博尔济奏请在盛京设立旗学。他说：“盛京左右两翼亦应各设官学，酌选俊秀幼童，设立满汉官，教习满汉书、马步箭。”康熙帝认为“盛京系发祥重地，教育人才宜与京师一体”[①]，同意博尔济所请。于是在盛京陆续设立八旗左右翼官学、八旗义学、宗室学与觉罗学。

乾隆帝四次东巡盛京时，每次谒陵礼成后驻跸盛京都要亲诣文庙行礼，在第二次东巡盛京时还为文庙题写“先觉斯民”匾额。[②] 他在谈到盛京地区的文教时说：“盛京为本朝根本重地，兵丁皆知恪守旧风，娴骑射以裕武备，现亦校阅分别赏赉。其读书之士，亦渐摩文化，蒸蒸日盛，堪与畿甸比隆。朕銮辂所临，青衿献诗趋迓，弦诵彬彬，具见胶庠乐育。”从乾隆帝的评价，可见盛京地区的文教较清初有了较大发展。鉴于这种情况，乾隆帝为“用彰作人盛典”，决定将“盛京满合二号及奉天所属各学，科考广额一次。其向取进六名以上者，增额三名。四五名者，增额二名。二三名者，增额一名”[③]。乾隆帝为盛京增加科考名额，以此奖励盛京地区文教的发展。

嘉庆帝东巡盛京时，也命奉天所属各学“岁考广额一次，六名以上广额三名，四五名者广额二名，二三名者广额一名”[④]。

---

① 《清圣祖实录》卷一百五十，康熙三十年三月乙未。

② 《奉天通志》卷三十二，辽海出版社，2003，第664页。

③ 《清高宗实录》卷一千六十五，乾隆四十三年八月辛巳。

④ 《清仁宗实录》卷三百四十六，嘉庆二十三年九月癸卯。

（二）以诗文抒情言志

在东巡盛京谒陵过程中，清帝题写匾额、楹联，所到之处，每每触景生情，即兴赋诗，抒情言志。他们和扈从大臣及盛京官员人等互相唱和，写下大量诗文。

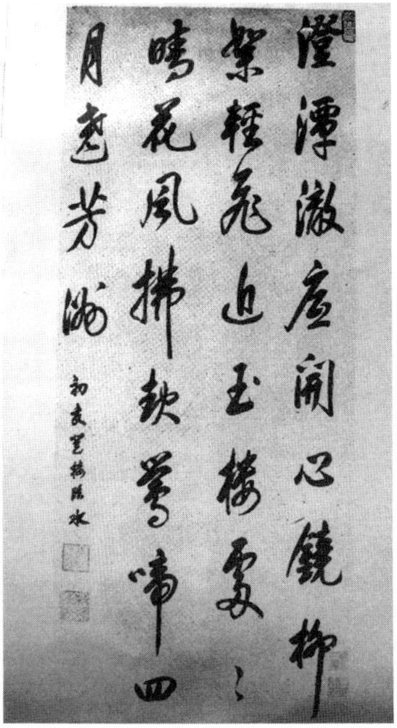

图6－10　康熙帝手迹

康熙是顺治帝第三子，是清入关后的第二位皇帝。自5岁习书，终生读书不倦，满腹经纶，精通儒家理学，此外如天文、地理、数学也无不通晓。同时，他继承满洲的优良传统，精于骑射，驰骋疆场，所向披靡，是中国历代帝王中难得的一位文武兼备的杰出人才。他开创了清帝东巡祭祀祖陵的活动，又以其大量诗文之作开创了祭祀中进行文学创作的先例。

康熙帝三次东巡，共写下约50首诗，皆载入《圣祖御制诗文集》。就诗的内容来说，有的颂扬祖先创业，有的记叙历史，有的回忆往事，有的歌咏山川，有的抒发个人情怀，内容十分广泛。例如康熙帝第二次东巡盛京，时值康熙二十一年（1682）春二月，“三藩之乱”历时八年，刚刚被平定，康熙帝不顾春寒料峭，决定赴盛京，将此特大喜讯告知祖宗在天之灵。行途中，八旗王公、大臣、侍卫、文武百官扈从，前呼后拥，旌旗招展。康熙帝豪情满怀，踌躇满志，为国家重获统一、百姓重获安定而喜悦。他情不自禁赋诗二首，题为“东巡二首·并序”。

其一：

昆池不习战，寰宇已销兵。
鸿业承匪易，肤功久乃成。
威灵昭祖德，展谒慰群情。
迢递关山路，宁辞千里行。

其二：

顺动因时豫，东风引翠旗。
鸣鸾万骑出，执事百僚随。
日暖草初茁，烟轻柳未丝。
春光无限好，应有上陵诗。①

云南底定，海宇荡平，好一位春风得意的青年皇帝！除了作诗，康熙帝还写下《福陵颂》《昭陵颂》等纪念文章，文体类似赋，对其先辈的成功创业百般赞颂。此外还有《祭长白山文》《祭告北镇医巫闾山文》等祭文以及碑文等。

乾隆帝四次东巡时，所写诗文数量远超康熙帝。在中国历史上，他是一位高产诗人兼作家皇帝。诗的质量、水平姑且不论，他一生作诗近 5 万首，相当于《全唐诗》的数量。其写诗之多，绝对堪称中国历史之最，无人可与其相比。他的东巡诗达 300 余首，将近康熙帝的 7 倍。乾隆帝写诗快，情感丰富，感触多，有感即作，有情即发，题材广泛。举凡他所经之地、所接触之人、所见之物，无不随心而入诗。诸如叶赫旧墟、入英额门、兴京、萨尔浒、谒显佑宫、

① 阿桂等纂修《盛京通志》卷五，辽海出版社，1997，第 114 页。

谒永陵、谒福陵、谒昭陵、实胜寺、文庙、千山、辽阳、大政殿、凤凰楼、清宁宫、永安桥、大小凌河、辽水、十三山、姜女祠、赫图阿拉等，几无空漏，凡经之地，皆以专题歌咏，有些地方竟重复吟诵。因为每次东巡，事隔多年，对同一地总有新的感受。在他的东巡诗中，有关行围、射猎、阅武内容的诗也不在少数，诸如《阅射》《阅武》《射虎行》《秋狝》《阅射叠戊戌诗韵》《行围即事三首》等。乾隆四十三年（1778），乾隆帝第三次东巡，在盛京故宫门前检阅八旗兵射技，奖赏技艺优秀者，赋诗《阅射》：

大阅应同吉礼行，停之阅射拣其精。
讵宜故国忘弧矢，况是朝家旧法程。
命中挽强频有奖，耦升旅进各无争。
却因臂病疏斯事，不觉于心略愧生。

以往阅射时，乾隆帝必率先引弓发矢，十中八九，众人围观喝彩。而此时，68 岁的乾隆帝因臂病射技不如从前了，心中觉得惭愧。

除作诗之外，乾隆帝还撰写了大量的赋与祭文，例如《盛京赋》《文溯阁记》《祭北镇医巫闾山》《祭长白山神文》《祭永陵文》《祭福陵文》《祭昭陵文》等。乾隆帝四次东巡时，每次祭永陵、福陵、昭陵都写一篇祭文。可贵的是，祭永陵、福陵、昭陵各 4 篇祭文内容不同，每一次每一篇祭文都用新的语言和新的构思来写，祭文篇幅都不长，内容简洁明快。如同康熙帝所写的祭文一样，乾隆帝的祭文都是颂扬的文字，歌颂其先辈的功德，得天助，故成大功业。这些赋反映了乾隆帝的政治、民族观念和坚持国家统一的信念。

仁宗嘉庆帝两度东巡，写下了 160 多首诗。他循着康熙、乾隆两帝东巡之路，多在同一地点驻扎，因而也写下了同一题目的诗歌。例如大小凌河、姜女祠、夷齐庙、小凌河养息牧、抚顺城、萨尔浒、赫图阿拉、兴京、大清门、松山、杏山、山海关、中前所、中后所等，都各有诗篇。

清代最后一位东巡的皇帝，是宣宗道光帝。他只去过一次盛京祭祖，但诗写得不算少，计 60 余首。他也是沿着先人走过的道路，感怀而赋诗，其题目与前面几帝所列题目相差无几。例如《夷齐庙》《出山海关》《吕翁山》《阅养息牧群》《萨尔浒山敬纪》《抚顺城纪事》《老边》《赫图阿拉》等都是前人吟诵的诗，道光帝再吟出他自己的感受。

随四帝东巡的诸位文臣也写下了大量的名篇佳作。例如康熙二十一年(1682)，翰林院侍讲高士奇跟随康熙帝左右，在与康熙帝之作“奉和”的同时，自己也作诗二三十首。例如《恭和御制驻跸大凌河》：

云梢羽盖夜停銮，古渡春冰望里看。
岁月已休新战鼓，山川犹记旧征鞍。
天高漏转千屯肃，野旷星连万幕寒。
睿藻横汾真不羡，微臣珥笔和应难。①

再如纳兰性德，以御前一等侍卫扈从康熙帝东巡，也留下了脍炙人口的诗词，如《柳条边二首》：

处处插篱防绝塞，角端西来画疆界。
汉使今行虎落中，秦城合筑龙荒外。

龙荒虎落两依然，护得当时饮马泉。
若使春风知别苦，不应吹到柳条边。②

纳兰性德，满洲正黄旗人，大学士明珠长子，22岁中进士，才华横溢，著作甚多，梁启超称之为“清初学人第一”。他引经据典，以独特的风格描绘塞外柳条边的风光，赞颂满汉一家、天下一统。

其他随行者也各有诗作，同时还写出重要著作。例如高士奇经历此次东巡，著《扈从东巡日录》，以编年体例逐日记录康熙帝的活动，还描述了沿途山川形

① 高士奇撰《扈从东巡日录》卷上，收入李澍田主编《长白丛书》，吉林文史出版社，1986。

② 李亚超校注《白山诗词》卷三，收入李澍田主编《长白丛书》，吉林文史出版社，1991。

胜、风土人情、物产与特产，甚至连沿途的植被与动物等皆记录于书中。每至一城一地，凡有史可叙者，必引据史书，写清楚来历，如写辽阳之历史，真真切切。书中留下了高士奇数十首诗歌之作。因为高士奇逐日如实记录，称其为《东巡实录》也不为过。这部书提供的史料成为研究清初历史尤其是东北历史的重要资料。

在康熙帝的随从诸臣中，还有一位外国人，他就是比利时人南怀仁，时任钦天监监副。他跟随康熙帝左右，以备回答康熙帝关于天文、气象等的询问。归来后作《鞑靼旅行记》，内容丰富、具体。南怀仁记录的所见所闻，正好与《扈从东巡日录》互为补充和印证。记事之具体，远远超过官方记录。它也是清史与清代东北史研究领域的一部重要参考书。

嘉庆帝东巡时，有杨钟义作《嘉庆东巡纪事》，反映了清由盛转衰之际的实际情况，连皇帝吃的菜也记录在书中，而且各有名称。现今有些菜大抵已经失传了，因此该书更显珍贵。

宣宗道光帝东巡的情况，由杨汝霖记录在《沈阳纪程》长文中。比之上述三部书，《沈阳纪程》只能算是一篇文章，但也逐日记录了道光帝的东巡活动实况。

清帝的文学创作无疑对推动盛京地区文教事业发展起到了重要作用。

（三）《四库全书》庋藏盛京

《四库全书》始修于乾隆三十八年（1773），历时十年完成。这是中国古代一项巨大的文化工程，也是乾隆帝在其执政期间打造的文化瑰宝。《四库全书》修成之后共抄录4份，分别藏在北京故宫、圆明园、承德避暑山庄和盛京故宫（四处藏书阁分别为文渊阁、文源阁、文津阁、文溯阁），以后又誊录了3份，分别藏在杭州行宫的文澜阁、镇江金山寺的文宗阁、扬州的文汇阁。

乾隆帝对盛京怀有深厚的感情。乾隆八年（1743）以后，他将所修爱新觉罗皇族的宗谱——玉牒——送至盛京，藏在敬典阁。玉牒每十年修一次，乾隆

图6－11 沈阳故宫文溯阁

帝规定，“告成即应续送”。他担心将来积久愈多，敬典阁不敷存贮，于是谕军机大臣等，“即于凤凰楼均匀收藏，亦无不可”①。同时乾隆帝又将所修五朝实录敬移盛京故宫的崇谟阁。迨《四库全书》撰成，乾隆帝当然也要藏一部于盛京故宫，所以乾隆四十七年（1782）正月，乾隆帝谕令：“由内库拨银七万两，交荣柱等带往盛京，建盖文溯阁应用。”② 文溯阁就是用来贮藏《四库全书》的。是年秋，誊录完成的第二部《四库全书》运抵盛京，藏在文溯阁。文溯阁内为三层，清末人杨同桂在《沈故》中记载：“下一层储《图书集成》及四库书之经部，中层储史部，上层储子、集部……经部二十架，九百六十函；史部三十三架，一千五百八十四函；子部二十二架，一千五百八十四函；集部二十八架，二千十六函。共三千四百七十部，七万五千八百九十六卷，俱系写本。”③

乾隆四十八年（1783）九月，73岁的乾隆帝第四次东巡盛京谒陵，驻跸盛京旧宫，亲撰《御制文溯阁记》，全文如下：

辑四库之书，分四处以庋之，方以类聚。数以偶成。文渊、文源、文津三阁之记早成。则此文溯阁之记亦不可再缓，因为之辞曰：权舆二典之

① 《清高宗实录》卷一千五十四，乾隆四十三年四月辛丑。

② 《清高宗实录》卷一千一百四十九，乾隆四十七年正月乙卯。

③ 杨同桂：《沈故》卷一，收入《辽海丛书》第一册，辽沈书社，1984，第286页。

赞尧舜也，一则曰文思，一则曰文明。盖思乃蕴于中，明乃发于外，而胥藉文以显。文者理也。文之所在，天理存焉，文不在斯乎？孔子所以继尧舜之心传也。世无文，天理泯而不成其为世，夫岂铅椠简编云乎哉？然文固不离乎铅椠简编以化世，此四库之辑所由亟亟也，兹则首部告成，纲纪已定，与之暇以究其核，督之勤以防其忽，乙夜几暇，亦亹披览，怪僻侧艳，涤濯划磢，犁然理明，裒然文显。所余三部，惟抄胥之事，然而豕亥陶阴，犹不可不仇雠校也。四阁之名皆冠以文，而若渊若源，若津若溯，皆从水以立义者，盖取范氏天一阁之为，亦既见于前记矣。若夫海源也，众水各有源，而同归于海，似海为其尾而非源，不知尾闾何泄，则仍运而为源，原始反终，大易所以示其端也。津则窍源之径而溯之，是则溯也津也，实亦追源之渊也。水之体用如是，文之体用顾独不如是乎？恰于盛京名此名，更有合周诗所谓溯涧求本之义，而予不忘祖宗创业之艰，示子孙守文之模，意在斯乎？意在斯乎！①

乾隆帝在《御制文溯阁记》中讲明了两点：一是文溯阁名称的由来，盛京乃发祥重地，追本溯源，故名文溯阁；二是藏书于盛京故宫，意在“予不忘祖宗创业之艰，示子孙守文之模”，这也是乾隆帝倡导文教的目的所在。

四、笼络宗室与勋旧子孙

因为盛京是清政权的“龙兴之地”，所以这里除了有爱新觉罗祖陵之外，还埋葬着开国时期的众多宗室与功臣。也有不少宗室觉罗和勋旧的后人在盛京任职或生活。清帝东巡盛京，对这些人表现出了特殊的恩宠。

① 《清高宗实录》卷一千一百八十九，乾隆四十八年九月戊申。

（一）祭诸王及功臣墓

清帝在东巡盛京时，除了谒陵，表示“以孝治天下”来维系爱新觉罗氏的封建统治之外，也表示出对开国勋臣们的缅怀与思念之情。因此，在恭谒直系先祖陵寝的同时，对开创后金（清）基业时期的功臣、宗室、勋旧的坟墓也躬亲拜祭，表示对他们功绩的颂扬和怀念。

谒功臣、宗室、勋旧墓有两种形式：一是皇帝命官祭奠；二是皇帝亲自祭奠。

康熙二十一年（1682）三月，康熙帝祭奠昭陵后，遣领侍卫内大臣舅舅佟国维祭功臣颖亲王萨哈廉墓，内大臣都统巴泰祭克勤郡王岳托墓，内大臣伯费扬古祭武勋王扬古利墓，内大臣索额图祭直义公费英东墓，内大臣坤巴图鲁侍卫祭弘毅公额亦都墓，内大臣觉罗邬默纳祭忠义公图尔格墓。[①] 遣官所祭的几位墓主皆为开国勋臣，并且多为宗室。

萨哈廉，清太祖努尔哈赤之孙，礼亲王代善第三子，随父祖征战疆场，屡立战功。努尔哈赤去世后，他与父兄相商，最终促成皇太极继承汗位。萨哈廉对皇太极忠心耿耿，后金初设六部，以萨哈廉管礼部事。崇德元年（1636）初，萨哈廉患病，皇太极多次探望，至五月病故，时年 33 岁。

岳托，萨哈廉长兄，是清开国史上一位重要将领。努尔哈赤去世后，他与萨哈廉以大局为重，劝说父亲代善拥戴皇太极即汗位。他很早就投身戎马，领兵攻辽沈，征蒙古，与其父同掌两红旗，主管兵部。崇德三年（1638）病逝，时年 39 岁。

扬古利，世居珲春，在努尔哈赤起兵后随父率部来归，娶努尔哈赤女儿为妻。先后获封一等总兵官、超品公世职，地位仅次于贝勒。跟随努尔哈赤征战哈达、辉发、乌拉等部，为女真人统一立下汗马功劳。后领兵出兵辽沈，每战必身先士卒，冲锋陷阵。皇太极时，略明关内之通州、蓟州、大同等地。崇德

① 《清圣祖实录》卷一百一，康熙二十一年三月乙卯。

二年（1627）一月，在出征朝鲜的战场上负伤而亡，时年65岁。

费英东，苏完部部长索尔果之子。努尔哈赤起兵后，随父率部来归。其以骁勇善战、足智多谋著称，与额亦都、扈尔汉、安费扬古、何和里为理政五大臣。在跟随努尔哈赤攻明时，被称为“万人敌”，骁勇善战，屡建战功，获授一等总兵官世职。天命五年（1620）去世，时年58岁。

额亦都，跟随努尔哈赤起兵，参加统一女真各部的战争，冲锋陷阵，勇敢善战，赐号巴图鲁，深受努尔哈赤信赖。后金建立后，其为理政五大臣之一。天命六年（1621）病逝，时年59岁。

图尔格，钮钴禄氏，后金开国五大臣之一额亦都第八子，青年时随努尔哈赤出征，累功获授参将世职。及皇太极即位，图尔格任固山额真、吏部承政等职。从征大凌河、松山、锦州及关内，屡立战功。顺治帝即位后，论功行赏，授图尔格三等功。翌年病逝，终年51岁。

以上六位皆为清开国勋臣，为清政权的建立和发展立下丰功伟绩。除了以上六位之外，康熙帝还派人往祭盛京地区的其他宗室与勋旧之墓。[①]

根据东巡的具体情况，清帝也会亲临勋旧墓地祭奠。康熙三十七年（1698）九月，康熙帝第三次到盛京谒陵，礼成后回到盛京皇宫，他对内大臣说：

> 开国佐运勋臣扬古利、费英东、额亦都三人效力甚可嘉尚。此三人墓，朕祭昭陵之日亲临奠酒。其余诸臣效力亦属可嘉，康熙二十一年曾经祭奠者，照前举行。颖亲王萨哈廉、克勤郡王岳托等墓，各遣大臣致祭。

寻，扬古利、费英东、额亦都之子孙公福善等奏曰：“皇上欲亲临臣等之祖墓奠酒，臣等不胜惶惧，伏祈皇上停止。”上谕之曰：“太祖太宗开国定鼎，尔祖辅佐勋劳，即尔等亦不能详悉。朕时阅实录，知尔等之祖于开创时功绩懋著，深属可嘉。朕既亲来谒陵，必当临尔祖墓奠酒。”[②]

康熙帝要亲诣开国勋臣墓前祭奠，勋臣扬古利等人的子孙“不胜惶惧”，劝

---

① 《清圣祖实录》卷一百一，康熙二十一年三月乙卯。

② 《清圣祖实录》卷一百九十，康熙三十七年九月戊午。

阻皇帝。康熙帝因时常翻看实录，深悉这些勋臣在开国时期的功勋，所以执意前往，反映出康熙帝深念旧日勋臣们的“佐运”之功。

乾隆八年（1743）九月，乾隆帝首次东巡盛京谒陵，谒祖陵礼成后，“亲临克勤郡王岳托、武勋王扬古利墓前赐奠”[①]。嘉庆二十三年（1818）九月，嘉庆帝第二次谒祖陵，在恭谒福陵后，亲临弘毅公额亦都墓赐奠，并赏额亦都后裔散秩大臣公那苏巴图在乾清门行走。[②]

皇帝亲临墓地祭奠功臣、宗室、勋旧，对于被祭奠者的后裔来说是莫大的恩宠。

（二）善待宗室觉罗

清帝对在盛京地区的宗室和觉罗很重视，东巡时主要采取以下几种举措来表达恩宠：

赐宴。每位东巡的皇帝皆在盛京旧宫赐宴招待宗室与觉罗，在酒桌上共叙旧情。乾隆帝在第二次东巡时，还在大政殿接受盛京宗室和觉罗官员等恭进的御膳。

赏赐。乾隆帝在首次东巡谒陵时，总理行营事务和硕庄亲王允禄等奉旨查明：盛京之宗室内有章京6员、休致章京2员、六品荫生1员、八品宗学副管2员、闲散宗室82名、觉罗长8名、闲散觉罗96名、紫带子觉罗4名，有外戚子孙内防御2员，有顶带无俸人101员、兵丁108名。乾隆帝分别拟赏马鞍、缎匹、银两。

除盛京原有的宗室之外，在嘉庆十九年（1814），又从北京迁来一批宗室，共70户300余人，集中住在大东边门外的“宗室营”。旧时人称“宗室营”为“罪城”，认为这些宗室是因为犯有各种罪错被遣送来的。对此，嘉庆帝给出了解释。嘉庆二十三年（1818）正月，正在为东巡谒陵做准备的嘉庆帝对军机大臣说：“因念前岁移驻盛京诸宗室，乃缘支系蕃衍，蕲其居业向善。盛京为国家

① 《清高宗实录》卷二百一，乾隆八年九月丙午。

② 《清仁宗实录》卷三百四十六，嘉庆二十三年九月丙申。

图6－12　清帝出巡图

根本之地，习尚敦庞，移居到彼，为之筑室界产，以养以教，使之观感善俗，兴起才俊，并非获有罪辜，移徙安置也。”嘉庆帝的解释是，这些宗室不是因罪错被迁到盛京，而是让他们观感盛京淳厚的风俗，以便“兴起才俊”。然后，谕盛京将军富俊，“询问该宗室人等，其平日所习，于文武两途，各述所长。习文者或能文能诗及通晓翻译，习武者或能骑射步射”，要求预先报名，东巡盛京时届期加以校阅，分别奖励。嘉庆帝对移居盛京的宗室生活状况也很关注，他询问：“现在移驻诸宗室，每年给饷若干？每户分产若干？”还询问“因获罪发往盛京管束及圈禁者”原犯案由和原定年限，让盛京将军富俊一并查明具奏。[①]是年九月，嘉庆帝到了盛京，得知移居的宗室已“按名给饷，计发授租，筑室界产，俾安生业”，但考虑到“迩年市值加增，恐食指稍多之户，所得饷租尚不敷养赡”，于是决定，“将移驻盛京宗室月食饷银三两之户，每年于盛京户部内

① 《清仁宗实录》卷三百三十八，嘉庆二十三年正月甲辰。

仓额征粟米项下，每户赏给二十二仓石，春秋两季照数给领。”[①]

授官。乾隆帝首次东巡盛京谒陵礼成后，对“奉天居住之舅氏两姨子孙向补放章京职衔，昨朕施恩增广其额”。不仅如此，为了体恤勋旧，以前授官“来京引见补放，惟路途遥远，往返跋涉，资斧维艰”，决定以后“不必来京引见，著该将军于年终指名奏闻补授”。[②] 乾隆帝可谓关怀备至。

建贤王祠。乾隆帝在第二次东巡盛京谒陵时，为笼络功臣宗室勋旧后人，将盛京原有的“怡贤亲王祠”改为“贤王祠”，以纪念“国初诸王功烈懋著”；又将“太庙配享之通达郡王、武功郡王、慧哲郡王、宣献郡王及礼亲王、饶馀敏亲王、郑简亲王、颖毅亲王一并崇祀”，每年春秋两季，令奉天府府尹承祭读祝，赞礼用盛京礼部人员。乾隆帝在第四次东巡盛京时，又将睿亲王多尔衮、豫通亲王多铎、肃亲王豪格、克勤郡王岳托入祀盛京贤王祠堂[③]。至此，基本上将国初有功勋的宗室诸王囊括无遗。

清帝在对盛京宗室觉罗进行赏赐的同时，还反复加以训导教诲。乾隆帝在首次东巡盛京时教诲盛京宗室觉罗道：

> 祖宗陵寝，关系重大，故特派宗室恭代行礼。尔等皆出祖宗一人之子孙，非陵寝官员可比。且又无别项应司之事，凡事关祭祀及行礼等处，务当共矢诚敬以副朕之孝思，不可稍有怠忽。至平居之时，须无忘旧习，谨慎淳朴，确守法度，勿致肆意妄行。再觉罗等皆系派衍天潢，各宜谨慎，勉为善良。尔宗室、觉罗等，果能敬谨祭祀，循分守常，祖宗在天之灵，亦必锡福与尔等矣。[④]

乾隆帝希望，盛京的宗室觉罗用心祭祀祖陵，平日里遵纪守法。

嘉庆帝东巡盛京谒陵，照乾隆八年（1743）例，对盛京宗室觉罗进行赏赐。

---

① 《清仁宗实录》卷三百四十六，嘉庆二十三年九月戊戌。

② 《清高宗实录》卷二百二，乾隆八年十月甲寅。

③ 《清高宗实录》卷一千六十五，乾隆四十三年八月壬午。

④ 《清高宗实录》卷二百一，乾隆八年九月乙巳。

他在第二次东巡时，谕盛京将军富俊将发往盛京、吉林、黑龙江的宗室犯案缘由查明具奏。然后他详加披阅，了解具体案情。其中，宗室恩福，酒醉后用碗片划伤头皮，讹赖邻居姚元宝钱文；恒伯，在科布多参赞大臣任内，令属员在蒙古地方挖煤，私借铺户银两；隆顺，在仓监督任内，误揭张景泗改廒挪米；敬征、屏翰充当族长，失察海康等习教从逆；桂芬，读祝错误；庆杰，在热河副都统任内，收受属员馈送分金；绷武布，前在吉林，收受秀林帮缴官项等银。了解案情之后，嘉庆帝认为，“核其情节，均尚非不可原宥，除敬征、绷武布、庆杰另行降旨加恩外，恩福、恒伯、隆顺、屏翰、桂芬，俱著加恩释放回京，其家属一并带回。其余各犯，情罪较重，俱不准释回”①。

在清开国时期，爱新觉罗家族成员形成一个特殊的社会群体。这个群体以汗（皇帝）为中心，靠血缘关系建立起来。宗室成员构成了后金（清）政权的最高统治集团。在“马上取天下”的艰苦创业时代，宗室王公们既是南征北战、统兵辖将的军事骨干，又是治国安民、佐理国政的政治核心。他们团结一心，披荆斩棘，克服万难，用生命和鲜血建立了政权并使之发展壮大。时过境迁，清政权已成为满汉地主阶级联合统治的封建政权，宗室不再是政权的统治核心。加之承平日久，很多宗室的奋斗精神已大大衰弱。对此，清帝仍希望和要求宗室觉罗思祖先创业之艰难，知现在守成之不易，兢兢业业，畏天爱人，共同维持以皇帝为首的爱新觉罗氏的统治。

五、接待朝鲜使臣

乾隆帝四次东巡盛京谒陵时，朝鲜国王英宗、正宗分别派使臣到盛京问安，赍表修贡。乾隆帝接待朝鲜国使臣的态度基本上是友好的，维持了两国的安宁和边境的和平。

乾隆帝首次东巡时，在大政殿举行宴筵，邀请朝鲜使臣参加，送给朝鲜国

① 《清仁宗实录》卷三百四十六，嘉庆二十三年九月己亥。

王御书匾额“式表东藩”，赠送礼物银两给朝鲜国王、问安正使、书状官、大通官、押物官等人。他认为，“朝鲜世笃忠诚，谨遵轨物”，“特遣陪臣进表贡献，具见悃枕。理合逾格加恩以昭敬顺”[①]。但实际上，当时的朝鲜国作为“三百年礼仪之邦”，记忆尚存清初战争创伤，这是不得已而采取的礼节性行动。乾隆帝的友好态度，消除了朝鲜国内君臣的疑虑不安，使两国边境保持了和平。

乾隆帝第二次东巡盛京时，基本上按照乾隆八年（1743）例接待朝鲜国使臣。当时朝鲜国君臣对中国西部准噶尔的战事很关注，“忧清主子盘游无度，祸及我国”[②]，反映出两国安定与和平是互相影响的。

乾隆帝第三次东巡盛京时，正值母丧，事前告知朝鲜国王不用遣使朝贺；但当时李朝正宗即位不久，特派使李溵为沈阳问安正使。乾隆帝在去沈阳的途中，与前来迎接的朝鲜使臣李溵相遇。通过翻译官，乾隆帝向朝鲜国王问好，并询问朝鲜的收成如何等，友好地接见了使臣。在盛京故宫崇政殿的升殿大典上，朝鲜使臣也位列朝班。乾隆帝因为朝鲜国王刚即位不久，就遣使赉表修贡，迎驾请安，恭顺可嘉，特送御书匾额“东藩绳美”。[③]

乾隆帝第四次东巡谒陵时，原定在沈阳过万寿节，但因天气炎热、雨水多而改在承德避暑山庄过生日。朝鲜国沈阳问安使李福源按原定日期抵达沈阳，八月十三日，“诣大政殿行圣节望贺礼”。九月初五日，朝鲜使臣在老边城迎接乾隆帝。乾隆帝接见了朝鲜使臣，问候朝鲜国王平安、年事丰歉，“言笑款款，显有和悦之容”。乾隆帝认为，朝鲜“国王情殷感戴，奉表修贡，于七月间即先遣陪臣在盛京祗候，迎驾请安，恭祝万寿”，因此决定“照例加赏，并赐御制诗一章，用昭优眷。所有陪臣及随从人等守候日久，著照上次加赏之例再行加倍赏赐”，以示“柔惠远人有加无已之至意”[④]。乾隆帝给朝鲜国王的诗云：

---

① 《清高宗实录》卷二百一，乾隆八年九月乙巳。

② 《李朝实录》，英宗三十年九月乙未。

③ 《李朝实录》，正宗二年九月丁酉。

④ 《清高宗实录》卷一千一百八十八，乾隆四十八年九月癸巳。

迎銮祝寿陪臣价，按辔跸途赐谒温。
问悉国中逢稔岁，夙知海外得贤藩。
习经史地心无贰，遵礼义邦教有源。
慎守封疆抚黎庶，万斯年永受朝恩。[1]

朝鲜使臣参加了在崇政殿举行的升殿大典，又在大政殿西阶上参加了宴筵，观看了节目。

嘉庆帝东巡盛京时，赐朝鲜国王御书匾额“礼教绥藩”，并赏赉国王及陪臣如例。[2]

综上所述，清帝东巡盛京时，朝鲜国王均派使臣到盛京请安，清帝均热情接待并赏赐有加，起到了促进睦邻友好的作用。这也是清朝皇帝东巡盛京谒陵同时的重要施政措施之一。

清朝先后有圣祖康熙帝、高宗乾隆帝、仁宗嘉庆帝、宣宗道光帝共 10 次东巡盛京谒祖陵（若加上世宗雍正帝以皇子身份代父皇至盛京谒陵，就达 11 次了）。东巡盛京，谒祖陵是最重要的事情，也是每位皇帝必须做的，以此表达对先祖的缅怀之情，不忘先祖开国创业之艰难。此外，在谒陵的同时，巡查边疆、整顿吏治、倡导文教、和睦朝鲜。所以，清帝东巡盛京，不是仅仅拜谒祖陵，换言之，不只是家族事务，而是国家和盛京地区的重大政治事件，对盛京地区的政治、经济、文化及国家外交皆有重大的影响。

① 《清高宗实录》卷一千一百八十八，乾隆四十八年九月癸巳。

② 《清仁宗实录》卷一百四十九，嘉庆十年八月丙午。

第七章 清末政治体制变革

清末，盛京地区外有列强瓜分，虎视眈眈；内部机构重叠臃肿，吏治废弛，八旗制度日渐腐朽，各地农民起义不断，盗匪四起，社会动荡不安，危机四伏。旧有的管理体制难以为继，清廷不得不在盛京地区乃至东北推行政治体制改革，实行新政。

盛京地区的体制变革集中在光绪朝，可分为两个阶段：一是光绪初年的行政变革；二是光绪末年的建省改制。

第一节 光绪初年的行政变革

光绪帝即位后感慨道："东三省为根本重地，近来旗务吏治均极废弛，以致贼氛肆扰，整顿为难。"[①] 为整顿盛京政务，朝廷任命崇实为盛京将军。崇实上任后，结合盛京地区的实际情况，上疏提出变通奉天吏治章程。朝廷准其所奏，由此开始了对盛京地区的行政变革。

① 《清德宗实录》卷十二，光绪元年六月壬辰。

一、崇实与奉天《变通吏治折》

（一）崇实任盛京将军

崇实（1820—1876），完颜氏，字朴山、适斋，号惕盦，满洲镶黄旗人。其父麟庆曾任南河河道总督。道光三十年（1850），崇实考中进士，选庶吉士，授编修，走上仕途，历任侍读学士、通政使、内阁学士、镶蓝旗蒙古副都统、户部左侍郎、工部右侍郎、驻藏大臣等。咸丰十一年（1861），授成都将军，“剿灭”了农民起义。同治元年（1862），奉旨办理川、黔两省教案。四年（1865）四月，复兼署四川总督。当时成都驻防旗人承平日久，生齿日繁，出现八旗生计问题。崇实到任后挑选旗下壮丁往成都郊区唐王坝开荒种地，又令各旗种桑养蚕，以此缓解生计问题。自捐俸银修魁星阁，创建书院，令八旗子弟入学读书。同治十二年（1873），署理热河都统，清查围场地亩，“剿灭”朝阳一带的农民起义。热河驻防官兵日常所需粮食一向由驻防官兵钱粮项下扣除，由承德府转各厅、州、县交商人采买，各商民自行运至内仓交纳。而数十年来，此事变成由少数八旗官员及差丁把持，从中获利，使商民大受其累；同时旗官以各种借口折色，把持上仓，致使八旗官兵人等所领粮食品质低劣，几乎不能食。崇实严惩贪渎官弁，饬令以后仍照旧规办理。十三年（1874），奉命往山海关查办案件。

盛京地区自咸丰、同治朝以来，吏治败坏，旗务废弛，农民起义不断。中日甲午战争后，东北边疆出现危机，清廷认为“以三省联为一气，方为御侮良图”，同时，因为金州、营口一带本隶北洋，所以命李鸿章“协同筹防”。[①] 李鸿章是洋务运动的代表人物，而崇实深受洋务运动的影响，思想不固封。光绪

① 《清德宗实录》卷十二，光绪元年六月壬辰。

元年（1875）正月，崇实奉命与内阁学士宗室岐元赴盛京查办案件。旋即受命署理盛京将军。朝廷对崇实寄予厚望，刚刚任命崇实，光绪帝就对军机大臣等说："已有旨令崇实署理盛京将军矣，现在奉捕巡防在在均关紧要，著崇实星速前赴署任，将地方应办一切事宜妥为整顿。"① 光绪帝命崇实"星速"前往赴任，足见盛京形势严峻，寄希望于崇实将"一切事宜妥为整顿"。

崇实做事雷厉风行，上任后即实行了一系列整顿措施。盛京东部的大东沟至宽奠、大通沟一带物产丰饶，人口稀少，尽管清政府实行封禁令，仍然不断有内地民人涌入，开荒种地，采集伐木。经数十年，人口聚居不下数十万，良莠不齐，一向没有官员治理，以致社会无序，杀人越货时有发生。又有农民起义军抗击官军，影响边境安宁。崇实调派军队，历时数月，镇压了农民起义军。之后，遣员清查地亩，就地升科，编连保甲，添设州、县，实行管理。在整顿社会秩序的同时，崇实针对盛京地区的实际情况上疏朝廷，请变更盛京吏治，获朝廷批准，乃实行，开始了盛京政治体制的变革。

只可惜，任盛京将军一年后，光绪二年（1876）十月，崇实病逝，终年57岁，未来得及施展他的政治主张。朝廷评价其"老成练达，才识俱优"，"勤慎恪恭，克尽厥职"，署理盛京将军，则"办马贼，整饬吏治，均能尽心筹画，悉协机宜"②，赐谥号"文勤"。十二月，署盛京将军岐元等奏："奉省绅民呈称崇实功德在民，请与原任将军都兴阿、大学士文祥共建一祠。"朝廷允之。③

（二）奉天《变通吏治折》

光绪元年（1875）正月，原任四川总督崇实和内阁学士岐元奉命赴盛京，原是为剿灭奉天、吉林的"马贼"。崇实到奉天后，在数月间镇压了各处起义者。崇实在奉天期间，盛京将军都兴阿去世，清廷令崇实署理盛京将军。朝廷指示崇实，"奉省目前要务，自以练兵筹饷为先，而尤以整饬吏治为紧要关键，

---

① 《清德宗实录》卷四，光绪元年二月己卯。

② 王钟翰点校《清史列传》卷五十二《崇实传》，中华书局，1987，第4146页。

③ 关于崇实生平事迹见王钟翰点校《清史列传》卷五十二，中华书局，1987，第4135－4147页。

……应如何变通补救之处，著即悉心妥议具奏。”[①]

盛京地区吏治败坏由来已久，官吏结党营私，巧取豪夺，甚至官匪勾结。崇实认为，“欲清盗源，先清吏治。”在经过数月的调查研究后，光绪元年（1875）七月，崇实向朝廷提出变通奉天吏治章程。

崇实在提出具体变革吏治内容之前，先说明变通的原则有两个：一是“整饬官常，必由大吏而始”；二是“仍存五部之名，以隆体制，兼仿督抚之例，以一事权救弊补偏”。[②] 崇实建议盛京官制向行省制转化，但因盛京是留都重地，为隆其体制，保留五部。

崇实的变通吏治内容包括七项：变通将军事权、变通府尹事权、变通五部事权、变通奉天府治中一缺、变通旗民地方各官、变通各大吏养廉、变通仓差规费。具体如下：

1. 将军事权宜变通也

奉天积弊，由于旗民不和，而推其本原，实缘大吏之先存意见，将军于地方各官向不兼辖，遇有会办公件，呼应往往不灵。溯其建置之初，原与五部隐相兼摄，故至今公牍多半会衔，厥后将军威望渐轻，而五部权力遂重。其中兼尹归于户部，与将军更易抗衡，旗民两途，各不项下，虽有会稿，等于虚文。近年舆论且谓“奉省大员既非京，而非外，将军名位虽有权而无权”，因此，风气所开，僚属亦各立门户，有为者，转多顾虑，无能者不免瞻狗，而公事遂不堪设想矣。夫将军镇守地方，何如郑重？即朝廷饬议所在，无不首专责成，今则畛域各分，何以统饬全局？且既督办军务，于兵刑、粮饷皆当并筹，而将军向仿京员，印信亦存公署，每办一事，经手多人往复监钤，断难机密。（奴才）近发紧要文移，因奉使出京带有刑部预印空白，得以亲加封递，方免窥探之私，若拘定章，必多误事。拟请

---

① 《清德宗实录》卷五，光绪元年三月己酉。

② 崇厚撰，孙伟祥点校《盛京典制备考》卷八《奏拟请变通吏治折》，收入姜维公、刘立强主编《中国边疆研究文库·东北边疆卷四》，黑龙江教育出版社，2014，第230－231页。

旨，将盛京将军一缺改为管理兵、刑两部，兼管奉天府府尹事务，即仿各省总督体制，加兵部尚书衔，另颁“总督奉天旗民地方军务”关防一颗，并加“兼理粮饷”字样，以便管带金银库印、钥，且可稽核户部出入。其余公事，悉仍其旧，如此旗民文武全归统辖。机密重件，亦易防闲，即粮饷、兵刑悉有总理之责。而三陵、内务府原系本职所司，惟永陵离省较远，今既添设副都统，则责有攸归，其余各部事务，皆令与将军和衷商办，此维持通省之苦衷，实挈领提纲之先务也。

此项变通即赋予盛京将军大权：掌驻防旗人事务；管盛京兵部和刑部；兼管奉天府府尹事；照各省总督例加兵部尚书衔，颁给“总督奉天旗民地方军务”关防一颗；兼理粮饷，管金银库，稽核户部出入。这样，盛京将军就独揽了盛京地区旗民的行政、财政、军政大权，名曰将军，实为总督，打破了以往将军只管旗人的旧例，或者说开始变革旗民二元管理体制。此举解决了政出多门、“事权不一”的问题。

2. 府尹事权宜变通也

察吏安民，府尹最重，本与兼尹相助为理，惟兼尹向属户部，因旗民交涉之狱又须由刑部会办定案。近年，民多于旗轇轕最甚。府尹虽设有谳局审断，每不得自专，往往一事，而上制于户部之兼尹，旁牵于刑部之会讯，稽留往复，清理良难。各州县申详此等案情亦，遂纷而无主，甚至包苴争纳，径窦互开，多一兼管衙门即多一需索地步，此弊之在上者也。健讼成风，意存拖累，原告控于府尹，被告又控刑部，而部中司员复不遵定章，任意收呈，随处提案，问官亦有偏袒，胥吏因而作奸，审结无期，互传不到，其中命盗重案，竟使待质囹圄多至一二十年，微论瘐死，纷纷无从呼讼，而挟仇勒贿被害尤深，至于会验尸伤，每以索费久稽，动辄数月。此弊之在民者，也拟请旨，将奉天府府尹一缺加二品衔，以右副都御史行巡抚事，旗民各务悉归专理，使与将军相乘一气，不致两歧。以此安民，先免株累，以此察吏，方有禀承通省纪纲，斯为枢纽。

以往旗民交涉狱讼，原告控于府尹，被告又控于刑部，奉天府府尹不能断决，需要和盛京刑部会办定案，以致迁延时日，审结无期，奸邪官吏乘机敲诈勒索。“将奉天府府尹一缺加二品衔，以右副都御史行巡抚事，旗民各务悉归专理，便与将军相乘一气，不致两歧。”

3. 五部事权宜变通也

奉天及吉、黑两省饷需汇于户部，其任匪轻，不宜再兼府尹，反增枝节。而三陵典礼、大内工程，礼、工两部各有专司，皆于民间无涉。至将军虽管理兵刑，而该部堂官责无旁贷，五部侍郎应仍其旧，无须移动，俾免纷更。夫刑部之弊，前已略陈，相应请旨涉申明定例，亦如京中刑部体制。嗣后惟旗民交涉，罪在犯徒以上者，方准该部按律定拟，其余一概不得干预，该司官等，如再有违例收呈提案及相验逾限等事，径由将军指名严参，以杜侵官而纾民困。至兵部仅管驿丁事，原简易，惟文书任意私拆漏泄太多，一言未上而通国皆知，一令未颁而浮议先起，甚至机密钉封往往破损，此外，寻常公牍积压遗失不可胜言。窃思陈奏机宜，军、尹两处多于各部，今以将军管理，即可一手整齐，更拟请旨将地方通同州县各员兼理驿务，所有向设驿丁，准其会同兵部所派之驿站监督，随时察核沿途逐站，皆得其人交报攸关亟宜并议。

盛京五部执掌和盛京将军互有交叉，尤其是从乾隆朝始，五部侍郎兼理奉天府府尹，五部侍郎的权力日重，而盛京将军权力日轻，二者之间矛盾重重。崇实建议：户部侍郎不再兼理府尹；盛京刑部应和京师刑部一样，“嗣后惟旗民交涉，罪在犯徒以上者，方准该部按律定拟，其余一概不得干预”；礼、工两部各有专司，皆与民间无涉；兵部仅管驿丁事。这样就削弱了盛京五部侍郎的权力，同时使其职责有了清晰的划分。但为隆盛京留都体制，盛京五部依然存在。

4. 奉天府治中一缺宜变通也

奉省大吏太多，而下僚太少，未免足轻首重，是以政令不齐。查兼尹、府尹，以次少一承上启下之员为之关捩，仅有承德县知县联属之际太觉不伦，治中究系京员，外官势不相洽，而通省清查亏空、督办案情须有专司，方资表率。拟于奉省中添设首道一缺，名曰“奉天驿巡道”，阖省驿站及新设捕盗营之同通州县悉隶其下，俾得稽巡。惟增修衙署、招募胥役繁费殊多，猝无所出。拟即将治中一缺加一道衔，兼行首道事务，另颁“奉天驿巡道”关防一颗，余仍其旧。如蒙议准，则廉俸亦须随后另筹。事权既不参差，体制较之完备。查治中本系汉缺，向归捐选，嗣后应将征途出身人员改为请旨简放，以昭慎重。

由于盛京将军和奉天府府尹分别加总督和巡抚衔，大吏太多，而下僚太少，所以崇实建议将原来奉天府治中加一道衔，兼行首道事务，名曰“奉天驿巡道”，全省驿站及新设捕盗营之同知、通判、州、县悉隶其下。如此，奉天原来的府、县二级管理体制将变为道、府、县三级，与各行省相同。

5. 旗民地方各官宜变通也

旗民交涉之案，各州县必与城守尉等官会同办理。查其列衔之处，禀将军则尉、县并书，禀府尹则有县无尉，同一公牍任意纷歧，遂至守尉目中几无府尹，营私挟诈，何所不为？且于地方，尤有数弊：旗界同居，非亲即友，关中公事但论私情，其弊一也；会办各异，未能和衷，彼此留难，案久悬搁，其弊二也；命盗重件遇有旗人，则借强宗为护身之符，托本管为说情之地，方拒容隐，不服查拿，其弊三也；捕盗不力，州县官处分綦严，而城守尉、佐领等官尤有专责，乃尽委罪于骁骑校及领催微末诸员，指名搪塞，劫掠横行致无忌惮，其弊四也。上分其肥，下受其毒，曲直无从申理，州县亦遂因循，是以（奴才）前次请照热河定例，将地方通

（判）同（知）以下全加理事等衔，并奏在案，今更拟请旨，嗣后奉省地方一切案件，无论旗民，专归同通州县等官管理，其旗界大小各员只准经理旗租、缉捕盗贼，此外不得丝毫干预。其缉捕处分自城守尉至路记佐领，必与州县等官一律轻重，不得以属弁随时塞责，而本城旗人尤须再申定例，不许作本界武职，如此划清限制，自无包庇牵掣之虞。至各处城守尉，本系宗室专缺，官阶同于府道，责任亦遂不轻，嗣后请旨简放时，拟择宗室中谙练政事之员，方能称职，如有才力不胜，应由将军随时甄别，方不至贻误。地方其余民界各官升途太隘，虽有京察、计典，奉省均属具文，是以吏治毫无振作，拟并请将奉省道府同通州县由吏部推广升途，力加鼓励，庶几有所激劝，百废可兴，是亦为根本储才之急务也。

以往因实行旗民二元管理体制，凡地方旗人诉讼归城守尉负责，民人由州县官负责，遇有旗民交涉案件则由州县官和城守尉共同办理。崇实历数这种二元管理体制的弊端，建议“嗣后奉省地方一切案件，无论旗民，专归同通州县等官管理，其旗界大小各员只准经理旗租、缉捕盗贼，此外不得丝毫干预”。调整旗民地方官员职权，有利于解决旗民之间的矛盾。

6. 各大吏养廉宜变通也

奉省贿赂公行，已非一日。原情而论，出于贪黩者犹少，迫于穷困者实多。查将军养廉，虽名八成，而官票每两折银只以二钱五分入算，此外一成停止，一成实折，计廉银额二千两，实数仅五百余金。推之府尹、府丞，又当四成递折，实数不过二百余金矣！藉此从公，万难敷衍，不得已设为名目，取给下僚，有节寿之贺仪，有月费之摊款。自兼尹、刑部，迄于府尹、府丞，凡涉词讼之官，地方无不馈送，变本加厉，习为故常，甚至民间讹传“委缺必酬，到任必谢”，而营求嘱托又无论矣。即有清洁自好之员，迫于时势，亦姑择受一二，不敢矫异鸣高。夫上官既资于下僚，下僚必敛于百姓，追呼掊克，激成事端，是以官习为不廉而极之于纵役分赃，民亦习为不廉而极之于杀人放火，典章罔顾，教化不兴，此陋规相沿，实奉省第一大弊也。窃思兴廉不难，道在善养，若以竭蹶办公之力，复有衣食内顾之忧，不惟坑塞人材，亦觉有伤政体。国家原情立法，本不苦以所难。拟请旨，嗣后奉省各大吏养廉，与其递折但立虚名，不如另减归于实济。将军既照总督例，即以至少省份计之，养廉当一万八千金。府尹既照巡抚例，养廉至少一万二千金，然值此时艰，必须力求节省，因核各处用度，将军养廉至少非实银八千两不可，府尹养廉至少非实银六千两不可。而府尹内有幕修，外有役食，六千之数仍属难敷。查各地方官向有摊派之款，（奴才）细加分别，凡涉私规，悉行汰去，尚留公用三四千金，拟即令其汇解府尹衙门，以补公用之不足。府丞既兼学政，亦系外官，今既裁撤陋规，其养廉非实银二千亦难有济。以上各款可否，即由海关道征收盈余及新增盈余两项下按年支解作正开销，并恳天恩，格外俯恤所有奉省督抚、学政养廉均给实银外，余如副都统、五部廉俸原额本少，皆准八成实放，不必叠为折扣。而将军兼辖事烦，支用尤巨，虽议养廉八千，仍恐不敷所用，（奴才）另有津贴公费之筹，具详此下条款。亦知国用未充，可减则减，岂容别生枝节，徒事虚縻？惟关外情形迥殊各省，既欲力除积弊，便当筹及通盘，况乎宅镐留丰？自古不嫌优异，力培根本，理所当然，外省养廉岂容并论？在帑项所支无几，而大局所全已多，苟可补苴，何敢迁就？自经此次议定章程后，凡奉省向来各大吏一切全分、半分陋规概行禁革，若蹈前辙，立予严惩；在小民，可稍免苛求，而墨吏亦无所籍口，清源正本，莫切于斯。

奉天省贿赂公行由来已久，崇实认为，究其原因，是“出于贪黩者犹少，迫于穷困者实多”。针对奉天省的实际情况，崇实提出了针对养廉银的具体解决方案。

7. 仓差规费宜变通也

奉省各旗草豆由折色以至实征，最不画一，数则任意增减，田则任人归并。宗室未完之款，或取偿于平民，富绅应纳之粮反强派之贫户浮收、包揽，百弊丛生。而正供之外尚有盈余，谓之仓差规费。每年收租，例由将军专派督催协领一员，由部分派正副监督司官二员，其奉派之员每纳规费于本管上官，始而每人不过三四千金，继则五六千金，近来增至八九千金。本属私供遂成定数，往往承办各员借贷垫赔，致招物议甚，或籍此讹索，其患仍受于民。（奴才）洞悉其弊，现将旗租草豆章程改为一律，无论宗室、平民、上中下户，酌一适中之数，按亩交收，以此贫民同声感戴。所不便者，惟包粮之土棍及不法之豪强耳。如此力加核减，仍有盈余在一万五六千金。窃思此项虽非正供，尚于地方无碍，欲必概行裁撤，未免竭泽而渔，与其任作私规茫无限制，不如改充公费，免再殊求。惟五部向系轮派司员，计必递推三年始受规费一次，任有久，暂事亦不均。（奴才）拟于盈余中先提一万金作为五部侍郎公费，每岁各分二千以资贴补，而派员督办仍循旧章，余数千金即充军署公费，所取有定，较觉光明。查前任将军都兴阿最称狷介，始则力却此款，后亦籍以资生，及其身后仍复萧条，仰蒙恩赏千金，始得扶柩归里，亦可慷廉吏之难为矣！（奴才）此次与岐元出差，幸荷恩施准给口分，从公半截方可支持，故于地方毫不沾染。一俟养廉泽增定，即请停支。是知规费润余各员万非得已，若再多方隐饰，终有玷于官箴。惟以臣子苦衷上求谅于君父，冒渎至此，悚仄难安，然既化私而为官，即非损下而益上，或亦因利乘便之一端也。①

崇实奏请变革旗人草豆征收章程，以绝其弊端，将正供之外的盈余用于将军衙门和五部公费。

以上7项内容中有两项最为重要：一是提高盛京将军的地位，扩大其权力，以期解决盛京地区长期存在的事权不一、政出多门、旗民长官相互掣肘之弊端；二是调整旗民地方官职权，以解决旗民之间的矛盾。以往，旗民交涉案件由州县官与城守尉共同办理，在处理时对旗人多有偏护，审断不公。因此规定嗣后

---

① 有关崇实的《变通奉天吏治章程》，见崇厚撰，孙伟祥点校《盛京典制备考》卷八《奏拟请变通吏治折》，收入姜维公、刘立强主编《中国边疆研究文库·东北边疆卷四》，黑龙江教育出版社，2014，第230－231页；《光绪朝东华录》第1册，第112页。

地方一切案件，不论旗民，皆归府县审理。

朝廷批准了崇实的《变通奉天吏治章程》，奉天的行政制度变革开始实行。

二、打破旗民二元管理体制壁垒

顺治元年（1644），清政权迁都北京，只留下千余名八旗兵驻防。康熙朝，中原战事平息，为充实根本之地，清政府重建东北八旗驻防。在盛京地区，八旗驻防兵的人数达两万余，分布在辽东、辽西各城邑要冲。驻防旗人由奉天将军（乾隆朝改为盛京将军）统辖，下设副都统、城守尉、佐领、骁骑校等管辖各城驻防旗人。驻防城建有旗署，管理所属旗人事务。

图7－1　兴京府印

自顺治朝实行辽东招民开垦令之后，盛京地区的民人不断增加，与之相适应，清政府陆续设置府州县民治机构，以奉天府府尹为最高长官，掌管民人事务。

旗民两个系统，旗田、民田各有区划，不相混淆。旗民不交产，各向本官署缴纳赋税；旗人诉讼归旗署审断，民人诉讼归民署处理。但是，旗民多同住一城或同一村屯，因而旗民相互诉讼事件繁多。有关旗民交涉之事，按规定由民署、旗署派员会审，若意见相左，则上报盛京刑部审断。

清统治者在盛京地区实行旗民二元管理体制，目的主要有两个：一是防止旗人渐染“陋习”，即防止旗人被汉化；二是保护旗人利益，旗人不论在经济上还是在政治上皆享有高于民人的权利。为体现“首崇满洲”政策，为保护旗人利益，乾隆帝定制，将各州县民治机构的长官皆改为旗缺，即由旗人担任。

尽管清统治者一再强调严格区分旗民畛域，但是，随着民人的不断涌入，盛京地区旗民事务日繁，旗民二元管理体制越来越暴露出其弊端。至清末，打破旗民二元管理体制的壁垒已成大势所趋。

崇实提出的变通奉省吏治章程，在诸多方面突破了旗民畛域。

首先，“将盛京将军一缺改为管理兵、刑两部，兼管奉天府府尹事务，即仿各省总督体制，加兵部尚书衔，另颁‘总督奉天旗民地方军务’关防一颗，并加‘兼理粮饷’字样，以便管带金银库印、钥，且可稽核户部出入。”这打破了将军只辖旗人的旧制，将军以奉天总督的身份统辖旗民文武。

其次，“将奉天府府尹一缺加二品衔，以右副都御史行巡抚事。”旗民争讼之事皆归府尹负责。

再次，调整旗民地方官职权，规定：“嗣后奉省地方一切案件，无论旗民，专归同通州县等官管理，其旗界大小各员只准经理旗租、缉捕盗贼。”无论旗民，一切案件皆归州县管理，同样打破了旗民界限。

崇实在提出变通奉天吏治章程之前，就曾经向朝廷建议，“奉省各厅州县，请照热河之例，不拘满汉，一例请补”[①]。朝廷准其所奏。这项变革改变了以往只以旗缺补授州县的定例。

崇实在打破旗民二元管理体制壁垒的同时，所行吏治变革实际上是推行各直省的督抚制度。光绪二年（1876）闰五月，崇实和奉天府府尹庆裕会奏《详定吏治章程》。在奏折中，对上自将军、府尹，下至地方旗民官员，进一步划清各自的职责范围，规定：“现既改督抚，以一事权……嗣后，营制、军政、饷需、边务以及地方紧要盗案均由总督主稿，而巡抚会衔；其文职正佐各员升迁、

① 《清德宗实录》卷十一，光绪元年六月辛未。

调补、举劾、计典暨所属刑名、钱谷、雨水、粮价一切事件应归巡抚主稿，总督会衔。”在地方，规定：“人命、斗殴及钱债、户婚、田土，一切旗民词讼，无论有关罪名与否，悉归各厅、州、县审断，不准该界官擅受呈词，丝毫干预。”[①] 盛京将军行总督事，主管军事；奉天府府尹行巡抚事，主管行政。

崇实在奉天实行的变通吏治，使奉省虽无行省之名，但已具行省之实，为光绪末年彻底废除旗民二元管理体制、建立行省打下了基础。

光绪四年（1878），在奉天的影响下，署吉林将军铭安也奏请仿奉天变通吉林官制，改设府县。整个东北地区的政治体制变革势在必行。

三、边外开禁与增设州县

乾隆时期，清政府对东北实行封禁政策，严禁汉人出关，严禁商船私载移民，东北进入封闭状态。尽管如此，仍然是“民人多有携眷出关”[②]。尤其是灾荒之年，山东、河南、河北等地的农民纷纷涌向东北，谋求生存。大量流民涌向奉天东边外，大凌河牧场、养息牧场、盛京围场，以及蒙古科尔沁左翼前旗、后旗、中旗等地。此外，吉林的阿拉楚喀、双城堡、伊通河，蒙古郭尔罗斯前旗等地也出现大量流民。

盛京东部山区，即今辽宁之凤城、丹东、宽甸、桓仁，以及吉林的通化、柳河口等地，本是清政府严格封禁地带。同治二年（1863），盛京将军玉明向朝廷奏报这一带的情景：“自东边外至浑河，东西百余里至二三百里不等，南北斜长约一千余里，多有垦田、建房、栽参、伐木等事。自浑河至叆江，东西宽数十里至三四百里不等，南北斜长约两千余里，其间各项营生与前略同，然人皆

① 崇厚撰，孙伟祥点校《盛京典制备考》卷八《奏拟请变通吏治折》，收入姜维公、刘立强主编《中国边疆研究文库·东北边疆卷四》，黑龙江教育出版社，2014，第244－246页。

② 《奉天通志》第一册卷三十六《大事》，辽海出版社，2003年，第750页。

流徙，聚集甚众，已有建庙、演戏、立会、团练。”① 在大东沟一带又有伐木工人宋三好率众起义，“党羽甚众”。

崇实在镇压宋三好起义之后，就东部边外善后及管理问题上疏朝廷，主张就地升科，设官分治。朝廷批复道：“所有大东沟一带已熟地亩，著准其一律升科。无论旗民，凡认地开垦者，一体编入户口册籍。”② 清政府承认既成事实，在东边外开禁。

光绪二年（1876）十月，崇实病故，其弟原任兵部左侍郎崇厚署盛京将军。崇厚与其兄一样主张在奉天省周边地区设置州县，管理地方。光绪三年（1877），崇厚与户部侍郎岐元、奉天府府尹恩福具奏《筹办东边事宜折》，称：“（奴才）等察看边务，现所最要者，上年试设之安东县，仅管迤南一隅之地，迤北一带幅员辽阔，现经清查地亩，业有成数，若不即行添设州县，委员试办，则散而无纪，不足维系人心。”③

除东边外，在奉天省西北的养息牧场和北部的盛京围场，流人潜入私垦，人户众多。在这种情况下，清政府陆续在新开发地区设立新的州县机构，并根据需要对部分原有行政机构进行调整升格。具体情况如下：

在东部地区，光绪二年（1876），设凤凰直隶厅，同时改岫岩厅为岫岩州。同年在大东沟设安东县，翌年添设宽甸县。以上一州二县皆隶属凤凰厅。光绪三年（1877），将奉天府所辖的兴京厅升格为兴京直隶厅，又置怀仁、通化两县，归属兴京直隶厅；同年置东边兵备道，辖凤凰厅、兴京厅及所属州县。

在北部地区，光绪三年（1877），将昌图厅升格为昌图府，同年设奉化县、怀德县，皆归属昌图府。光绪五年（1879），设海龙厅，隶属奉天府。光绪六年（1880），设康平县，隶属昌图府。④

---

① 《奉天通志》第一册卷四十一《大事》，辽海出版社，2003 年，第 859 页。

② 《清德宗实录》卷二十，光绪元年十月辛巳。

③ 崇厚撰，孙伟祥点校《盛京典制备考》卷八《奏拟请变通吏治折》，收入姜维公、刘立强主编《中国边疆研究文库·东北边疆卷四》，黑龙江教育出版社，2014，第 255 页。

④ 关于光绪初年设治见《奉天通志》卷五十七《沿革七》，辽海出版社，2003。

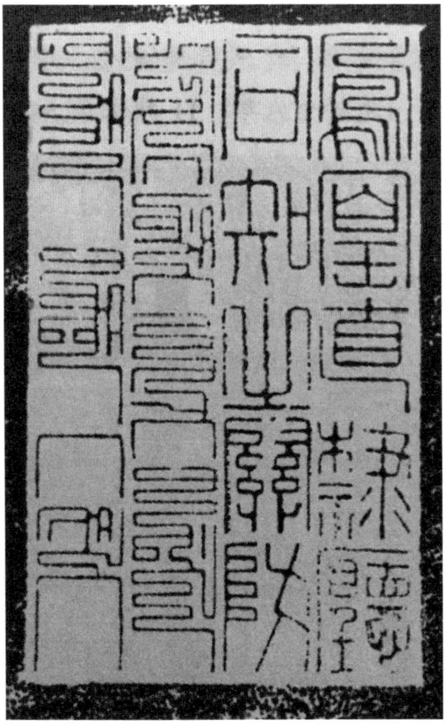

图7－2　凤凰直隶厅同知所掌的关防

光绪初年奉天省新设州县及行政机构调整皆发生在东部和北部边区，这是移民运动的结果，有利于这些地区的开发。在奉天省增设州县机构的同时，吉林地区也开始增设厅州县。

光绪初年盛京地区的行政变革带来的结果是：无督抚之名而行督抚之实；打破了旗民二元管理体制的壁垒；扩大开禁，添设州县机构。这一切为光绪末年建立行省制度打下了基础，其中署理盛京将军崇实功不可没。

第二节
光绪末年的新政与改制

义和团运动和八国联军侵华，使清朝的统治几近崩溃。清廷被迫实行新政，以寻求出路。新政的主要措施是调整官制、改定刑律、整编新军、奖励实业等。在此背景下，东北也实施了新政，尤其是盛京，行政体制发生了重大变化。

一、裁撤盛京五部，留都之制结束

盛京留都制度的标志是盛京五部的存在。顺治和康熙初年，为彰显盛京留都之制，先后添设盛京户、礼、工、兵、刑五部。光绪元年（1875），时任盛京将军崇实奏请变通奉天省吏治，对奉天省官制进行重大改革，分盛京五部侍郎的部分执掌与盛京将军，将盛京五部部分职责归属地方府、州、县，盛京五部的职责及事务大大减少，但五部尚存，原因如崇实所言："存五部之名，以隆体制。"① 所谓"体制"，即留都体制。

---

① 崇厚撰，孙伟祥点校《盛京典制备考》卷八《奏拟请变通吏治折》，收入姜维公、刘立强主编《中国边疆研究文库 · 东北边疆卷四》，黑龙江教育出版社，2014，第 231 页。

图7－3　盛京将军赵尔巽

光绪三十一年（1905）六月，朝廷谕令盛京礼部侍郎景厚、刑部侍郎儒林、工部兼理兵部侍郎钟灵均到北京当差，将盛京五部事务交给刚刚上任的盛京将军赵尔巽兼管。赵尔巽一上任就上疏提出裁撤盛京五部，他奏称："五部体制所以隆重陪都，今昔异宜道。穷则变，主裁之议，覆论若一。朝廷折衷至当，因时制宜。上年入觐天颜，即奉裁撤五部之谕。到任以后，悉心考察，愈服圣断之明。"赵尔巽在奏疏中说，他在上一年朝见光绪帝，即得到光绪帝裁撤五部的旨意。如此看来，光绪帝早有裁盛京五部的打算。是年八月，赵尔巽再次上疏请求裁撤盛京五部，他说："陪都五部日久弊生，不予革除，难言整顿。现饬归并五部事务，以便裁撤。一俟清理就绪，即将衙门员缺分别留撤，以一事权。"[①] 朝廷批准了赵尔巽所请。

如何裁撤？原来五部官员人等如何安排？为此，赵尔巽在是年九月上疏，奏明他的主张：以盛京守护大臣定为承办事务首领衙门，兼管"三陵"总理事务衙门；礼部之请祝官 8 员、赞礼郎 16 员、六至七品官各 1 员，户部六品官 2 员，工部四、五、六品官各 1 员，户、礼、工部现任外郎 9 人及领催 35 人，以上悉并归"三陵"总理事务衙门；裁撤户部管理喇嘛丁银委六品官 1 员，以及

① 《奉天通志》卷四十九《大事》，辽海出版社，2003，第 1068 页。

户、礼、工三部郎中以下各员缺，咨部改用；兵部所设驿丞 29 员，改归州县管辖；原设之正、副监督及兵部郎中以下各缺，一律裁撤。驿巡道请兼按察使衔，承转通省刑名案件；刑部司员概行裁撤，分别咨部改用。[①] 朝廷批准按赵尔巽所请实行。

盛京五部被裁撤，存在了 200 余年的留都体制宣告结束，同时也揭开了盛京地区行政体制改革的序幕。

二、建行省，废除旗民二元行政体制

光绪三十二年（1906）四月，赵尔巽连上奏折，提出奉天省官制改革方案。他奏称："拟以盛京将军总理军督旧部府之政，设立公署，名曰盛京行部。附设综核处，内分十局，分理诸务。设行政大臣一员，参赞、副参赞、左右参议、左右副参议六员。"[②] 这一改革方案还未来得及实施，赵尔巽便被调离盛京，赴四川任总督。随后，徐世昌出任东三省总督。

徐世昌（1855—1939），直隶天津人，光绪十二年（1886）进士，改翰林院庶吉士，散馆授编修。后在袁世凯军营襄办营务。二十六年（1900），随扈到陕。因有袁世凯及张之洞保荐，得到重用。三十一年（1905），入值军机处，被授军机大臣，署理兵部尚书。三十三年（1907），清政府改盛京将军为东三省总督，兼管三省将军事务，随时分驻三省行台。奉天、吉林、黑龙江各设巡抚一缺，以资治理。以徐世昌补授东三省总督，兼管三省将军事务，并授为钦差大臣。[③]

徐世昌上任一个月后，就同奉天巡抚唐绍仪、吉林巡抚朱家宝、黑龙江巡抚段芝贵联衔上奏《定东三省官制》。其主要内容是：将原三省将军衙门中的

---

① 《清德宗实录》卷五百四十九，光绪三十一年九月庚寅。

② 《清德宗实录》卷五百五十八，光绪三十二年四月癸卯。

③ 《清德宗实录》卷五百七十一，光绪三十三年三月己亥。

图7－4　东三省总督徐世昌

户、礼、兵、刑、工五司与三省民署衙门各局、所合并，分别成立奉天、吉林、黑龙江行省公署，以总督为长官，巡抚为次官。各行省公署内置承宣、谘议两厅，下设交涉、旗务、民政、提学、度支、劝业、蒙务七司。朝廷批准了徐世昌等人的奏请，一场官制改革在东三省推行开来。建行省公署，以总督为长官、巡抚为次官，宣告将军衙门被废除，昭告旗民二元行政体制结束。

盛京地区废将军衙门和奉天府之后，置奉天行省公署，下设二厅七司，具体如下：

承宣厅：掌奉天省机要，总汇考核用人各事，设左参赞一人总理。厅内置4科，每科设佥事1员，另设一、二、三等科员，额外科员，差遣委员，正副司书等人员。

谘议厅：掌议定法令章制各事，设右参赞一人。厅内不设具体官缺，由明达政治之人做顾问员、正副议员等。光绪三十四年（1908），添设编纂、庶务两科，每科设一、二、三等科员，额外科员，差遣委员，正副司书等，办理具体事务。

在承宣厅和谘议厅之下设置七司，分掌一省各项事务。

交涉司：掌全省外交事务，以司使总理司务，下设互市、界约、和合、庶务4科，每科有不同等级的科员负责办理具体事务。交涉司下辖各处交涉分局和开埠局。

旗务司：掌原将军衙门所管旗人事务，由司使总理司务。司内设军衡、稽赋、仪制、营造、庶务5科，具体管理有关内务府、八旗的一切行政事宜。每科设佥事1员，另设一、二、三等科员，正副司书等职，办理具体事务。旗务司下辖旗务调查处、八旗工厂、锦州八旗工厂等附属机构。

民政司：掌全省民治、巡警、缉捕等事务，以司使总理司务，以佥事佐之。下设民治、疆理、营缮、户籍、庶务5科，每科设一、二、三等科员，正副司书等职。裁撤巡警道后，巡警、缉捕等事务也归入民政司。民政司内添设警政科，同时将户籍、疆理两科合二为一。

提学司：掌全省教育诸务，以司使总理司务，以佥事为佐理。下分设总务、普通、专门、实业、图书、会议6科，法政、师范、高等以下学堂隶属之。每科设不同等级科员及正副司书等职。附属机构有各种普通学堂、师范学堂、法政学堂等。

度支司：掌财赋事务。光绪三十一年（1905），时任盛京将军赵尔巽奏请设奉天财政局，管理公私所有出入款项。三十三年（1907），按徐世昌所请，设度支司。以司使总理司务，以佥事为佐理。下设会计、粮租、俸饷、税务、庶务5科。

劝业司：掌农、工、商及邮电、航路、垦矿诸事。以司使、佥事负责司务。附属机构有矿政调查局、森林学堂、官纸局等。

蒙务司：奉天辖科尔沁6旗。蒙务司负责办理蒙古各部事务，以司使总理司务，以佥事协理。①

在奉天省的省一级行政体制及官制改革中，自清初设置的盛京将军衙门不复存在，为行省公署所取代，总督、巡抚成为一省之长官。旗人事务归行省机构中的旗务司办理。由此克服了政出多门、政令不一的弊端，明确了各级的隶属关系、各事务部门的具体职责。

下面是光绪三十四年兴京副都统衙门的一份档案：

---

① 《奉天通志》卷四十九《大事》，辽海出版社，2003，第1078－1079页；《盛京时报》光绪三十三年十一月二十日。

兴京副都统衙门为将永陵值班官兵
银两已散放完竣事咨徐世昌等

光绪三十四年九月三十日

印务处案呈，为咨报事。于光绪三十四年九月二十七日，据永陵花翎总管祥征、左翼蓝翎翼长富裕、右翼翼长宝仁呈为核销津贴银两事。遵三陵总理承办大臣衙门札开：为札饬事。案准奏定章程三陵官兵津贴银两等因一折，当蒙抄单札饬在案。职等遵查，本属值班官兵六十二名，奉文每日给津贴各壹钱，自光绪三十四年十月初一日起至六月底止，二个月零二十九日共实应领津贴银伍佰伍拾壹两捌钱，按日如数放完竣，造具每日值班官兵花名核销清册四本，理合备文呈报衙门查核转咨施行。为此申呈。须至呈者。等情。据此，除将该总管呈送到印册四本内拣一分附卷备查外，余册三本相应备文咨送贵督部堂、副都统、抚部院，请烦查核施行。

咨奉天行省管理将军事务总督徐（世昌）、盛京副都统宗室多（文）、奉天行省副都统衔巡抚唐（绍仪）。①

原本以盛京将军兼任盛京“三陵”总管，光绪三十四年（1908）九月的这份有关永陵事务的咨文呈送的是督部堂、抚部院及盛京副都统，从中可见光绪末年奉天省的官制改革情况。

在行省的各厅、司机构中，官员的选用满汉平等，突破了以往满汉员缺的比例限制，以人才相宜为原则。

随着奉天省的体制改革，地方的旗民二元制也在瓦解。旗民二元制体现在经济上，历来实行旗民不交产。为保护旗人利益，清政府规定旗地不准卖与民人；但实际上，旗地与民地之间的买卖早已存在。光绪三十一年（1905）十月，盛京将军赵尔巽上奏：“旗民向禁交产，行之既久，弊害滋多。请将奉省旗地、

① 赵焕林、杨丰陌主编《兴京旗人档案史料》，辽宁民族出版社，2001，第330－331页。

旗房不准民人典买旧例恩准删除，以期旗民交益（易）。”[1] 十月，清政府宣布：“嗣后不分旗民，得以互相买卖。”在盛京地区，原设有盛京副都统、兴京副都统、锦州副都统、金州副都统分驻地方。光绪三十四年（1908）九月，裁锦州副都统。宣统二年（1910）九月，裁海龙城总管。盛京、兴京、金州副都统虽然未裁，但已形同虚设，各地方旗人事务统一归行省公署下的旗务司管理。

光绪末年，盛京地区实行改制，成立行省，废除盛京将军衙署和奉天府府尹，宣告历时200余年的旗民分治体制结束。这有利于消除旗民之间的矛盾，有利于促进奉天省经济的发展。

三、改革司法，建立警察制度

光绪末年，与奉天省官制改革同步进行的还有司法改革及建立警察制度。

（一）建立司法机构

光绪三十二年（1906），清政府在实行新政的基础上，继续对原有机构进行改革：本着“三权分立”原则，改刑部为法部，专掌司法；改大理寺为大理院，专掌审判。随后，地方各省纷纷仿照中央，进行司法改革。

徐世昌在东北推行官制改革时就提出：“首以行政、司法分权为要务。”[2] 即提出司法独立。

光绪三十三年（1907）六月，清政府应徐世昌所请，同时颁铸奉天承宣厅、谘议厅、提法司及吉林提法司各印信[3]，司法改革在奉天省开始推行。在省城设

---

① 朱寿明：《光绪朝东华录》第十六册卷一百九十六，光绪三十一年九月丁酉，上海古籍出版社，2008，第531页。

② 徐世昌等编纂，李澍田等点校《东三省政略》卷十《司法・述要》，吉林文史出版社，1989，第1440页。

③《清德宗实录》卷五百七十五，光绪三十三年六月甲子。

提法司，作为司法行政管理机构，又置各级审判厅和检察厅。司法脱离行政，自成体系。是为司法独立之始。

提法司：掌全省司法行政，监督各级审判厅与检察厅，长官为提法使。内分4科：总务科，掌考绩与文牍事务；民事科，掌婚姻、继承等涉讼事务，钱债、田房契约、赔偿等涉讼事务，不动产、商业、船舶及各项登记事务；刑事科，掌办理秋审并恩赦条款及查办减等、留养事务，核拟高等、地方等厅申报审结死罪案件，核拟高等、地方等厅申报军流以下人犯内结、外结案件；典狱科，掌考察全省监狱事务，考察全省习艺所事务。[①] 每科设佥事，一、二、三等科员，又设正副司书等官，各掌其职。

审判厅：在省城设高等审判厅，又在承德、抚顺、营口、新民、安东等地设地方初级审判厅。高等审判厅内设厅丞1人，管理本厅事务，内分民事、刑事两科，每科各设推事长及推事，设典簿办理文牍、主簿掌录供叙案等事务，有书记生数人掌缮写文牍及代诉讼人写状。地方审判厅设推事长掌厅事，民科、刑科各设推事、候补推事、预审推事、典簿、主簿、看守所所官等，又有书记生、承发吏等人员。

检察厅：检察厅附设于审判厅内，作为审判厅的辅助机构。从省城的高等检察厅到各府厅州县的地方检察厅，构成了奉天省的检察体系。在高等检察厅内设检察长和检察官，管理该厅事务，监察审判是否公允，调度司法、警察等事。地方检察厅亦然。各级检察厅的检察官在刑事、民事案件的审判方面发挥了重要的辅助作用。奉天检察厅内还设有医师一名、检验吏数名，为病犯诊治或做法医检验。

监狱：徐世昌到东北后，将旧式监狱和罪犯习艺所进行改造。宣统元年（1909）闰二月，法部奏请在京师建模范监狱[②]，随后各省相继筹建模范监狱。时任东三省总督锡良在奉天修建模范监狱。除监狱之外，司法附属机构还有教养局、罪犯习艺所，为教养和监管机构，用以安置罪行较轻人员。这些人犯在

---

① 潘景隆等整理《吉林公署政书》，收入李澍田主编《长白丛书》，吉林文史出版社，1991，第40页。

② 《宣统政纪》卷十，宣统元年闰二月丁未。

教养局和罪犯习艺所学习一些技能，接受改造，增强重新进入社会之后的生存能力。他们出去需要请假，对家属探视也有一定限制。

奉天省司法机构的建立是在清廷及各省实行新政的大背景下进行的，是近代司法制度的开始。尽管“今日东省之司法，乃仍有分离之机构，以云独立则未也”①，但毋庸置疑，仍是社会的一种进步。

（二）建立警察制度

警察是“保护地方公安，维护公共秩序，助长内务行政最关重要”②。清代盛京城内的治安管理由盛京将军衙门下的步营司负责，其职责是稽查宗室觉罗、查拿赌具、造盗窃案清册、管理砖城内外街道，与近代警察相似。奉天幅员辽阔，由于特殊的历史原因，在地方无基层社会组织，亦无专司社会治安机构。光绪二十六年（1900）“庚子国变”之后，在外敌入侵和内乱蜂起的形势下，各州、县、城镇、乡村开始筹款购置枪械，成立保甲、乡团等，以保一方之平安。

光绪二十八年（1902），奉天省城初设警察总局，同时新民府也创办巡警，乃为奉天警政之始。巡警总局隶属总督衙署，专司省城保安、卫生事宜，设总办1员、提调1员，掌总局事务。下置7个分局，各设巡官1员。光绪三十一年（1905），署盛京将军廷杰对奉天城警察机构进行调整和扩充，改警察总局为巡警总局，原7个分局改为8个分局：以一、二分局负责城内；以三、四、五、六分局分管八关，各以边门为界；当时小西边门外已开商埠至车站为界，以七分局管理；以新车站地面辽阔，商业日盛，设八分局管理，旋因缺乏资金，将八分局裁并于七分局。廷杰还设立奉天警务学堂，首选40名学生赴日本学习新式警政。

光绪三十三年（1907），东三省总督徐世昌奏请裁撤巡警总局，设巡警道，隶属督抚，内分行政、司法、卫生三科，总理全省巡警事宜、卫生、医院及探

① 《东三省政略》卷十《司法司要一》。

② 《奉天通志》卷一百四十三《民治二·警察》，辽海出版社，2003，第3322页。

访等事宜。巡警道员负责全省警察事宜，谋求警政改良，制定各项规章制度等。旋即奉天省实行官制改革，置民政司，巡警事务归民政司管辖，巡警道被裁撤。同时设立警官补习所、高等巡警学堂、宪兵学堂，增加了保安、消防、清道、卫生4队。

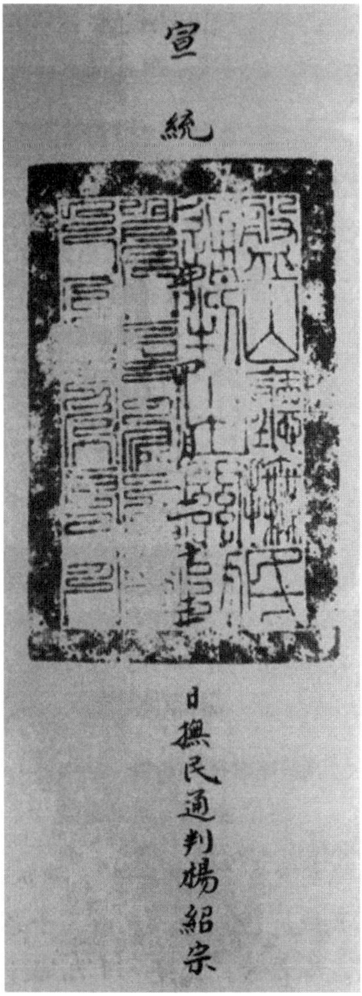

图7-5　盘山厅抚民通判之关印

宣统元年（1909），仿西方警制，改为警务公所，仍归民政司管辖，内设总务、行政、司法、卫生、捐务5科。宣统二年（1910），再改警务公所为省城警务局。

奉天省地方警务。光绪二十八年（1902），新民府首设巡警总局，其余各县皆于光绪三十一年（1905）设巡警总局或置总办。三十四年（1908），制定城乡巡警章程，裁原设之捕盗营，设巡警局。宣统元年（1909），改巡警局为警务局。

此外，又设营口商埠警察厅、安东商埠警察厅、辽河水上警察局、安奉铁路警察局等。

营口商埠警察厅。光绪三十一年（1905），日军退出营埠，山海关道梁如浩接收商埠地面，创设工巡卫生总局，服装、枪械悉由北洋供给。三十四年（1908），改设警务局。民国二年（1913），设商埠警察厅，下设总务、行政、司法、卫生4科，分管商埠警务。

安东商埠警察厅。光绪三十二年（1906），设安东警务局，下设文牍、会计、庶务3科及巡官、长警若干名。宣统三年（1911），改组为安东警务公所。民国二年（1913），改为安东商埠警察厅，内分总务、行政、司法、卫生4科。管理从安东至长白沿江的海口、辑安羊鱼头、临江县、通化县、安东三道浪头、安东马市台、辑安大水地台、怀仁县、宽甸龙石河、安东六道沟、辑安外岔沟、宽甸之长甸河口、长白八道沟、怀仁沙尖子等地。

辽河水上警察局。光绪年间，先由督标队改为水师营，又改为河防营，再改为辽河水上警察局，于巨流河设总局，直隶于军署。设局长1员，分设总务、行政、司法、卫生4科，每科设科长、科员、督察长、技师、侦探员等。外部分8区。有巡船一艘，船警由分局临时抽调，轮流值班。每区分局每日派出长警两班或四班巡逻。

安奉铁路警察局。光绪三十一年（1905），日本修筑安奉铁路，约定由清朝设安奉路警，以维持路线治安。初设安奉铁路警察局于草河口。宣统二年（1910），移驻安东。[①]

宣统元年（1909）统计，奉天省共有警区218处分驻所687个，巡警总数

---

① 《奉天通志》卷一百四十三《民治二·警察》，辽海出版社，2003，第3327－3329页。

19190 余名。①

警察制度初建，其保卫地方之职能发挥得并不尽如人意。宣统元年（1909）八月，奉天民政使视察警务，他所见“奉天警务情形，仍有不堪问者，如承德县四乡警区警兵并不站岗，巡辑尤不得力，以致匪盗肆行，抢窃之案，层见迭出。甚者，首士坐党，而称长官；劣绅舞弊，以饱私囊；地棍招赌，以长盗风”。造成这种种弊端的原因是“固由教练之无方，实亦理管之无法”。②

四、筹备自治与建立谘议局

光绪三十二年（1906），清政府颁布仿行立宪上谕。地方自治和建立谘议局，是预备立宪筹备的重要事宜。

（一）筹备地方自治

光绪三十四年（1908），清政府颁布了宪政编查馆制定的城镇乡府厅州县自治及选举章程，命各省次第筹办。是年，奉天省成立“省城自治研究所”，附设在省谘议局，由各属选送学员 180 名，到研究所学习《钦定宪法大纲》和《自治章程》等，为期一年。宣统元年（1909）九月，成立“全省地方自治筹办处”。十月，全省地方自治筹办处通饬各地一律开办“地方自治研究所”，以讲明学理、开通风气、储养人才。同时，派省城自治研究所毕业学员赴各地任所长。截至宣统二年（1910）二月，奉天所辖府厅州县共有地方自治研究所 43 所，学员 3370 余名。同年七月，各府厅州县又成立“地方自治研究会”，以地方官为监督，由会员中公推一人为会长，学习自治章程、自治会规则、宪法大

① 《东三省政略》卷六《民政篇·警政》；《奉天通志》卷一百四十三《民治二·警察》，辽海出版社，2003。

② 《奉天民政使为整顿警务毋得废弛事给复州的札文》，收入辽宁省档案馆编《辛亥革命在辽宁档案史料》，1981，第 2－3 页。

纲、现行法制等。为筹办地方自治会选举事宜，各地方还成立了“地方自治事务所”，所内应办事务均由地方官主持，所内职员以各衙署原有的统计员及地方绅董兼充，又设干事长1人、干事若干人，均为名誉职衔。

以上诸机构中，“省城自治筹办处”与“地方自治事务所”是筹备自治的办事机构；“省城自治研究所”“地方自治研究所”“地方自治研究会”是研究学习的机构。

奉天省的地方自治机构分为两级：下级为城镇乡自治会；上级为府厅州县自治会。

城镇乡自治会，又称议事会。全省共有44处城镇乡议事会。自治会议员名额为20人，由各处选民选举产生。议员们选出正副议长或正副乡董事长，再产生议事会或董事会。议员一年期满，后改选半数。议事会或董事会每季召开一次会议，会期以15天为限。会议的议案由地方官拟交，或由议事会（董事会）及人民提议表决后移交议事会执行。将议案呈报全省地方自治筹办处稽核。议案中有依据法理为地方兴利除弊者，可呈请奖励。

府厅州县自治会。议员和正副议长及参事的选举方法与城镇乡自治会相同。截至宣统三年（1911），全省有三分之二的府厅州县成立了自治会，其中辽阳为全省自治之模范。[①]

（二）设立谘议局

光绪三十三年（1907）八月，清政府在中央设置资政院。九月，宣谕各省会速设谘议局。是年，奉天省遵旨设立谘议局，以民政司张元奇为局长。翌年六月，清政府颁布谘议局议员选举章程，谕令各省在一年内一律办齐。奉天省谘议局奉旨改为谘议局筹办处，作为筹办谘议局的机关，待选定议员及谘议局开局之后，即行裁撤。宣统元年（1909）九月，奉天省谘议局成立，是为民选议员参与国家政治之始。谘议局议员额定50人，议员选举采用复选法。由议员

---

① 《奉天通志》卷一百四十二《民治一·自治》，辽海出版社，2003，第3321页。

推选议长1人、副议长2人，常驻议员人数为议员额定人数的十分之二，三年一改选。每年举行一次会议，会期为40天（九月初一至十月十一日）。凡议案由督抚先期起草，谘议局也可自行起草议案并接受本省自治会或人民陈情建议事项。凡议案定为可行的，将议定办法及该案理由备文呈送督抚部院公布实施。其余议定不可行的理由及更正方法，亦备文呈请批示。

宣统元年（1909）十月初一，谘议局召开第一次会议，宪政编查馆曹汝霖到会察看，各国领事、公务员、教士及蒙古王公到会参观或旁听。因议案繁多，遵照章程会期延长10天，至十一月二十一日闭会。二年（1910）二月二十六日，奉天、吉林、黑龙江三省谘议局会议联名呈请速开国会救三省以保大局。是年九月初一至十月初十，召开第二次常年会。三年（1911）九月，如期召开第三次常年会。①

五、增设和调整府厅州县

光绪末年，应东三省总督徐世昌的奏请，进一步调整和增加奉天省府厅州县，以适应奉天省社会的发展。

首先，对原奉天府、兴京厅、新民厅、海龙厅进行级别上的调整。新民设治是在嘉庆十八年（1813），分承德、广宁二县地，置新民厅，隶奉天府；光绪二十八年（1902），新民厅升格为府，领镇安、彰武两县。光绪三十一年（1905），裁奉天府府尹，设知府，归驿巡道管辖。兴京于乾隆三十八年（1773）设理事通判；光绪三年（1877）改为兴京抚民同知，移治新宾堡；宣统元年（1909）升为府，领有通化、怀仁、辑安、临江4县。在原海西女真辉发、哈达、叶赫三部故地，光绪五年（1879），以流民垦鲜围场地置海龙厅；光绪二十八年（1902）升为府，领有东平、西丰、西安、柳河4县。光绪三十四年（1908），移奉天复州州治于瓦房店。

① 《奉天通志》卷一百四十二《民治一·自治》，辽海出版社，2003，第3315－3316页。

其次，增设厅州县。光绪二十八年（1902），分承德县地设兴仁县［三十三年（1907），移治抚顺城，划入兴京西北地，更名抚顺县］，分广宁东境置镇安县，以养息牧垦地置彰武县，分宁远州地置绥中县，分通化、怀仁两县地置辑安县，分通化县地置临江县，分海龙属之东围场地置东平县，以大围场西流水垦地置西丰县，分海龙属之西围场地置西安县，分通化县、柳树河县地置柳河县，分昌图、康平、奉化地置辽源州。光绪三十年（1904），以科尔沁右翼前札萨克图王旗垦地置洮南府（设治于双流镇），以右翼前旗垦地置靖安县，以右翼前旗垦地置开通县（设治于哈拉乌苏，后移治七井子）。光绪三十一年（1905），以科尔沁右翼后镇国公旗垦地置安广县（设治于解家窝堡）。光绪三十二年（1906），分辽阳、兴京、凤凰城地置本溪县，分新民、辽阳、海城地置辽中县，分广宁县及盘蛇驿木场地置盘山厅，分凤凰厅、岫岩州地置庄河直隶厅，分新民府及开原、铁岭、康平三县地置法库直隶厅。光绪三十三年（1907），分锦县西境置锦西厅，分临江县及吉林长白山北麓地置长白府。宣统元年（1909），以长白府东图们江源地置安图县（设治于红旗河口），以长白府西北松花江上游地置抚松县（设治于双甸），以科尔沁右翼中图什业图王旗垦地置醴泉县，分海城、盖平两县地置营口直隶厅，分海龙府东南八社置辉南直隶厅。宣统二年（1910），以科尔沁右翼后镇国公旗北段垦地置镇东县。

截至宣统二年（1910），奉天省辖有4道、8府、8厅，共计6州、33县，具体见表7－1。

表7－1　奉天省所属府厅州县表①

府、直隶厅	所辖厅州县	备注
奉天府	金州厅、辽阳州、复州、承德县、海城县、盖平县、铁岭县、开原县、抚顺县、本溪县、辽中县	1厅、2州、8县
新民府	镇安县、彰武县	2县

① 表7－1根据以下文献整理：《奉天通志》卷五十七《沿革七》，辽海出版社，2003年版。

续表 7-1

府、直隶厅	所辖厅州县	备注
锦州府	锦县、广宁县、绥中县、义州、宁远州、锦西厅、盘山厅	2 厅、2 州、3 县
兴京府	通化县、怀仁县、辑安县、临江县	4 县
长白府	安图县、抚松县	2 县
海龙府	东平县、西丰县、西安县、柳河县	4 县
昌图府	辽源州、奉化县、怀德县、康平县	1 州、3 县
洮南府	靖安县、开通县、安广县、醴泉县、镇东县	5 县
凤凰直隶厅	安东县、宽甸县、岫岩州	1 州、2 县，直属行省
庄河直隶厅	无辖县	隶属东边道
营口直隶厅	无辖县	隶分巡锦州、新民、营口兵备道
辉南直隶厅	无辖县	直属行省
法库直隶厅	无辖县	直属行省

除表 7-1 中的府厅州县之外，还在奉天府设驿巡道，负责巡查边防，管理驿站交通事务，下设分巡奉天东边兵备道，分巡兴（京）、凤（凰城）兵备道，分巡锦（州）、新（民）、营口兵备道，分巡洮（南）、昌（图）兵备道。

第三节
民主革命运动与奉天省改旗

一、奉天省的民主革命活动

近代，奉天省人民外有强敌四逼，内有政府横征暴敛，民生之困苦几至惨不忍闻。为了在绝境中求生，城乡群众愤起反抗，抗捐抗租、罢工罢市、抢盐抢粮，甚至发动起义。在这种形势下，资产阶级民主革命者在奉天省展开了一系列活动。

早在日俄战争时期，奉天省的知识分子就发起了爱国救亡运动，主要人物有张榕、朱锡麟、丁开嶂等。张榕（1884—1912），兴京县营盘村人，1903 年入北京译学馆学习俄文，翌年日俄战争爆发后弃学回奉天，与好友丁开嶂等人组织“东三省保卫公所”，即“关东独立自卫军”，活跃在兴京、海龙一带。清政府强迫其解散自卫军，张榕遂回北京创办秘密刊物，传递京奉消息，俟机进行活动。朱锡麟创建了“东亚义勇军”。丁开嶂本为直隶人，日俄战争爆发后，与好友赴东北，创建了“抗俄铁血会”。

光绪三十一年（1905），中国同盟会在日本东京成立。翌年，同盟会会员宋教仁、白逾桓、吴琨等从日本回中国东北成立同盟会辽东支部，联络各处绿林首领，宣传反清思想，号召他们加入反清队伍。当孙中山在广东惠州等地组织起义后，宋教仁等欲在辽东起兵，逼榆关，窥燕京，形成南北夹击之势，推翻清政权。后因事泄，白逾桓在奉天被捕，宋教仁、吴琨转赴日本。

光绪三十三年（1907）以后，民主革命人士纷纷进入东北，利用推行新政之机行民主革命之事。同盟会山东支部负责人徐镜心赴奉天，任《盛京时报》主编。他与蒋大同、陈干等人以帮助赵尔巽谋划新政之机会，创办了辽阳陆军小学、沈阳劝学公所、海城中学、奉天师范等，利用各类学校向青年人宣讲民主革命思想。奉天省为训练新军，不得不录用具有近代军事思想之人，于是一些革命者进入新军。宣统三年（1911），革命者张绍曾任新军第二十镇统制，驻奉天。张绍曾，直隶大城县人，早年留学日本，回国后任北洋督练公所教练处总办。他到达奉天后，留学日本时的同学蓝天蔚也到了奉天，任陆军第二混成协协统。同时还有同盟会会员彭家珍任奉天讲武堂附属学兵营前队队官。他们在基层官兵中宣传革命，发展组织，筹划起义。

宣统三年（1911）七月，庄河、复州两地爆发武装起义，各地群众迅速响应，发展势头迅猛。东三省总督赵尔巽派军队前往镇压。起义军英勇奋战，坚持战斗 50 余天。在清军马兵、步兵、炮兵合围下，起义军首领高丕儒、潘永忠等被捕杀，起义被镇压下去。事后，赵尔巽命复州与岫岩两地的巡防队继续捉拿余犯，他强调道："现庄河首逆潘永忠、复州凶犯高丕儒次第伏诛，该两匪死党仍盘踞散伏于各处，若不乘此兵威悉数剪除，必生后患。现经访闻各属著名凶犯若干名，务须按名戈获，不准有一名漏网。如其敢于拒捕，格杀勿论。"①

庄河、复州起义是清末东北第一次武装起义，虽然被残酷镇压下去，却迎来了武昌起义，清朝灭亡的丧钟敲响了。

---

① 《奉天民政使为整顿警务毋得废弛事给复州的札文》，收入辽宁省档案馆编《辛亥革命在辽宁档案史料》，1981，第 33 页。

二、辛亥革命与奉天省改旗

宣统三年八月十九日（1911 年 10 月 10 日），武昌起义的枪声打响，革命烈火迅速蔓延，关内各省纷纷响应，宣布独立，赞成共和。是年十一月十三日（1912 年 1 月 1 日），孙中山在南京成立中华民国临时政府。当天开始改用公历，以 1912 年为民国元年。1 月 11 日，各省代表通过决议，以象征着“五族共和”的五色旗为中华民国国旗。在各省升起五色旗的同时，奉天省的新旧势力之间正在进行一场政治与军事的决斗。

武昌起义后，清内阁致电，密谕各省督抚“随时严密侦防，免生事端，以顾大局，而弭隐患”。东三省总督赵尔巽接到朝廷密谕后，迅速采取行动，命各属严密防范革命党人，“切勿稍涉大意”；封锁消息，命各报馆暂缓刊登武昌起义的新闻；发布告示稳定人心。同时派人赴北京、上海、宁波探报时局。①

此时，革命党人张榕、张根仁、柳大年、徐镜心、宁武、顾人宜、李培基等百余人聚集在奉天，秘密集会，共谋起义，以促进东三省“独立”。议定在省城发动蓝天蔚第二混成协起义，分派革命党人赴辽阳、开原、昌图、长白、锦西、北镇等地发动起义。九月下旬，蓝天蔚起义因计划泄密而未成，蓝天蔚被迫出走。起义计划失败后，张榕等人幻想利用立宪派势力达到和平推翻清政府的目的；同时立宪派代表人物奉天谘议局局长吴景濂见清朝大势已去，也欲拉拢革命派实行自上而下的改革。于是张榕被拉进谘议局，做副议长。张榕等人计划成立“保安会”，计划一提出，立即为赵尔巽所乘。九月二十二日，由谘议局出面，召集军、绅、商、军各界代表，讨论成立保安会事宜。在赵尔巽武力威逼下，代表们议定了奉天国民保安会成员名单和章程。赵尔巽任会长，副会

① 《奉天民政使为整顿警务毋得废弛事给复州的札文》，收入辽宁省档案馆编《辛亥革命在辽宁档案史料》，1981，第 38－39 页。

长为协统伍祥祯、议长吴景濂，参议总长为袁金铠，参议副长是蒋方震和张榕。[①] 会长及副会长皆为原政府人员，张榕只是一个毫无权力的参议副长而已。

图7－6　东三省总督府旧址

保安会被赵尔巽窃取后，革命党人遂于九月二十七日在奉天成立了“联合急进会”，张榕任会长，柳大年、张根仁、李德瑚为副会长，一大批革命党人在急进会中担任重要职务。急进会成为当时奉天革命的领导机构。急进会的宗旨是“响应南方，牵制北军势力，使清帝不敢东归，赵督（赵尔巽）不敢中立”[②]。急进会成立后，派员到各地进行革命宣传鼓动工作并策动武装起义。张榕派张振声到抚顺，组织成立了“抚顺同志急进会”，抚顺市民参加者达3000多人，一时间革命势力遍及抚顺各地[③]。

面对波涛汹涌的革命浪潮，赵尔巽决定对革命党人进行屠杀。1912年1月12日夜，张榕被枪杀，随后急进会遭到血洗，奉天陷入白色恐怖。这场屠杀的

---

① 《奉天民政使为整顿警务毋得废弛事给复州的札文》，收入辽宁省档案馆编《辛亥革命在辽宁档案史料》，1981，第49页。

② 同①，第143页。

③ 傅波、曹德全主编《抚顺编年史》，辽宁民族出版社，2004，第309页。

执行者是赵尔巽任命的巡防统领张作霖。

中华民国临时政府成立后即组织北伐，欲以武力推翻清政府；但是，不久全国形势发生重大变化，南京临时政府和北京的清朝政府启动和平谈判。1912年2月3日，清廷授权内阁总理大臣袁世凯与南京临时政府商谈清帝退位优待条件，双方达成协议。2月12日，清廷以宣统帝奉隆裕太后懿旨名义颁发清帝退位诏书，布告全国，宣告清朝命运终结。袁世凯以威逼清帝退位为条件，从清朝的一个大官僚、大军阀，摇身一变成为中华民国大总统。

2月16日，袁世凯电令赵尔巽“一律改悬中华五色旗，以示画一”①。次日，赵尔巽命“改中华民国，悬五色旗，用阳历”②。奉天省尽撤清朝的黄龙旗，改悬中华民国五色旗，清朝在奉天地区的统治成为历史。

① 《清代历史档案丛编》第8册，第212页。

② 同①，第196页。

参考文献

一、史料

[1] 司马迁. 史记[M]. 长沙:岳麓书社,2001.

[2] 班固. 汉书[M]. 北京:中华书局,1962.

[3] 陈寿. 三国志[M]. 北京:中华书局,1959.

[4] 徐梦莘. 三朝北盟会编[M]. 上海:上海古籍出版社,1987.

[5] 脱脱,等. 金史[M]. 北京:中华书局,1975.

[6] 宋濂,王祎,等. 元史[M]. 上海古籍影印《二十五史》点校本.

[7] 申时行,等. 明会典[M]. 台北:文海出版社,1985.

[8] 毕恭,等. 辽东志[M]//辽海丛书:第1册. 沈阳:辽沈书社,1985.

[9] 李辅. 全辽志[M]//辽海丛书:第1册. 沈阳:辽沈书社,1985.

[10] 瞿九思. 万历武功录[M]//潘喆,李鸿彬,孙方明. 清入关前史料选辑:第一辑. 北京:中国人民大学出版社,1984.

[11] 彭孙贻. 山中闻见录[M]//潘喆,李鸿彬,孙方明. 清入关前史料选辑:第三辑. 北京:中国人民大学出版社,1991.

[12] 陈子龙,等. 明经世文编[M]. 北京:中华书局影印本,1962.

[13] 王在晋. 三朝辽事实录[M]//李澍田. 长白丛书:先清史料. 长春:吉林文史出版社,1990.

[14] 于燕芳. 剿奴议撮[M]//潘喆,李鸿彬,孙方明. 清入关前史料选辑:第一辑. 北京:中国人民大学出版社,1984.

[15] (民国)中央研究院历史语言研究所. 明清史料:丙编[M]北京:北京图书馆出版社,2008.

[16] 大清历朝实录[M]. 北京:中华书局影印本,1986-1987.

[17] 满洲实录[M]. 台北:华文书局影印本,1969.

[18] 清太祖武皇帝实录[M]//潘喆,孙方明,李鸿彬. 清入关前史料选辑:第1辑. 北京:中国人民大学出版社,1984.

[19] 满文老档[M]. 北京:中华书局,1990.

[20] 辽宁大学历史系. 鞑靼漂流记[M]. 沈阳:辽宁大学历史系印本,1979.

[21] 辽宁大学历史系. 满文老档[M]. 沈阳:辽宁大学历史系印本,1979.

[22] 辽宁大学历史系. 满洲旧档[M]. 沈阳:辽宁大学历史系印本,1979.

[23] 辽宁大学历史系. 天聪朝臣工奏议[M]. 沈阳:辽宁大学历史系印本,1979.

[24] 辽宁大学历史系. 清太宗实录稿本[M]. 沈阳:辽宁大学历史系印本,1979.

[25] 辽宁省档案馆. 一宫三陵档案史料选编[M]. 沈阳:辽海出版社,2003.

[26] 辽宁省档案馆. 盛京皇庄档案史料选编[M]. 沈阳:辽海出版社,2006.

[27] 杨丰陌,赵焕林,佟悦. 盛京皇宫和关外三陵档案[M]. 沈阳:辽宁民族出版社,2003.

[28] 赵焕林,杨丰陌. 兴京旗人档案史料[M]. 沈阳:辽宁民族出版社,2001.

[29] 中国第一历史档案馆. 清初内国史院满文档案译编[M]. 北京:光明日报出版社,1989.

[30] 中国第一历史档案馆. 锡伯族档案史料[M]. 沈阳:辽宁民族出版社,1989.

[31] 鄂尔泰. 八旗通志初集[M]. 长春:东北师范大学出版社,1985.

[32] 纪昀,等. 钦定八旗通志[M]. 长春:吉林文史出版社,2002.

[33] 杨同桂. 沈故[M]//辽海丛书:第一册. 沈阳:辽沈书社,1985.

[34] (康熙)铁岭县志[M]//辽海丛书:第二册. 沈阳:辽沈书社,1985.

[35] (康熙)锦州府志[M]//辽海丛书:第二册. 沈阳:辽沈书社,1985.

[36] (康熙)宁远州志[M]//辽海丛书:第四册. 沈阳:辽沈书社,1985.

[37] (康熙)广宁县志[M]//辽海丛书:第四册. 沈阳:辽沈书社,1985.

[38] (咸丰)岫岩志略[M]//辽海丛书:第二册. 沈阳:辽沈书社,1985.

[39] 康熙二十三年. 盛京通志.

[40] 乾隆元年. 盛京通志.

[41] 阿桂,等.盛京通志[M]沈阳:辽海出版社,1997.
[42] 徐世昌,等.东三省政略[M].长春:吉林文史出版社,1989.
[43] 民国.开原县志.
[44] 王树楠,等.奉天通志[M].沈阳:辽海出版社影印本,2003.
[45] 高士奇.扈从东巡日录[M]//辽海丛书:第一册.沈阳:辽沈书社,1985.
[46] 王一元.辽左见闻录[M].渤海大学图书馆藏手抄本.
[47] 乾隆官修.清朝文献通考[M].杭州:浙江古籍出版社,2000.
[48] 钦定满洲祭神祭天典礼[M]//辽海丛书:第5册.沈阳:辽沈书社,1985.
[49] 阿桂,等.满洲源流考[M].沈阳:辽宁民族出版社,1988.
[50] 贺长龄,魏源,等.清经世文编[M].北京:中华书局,1992.
[51] (嘉庆)大清一统志[M].上海:上海商务印书馆影印本,1934.
[52] 清圣祖御制文一集[M].四库全书文渊阁本.台北:台湾商务印书馆影印本,1986.
[53] 蒋廷锡.古今图书集成[M].台北:鼎文书局,1977.
[54] 吴桭臣.宁古塔纪略[M]//李澍田.长白丛书:第5集.长春:吉林文史出版社,1993.
[55] 王钟翰.清史列传[M].北京:中华书局,1987.
[56] 赵尔巽,等.清史稿[M].北京:中华书局,1977.
[57] 弘昼,等.八旗满洲氏族通谱[M].沈阳:辽海出版社影印本,2002.
[58] 魏源.圣武记[M].北京:中华书局点校本,1984.
[59] 蒋良骐.东华录[M].北京:中华书局,1980.
[60] (光绪)大清会典事例[M].台北:新文丰出版公司,1976.
[61] 昭梿.啸亭杂录[M].北京:中华书局,1980.
[62] 福格.听雨丛谈[M].北京:中华书局,1984.
[63] 姚元之.竹叶亭杂记[M].北京:中华书局,1982.
[64] 刘锦藻.清朝续文献通考[M].杭州:浙江古籍出版社影印本,2000.
[65] 震钧.天咫偶闻[M].北京:北京古籍出版社,1982.

[66] 徐珂. 清稗类钞[M]. 北京:中华书局,1984.

[67] 朝鲜科学院,中国科学院. 李朝实录[M]. 北京:科学出版社影印本,1959.

[68] 吴晗. 朝鲜李朝实录中的中国史料[M]. 北京:中华书局,1980.

[69] 李民寏. 建州闻见录[M]. 辽宁大学历史系印本.

[70] 申忠一. 建州纪程图记[M]. 辽宁大学历史系印本,1979.

[71] 南怀仁. 鞑靼旅行记[M]//杜文凯. 清代西人见闻录. 北京:中国人民大学出版社,1985.

二、论文

[1] 华立. 清代的满蒙联姻[J]. 民族研究,1983(2):45－54.

[2] 张杰. 清代满族语言文字在东北的兴废与影响[J]. 语言文字学,1995(6):57－63.

[3] 徐凯. 关于15至17世纪东北地区民族关系的几个问题:以满洲民族共同体的发展为视角[J]. 云南师范大学学报(哲学社会科学版),2009(2):21－31.

[4] 张杰. 清前期满洲八旗对东北开发的历史贡献[J]. 满族研究,1996(3):35－41.

[5] 张杰. 清代满族萨满教祭祀神杆新考[J]. 社会科学辑刊,2003(5):99－104.

[6] 张丹卉. 论满族文化先驱:巴克什[J]. 史学集刊,2004(1):21－27.

[7] 张丹卉. 论明清之际东北边疆城镇的衰落[J]. 中国边疆史地研究,2004,14(1):58－68.

[8] 张丹卉. 关于满族形成的若干问题的考辨[J]. 社会科学战线,2004(1):146－151.

[9] 张丹卉. 清代东北参务述论[C]//满学研究:第5辑. 北京:民族出版社,2000.

三、今人著作

[1] 汉语大词典编辑委员会,汉语大词典编纂处. 汉语大词典[M]. 上海:汉语大

词典出版社,1997.

[2] 刁书仁.明清东北史研究论集[M].长春:吉林文史出版社,1995.

[3] 杜家骥.清朝满蒙联姻研究[M].北京:人民出版社,2003.

[4] 傅波.抚顺地区清前遗迹考察纪实[M].沈阳:辽宁人民出版社,1994.

[5] 金启孮.满族的历史与生活:三家子屯调查报告[M].哈尔滨:黑龙江人民出版社,1981.

[6] 秋浦.萨满教研究[M].上海:上海人民出版社,1985.

[7] 李治亭,田禾,王昇.关东文化[M].沈阳:辽宁教育出版社,1998.

[8] 李治亭.清康乾盛世[M].南京:江苏教育出版社,2005.

[9] 李燕光,关捷.满族通史[M].沈阳:辽宁民族出版社,1991.

[10] 李林.满族家谱选编[M].沈阳:辽宁民族出版社,1988.

[11] 姜相顺,佟悦,王俊.辽滨塔满族家祭[M].沈阳:辽宁民族出版社,1991.

[12] 沈阳市民委民族志编纂办公室.沈阳满族志[M].沈阳:辽宁民族出版社,1991.

[13] 《岫岩满族自治县概况》编写组.岫岩满族自治县概况[M].沈阳:辽宁大学出版社,1986.

[14] 《清原满族自治县概况》编写组.清原满族自治县概况[M].沈阳:辽宁大学出版社,1990.

[15] 石光伟,刘厚生.满族萨满跳神研究[M].长春:吉林文史出版社,1992.

[16] 佟悦,陈峻岭.辽宁满族史话[M].沈阳:辽宁民族出版社,2001.

[17] 王佩环.清帝东巡[M].沈阳:辽宁大学出版社,1991.

[18] 辽宁省图书馆.盛京风物:辽宁省图书馆藏清代历史图片集[M].北京:中国人民大学出版社,2007.

[19] 张玉兴.清代东北流人诗选注[M].沈阳:辽沈书社,1988.

[20] 张杰.满蒙联姻:清代宫廷婚俗[M].沈阳:辽海出版社,1997.

[21] 张士尊.清代东北移民与社会变迁 1644—1911[M].长春:吉林人民出版

社,2003.

[22] 张其卓.满族在岫岩[M].沈阳:辽宁人民出版社,1984.

[23] 支运亭.大清兴国史赜[M].沈阳:万卷出版公司,2004.

[24] 张丹卉.辽宁文化通史:清代卷[M].大连:大连理工大学出版社,2009.

后 记

受辽宁社会科学院王凯旋先生邀请，撰写《清代辽宁全史·政治卷》，感谢凯旋先生的信任。我在吸收前辈与同行研究成果的基础上，对清代盛京地区的政治及其制度进行了重新梳理和思考。经过一年多的努力，终于完稿。回顾伏案写作的日日夜夜，虽然辛苦，却也乐在其中。我力求在前人研究的基础上有所突破，形成自己的观点体系；但受时间和个人能力所限，恐难如愿，书中也难免存在问题，还请专家指正。

书中的图片主要来自《盛京通志》《奉天通志》《辽海丛书》《盛京风物》等书籍，在此特别感谢辽宁省图书馆馆长王筱雯女士在图书资料上给予的帮助。对于所有给予我支持和帮助的亲人和朋友，在此一并表达由衷的谢意！

张丹卉

2018 年 5 月 1 日